高等无机化学

王　茹　主编

科学出版社
北　京

内 容 简 介

本书是针对工科化工类专业学生进一步学习无机化学的教材。全书共7章，包括无机反应机理、无机化合物的制备、原子簇化合物、金属有机化合物、重过渡元素、内过渡元素及生物无机化学。本书注重应用，对工科专业所涉及的无机化学理论知识进行了扩展和深化，同时介绍无机合成的新技术和新方法。全书在各章中添加了相关技术领域的新成果和新发现，使内容更加丰富、新颖。

本书可作为高等院校化工类专业高年级本科生和研究生学习无机化学的教材，也可供其他化学化工工作者参考。

图书在版编目(CIP)数据

高等无机化学/王茹主编. —北京：科学出版社，2012

ISBN 978-7-03-033190-8

Ⅰ.①高… Ⅱ.①王… Ⅲ.①无机化学-高等学校-教材 Ⅳ.①O61

中国版本图书馆 CIP 数据核字(2011)第 278212 号

责任编辑：陈雅娴/ 责任校对：郑金红

责任印制：赵　博 / 封面设计：华路天然设计

科学出版社出版

北京东黄城根北街 16 号

邮政编码：100717

http://www.sciencep.com

中煤（北京）印务有限公司印刷

科学出版社发行　各地新华书店经销

*

2012 年 3 月第　一　版　　开本：787×1092　1/16

2025 年 8 月第五次印刷　　印张：16 1/4

字数：436 000

定价：72.00 元

（如有印装质量问题，我社负责调换）

前　言

无机化学是化学学科一个重要的分支学科。随着当今科学技术的发展、实验手段的不断更新，无机化学与有机化学、生命科学、材料科学等其他学科相互交叉融合，在深度和广度上产生了新的增长点。

高等无机化学是无机化学的后续课程，主要在化学化工专业高年级本科生和相关专业的研究生中开设。现有的高等无机化学教材更适合化学专业的学生。为了适应工科学生的化学基础，同时与他们的专业要求相适应，我们在多年的化工类高等无机化学研究生课程教学经验以及王世华等编写的《无机化学教程》(科学出版社，2000 年)的基础上编写了本书，并将其作为化工类高年级本科生和研究生学习高等无机化学课程的教材。

本书针对工科学生的特点，回避抽象的理论问题，对工科专业所涉及的理论知识在《无机化学教程》的基础上进行了扩展和深化，同时介绍无机合成的新技术和新方法。全书在各章中添加了相关技术领域的新成果和新发现，使内容更加丰富、新颖。这样的编排不仅有利于工科学生获得与其专业相适应的无机化学理论知识和技术前沿，同时能够帮助学生掌握无机化学研究现状和发展趋势。

全书由王茹任主编。第 1～4 章由王茹执笔；第 5～7 章由廖立兵执笔。全书由王茹统筹定稿。硕士生张振、刘会云、孔佳超负责文字输入和图像制作。

衷心感谢本书编写过程中所引用和参考的有关文献的国内外作者。

由于编者水平有限，书中难免存在不妥之处，欢迎广大读者批评指正。

王　茹

2011 年 11 月于四川大学

目 录

第 1 章　无机反应机理

从 18 世纪 60 年代开始的无机化学机理研究，其进程较为缓慢，主要原因是无机反应速率快，产物的热力学稳定性高，对它的机理研究较为困难。近几十年来，近代仪器方法和快速反应技术的发展为无机反应机理研究提供了新的技术和方法，无机反应机理研究取得了较大的成果。无机反应机理研究涉及的反应较多，包括取代、交换、加成-消去、溶剂分解、氧化还原、催化和光化学等，其中以配合物的反应机理研究最为广泛。本章主要介绍过渡金属配合物的取代反应、氧化还原反应、催化反应、电子转移反应机理，另外将介绍非水溶剂中的无机反应。

1.1　取代反应的几种类型

在一般的化学反应中，从反应物到产物的转变是多步骤的过程，其中各步骤的反应速率不相同，反应速率特别慢的步骤称为速率控制步骤(rate controlling step)，它决定整个反应的速率和速率定律的表示式。

任何一个取代反应都包括旧键的断裂和新键的形成，但这两步反应发生的时间可以不同。

取代反应可分为两种类型：

$$ML_n + Y \longrightarrow ML_{n-1}Y + L \tag{a}$$

$$ML_n + M' \longrightarrow M'L_n + M \tag{b}$$

反应(a)是配体 Y 取代了配体 L，称之为亲核取代反应(nucleophilic substitution reaction)，标记为 S_N 反应(S 表示取代，N 表示亲核)；反应(b)是金属离子 M′取代了 M，称之为亲电取代反应(electrophilic substitution reaction)，标记为 S_E 反应(S 表示取代，E 表示亲电)。由于配合物的亲电取代反应较少见，对其机理的研究不成熟，而亲核取代反应极为普遍，且有着广泛的应用，所以这里仅讨论亲核取代反应。

在亲核取代反应中，中心金属原子的氧化态与配位数都不改变，只是配体发生交换。亲核取代的反应机理主要有解离机理(dissociative mechanism)、缔合机理(associative mechanism)和交换机理(interchange mechanism)。

1.1.1　解离机理

解离机理用 D 表示，如下列亲核取代反应：

$$[ML_n] + Y \longrightarrow [ML_{n-1}Y] + L$$

可分两步进行：

$$[ML_n] \longrightarrow [ML_{n-1}] + L$$

$$[ML_{n-1}] + Y \longrightarrow [ML_{n-1}Y]$$

第一步是 M—L 键的断裂，原来的配合物$[ML_n]$解离失去一个配体，形成配位数为 $n-1$ 的中间配合物$[ML_{n-1}]$；第二步是中间配合物$[ML_{n-1}]$所空出的位置上加入一个新的配体 Y，形成新的 M—Y 键[如图 1-1(a)所示]。第一步是吸热反应，反应活化能大，反应速率慢；第二步反应放热，反应速率快。所以总的反应速率取决于第一步，速率方程式可表示为

$$\frac{d[ML_{n-1}Y]}{dt}=k[ML_n]$$

反应速率与[ML_n]的浓度成正比，而与 Y 浓度无关，对[ML_n]是一级反应。这是单分子亲核取代反应，简写为 S_N1(亲核取代一级反应)，其速率常数 k 的大小与 M—L 键的断裂难易程度有关，即与离去的配体性质有关，而与亲核试剂 Y 的种类和浓度无关。

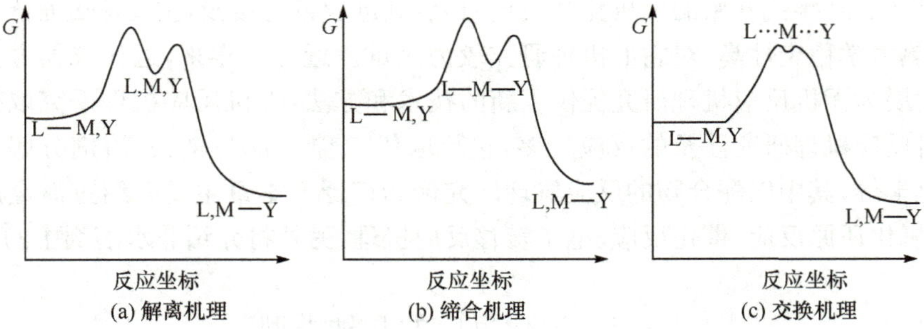

图 1-1 配合物亲核取代反应的三种机理

1.1.2 缔合机理

缔合机理用 A 表示，其机理包括两步：

$$[ML_n]+Y \longrightarrow [ML_nY]$$
$$[ML_nY] \longrightarrow [ML_{n-1}Y]+L$$

第一步是配合物[ML_n]与亲核配体 Y 结合，形成配位数为 $n+1$ 的活性中间配合物(labile intermediate)[ML_nY]或过渡态(transition state)，这一步反应较慢，是决速步骤。

第二步是中间配合物[ML_nY]解离成[$ML_{n-1}Y$]和 L[如图 1-1(b)所示]。总的速率方程为

$$\frac{d[ML_{n-1}Y]}{dt}=k[ML_n][Y]$$

反应速率取决于[ML_n]与亲核配体[Y]的乘积，属于二级反应，这类反应是双分子亲核取代反应，简写为 S_N2(亲核取代二级反应)，其速率常数 k 主要取决于 M—Y 键形成的难易程度，与亲核配体 Y 的性质有很大关系。

1.1.3 交换机理

S_N1 和 S_N2 机理是两种极限状况下的亲核取代反应机理。在 S_N1 机理中，只有当 L 解离以后 Y 才进入成键，所以 S_N1 机理中的 M—L 键的断裂是决定因素。在 S_N2 机理中，只有当 Y 进入内界形成中间配合物[ML_nY]之后，L 才解离，所以 S_N2 机理中的 M—Y 键的形成是决定因素。然而大多数反应是按照上述两种极限中的一种所谓中间机理进行的，这种机理称为交换机理(I 机理)，有时也称中间机理。交换机理认为，在 M—L 旧键断裂之前，M—Y 间的新键已经在某种程度上形成。如图 1-1(c)所示，离去配体和进入配体在同一步中形成活化配合物并发生交换，但是不形成真正的中间体，而是形成 L…M…Y 过渡态。交换机理反应是一步反应，反应速率与进入配体 Y 和离去配体 L 的性质都有关系。若进入配体 Y 对反应速率的影响大于离去配体 L，则这种反应机理又称缔合交换机理(associative interchange mechanism)，用 I_a 表示；反之，若离去配体 L 对反应速率的影响大于进入配体 Y 的作用，则这种反应机理又称解离交换机理(dissociative interchange mechanism)，用 I_d 表示。

1.2 八面体配合物的取代反应

1.2.1 水交换反应

在八面体配合物的配体取代反应中，首先考虑一种较为简单的情况，即配合物内界水分子和溶剂水分子之间的相互交换，这类反应称为水交换反应(water-exchange reaction)。

水合金属离子的水交换反应可用通式(1-1)表示：

$$M(H_2O)_m^{n+} + H_2O^* \longrightarrow M(H_2O)_{m-1}(H_2O^*)^{n+} + H_2O \quad (1-1)$$

式中，H_2O^* 表示溶剂水分子，以示区别。

若干水合金属离子水交换反应的特征速率常数见图 1-2。由图 1-2 可见，大多数水合金属离子的水交换反应速率很快，但也有少数很慢，例如 Cr^{3+}、Co^{3+}、Rh^{3+} 和 Ir^{3+} 的特征速率常数在 $10^{-6} \sim 10^{-3} s^{-1}$。

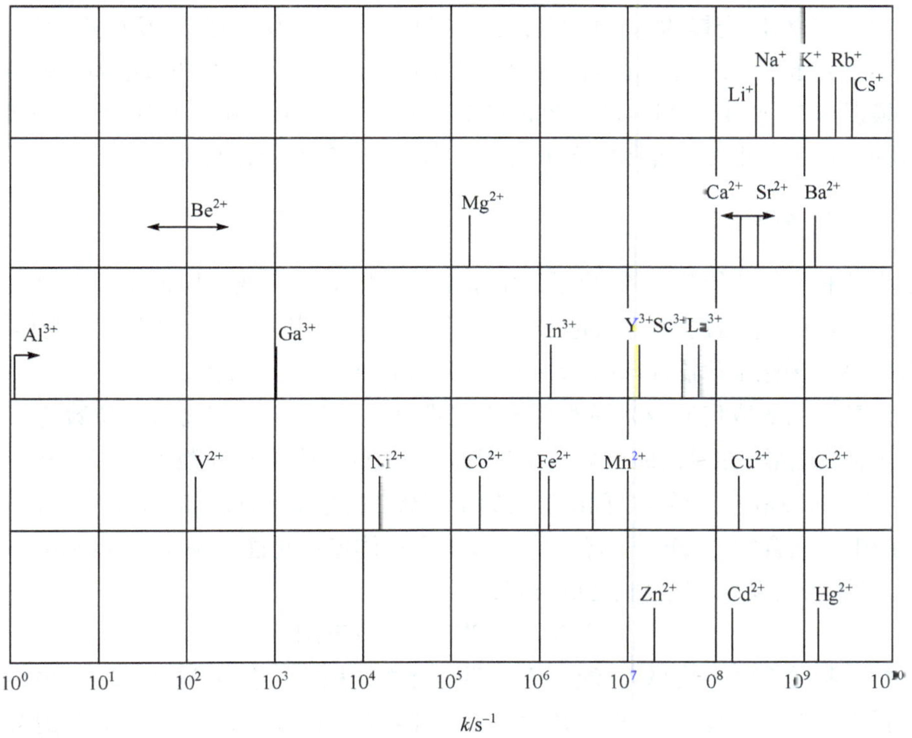

图 1-2 水合金属离子水交换反应的特征速率常数

由式(1-1)可见，水交换反应实际上并无净的化学反应发生，那么如何测定这类反应的动力学数据呢？早期的方法是采用同位素标记(isotopic labelling)法，即用 $H_2{}^{18}O$ 来进行交换，其间可中断反应，将配合物分离出来，然后用质谱法测定配位层中 $H_2{}^{18}O$ 的含量。显然，此法仅适用于某些反应速率较慢的反应，$[Cr(H_2O)_6]^{3+}$ 的水交换反应速率便是最早研究的一例。对于反应速率较快的反应，核磁共振(nuclear magnetic resonance, NMR)法已成为一种有效的研究手段。例如，可运用线宽测定技术，分别用 ^1H NMR 或 ^{17}O NMR法来获取反磁性或顺磁性水合离子的水交换动力学数据，此法可测定到速率常数为 $10^6\ s^{-1}$。对于反应速率更快的反应，则可用中子散射(neutron scattering)法或拉曼(Raman)光谱、红外光谱等法来研究。后两者可用于测定速率常数为 $10^{10}\ s^{-1}$ 以上的快速反应。

水交换反应速率的变化范围很宽，速率常数几乎可在 $10^{-9} \sim 10^{9}\ s^{-1}$之间变化。影响水交换反应速率的主要因素至少有以下几个方面。

1. 金属离子半径和电荷的影响

在水交换反应中，由于水合金属离子的配体均属于同一物质，这就为讨论不同金属离子对取代反应速率的影响提供了方便条件。

由图 1-2 可以看出：同一族碱土金属离子，中心离子半径越大，取代反应进行得越快。例如：

$$[Mg(H_2O)_n]^{2+} < [Ca(H_2O)_n]^{2+} < [Sr(H_2O)_n]^{2+}$$

半径大小类似的离子，电荷小的反应速率快：

$$[Na(H_2O)_n]^{+} > [Mg(H_2O)_n]^{2+} > [Al(H_2O)_n]^{3+}$$

因此，对于含相同配体的八面体配合物，一般的规律是 z/r 值越大，反应进行得越慢，这是由于中心离子和水分子之间的键强随着金属离子电荷的增加和半径的减小而增强。这也反映了在水交换反应中，原来的 $M—H_2O$ 键的断裂对反应速率的影响大于新键形成的影响，这是解离机理的特征。对ⅢA 和ⅡB 族离子的水交换反应也符合上述特征。

2. d 电子组态影响

除了电荷和半径的影响之外，离子的电子组态也影响水交换反应速率。在第一过渡系二价金属离子中，反应最慢的是$[V(H_2O)_6]^{2+}$和$[Ni(H_2O)_6]^{2+}$。这是因为弱场配体中，V^{2+}和Ni^{2+}获得的晶体场稳定化能(crystal field stable energy，CFSE)最大。

八面体配合物的取代反应如果按照 S_N1 机理进行，那么中间产物是配位数为 5 的四方锥或三角双锥体配合物；如果按照机理 S_N2 进行，那么中间产物是配位数为 7 的五角双锥配合物。然而无论按哪种机理进行，形成中间配合物的步骤都是决速步骤(慢反应)，故可考察八面体配合物和相应的中间配合物的 CFSE 差值，该差值称为晶体场活化能(crystal field activated energy，CFAE)，即晶体场效应对反应活化能的贡献：

$$CFSE_{O_h} - CFSEint = CFAE$$

如果配合物的 CFSE 值越大(绝对值)，即配合物越稳定，则 CFAE 值越大，说明配合物构型变化时损失的 CFSE 越多，故需要较大的活化能，取代反应不易进行，相应的配合物就是惰性的。相反，如果 CFSEint 是负值或等于零，说明获得了额外的 CFSE 或无 CFSE 损失，故反应进行得比较快，相应的配合物是活性的。根据表 1-1 列出的几种不同对称性的晶体场中 d 轨道的分裂情况及其能级状况(图 1-3)，可以计算出电子组态不同的中心金属离子的配合物的取代反应的 CFAE 大小。

表 1-1　不同对称性晶体场中 d 轨道能级的分裂(Δ_0)

场对称性	$d_{x^2-y^2}$	d_{z^2}	d_{xy}	d_{xz}	d_{yz}
正八面体	0.600	0.600	−0.400	−0.400	−0.400
四方锥	0.914	0.086	−0.086	−0.457	−0.457
五角双锥	0.282	0.493	0.282	−0.528	−0.528

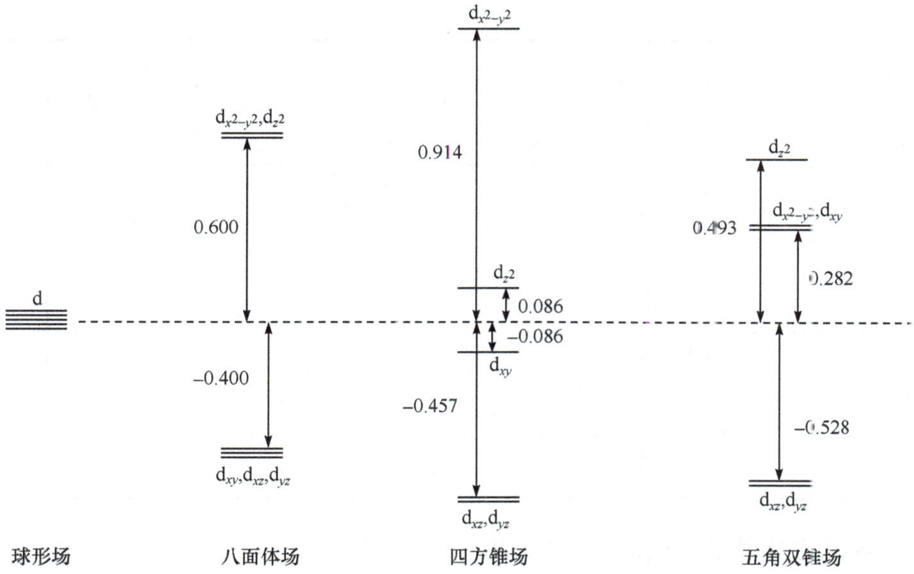

图 1-3　几种不同对称性晶体场中 d 轨道能级的分裂(Δ_0)

按解离机理，八面体配合物的活性中间体为四方锥结构，计算得到的中心离子的电子为0～10的金属离子八面体配合物的取代反应 CFAE 值列在表 1-2 中。

表 1-2　解离机理(八面体→四方锥)的 CFAE (Δ_0)

组态	强场			弱场		
	八面体	四方锥	CFAE	八面体	四方锥	CFAE
d^0	0	0	0	0	0	0
d^1	−0.400	−0.457	−0.057	−0.400	−0.457	−0.057
d^2	−0.800	−0.914	−0.114	−0.800	−0.914	−0.114
d^3	−1.20	−1.00	0.20	−1.20	−1.00	0.20
d^4	−1.60	−1.457	0.143	−0.600	−0.914	−0.314
d^5	−2.00	−1.914	0.086	0	0	0
d^6	−2.40	−2.00	0.40	−0.400	−0.457	−0.057
d^7	−1.80	−1.914	−0.114	−0.800	−0.914	−0.114
d^8	−1.20	−1.00	0.20	−1.20	−1.00	0.20
d^9	−0.600	−0.914	−0.314	−0.600	−0.914	−0.314
d^{10}	0	0	0	0	0	0

按缔合机理，八面体配合物的活性中间体为五角双锥结构，计算得到的中心离子的电子为 0～10 的金属离子八面体配合物的取代反应 CFAE 值列在表 1-3 中。

表 1-3　缔合机理(八面体→五角双锥)的 CFAE (Δ_0)

组态	强场			弱场		
	八面体	五角双锥	CFAE	八面体	五角双锥	CFAE
d^0	0	0	0	0	0	0
d^1	−0.400	−0.528	−0.128	−0.400	−0.528	−0.128

组态	强场			弱场		
	八面体	五角双锥	CFAE	八面体	五角双锥	CFAE
d^2	−0.800	−1.056	−0.256	−0.800	−1.056	−0.256
d^3	−1.20	−0.774	0.426	−1.20	−0.774	0.426
d^4	−1.60	−1.302	0.298	−0.600	−0.493	0.107
d^5	−2.00	−1.83	0.170	0	0	0
d^6	−2.40	−1.548	0.852	−0.400	−0.528	−0.128
d^7	−1.80	−1.266	0.534	−0.800	−1.056	−0.256
d^8	−1.20	−0.774	0.426	−1.20	−0.774	0.426
d^9	−0.600	−0.493	0.107	−0.600	−0.493	0.107
d^{10}	0	0	0	0	0	0

若水交换反应是属于解离机理，则从表 1-2 中可看出：d^2、d^6（低自旋）、d^8 的 CFAE 值较大，反应速率较慢。d^0、d^1、d^2、d^5（高自旋）和 d^{10}无论哪一种机理都不损失 CFSE，取代反应速率较快。

对照图 1-2 的实验结果，d^3（V^{2+}、Cr^{3+}）和 d^8（Ni^{2+}）组态离子的水交换反应速率相对较慢，d^6 组态的$[Fe(H_2O)_6]^{2+}$ 由于是高自旋化合物，因此不在此讨论之列。d^0（Ca^{2+}）、d^1（Ti^{3+}）、d^5（Mn^{2+}）和 d^{10}（Zn^{2+}、Ga^{3+}）组态离子的水交换反应速率都比较快。对 Cu^{2+}（d^9）和 Cr^{2+}（d^4）来说，除了 CFAE 影响之外，由于 Jahn-Teller 效应的影响显著，它们的配位多面体发生畸变，轴向的两个 M—H_2O 键比其他四个键的键长长而且键能变弱，因此加快了水交换反应速率。

3. 其他配体的影响

表 1-4 列出了几种不同金属离子含混合配体的水交换反应速率常数。

表 1-4　若干 Ni^{2+}、Co^{2+}和 Mn^{2+}配合物的水交换反应速率常数

配合物	$10^{-5}k/s^{-1}$		配合物	$10^{-5}k/s^{-1}$	
	Ni^{2+}	Co^{2+}		Ni^{2+}	Mn^{2+}
$M(H_2O)_5^{2+}$	0.32(25 ℃)	22.4(24 ℃)	$M(H_2O)_5^{2+}$	0.32	59(0 ℃)
$M(H_2O)_5(NH_3)^{2+}$	2.5	155			
$M(H_2O)_5(NCS)^+$		95			
$M(H_2O)_5Cl^+$	1.4	170			
$M(H_2O)_4(NH_3)_2^{2+}$	6.1	650	$M(H_2O)_4(bipy)^{2+}$	0.49	
$M(H_2O)_4(en)^{2+}$	4.4		$M(H_2O)_4(phen)^{2+}$		130
$M(H_2O)_4(NCS)_2^{2+}$		3000			
$M(H_2O)_4(NH_3)_3^{2+}$	2.5				
$M(H_2O)_3(NCS)$	11	>5000	$M(H_2O)_3(Sb^*)^{2+}$	0.38	
$M(H_2O)_2(en)_2^{2+}$	54		$M(H_2O)_2(bipy)^{2+}$	0.66	
			$M(H_2O)_2(phen)^{2+}$		310

注：Sb* 表示 Schiff 碱。

表 1-4 左边的一组配合物中，取代水分子的配体和中心离子之间的键是 σ 键，部分水分子被这些配体取代后，导致水交换反应速率明显加快，这种效应是因为配体的 σ 给电子性降低了中心金属离子的电荷效应，削弱了 M—H_2O 键；而右边的一组配合物中，由于取代配体和中心金属离子之间形成了 π 反馈键，抵消了配体的 σ 给电子性，因此配体的改变对水交换反应速率的影响很小。

4. 空间效应的影响

以两种形式的配合物$[CoCl_2(bn)_2]^+$（bn：2，3-丁二胺）中的第一个 Cl^- 的水解速率为例：

$$[CoCl_2(bn)_2]^+Cl^- \longrightarrow [CoCl(bn)_2(H_2O)]^{2+} - Cl^-$$

当配体 bn 为手性和非手性两种不同结构时[图 1-4(a)、(b)]，手性配体配合物的水解速率为非手性配体配合物的 1/30。两种配体的电子效应非常相近，但是手性配体中两个甲基处于螯合环的两侧，而非手性配体中两个甲基相邻且较为拥挤，后者反应更快是因为活化配合物通过解离使配位数降低，减小应力。

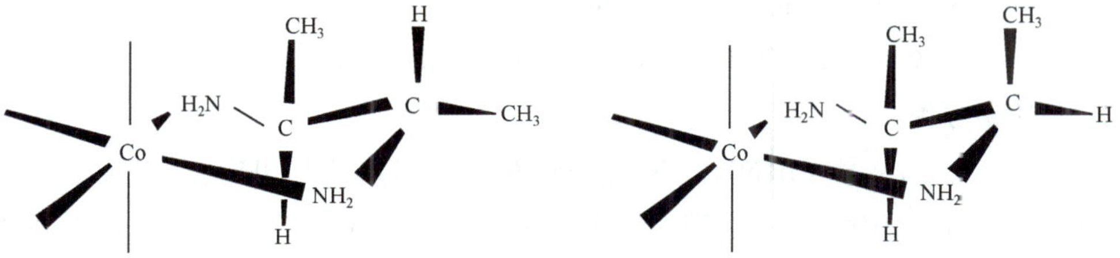

(a) 手性　　(b) 非手性

图 1-4　$[CoCl_2(bn)_2]^+$ 中 bn 的两种结构

1.2.2　水解反应

在八面体配合物中，水解反应是一类研究得较多的反应，水解反应可以分为酸性水解和碱性水解两类，通式可以表示如下：

$$[ML_5X]^{n+} + H_2O \longrightarrow [ML_5(H_2O)]^{n+1} + X^- \text{（酸性水解）}$$

$$[ML_5X]^{n+} + OH^- \longrightarrow [ML_5(OH)]^{n+} + X^- \text{（碱性水解）}$$

由于很多水解反应的动力学数据是通过对 Co(Ⅲ)(d^6，低自旋)和 Cr(Ⅲ)(d^3)等惰性配合物的研究得到的，因此本节以 Co(Ⅲ)配合物为例讨论酸性水解和碱性水解。

1. 酸性水解

pH<3 时，$[Co(NH_3)_5X]^{2+}$ 可以发生酸性水解

$$[Co(NH_3)_5X]^{2+} + H_2O \longrightarrow [Co(NH_3)_5(H_2O)]^{3+} + X^-$$

反应速率方程式为

$$v = k_a[Co(NH_3)_5X^{2+}]$$

目前一般认为酸性水解的机理是解离机理，即反应过程为

$$[Co(NH_3)_5X]^{2+} \longrightarrow [Co(NH_3)_5]^{3+} + X^- \quad \text{（慢）}$$

$$[Co(NH_3)_5]^{3+} + H_2O \longrightarrow [Co(NH_3)_5(H_2O)]^{3+} \quad \text{（快）}$$

有些反应属于酸催化机理，如$[Co(NH_3)_5F]^{2+}$ 的水解反应如下：

$$[Co(NH_3)_5F]^{2+} + H_2O \xrightarrow{H^+} [Co(NH_3)_5(H_2O)]^{3+} + F^-$$

实验测定,反应速率符合:

$$v=k[Co(NH_3)_5F^{2+}][H^+]$$

按照酸催化机理,H^+首先加合到配位的 F^- 上,F^- 被质子化而导致 Co—F 键削弱,质子将以 HF 的形式将 F^- 拉开,留下的空位则很快被 H_2O 分子占据。

$$(NH_3)_5—Co—F^{2+}+H^+ \underset{快}{\overset{K}{\rightleftharpoons}} (NH_3)_5Co—FH^{3+}$$

$$(NH_3)_5Co—FH^{3+}+H_2O \xrightarrow{k_3} (NH_3)_5Co(H_2O)^{3+}+HF$$

后一步反应为决速步骤:

$$v=k_3K[Co(NH_3)_5F^{2+}][H^+]=k[Co(NH_3)_5F^{2+}][H^+]$$

该速率方程符合实验结果。

2. 碱性水解

$[Co(NH_3)_5X]^{2+}$的碱性水解可以表示如下:

$$[Co(NH_3)_5X]^{2+}+OH^- \longrightarrow [Co(NH_3)_5(OH)]^{2+}+X^-$$

相应的速率方程:

$$v=k_a[Co(NH_3)_5X^{2+}]+k_b[Co(NH_3)_5X^{2+}][OH^-]$$

由此可见,碱性水解的速率包括两项,反映两种不同的途径。当溶液的 pH<3 时,第一项占主要地位;当溶液的 pH 增大时,后一项占主要位置。目前一般认为,碱性水解具有 S_N1 解离共轭碱机理,其反应过程表示如下:

$$[Co(NH_3)_5X]^{2+} \overset{K}{\rightleftharpoons} \underset{(共轭碱)}{[Co(NH_3)_4(NH_2)X]^+}+H^+ \qquad (快)$$

$$[Co(NH_3)_4(NH_2)X]^+ \xrightarrow{k_b'} \underset{(中间体)}{[Co(NH_3)_4(NH_2)]^{2+}}+X^- \qquad (决速步)$$

$$[Co(NH_3)_4(NH_2)]^{2+}+H_2O \longrightarrow [Co(NH_3)_5(OH)]^{2+} \qquad (快)$$

速率方程式为

$$v=\frac{k_b'K}{K_w}[Co(NH_3)_5X^{2+}][OH^-]=k_b[Co(NH_3)_5X^{2+}][OH^-]$$

1.3 平面四方形配合物的取代反应

1.3.1 平面四方形配合物的取代反应机理

平面四方形过渡金属离子配合物大多具有 d^8 电子组态,如 Rh(Ⅰ)、Ir(Ⅰ)、Ni(Ⅱ)和 Pt(Ⅱ)等。在这些离子中,Pt(Ⅱ)的四配位配合物大都具有平面四方形结构,而且稳定性较高,因此较适合应用于取代反应速率的研究。

平面四方形配合物的配体取代反应可用下列通式表示:

$$[ML_4]+Y \longrightarrow [ML_3Y]+L$$

如果反应对配合物 ML_4 为一级,而与 Y 无关,则反应速率等于 $k_1[ML_4]$;如果反应为二级(对配合物 ML_4 和进入配体 Y 均为一级),则速率等于 $k_2[ML_4][Y]$;如果两种途径的速率

相近，则速率方程的形式为

$$v=k_1[ML_4]+k_2[ML_4][Y]$$

动力学研究支持这种形式的反应速率方程。方程式中的第一项表示的是配合物的溶剂化过程(solvent path)，k_1 是溶剂化过程的速率常数；第二项表示的是配合物的双分子取代反应(bimolecular substitution path)，k_2 是双分子取代过程的速率常数。

第一项溶剂化过程包括两步，首先是原有配合物的某一配体 X 被溶剂分子 S 所取代，然后溶剂分子 S 再被取代基 Y 所取代。第一步反应是决速步骤，反应速率与取代基 Y 的浓度无关，又因为溶剂分子是大量的，所以此反应是一级反应，k_1 是一级反应速率常数。第二步反应是快反应。这种溶剂化过程实际上属于缔合机理，其过程如图 1-5 所示。

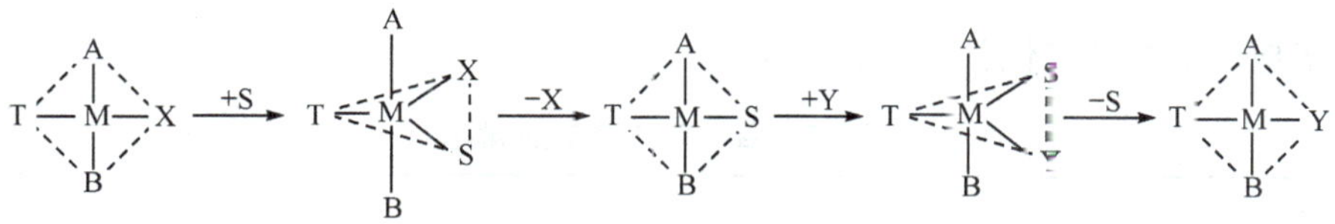

图 1-5　平面四方形配合物的溶剂化过程示意图

双分子取代反应的过程也属于缔合机理，可用图 1-6 表示：

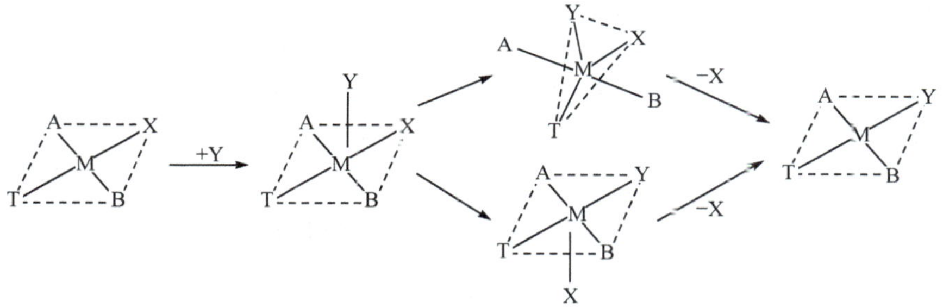

图 1-6　平面四方形配合物的双分子取代过程示意图

X 表示被取代配体，Y 表示取代配体，反应过程中，Y 从一侧接近配合物，形成一个五配位的活性中间体[MABTXY]。五配位的中间体可以是四方锥或三角双锥结构，一般认为是具有三角双锥的几何结构。很多稳定的五配位化合物的存在表明了这种机理的合理性。最后 X 脱离下来成为[MABTY]。这种双分子取代过程包括旧键(M—X)的断裂和新键(M—Y)的形成。这两步都可能是反应的决速步骤。

大量实验事实表明，平面四方形配合物的取代反应的缔合机理同时包括上述两种过程。

1.3.2　平面四方形配合物的取代反应速率的影响因素

影响平面四方形配合物取代反应速率的因素很多，包括取代基的性质、被取代基团的性质、配位层中其他配体的影响、中心金属离子的性质等。

1. 取代基的影响

取代反应中，取代基的性质对反应速率有很大的影响。取代基取代能力的大小通常用亲核性(nucleophilicity)来衡量。

以 *trans*-$Pt(py)_2Cl_2$ 在 25 ℃时的甲醇溶液中的取代反应为例：

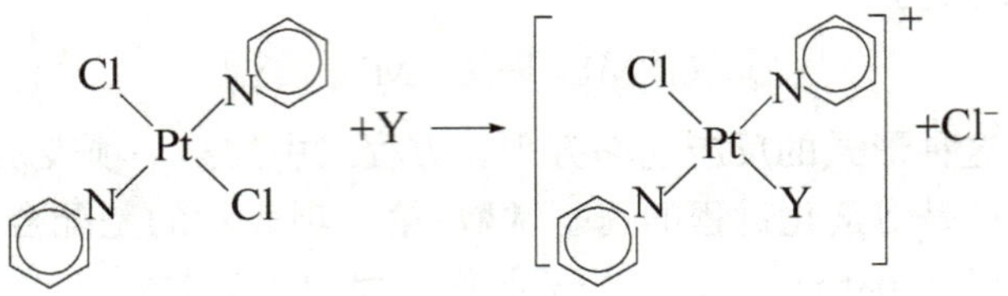

各种不同取代基的亲核性以 *trans*-$Pt(py)_2Cl_2$ 在 25 ℃时的甲醇溶液作相对基准，用亲核性常数(nucleophilic reactivity constant)n_{Pt}^0表示，$n_{Pt}^0=\lg\frac{k_Y}{k_S^0}$。其中，$k_Y$ 为亲核剂的双分子取代过程的二级反应速率常数；k_S^0 为溶剂的双分子亲核反应的一级反应速率常数(溶剂是大量的)。

若干亲核试剂的亲核性常数列在表 1-5 中。

表 1-5　若干亲核试剂的 n_{Pt}^0 值

亲核试剂	n_{Pt}^0	亲核试剂	n_{Pt}^0
CH_3OH	0.00	Br^-	4.18
CO	<2.0	I^-	5.46
CH_3COO^-	<2.0	SCN^-	5.75
F^-	<2.2	SO_3^{2-}	5.79
Cl^-	3.04	$C_3H_{11}NC$	6.34
NH_3	3.07	$Sb(C_6H_5)_3$	6.79
pip	3.13	$As(C_6H_5)_3$	6.89
py	3.19	CN^-	7.14
NO_3^-	3.22	$P(OCH_3)_3$	7.23
N_3^-	3.58	SO_3^{2-}	7.34
NH_2OH	3.85	$P(C_6H_5)_3$	8.93
NH_2NH_2	3.86	$P(C_2H_5)_3$	8.99

表 1-5 中数据说明，卤素和拟卤素离子亲核性依次增强的顺序为

$$F^- < Cl^- < Br^- < I^- < SCN^- < CN^-$$

ⅤA 族的三苯基化合物配体的亲核性次序为

$$P(C_6H_5)_3 < As(C_6H_5)_3 < Sb(C_6H_5)_3$$

其他的 Pt(Ⅱ)的中性配合物和 *trans*-$Pt(py)_2Cl_2$ 的亲核性常数 n_{Pt}^0之间的关系式可用下式表达：

$$\lg k_Y = S n_{Pt}^0 + \lg k_S^0$$

式中，S 称为亲核区别因子(nucleophilic discrimination factor)，随 Pt(Ⅱ)配合物的不同而不同。

2. 反位效应

$[PtCl_4]^{2-}$与$[PdCl_4]^{2-}$两种配离子可以和一系列的配体如 Br^-、I^-、CN^-、PR_3^-、NH_3、SR_3 等发生取代反应，形成各种各样的配合物，但当取代试剂加入的顺序不同时，得到的产物不同(不同异构体)，其规律由反位效应(trans-effect)来决定。

反位效应定义为：在平面四方形配合物中，一个已配位的配体对于反位上的配体的取代速率的影响，或者说对于其反位配体的活化作用。例如，$[PtCl_4]^{2-}$ 与 NH_3 或 NO_2^- 发生二次取代反应，由于加入的次序不同，分别得到 *cis*-$[PtCl_2(NO_2)(NH_3)]^-$ 和 *trans*-$[PtCl_2(NO_2)(NH_3)]^-$ 的异构体，其反应过程如图 1-7 所示：

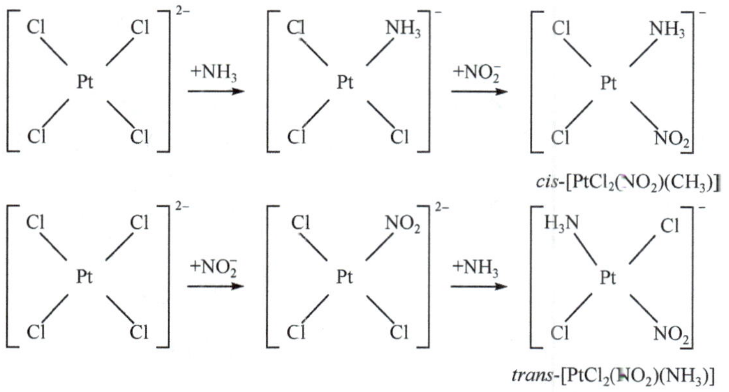

图 1-7　反位效应示意图

由上述反应结果可知，Cl^-、NH_3 和 NO_2^- 存在如下的反位效应次序：

$$NO_2^- > Cl^- > NH_3$$

对 Pt(Ⅱ)配合物取代反应的一系列研究，得出了反位效应从大到小的顺序：

$CO \sim CN^- \sim C_2H_4 > H^- \sim PR_3 > NO_2^- \sim I^- \sim SCN^- > Br^- > Cl^- > py \sim RNH_2 \sim NH_3 > OH^- > H_2O$

排在前面的取代基，活化作用越强，对位上的配体越易离去。反位效应是平面四方形配合物进行取代反应的一个重要特征，这对说明已知合成方法的原理和制备各种配合物很有用处。例如，从 $[PtCl_4]^{2-}$ 出发，按如下步骤反应，可制备得到 $[PtClBr(NH_3)(py)]$ 中的一个特定的异构体(图 1-8)。

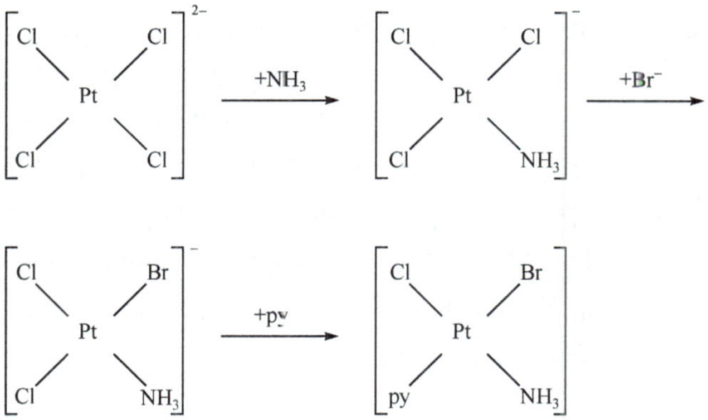

图 1-8　反位效应用于制备的实例

必须指出，反位效应的次序只是一个经验次序，它是在研究大量的 Pt(Ⅱ)配合物的基础上得到的。至今尚未找到一个对一切金属配合物都适用的反位效应次序，而且，这个次序即使对 Pt(Ⅱ)配合物也常有例外。

对于反位效应的解释，已经提出了很多种理论。极化理论认为，在完全对称的平面四方形配合物中，键的极性相互抵消了，四个配体是完全等同的，一旦引入一个极化性较强的配体 L 后，中心金属离子的正电荷能使配体 L 产生诱导偶极。同样，这个配体也会诱导中心金属离子产生偶极化，金属离子的偶极与配体 L 反位上配体的负电荷相斥，结果促进了反位上的配体被取代，如图 1-9 所示。

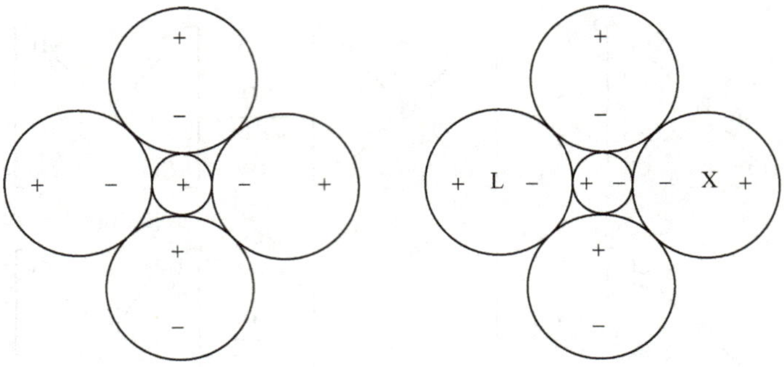

图 1-9　反位效应的极化理论示意图

以下实验事实可支持极化理论：

(1) 中心金属离子越大，可极化性越强，则反位效应越强：

$$Pt(Ⅱ)>Pd(Ⅱ)>Ni(Ⅱ)$$

(2) 可极化性越强的取代基团，反位效应越强，如对卤素离子，其可极化性和反位效应次序一致：

$$F^- < Cl^- < Br^- < I^-$$

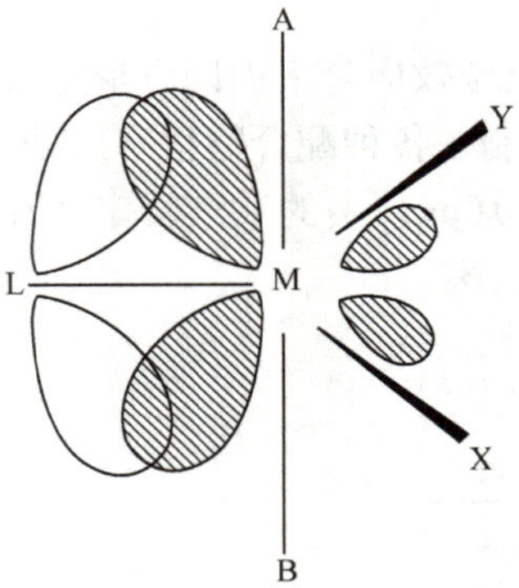

图 1-10　五配位活性中间体的 π 反馈键

从反位效应强弱的顺序中可见，具有 π 键的配体，如 C_2H_4、CN^- 和 CO 等，它们的反位效应都很强。因此，π 键理论(π bonding theory)认为，这是因为在形成五配位三角双锥活性中间体的阶段，那些具有能量较低的、空的反键 π^* 轨道的配体，由于反馈键的形成，一部分负电荷从中心金属离子转移到配体 L 上，M—X 及 M—Y 方向上的电子密度降低(图 1-10)，因而中间体或过渡态的相对稳定性增强，结果取代反应的速率加快。

反位效应已被一系列实验所证实，如振动光谱、核磁共振和 X 射线衍射等。例如，用 ^1H NMR 研究 *trans*-[$Pt(C_2H_4)(py)Cl_2$]与 py 在 $CDCl_3$ 溶液中的取代反应，不仅观测到五配位中间体[$Pt(C_2H_4)(py)_2Cl_2$]的信号，表明游离的 py 和配位的 py 间快速交换，还证实 C_2H_4 配体提高了三角双锥活性中间体的相对稳定性。此外，个别反应的五配位中间体还被分离出来，用单晶 X 射线衍射进行结构测定，进一步验证缔合机理的合理性。

3. 被取代配体的影响

取代反应的速率与被取代配体性质也有很大关系，如反应：

$$[Pt(dien)X]^{n+} + py \longrightarrow [Pt(dien)py]^{2+} + X^{n-2}$$

当 X 为不同的配体时，取代反应的速率不同。如表 1-6 中列出了在 25 ℃的水溶液中，该反应被不同的配体取代时反应的二级反应速率常数。

表 1-6　X 为不同配体时取代反应的 k 值

X	Cl^-	Br^-	I^-	N_3^-	SCN^-	NO_2^-	CN^-
k(25 ℃)/($L \cdot mol^{-1} \cdot s^{-1}$)	3.4×10^{-5}	2.3×10^{-5}	1.0×10^{-5}	8.33×10^{-7}	3.2×10^{-7}	5.0×10^{-8}	1.67×10^{-8}

从表 1-6 中可以看出，当被取代配体不同时，取代反应速率的变化常数为

$$Cl^- > Br^- > I^- > N_3^- > SCN^- > NO_2^- > CN^-$$

但对于卤素离子差别不大，因此认为这种情况下，新键的形成是反应的决速步骤；相反，如果反应速率强烈依赖于被取代基团的反应活性时，认为决速步骤是旧键的断裂。

影响平面四方形配合物取代反应速率的因素，除上述进入基团、离去基团的性质和反位效应外，还有其他多种因素，诸如配体的空间效应、溶剂及中心金属离子的影响等，此处不一一述及。

1.4　电子转移反应机理

电子转移反应的类型和机理远比取代反应复杂和多样化。

1.4.1　外界反应机理

在外界反应机理(outer sphere mechanism)中，配合物的配位层只发生极小的变化。溶液中的反应离子通过扩散相遇，在短暂的外界接触中，电子从一个离子转移到另外一个离子，产物通过扩散彼此分开，原先各自的配位层原封不动，金属与配体之间的键长可能因中心离子氧化态的变化而产生微小的调整，以适应中心离子半径的新变化，反应中没有发生化学组成的变化。

具有外界反应机理的电子转移反应有两大类，一类虽有电子的转移，但无净的化学变化，如下列两个反应：

$$[Fe(H_2O)_6]^{2+} + [Fe^*(H_2O)_6]^{3+} \longrightarrow [Fe(H_2O)_6]^{3+} + [Fe^*(H_2O)_6]^{2+}$$

$$[IrCl_6]^{3-} + [Ir^*Cl_6]^{2-} \longrightarrow [IrCl_6]^{2-} + [Ir^*Cl_6]^{3-}$$

这样的反应称为自交换反应(self-exchange reaction)。

第二类是既有电子转移，又有净的化学变化，如下列两个反应：

$$[Fe(H_2O)_6]^{2+} + [IrCl_6]^{3-} \longrightarrow [Fe(H_2O)_6]^{3+} + [IrCl_6]^{4-}$$

$$[Fe(CN)_6]^{4-} + [Fe(phen)_3]^{3+} \longrightarrow [Fe(CN)_6]^{3-} + [Fe(phen)_3]^{2+}$$

这类反应即通常的氧化还原反应。

分析外界反应机理需要建立两个概念：其一是 Frank-Condon 原理，该原理认为：由于电子和原子核之间的质量相差非常大，因此核重排对电子运动影响很大，核受电子运动的影响却相当微弱，由于电子重排非常快，因此可认为电子重排完成之前原子核是静止的；其二是必须当两个配合物参与电子转移的轨道能量达到相等时，电子才能从一个部位转移到另一个部位。

以第一个自交换反应为例，一般认为当$[Fe(H_2O)_6]^{2+}$和$[Fe(H_2O)_6]^{3+}$处在正常大小的情况下，不可能发生电子转移，因为 Fe^{2+} 的离子半径比 Fe^{3+} 的离子半径大，相应的轨道能量相差较大，而要发生电子转移反应，参与电子转移的轨道能量必须相等，这种轨道能量的变化可以通过原子核沿着核间键轴方向的运动来实现。从概率考虑，在任何温度下，总有一些

$Fe—H_2O$ 的距离比平均的距离明显增长或缩短，如果 Fe(Ⅱ)—H_2O 键的距离缩短到一定长度，而 Fe(Ⅲ)—H_2O 键的距离增长到一定长度，当它们的键长恰好相等时，它们的轨道具有相同的能量，则可以发生电子转移，此时的两个配合物称为活化配合物。结合 Frank-Condon 原理，由于原子核的运动(～10^{-13} s)比电子运动(～10^{-15} s)大约慢两个数量级，因此，这种核的运动过程必须发生在电子转移之后，而当轨道能量相等时，电子转移的瞬间可认为原子核处于“静止”状态。

在外界反应机理的电子转移阶段，反应物仍保持它原有的配位层，这是外界反应机理最显著的特征。此外，前已述及，属于外界反应机理的电子转移反应不一定伴随着净的氧化还原反应。在这种情况下，势能对反应坐标的曲线是对称的(图 1-11)。它的活化能 E_a 由三部分组成：①克服相同电荷离子排斥的静电能；②扭曲两个配离子配位层所需要的能量；③改变两个配离子周围溶剂排布所需要的能量。$[Fe(H_2O)_6]^{2+} \rightarrow [Fe(H_2O)_6]^{3+}$ 自交换反应的活化能约为 32 kJ·mol^{-1}。

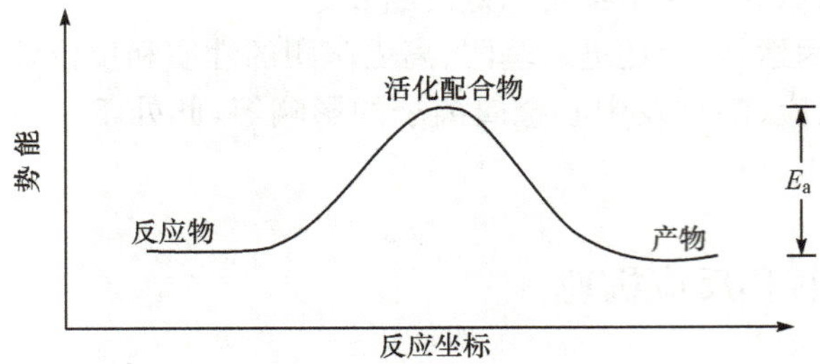

图 1-11　势能-反应坐标图

属于外界反应机理的电子转移反应很多，表 1-7 列出了若干实例及相应的速率常数。值得注意的是，在电子转移中所涉及的轨道是成键或反键轨道时，键长需要作较大的调整，需要的重排能就大。例如，八面体配合物电子从反键的 e_g 轨道转移出所需的重排能要比从非键或弱反键的 t_{2g} 轨道的大(尽管 t_{2g} 轨道的电离能较高)，因此反应速率较小。各种外层电子转移反应的速率变化相当大，可从 10^{-4}～10^9 L·mol^{-1}·s^{-1}。当反应过程中出现电子自旋态的改变时，所需重排能大，反应速率特别慢。例如，从高自旋的 Co(Ⅱ)到低自旋的Co(Ⅲ)的转变。一些常见的过渡金属离子的外层电子转移反应速率常数列于表 1-7 中。

表 1-7　常见过渡金属离子的外层电子转移反应的速率常数

反应			速率常数 k/(L·mol^{-1}·s^{-1})
	$\pi^* \rightarrow \pi^*$		
$[Fe(H_2O)_6]^{2+}$ $(\pi^*)^4(\sigma^*)^2$	+	$[Fe(H_2O)_6]^{3+}$ $(\pi^*)^3(\sigma^*)^2$	4.0
$[Fe(phen)_3]^{2+}$ $(\pi^*)^6$	+	$[Fe(phen)_3]^{3+}$ $(\pi^*)^5$	≥3×10^7
$[Ru(NH_3)_6]^{2+}$ $(\pi^*)^6$	+	$[Ru(NH_3)_6]^{2+}$ $(\pi^*)^5$	8.2×10^2
$[Ru(phen)_3]^{2+}$ $(\pi^*)^6$	+	$[Ru(phen)_3]^{3+}$ $(\pi^*)^5$	≥10^7
	$\sigma^* \rightarrow \sigma^*$		
$[Co(H_2O)_6]^{2+}$ $(\pi^*)^5(\sigma^*)^2$	+	$[Co(H_2O)_6]^{3+}$ $(\pi^*)^6$	～5
$[Co(NH_3)_6]^{2+}$ $(\pi^*)^5(\sigma^*)^2$	+	$[Co(NH_3)_6]^{3+}$ $(\pi^*)^6$	≤10^{-9}

反应			速率常数 $k/(L \cdot mol^{-1} \cdot s^{-1})$
$\sigma^* \rightarrow \sigma^*$			
$[Co(en)_3]^{2+}$ $(\pi^*)^5(\sigma^*)^2$	+	$[Co(en)_3]^{3+}$ $(\pi^*)^6$	1.4×10^{-4}
$[Co(phen)_3]^{2+}$ $(\pi^*)^5(\sigma^*)^2$	+	$[Co(phen)_3]^{3+}$ $(\pi^*)^6$	1.1

1.4.2 内界反应机理

和外界反应机理不同，按内界反应机理（inner sphere mechanism）进行的电子转移反应，金属原子原来的配位层发生了变化，氧化剂和还原剂通过一个桥联基团连接起来，形成桥式活化配合物（bridged activated complex），通过桥式配体把两个中心金属离子连接起来，电子通过该桥联基团迁移。例如下述反应：

$$[CoX(NH_3)_5]^{2+} + [Cr(H_2O)_6]^{2+} + 5H_3O^+ \longrightarrow [Co(H_2O)_6]^{2+} + [CrX(H_2O)_5]^{2+} + 5NH_4^+$$

$$X: SCN^-, N_3^-, PO_4^{3-}, CH_3COO^-, Cl^-, Br^-, SO_4^{2-} \text{ 等}$$

以 Cl^- 为例，在这个氧化还原反应中，Co^{3+} 被还原为 Co^{2+}，Cr^{2+} 被氧化成 Cr^{3+}，氧化剂和还原剂通过 Cl^- 相连，形成一个双核活化配合物，Cl^- 在 Co^{3+} 和 Cr^{2+} 之间架起了一座通过电子的桥梁，犹如在 Co 电极和 Cr 电极之间连了一根导线，使电子顺利地通过。Cr^{2+} 顺利被氧化，由于 Cr^{3+} 吸引 Cl^- 比 Co^{2+} 强很多，结果 Cl^- 进入 Cr^{3+} 配离子内界。由于电子转移是在配合物内界中进行的，称为内界反应机理。

该反应是内界反应机理的第一个实例，是由 Henry Taube 及其合作者在 20 世纪 50 年代提出来的。由于在电子转移反应，特别是在过渡金属配合物电子转移反应机理方面的卓越贡献，Taube 获得了 1983 年的诺贝尔化学奖。

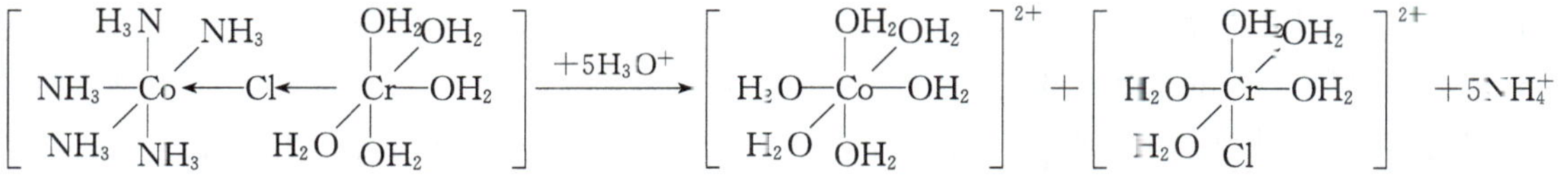

在该反应中，低自旋的 Co^{III} 是惰性的，$[Co^{III}Cl(NH_3)_5]^{2+}$ 配离子在酸性溶液中存在数小时也很少有 NH_3 从中解离，只有少量 Cl^- 释放出来。由于 Jahn-Teller 效应的影响，高自旋的 Cr^{II} 是活性的。d^3 组态的 Cr^{III} 是惰性的，$[Cr(H_2O)_6]^{2+}$ 的水交换反应速率比 $[Cr(H_2O)_6]^{3+}$ 快 10^{15} 倍，因此，Taube 认为 Cr—Cl 之间的化学键是当 Cr 为 +2 价时形成的，而不是在被氧化到 +3 价以后形成的。

有些实验事实也可以证明此反应机理。例如，在 HCl 中用金属锌还原 $CrCl_3$ 制备得到 $CrCl_2$，将以 ^{36}Cl 标记的配离子 $[Co^{36}Cl(NH_3)_5]^{2+}$ 溶解在上述 $CrCl_2$ 盐酸溶液中，$[Co^{36}Cl(NH_3)_5]^{2+}$ 经过还原后产物为 $[Cr^{36}Cl(H_2O)_5]^{2+}$ 和 $[Co(H_2O)_6]^{2+}$，而且 $[CrCl(H_2O)_5]^{2+}$ 中只含有 $^{36}Cl^-$，不含有 $^{35}Cl^-$，说明 $[CrCl(H_2O)_5]^{2+}$ 中的 Cl^- 来自 $[Co^{36}Cl(NH_3)_5]^{2+}$，而不是来自反应的介质。这就证明了上述机理中确实存在桥联双核活化配合物。

一系列的实验事实直接或间接地证实了内界反应机理。例如，在 $[Cr(H_2O)_6]^{2+}$-$[IrCl_6]^{2-}$ 的反应体系中，该反应明显分为两个阶段：第一阶段 $[IrCl_6]^{2-}$ 的红棕色迅速消失，有绿色中间产物形成；第二阶段是绿色的消失和最终产物的形成，溶液呈橄榄棕色。电子光谱的实验结果表明，反应过程中形成了双核的配合物$(H_2O)_5Cr^{III}ClIr^{III}Cl_5$，是电子转移以后的桥式配合物。

进一步的研究还发现，该反应平行地通过外界反应机理和内界反应机理发生电子转移反应，在 0 ℃时，71%通过外界反应机理，29%通过内界反应机理。电子转移以后的桥式配合物，39%通过 Cr—Cl 键的断裂，61%通过 Ir—Cl 键的断裂发生解离。

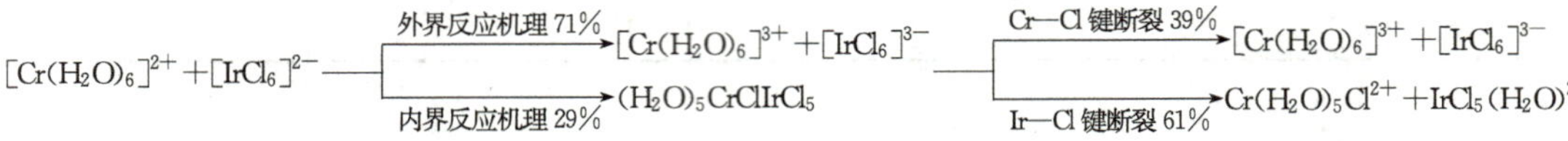

在下列反应中：

$$[Cr^{II}(H_2O)_6]^{2+} + [cis\text{-}Ru^{III}(NH_3)_4Cl_2]^{+} \longrightarrow [Cr^{III}(H_2O)_5Cl]^{2+} + [cis\text{-}Ru^{II}(NH_3)_4Cl(H_2O)]^{+}$$

中间体双核配合物$[(H_2O)_5CrClRu(NH_3)_4Cl]^{3+}$的存在已经被光谱实验所证实。

反应：

$$[Co^{II}(CN)_5]^{3-} + [Fe^{III}(CN)_6]^{3-} \longrightarrow [Co^{III}(CN)_6]^{3-} + [Fe^{II}(CN)_5]^{3-}$$

中的$[(CN)_5Fe(CN)Co(CN)_5]^{6-}$曾被作为主要产物分离出来，这些事实都表明了内界反应机理的合理性。

任何内界反应机理的电子转移反应都包括三个过程：

(1) 形成桥式配合物：

$$M^{II}L_6 + XM'^{III}L'_5 \longrightarrow L_5M^{II}—X—M'^{III}L'_5 + L$$

(2) 氧化还原反应过程：

$$L_5M^{II}—X—M'^{III}L'_5 \longrightarrow L_5M^{III}—X—M'^{II}L'_5$$

(3) 中间桥式配合物分解为最终产物：

$$L_5M^{III}—X—M'^{II}L'_5 \longrightarrow L_5M^{III}X + M'^{II}L'_5L$$

在这三步反应当中，一般氧化还原反应为决速步骤。如果电子转移之后的桥式配合物成为不易发生取代的惰性配合物，则第三步分解反应成为反应的决速步骤，如$[Cr(H_2O)_6]^{2+}$还原$[RuCl(NH_3)_5]^{2+}$的决速步骤是$[Ru^{II}(NH_3)_5(\mu\text{-}Cl)Cr^{III}(H_2O)_5]^{4+}$的解离。如果形成桥式配合物是反应的决速步骤，则同一氧化剂与一组还原剂或同一还原剂与一组氧化剂反应时往往显示相近的反应速率，如具有不同桥式配体的一组 Co(Ⅲ)氧化 $V^{2+}(aq)$时反应速率相近。八面体构型的水合离子常显示这种性质，反应速率对不同的进入基团只显示很弱的依赖关系。

1.5 主族元素的反应

以上讨论的反应大多涉及过渡元素配合物。主族元素化合物的反应及其机理的研究涉及各种反应类型。下面结合一些实例作简要介绍。

1.5.1 取代反应

一些重要的ⅢA 主族元素的特征取代反应有

$$3H^- + BF_3 \xrightarrow{R_2O} BH_3 + 3F^-$$

$$4H^- + AlCl_3 \xrightarrow{R_2O} AlH_4^- + 3Cl^-$$

$$MeO^- + BCl_3 \longrightarrow MeOBCl_2 + Cl^-$$

前两个反应是很重要的反应，它们提供了合成重要化合物 BH_3 和 $LiAlH_4$ 的方法。虽然目前对上述这些反应的详细机理还不是完全清楚，但认为反应首先是强碱 H^- 与 B、Al 配位形成$[HBF_3]^-$、$[HAlCl_3]^-$，接着经由内界反应机理中的(1)，H^- 取代碱性弱的 F^- 和 Cl^-。

过量的 Me_3N 取代(或交换)Me_3NBMe_3 中的 Me_3N 的反应已进行了较详细的研究。实验测得的速率定律为一级反应，具有大而正的活化参数 $\Delta H^{\neq}$(71.1 kJ·mol^{-1}，该数值与加合物中 N—B 键的解离焓接近)和 $\Delta S^{\neq}$，这些动力学参数示意反应是单分子解离(D 机理)反应。

下列取代反应具有不同的反应机理：

$$Me_3GaNMe_xH_{3-x}+NMe_xH_{3-x}; \quad Me_3InNMe_xH_{3-x}+NMe_xH_{3-x}$$

研究发现 NMe_xH_{3-x}的取代反应速率极大，而加合物的解离焓约为 83.6 kJ·mol^{-1}，因此要经由加合物解离机理进行取代反应是不可能的。可设想由于 Ga 和 In 的体积比 B 原子大，并且可利用 4d 和 5d 价轨道接受进入配体 NMe_xH_{3-x}的孤对电子，容易形成 5 配位的过渡态，反应是经由内界反应机理中(1)或缔合机理进行。

1.5.2 加成-消去反应

ⅢA 族元素形成的缺电子化合物与配体的反应可作为加成反应的例子，其逆反应为消去反应。典型的例子是 BF_3 和 NH_3 的加成反应：

$$BF_3+NH_3 \longrightarrow F_3BNH_3$$

反应机理可用下式示意

$$BF_3+NH_3 \xrightleftharpoons{慢} F_3BNH_3^{\neq} \xrightarrow{快,M} F_3BNH_3-M$$

BF_3 和 NH_3 首先加合形成四面体结构的过渡态，接着 $F_3BNH_3^{\neq}$ 迅速与体系中其他分子 M 碰撞，除去多余的能量后生成产物 F_3BNH_3。

1.5.3 交换反应

交换反应可以是配体与溶剂分子的交换，也可以是相同或不同中心原子间的配体的交换。涉及卤素原子的交换反应有下列一些例子：

$$3SOCl_2+2AsF_3 \longrightarrow 3SOF_2+2AsCl_3$$

$$BF_3+AlCl_3 \longrightarrow BCl_3+AlF_3$$

$$BCl_3+BF_3 \longrightarrow BClF_2+BFCl_2$$

$$Sb(CH_3)_3+SbCl_3 \longrightarrow (CH_3)_2SbCl+CH_3SbCl_2$$

对这类交换反应已提出各种不同的机理，如下列类型的反应有四种可能的机理。

$$MX_3+MR_3 \longrightarrow MX_2R+MXR_2$$

(1) 在 R 上的亲电进攻(缔合机理)。

$$MX_3 \rightleftharpoons MX_2^+ +X^-$$

$$MX_2^+ +MR_3 \longrightarrow X_2M\cdots R\cdots MR_2^+ \longrightarrow MX_2R-MR_2^+$$

$$MR_2^+ +X^- \longrightarrow MXR_2$$

(2) 在 M 上的亲核进攻(缔合机理)。

$$MX_3 \rightleftharpoons MX_2^+ +X^-$$

$$X^- +MR_3 \longrightarrow X\cdots M\cdots R_3^- \longrightarrow MXR_2+R^-$$

$$MX_2^+ +R^- \longrightarrow MX_2R$$

(3) 在 M 上的自由基进攻。

$$MX_3 \longrightarrow X_2M + X\cdot$$
$$X\cdot + MR_3 \longrightarrow XMR_2 + R\cdot$$
$$R\cdot + \cdot MX_2 \longrightarrow MX_2R$$

(4) 桥式机理。

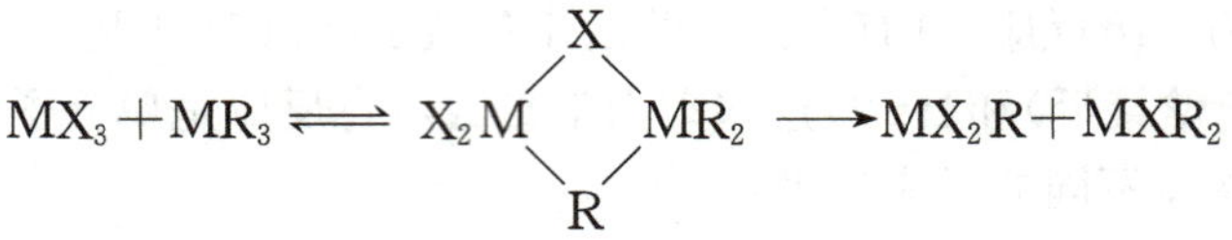

上述四种机理中桥式机理最常遇到,如 $Sb(CH_3)_3$ 与 $SbCl_3$ 的交换反应。

1.5.4 氧化还原反应

p 区元素的氧化还原反应通常涉及原子或基团的转移或取代。例如下列反应:

$$ClO_3^-(aq) + 6X^-(aq) + 6H^+ \longrightarrow Cl^-(aq) + 3X_2(g) + 3H_2O(l)$$
$$ClO^-(aq) + NO_2^-(aq) \longrightarrow Cl^-(aq) + NO_3^-(aq)$$

以及 XO^-、XO_2^-、XO_3^-、ClO_2、Cl_2O 与 SO_3^{2-} 生成 X^- 和 SO_4^{2-} 的反应(X=Cl、Br)。经同位素 ^{18}O 示踪研究发现,都有氧原子的转移发生。例如,在 ClO^- 与 NO_2^- 的反应中,使用 ^{18}O 标记的 ClO^- 证明产物 NO_3^- 中外加的一个 O 原子来自于 ClO^-。这类反应通常在酸性溶液中进行较快,这是由于 H^+ 使含氧酸根中的氧原子质子化,降低了氧原子上的负电荷,H_2O 分子从过渡态更容易失去。

1.5.5 自由基反应

含氮氧化物的反应可作为这类反应的例子,如 N_2O_5 的热分解:

$$2N_2O_5 \longrightarrow 2N_2O_4 + O_2$$

实验表明反应的速率定律只与 $[N_2O_5]$ 有关,是一级反应。然而并不能考虑上述的反应为单分子反应,因为一个 N_2O_5 分子的过渡态并不能直接得到产物。现已提出认为是自由基机理:

$$N_2O_5 \underset{k_{-1}}{\overset{k_1}{\rightleftharpoons}} \cdot NO_3 + \cdot NO_2 \qquad (快)$$
$$\cdot NO_3 + \cdot NO_2 \xrightarrow{k_2} \cdot NO_2 + O_2 + \cdot NO \qquad (慢)$$
$$\cdot NO + \cdot NO_3 \xrightarrow{k_3} 2\cdot NO_2$$
$$2\cdot NO_2 \rightleftharpoons N_2O_4$$

同时实验观察到,当体系中 $\cdot NO$ 的量增加,N_2O_5 的分解速率也相应增快,这与上述的机理相一致,显然 $\cdot NO$ 和 $\cdot NO_3$ 的反应导致 N_2O_5 分解加快。

1.5.6 定时反应

反应物开始混合以后的某一时刻突然可以观察到产物出现的一类反应称为定时反应(clock reaction)。假如固定反应物的浓度和反应的温度,则产物的出现是在反应物混合以后的一定时间内发生。这类反应最为常见的例子是 HSO_3^- 和 IO_3^- 的反应:

$$2IO_3^- + 5HSO_3^- + 2H^+ \longrightarrow I_2 + 5HSO_4^- + H_2O$$

当过量的 IO_3^- 和 HSO_3^- 开始混合后的某一时刻,可观察到 I_2 的突然出现,反应可表示为

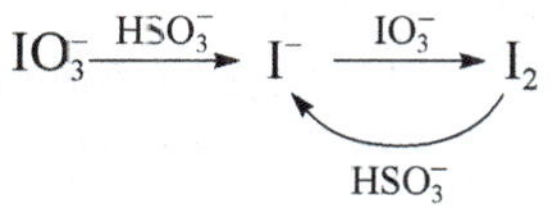

上述反应包括下列三组反应：

(1) $$IO_3^- + 3HSO_3^- \xrightarrow{\text{慢}} 3HSO_4^- + I^-$$

(2) $$IO_3^- + 5I^- + 6H^+ \longrightarrow I_2 + 3H_2O$$

(3) $$I_2 + HSO_3^- + H_2O \longrightarrow 2I^- + HSO_4^- + 2H^+$$

由于反应(3)比反应(1)和(2)快得多，因此由反应(2)产生的 I_2 一经形成就立即消失，直到 HSO_3^- 实际耗尽时才观察到 I_2 的生成。因此，假如适当控制条件，I_2 也会很迅速地出现。上述第一组反应认为涉及以下三个氧原子转移过程：

$$H^+ + HSO_3^- + IO_3^- \xrightarrow{\text{慢}} HSO_4^- + HIO_2$$

$$HIO_2 + HSO_3^- \longrightarrow HSO_4^- + HIO$$

$$HIO + HSO_3^- \longrightarrow HSO_4^- + I^- + H^+$$

第(2)组的反应较复杂，机理为

$$IO_3^- + 2H^+ + I^- \xrightarrow{\text{慢}} HIO_2 + HIO$$

$$HIO_2 + H^+ + I^- \longrightarrow 2HIO$$

$$HIO + H^+ + I^- \rightleftharpoons I_2 + H_2O$$

第(3)组的反应机理为

$$HSO_3^- + I_2 \rightleftharpoons HSO_3I + I^-$$

$$HSO_3I + H_2O \rightleftharpoons HSO_4^- + 2H^+ + I^-$$

1.6 催 化 反 应

许多化学反应因催化剂的存在而加速，常常很少量的催化剂就可使反应速率大幅提高。催化剂的作用是为反应物提供一条不同的、需要较低活化能的反应途径。催化反应涉及的范围很广，从生物体的生命过程到大规模的工业生产都有应用。现已了解在生物体内存在千百种生物催化剂——酶，它们参与维持生命的各种催化过程。在化学和石油工业中，许多生产过程都需要利用催化反应进行。催化反应的重要作用越来越引起人们的关注，人们对催化剂及其反应机理已进行了大量研究，近年来的发展尤为迅速并已积累了丰富的知识。

催化反应可分为两大类：均相催化和多相催化。催化剂为可溶性物质，反应在溶液中进行的为均相催化(homogeneous catalysis)反应；催化剂是不溶性的金属(通常负载在无机氧化物载体上)或化合物(如金属氧化物、硅铝酸盐和过渡金属配合物)，反应主要在气相(或溶液)中进行的为多相催化(heterogeneous catalysis)反应。多相催化具有操作方便、催化活性较高等优点，在工业生产上占有较大的比重。均相催化的选择性较高(对所要求的产物有较高的产率)，但分离困难。均相催化的反应动力学较简单，适合于用一般的方法如红外光谱、核磁共振光谱等进行催化机理的研究，并可作为多相催化的可能机理的模型。下面就各类催化反应进行讨论。

1.6.1 酸碱催化

一些反应因反应物(或其中的一种)与酸或碱作用而加速。例如，*trans*-$[Co(en)_2F_2]^+$ 的水合反应需要在酸性条件下进行，这是由于配体 F^- 与 H^+ 结合加速了 H_2O 分子取代 F^- 的反应速率。在八面体配合物的取代反应中讨论的按解离共轭碱机理进行的 $[Co(NH_3)_5Cl]^{2+}$ 碱式水解反应可作为碱催化的典型例子。酸碱催化特别是固体酸碱催化已广泛应用于有机合成和石油炼制，如酯的水解、芳烃的烷基化、环氧氯丙烷水解为甘油、烃类的催化裂解、异构化、醇类脱水、烯烃水合等的工业催化过程。对羧酸酯的水解反应：

$$R-\overset{\overset{\displaystyle O}{\|}}{C}-OR' + H_2O \rightleftharpoons RCOOH + R'OH$$

研究表明，在酸性条件下其反应过程为

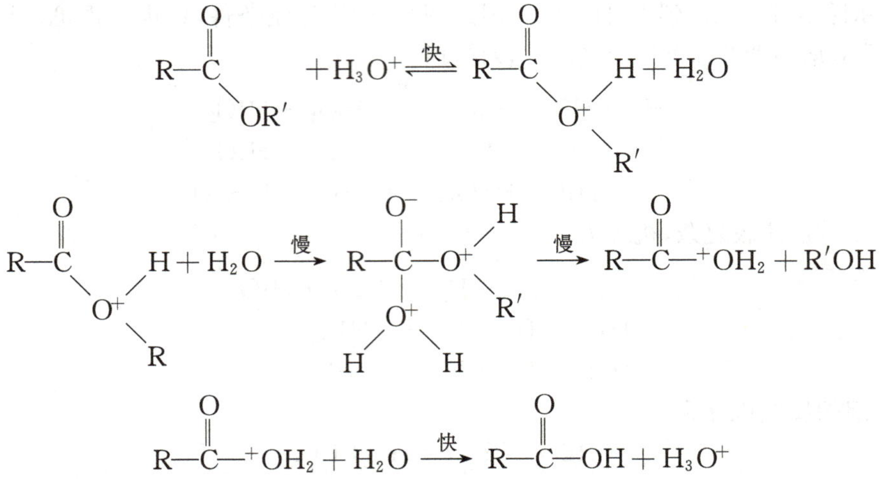

反应首先是质子转移到酯的醇基氧原子上，然后水分子进攻羧基碳原子生成中间体，中间物解离出醇分子，最后放出 H^+，生成羧酸。固体的酸和碱（具有酸中心或碱中心的固体物质）也可作为催化剂，如硅铝酸类催化剂 SiO_2-Al_2O_3，在其表面具有 AlO_4^- 的四面体结构，可吸收一个 H^+ 成为酸中心，因而在烯烃的裂解和异构化反应中可作为酸催化剂。最近十多年来，一些新型分子筛的合成在催化裂解的工业生产中起着日益重要的作用。

1.6.2 金属离子的催化

金属离子催化的一类重要反应是过渡金属配合物的水合反应。典型的例子是含卤素的三价钴配合物在 Hg^{2+} 存在下的反应

$$[Co(NH_3)_5Cl]^{2+} + Hg^{2+} \xrightarrow{\text{水}} [Co(NH_3)_5(OH_2)Cl]^{3+} + HgCl^+$$

Hg^{2+} 与 Cl^- 的配位作用增加了配体 Cl^- 的活性，使其容易发生解离，从而加速水合反应的进行。

这类反应中过渡金属和离去配体间的解离过程可以是一步完成，或经由一个桥配体的双核配合物作为中间体的二步过程进行：

$$M-Cl + M' \rightleftharpoons M-Cl-M' \longrightarrow M + M'-Cl$$

随着双核中间体稳定性的降低，二步机理就变成为一步机理，但两者没有明显的分界线。研究表明 Hg^{2+} 催化 *cis*-$[Co(en)_2Cl_2]^+$ 的水合反应是按二步机理进行，*trans*-$[Co(en)_2Cl_2]^+$ 是通过一步机理进行。

金属离子催化的另一类重要反应是酯和肽的水解，这类反应在生物体内显得尤为重要。水解是由于有机分子在金属离子上的配位引起分子中电子密度的改变，从而有利于亲核基（如

OH^-或H_2O)的进攻。例如,氨基乙酸乙酯的水解速率由于Co^{2+}或Cu^{2+}的存在而加速,当M^{2+}与酯物质的量比趋近1时,水解的一级速率常数达到最大,这表示有1∶1配合物的中间体形成。反应机理为

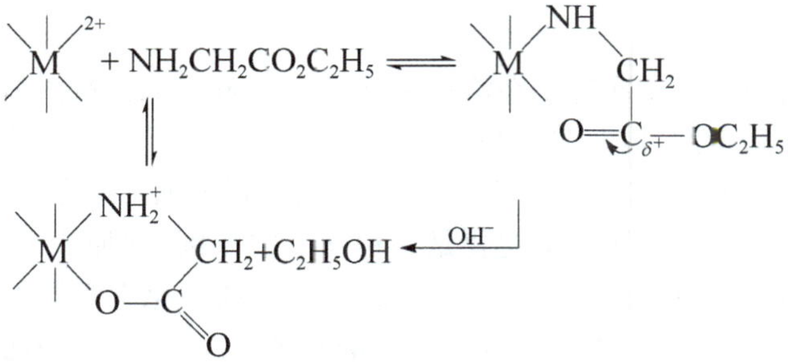

羰基的配位使部分负电荷移向金属离子,使C原子更容易接受OH^-的亲核进攻,增加了水解反应的速率。

许多氧化还原反应也需要金属离子的催化。典型的例子是Ce(Ⅳ)和Tl(Ⅰ)的反应:

$$2Ce(Ⅳ)+Tl(Ⅰ)\longrightarrow 2Ce(Ⅲ)+Tl(Ⅲ)$$

Mn(Ⅱ)可催化上述反应,其机理为

$$Ce(Ⅳ)+Mn(Ⅱ)\longrightarrow Ce(Ⅲ)+Mn(Ⅲ)$$
$$Mn(Ⅲ)+Ce(Ⅳ)\longrightarrow Ce(Ⅲ)+Mn(Ⅳ)$$
$$Mn(Ⅳ)+Tl(Ⅰ)\longrightarrow Mn(Ⅱ)+Tl(Ⅲ)$$

反应中Ce(Ⅳ)和Mn(Ⅱ)之间发生两个单电子转移,Mn(Ⅳ)和Tl(Ⅰ)经由一个双电子转移过程。因此,催化剂Mn(Ⅱ)为Ce(Ⅳ)和Tl(Ⅰ)之间的电子转移提供了一条较有利的反应途径。

研究表明,在生物体内一些金属酶起着催化氧化还原反应的作用。例如,多巴胺的氧化

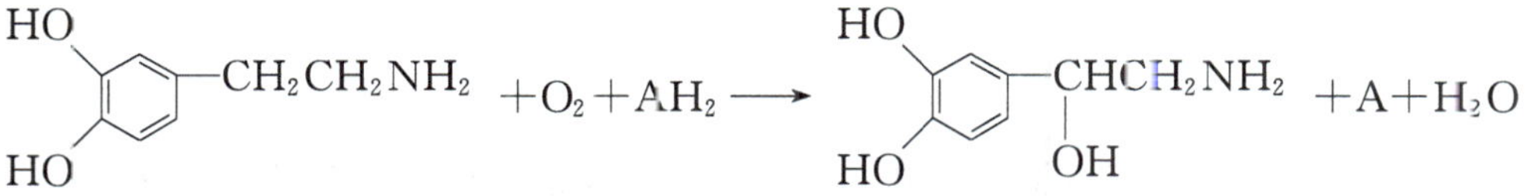

(AH_2:抗坏血酸盐,作为氢的载体)

就需要铜酶(称为多巴胺-β-单加氧酶,用$E\text{-}Cu^{2+}$表示)催化。认为反应机理如下:

$$E\text{-}Cu^{2+}+AH_2\longrightarrow E\text{-}Cu^{2+}+AH\cdot+H^+$$
$$E\text{-}Cu^{2+}+O_2\longrightarrow E\text{-}Cu^{2+}—O_2^-\cdot$$

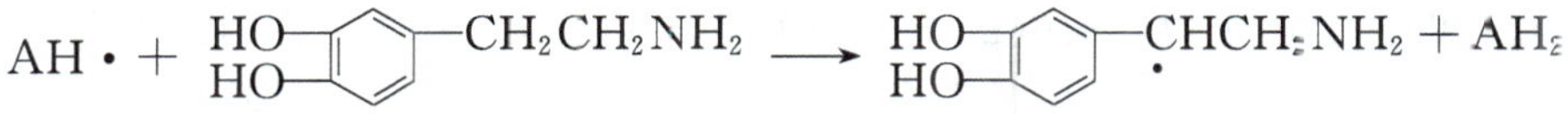

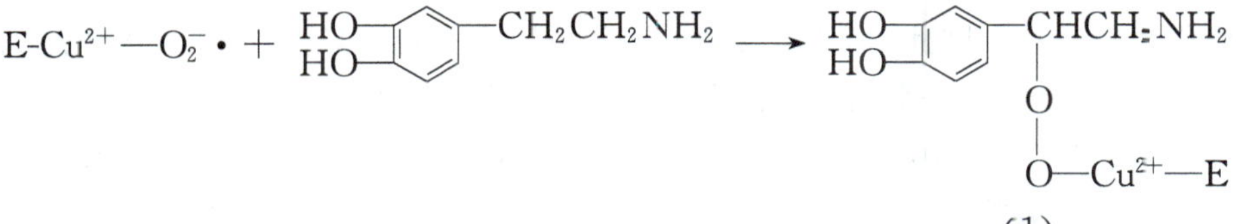

(1)

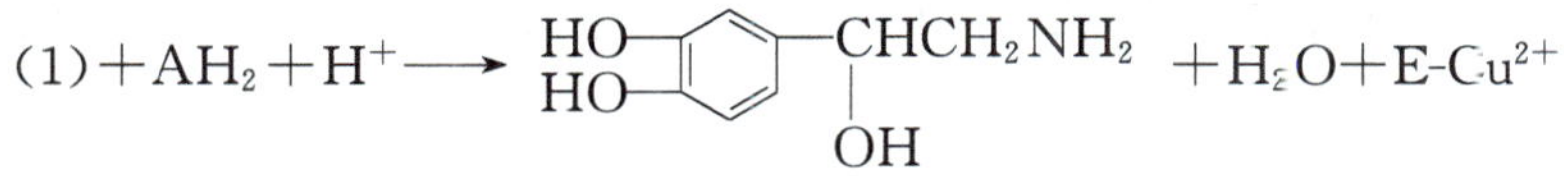

此外，关于有机金属化合物和金属酶在生物体内的催化反应将在第 4 章和第 7 章中分别讨论。

1.7 非水溶剂中的反应

大多数的化学反应和化学研究是在溶液中进行的。由于水具有溶解多种物质的能力，有很宽的便于利用的液程范围，以及提纯和使用方便等优点，因而是人们最早利用和常用的一种重要溶剂。以后的研究发现，物质在水溶液中所表现出的特征(如溶剂对溶质的溶剂化作用等)在其他溶剂中也同样存在，不同的主要是在程度上的差别，这种认识拓宽了人们对溶液化学的基本了解。20 世纪以来，通过对非水溶剂的化学和物理化学性质的研究，以及实验方法的不断改进和完善，该领域有了迅速的进展。大量的研究报告以及综述也表明，人们对非水反应介质的研究兴趣不断增加。

1.7.1 非水溶剂的一般性质

在化学反应中溶剂的作用常会对反应的历程和反应的产物产生重要的影响，这就需要了解溶剂的性质以及在反应体系中起的作用。表 1-8 汇总了一些溶剂的性质。

1. 熔点和沸点

熔点和沸点是溶剂的两个重要性质，它们决定了溶剂处于液态的温度范围，因而也就决定了在溶剂中的操作范围。从表 1-8 中可看到，H_2O(0～100 ℃)、H_2SO_4(10.371～270 ℃)和 HSO_3F(−88.98～162.7 ℃)都有较宽的液相温度范围。通常在室温下不是液体的物质难作为实用的溶剂。当然也不能完全受液态范围的限制，例如液氨(常压下液态范围为 −78～−33 ℃)和液态二氧化硫(常压下液态范围为 −75～−10 ℃)，虽然它们的液态范围并不理想，但它们来源丰富、价廉，尤其是具有一些独特的溶剂性能，因而仍然被广泛地研究和使用。另外，如 $NaHSO_3$，虽然在室温下是固体，但其熔融后对溶解各种难溶矿物是很有用的。

2. 介电常数

溶剂的介电常数可以作为其极性的度量，从而可以估计极性及非极性物质在其中的溶解性。

按库仑定律，两个带电粒子之间的作用力为

$$F=\frac{Q_1Q_2}{4\pi\varepsilon r^2}=\frac{Q_1Q_2}{4\pi\varepsilon_0\varepsilon_r r^2}$$

式中：Q_1 和 Q_2 为两个点电荷电量；r 为两个点电荷之间的距离；ε 为两个点电荷所在介质中的介电常数，$\varepsilon=\varepsilon_0\varepsilon_r$，$\varepsilon_0$ 为真空中的介电常数，ε_r 为相对介电常数。显然，介电常数越大，两个点电荷之间的作用力就越小。因此，高介电常数的溶剂可以大大降低晶体中正、负离子间的吸引力，从而可以推断离子型物质一般易溶于高介电常数的溶剂，难溶于低介电常数的溶剂。例如水的 ε_r=78.5，液氨的 ε_r=16.9，含有高价阴离子如 S^{2-}、SO_4^{2-}、PO_4^{2-}、CO_3^{2-} 的盐便很少溶于液氨。卤化物在水中的溶解度一般为 $F^- > Cl^- > Br^- > I^-$，而在液氨中溶解度的顺序一般为 $I^- > Br^- > Cl^- > F^-$，这正是由于从氟化物到碘化物，键的离子性减弱而共价键增强。

表 1-8　水和类水溶剂的性质

性　质	H_2O	NH_3	NH_2OH	N_2H_4	HF	H_2SO_4	HSO_3F	CH_3COOH	HCN	HNO_3	SO_2	BrF_3
相对分子质量	18.015	17.032	33.029	32.045	20.006	98.073	100.065	60.052	27.026	63.01	64.060	136.899
液体密度/($g\cdot mL^{-1}$)	0.958	0.683	1.204	1.0114	0.991	1.8269	1.726	1.049	0.681	1.504	1.46	2.3030
	(100 ℃)	(−33.35 ℃)	(33 ℃)	(15 ℃)	(19.5 ℃)	(25 ℃)	(25 ℃)	(25 ℃)	(25.6 ℃)	(25 ℃)	(−10 ℃)	(25 ℃)
分子体积/($mL\cdot mol^{-1}$)	18.80	24.94	27.43	31.68	20.19	53.68	57.98	57.25	39.69	41.89	43.88	48.84
熔点/℃	0	−77.7	33	1.8	−89.37	10.371	−88.98	16.6	−13.35	−41.62	−75.52	8.9
沸点/℃	100	−33.35	58	113.5	19.51	约 270（分解）	162.7	118.1	25.6	82.6	−10.08	125.8
临界温度/℃	374.1	132.4		380	230.2			321.6	183.5		157.5	
临界压力/atm	217.7	112.3		145				57.2	55		77.8	
熔化焓/($kcal\cdot mol^{-1}$)	5.998	5.634		13.28	4.573	10.70		11.22	8.397	10.46	7.394	12.00
蒸发焓/($kcal\cdot mol^{-1}$)	4063	23.32		44.73	30.26			24.29	25.19	39.40	24.91	42.64
蒸发熵/($cal\cdot K^{-1}\cdot mol^{-1}$)	104.5	97.39		115.8	103.2			62.28	84.44	110.8	94.89	107.4
电导率/($\Omega^{-1}\cdot mol^{-1}$)	6×10^{-8}	1×10^{-11}		$(2.3\sim2.8)\times10^{-6}$	1.4×10^{-5}	1.04×10^{-2}	1.085×10^{-4}	1.2×10^{-8}	4.5×10^{-7}	3.72×10^{-2}	4×10^{-8}	3.0×10^{-3}
	(25 ℃)	(−33.4 ℃)	(100 ℃)	(25 ℃)	(−15 ℃)	(25 ℃)	(25 ℃)	(25 ℃)	(0 ℃)	(25 ℃)	(−10 ℃)	(25 ℃)
介电常数	81.1	22		51.7	83.6	101		9.7	123.5	50±10	17.4	
	(18 ℃)	(−34 ℃)	(100 ℃)	(25 ℃)	(0 ℃)	(25 ℃)		(18 ℃)	(15 ℃)	(14 ℃)	(−19 ℃)	
黏度/($mpa\cdot s$)	0.959	0.254		0.9	0.256	24.54	1.56	1.040	0.201	7.46	0.4235	2.22
	(25 ℃)	(1～33.5 ℃)	(100 ℃)	(25 ℃)	(0 ℃)	(25 ℃)	(25 ℃)	(30 ℃)	(20.2 ℃)	(25 ℃)	(−10 ℃)	(25 ℃)
摩尔冰点降低常数	1.859	0.97					3.93	3.9	1.805	2.68	3.01	
摩尔沸点升高常数	0.51	0.34						3.07	0.85		1.48	1.19
气态偶极矩	1.85	1.47		1.83	1.9				2.8	2.16	1.61	

本表引自 Moller T. Inorganic Chemistry. New York: John Wiley, 1982, Chap 9. 压力单位: atm, 能量单位: $kcal\cdot mol^{-1}$。

3. 黏度

低黏度是溶剂的理想性质。在黏度较小的液体中，离子和分子的迁移较快，电解质溶液的导电性也就较好。另一方面，溶解、沉淀、结晶、过滤、分离等操作也较容易，而且受扩散控制的反应的速率也较快。

4. 电导率

电导率数据是衡量溶剂纯度的一个重要指标，也是溶剂自由电离程度的度量，所以在选用溶剂时，电导率也是应予以考虑的一个物理性质。

5. 溶质和溶剂的相互作用

溶剂与溶质间的溶剂化作用对溶质的电离和溶解会产生重要影响，有时甚至直接影响反应的产物。这种溶剂化作用可来源于 van der Waals 力和偶极的相互作用，即普通的分子间引力，也可以是溶剂和溶质的酸碱相互作用。通常，碱性溶剂(如液氨)有利于溶解酸性溶质，酸性溶剂(如无水硫酸)则促进碱性溶质的溶解。非极性溶剂有利于溶解非极性溶质，极性溶剂有利于溶解极性共价化合物和离子化合物。例如水溶剂，它既含有酸性氢原子，有利于碱性溶质的溶剂化，又含有显碱性的氧原子，有利于酸性溶质的溶剂化，还有大的介电常数，是极性溶剂，因此是许多化合物的理想溶剂。

对于极性溶剂，当离子化合物的溶剂化能大于晶体的晶格能时就发生溶解。离子化合物的溶剂化焓与溶剂的介电常数有下列关系：

$$\Delta H_{溶剂化}=\frac{q^2}{2r}(1-\frac{1}{\varepsilon})$$

溶剂化焓随介电常数 ε 的增加而增加，因此，介电常数大的溶剂有利于离子化合物的溶解和电离(溶剂的介电常数越大，减弱溶质的正、负离子间的作用力越强)。另一方面，溶质的溶剂化能和晶格能受离子的大小和电荷的影响。一般来说，正离子和负离子半径增加，溶解度增大(这时溶剂化能增加较多)；正离子和负离子电荷增加，溶解度变小(晶格能增加较多)。离子的极化对溶解度也有重要影响。假如负离子较溶剂分子容易极化，晶格能的增加较溶剂化多，不利于离子化合物的溶解。对于外层具有 18 电子结构的离子，极化能力较具有相同电荷的 8 电子结构的离子强，它们与普通的负离子形成的盐就具有较小的溶解度。迄今，已对许多种非水溶剂进行了研究，这里结合上述的讨论，按碱性或亲质子溶剂、酸性或给质子溶剂以及对质子有惰性的溶剂这三类，选择其中一些有代表性的溶剂进行介绍。

1.7.2 碱性溶剂——液氨

液氨是一种无色的液体，作为溶剂 NH_3 分子也能发生类似 H_2O 分子的缔合作用，但由于 N⋯H—N 键比 O⋯H—O 键弱，因此缔合程度小。液氨的沸点比较低，但蒸发热较高(约为 21 kJ · mol^{-1})，可盛放在未镀银的杜瓦瓶中。虽然液氨在室温时较容易蒸发，但通过加压可在室温下进行操作。

溶剂 NH_3 分子自动电离形成铵和氨基离子：

$$2NH_3 \rightleftharpoons NH_4^+ + NH_2^- \qquad K_{电离}=10^{-27}$$

其电离常数比 H_2O 的 K_w 小得多，而且同样可以建立类似于水体系中的 pH 标度：

$pH=0$　　　　　　($1\ mol \cdot L^{-1} NH_4^+$)

$pH=13.5$　　　　　　($[NH_4^+]=[NH_2^-]$)

$pH=27$　　　　　　($1\ mol \cdot L^{-1} NH_2^-$)

溶液的 pH 小于 13.5 即为酸性，大于 13.5 为碱性，等于 13.5 为中性。

1. 在液氨中的溶解度

物质在液氨中的溶解性与在水中显著不同，液氨的介电常数($\varepsilon=22$)比水($\varepsilon=81.1$)要小得多，这就降低了溶解离子化合物的能力，特别是一些带有较高电荷的离子化合物，如由 CO_3^{2-}、$C_2O_4^{2-}$、SO_4^{2-}、SO_3^{2-}、S^{2-}、PO_4^{3-} 和 O^{2-} 形成的盐，它们的溶解度见表 1-9。

表 1-9　某些化合物在液态氨中的溶解度[$g \cdot (100\ g$ 溶剂$)^{-1}$，25 ℃]

化合物	溶解度	化合物	溶解度
NH_4NO_3	390.0	NaCl	3.02
NH_4I	368.4	$KClO_3$	2.52
NH_4SCN	312.0	H_3BO_3	1.92
$(NH_4)(CH_3CO_2)$	253.2	KCNO	1.70
$LiNO_3$	243.7	AgCl	0.83
NH_4Br	237.9	NaF	0.35
AgI	206.8	$Na_2S_2O_3$	0.17
NaSCN	205.5	ZnI_2	0.1
KI	182.0	KCl	0.04
NaI	161.9	MnI_2	0.02
NaBr	138.0	$NaNH_2$	0.004
NH_4ClO_4	137.9	$KBrO_3$	0.002
$(NH_4)_2S$	120.0	$(NH_4)_2SO_3$	0.0
NH_4Cl	102.5	$(NH_4)_2HPO_4$	0.0
$NaNO_3$	97.6	$(NH_4)HCO_3$	0.0
$Ba(NO_3)_2$	97.2	$(NH_4)_2CO_3$	0.0
$Sr(NO_3)_2$	87.1	Li_2SO_4	0.0
$AgNO_3$	86.0	Na_2SO_4	0.0
$Ca(NO_3)_2$	80.2	KI_3	0.0
KBr	13.5	K_2SO_4	0.0
KNO_3	10.4	K_2CO_3	0.0
AgBr	5.9	$BaCl_2$	0.0
KNH_2	3.6	ZnO	0.0

另一方面，NH_3 比 H_2O 的碱性强，可以与一些金属离子如 Ni^{2+}、Ag^+、Cu^{2+} 和 Zn^{2+} 配位，从而增加了这些离子化合物在液氨中的溶解度。与水溶剂相比，水分子与溶质的偶极作用是主要的。在液氨中，溶剂 NH_3 分子与溶质的 van der Waals 力和偶极作用近乎相等，因此，极性分子在液氨中的溶解能力不如水，而对于非极性分子(特别是有机物)和含有较多电子的容易极化的物质(如碘化物和硫氰酸盐)，液氨是比水较好的溶剂。

例如，在水中较难溶的 AgI，在液氨中却很容易溶解。这是由于 NH_3 变形性较大，变形性也较大的 I^- 与 NH_3 分子间的色散能大，因此含有 I^- 的盐就易溶于液氨中。另一个原因是，Ag^+ 与 NH_3 形成了配合物（酸碱加合物）。随着 F^-、Cl^-、Br^-、I^- 的变形性依次增大，对于同一金属离子的卤化物，在液氨中的溶解度往往依上列顺序依次增大。

2. 氨合电子及金属氨溶液

所有的碱金属和碱土金属（除了铍）都可溶解在液氨中，形成介稳态溶液，这是液氨作为溶剂的一种独特性质。碱金属（除 Li 之外）可不和氨反应，碱土金属则与氨形成六氨配合物。这些金属-氨的稀溶液都呈亮蓝色，溶液的电子光谱中有一个很强、很宽的吸收带，其最大吸收波长约在 1500 nm 处。由于各种金属-氨溶液的光谱图基本相同，故可认为这一吸收是由同一物质产生的，即由氨合电子$[e(NH_3)_x]^-$产生的。

在稀溶液中，金属原子离解为溶剂化阳离子和溶剂化电子，并存在下列平衡：

$$M \rightleftharpoons M^+ + [e(NH_3)_x]^- \qquad K \approx 10^{-2}$$

$$2M \rightleftharpoons M_2 \qquad K \approx 10^{-4}$$

$$[e(NH_3)_x]^- + M \rightleftharpoons M^- \qquad K \approx 10^3$$

较稀的金属-氨溶液是极好的导电体，其当量电导大于任何其他的电解质溶液，并且该溶液具有顺磁性，这是由于溶剂化电子具有不成对电子。溶液的体积比金属和溶剂的体积大得多，因此，人们认为氨溶液中的电子存在于液氨的孔腔中，其空穴的直径约为 300 pm，它的行为和溶液中的负离子相类似，易与正离子成对，如图 1-12 所示。

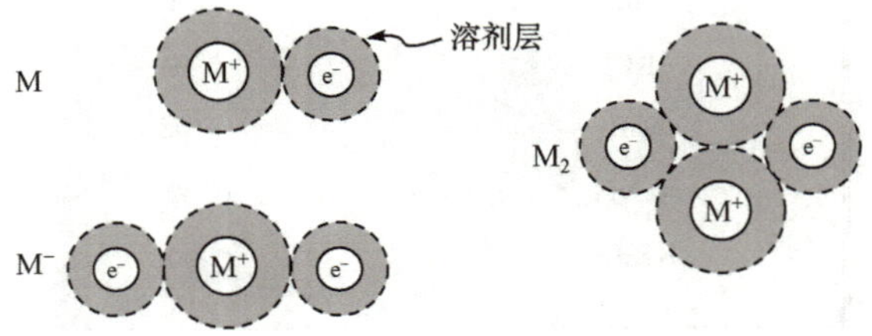

图 1-12　溶剂化的离子和电子

碱金属 Li、Na、K、Rb 形成的溶液的浓度增大到一定程度时，出现古铜色和蓝色两个液相，古铜色液体在上，蓝色液体在下，直到饱和，全变为古铜色。Cs 则不同，相应的液氨溶液随着浓度的增大，颜色由蓝色逐渐变为古铜色，不出现两个液相。随着溶液变浓，最初溶液的摩尔电导率降低，达到最小值，约为 $0.05\ S \cdot m^2 \cdot mol^{-1}$，然后又升高，直到饱和溶液，其值与纯金属接近。这种饱和溶液为逆磁性，像熔化的金属，故有“稀释的金属”之称。

溶剂化的电子具有很强的还原性，因此碱金属-氨溶液是很好的还原剂，可以用来制备一些非正常氧化态的金属配合物和其他化合物。例如下列反应：

$$K_2[Ni(CN)_4] + 2K \longrightarrow K_4[Ni(CN)_4]$$

$$Mo(CO)_6 + 6Na \longrightarrow Na_4[Mo(CO)_4] + Na_2C_2O_2$$

$$[Pt(NH_3)_4]Br_2 + 2K \longrightarrow Pt(NH_3)_4 + 2KBr$$

溶剂化电子不仅在液氨中存在，在其他溶剂如水中也能产生，只是水合电子的寿命很短（半衰期 0.78 ms），极不稳定。

3. 液氨中的电极电位

与水体系中类似，在液氨溶剂中也可用氢电极作为参考电极，建立起液氨体系中的电极电位。表 1-10 为液氨体系中的一些标准电极电位。

表 1-10　液氨体系中的一些标准电极电位

电极反应	$E^{\ominus}/V$	电极反应	$E^{\ominus}/V$
酸性溶液(1mol·L^{-1} NH_4^+)		酸性溶液(1mol·L^{-1} NH_4^+)	
$Li^+ + e^- \longrightarrow Li$	−2.34	$1/2I_2(s) + e^- \longrightarrow I^-$	1.26
$Sr^{2+} + 2e^- \longrightarrow Sr$	−2.30	$1/2Br_2(s) + e^- \longrightarrow Br^-$	1.73
$Ba^{2+} + 2e^- \longrightarrow Ba$	−2.20	$1/2Cl_2(s) + e^- \longrightarrow Cl^-$	1.91
$Ca^{2+} + 2e^- \longrightarrow Ca$	−2.17	$1/2F_2(s) + e^- \longrightarrow F^-$	3.50
$Cs^+ + e^- \longrightarrow Cs$	−2.08		
$Rb^+ + e^- \longrightarrow Rb$	−2.06	碱性溶液(1mol·L^{-1} NH_2^-)	
$K^+ + e^- \longrightarrow K$	−2.04	$Ca(NH_2)_2 + 2e^- \longrightarrow Ca + 2NH_2^-$	−2.83
$Na^+ + e^- \longrightarrow Na$	−1.89	$LiNH_2 + e^- \longrightarrow Li + NH_2^-$	−2.70
$Mg^{2+} + 2e^- \longrightarrow Mg$	−1.74	$Cs^+ + e^- \longrightarrow Cs$	−2.08
$Mn^{2+} + 2e^- \longrightarrow Mn$	−0.56	$Rb^+ + e^- \longrightarrow Rb$	−2.06
$Zn^{2+} + 2e^- \longrightarrow Zn$	−0.54	$K^+ + e^- \longrightarrow K$	−2.04
$NH_4^+ + e^- \longrightarrow NH_3 + 1/2H_2$	0.00	$NaNH_2 + e^- \longrightarrow Na + NH_2^-$	−2.02
$1/2N_2 + 3NH_4^+ + 3e^- \longrightarrow NH_3 + 1/2H_2$	0.04	$NH_3 + e^- \longrightarrow NH_2^- + 1/2H_2$	−1.59
$Pb^{2+} + 2e^- \longrightarrow Pb$	0.28	$1/2N_2 + 2NH_3 + e^- \longrightarrow 3NH_2^-$	−1.55
$Cu^+ + e^- \longrightarrow Cu$	0.36	$1/2I_2(s) + e^- \longrightarrow I^-$	1.26
$Cu^{2+} + 2e^- \longrightarrow Cu$	0.40	$1/2Br_2(s) + e^- \longrightarrow Br^-$	1.73
$Hg^{2+} + 2e^- \longrightarrow Hg$	0.67	$1/2Cl_2(s) + e^- \longrightarrow Cl^-$	1.91
$Ag^+ + e^- \longrightarrow Ag$	0.76	$1/2F_2(s) + e^- \longrightarrow F^-$	3.50

在 1 mol·$L^{-1}NH_4^+$ 的酸性溶液中：

$$NH_3 + \frac{1}{2}H_2 \longrightarrow NH_4^+ - e^- \qquad E = 0.00\ V$$

$$4NH_3 \longrightarrow 3NH_4^+ + \frac{1}{2}N_2 + 3e^- \qquad E = -0.04\ V$$

在 1 mol·$L^{-1}NH_2^-$ 的酸性溶液中：

$$NH_2^- + \frac{1}{2}H_2 \longrightarrow NH_3 + e^- \qquad E = 1.59\ V$$

$$3NH_2^- \longrightarrow 2NH_3 + \frac{1}{2}N_2 + 3e^- \qquad E = 1.55\ V$$

上述电位随 pH 的变化如图 1-13 中的实线所示。两直线的 E 的差值仅为 0.04 V，这样窄的间距表明，要找出不会被 NH_3 溶剂氧化或还原的溶质是非常困难的。因为一种物质要能够在液氨中稳定存在，该物质的氧化还原电位需落在上述两条实线之间，否则电极电位处在平行直线上方的物质就是还原剂，可还原 NH_4^+ 和 NH_3 而放出 H_2，电极电位在平行直线下方的物质则为氧化剂，会氧化 NH_2^- 和 NH_3 而放出 N_2。由于在通常情况下，H_2 和 N_2 的电对有约 1 V的超电位，如图 1-13 中虚线所示。因此，对液氨的实际工作范围有了相当的扩大，超过热力学上允许的范围，使通常强的氧化剂(如 MnO_4^-、O_3、O_2^-)和还原剂(如金属钠、铯)能够在液氨中稳定存在。

从图 1-13 中还可看到某些物质显示出与 H_2/NH_3 和 NH_3/N_2 电对很不同的 E-pH 关

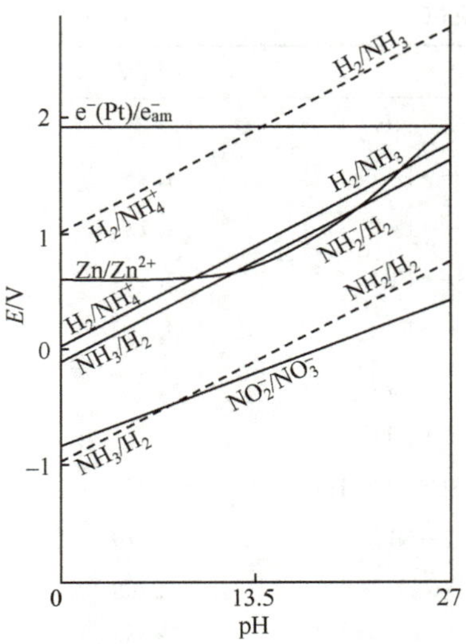

图 1-13 液态氨中的电位图

系，因此表现出在碱性或酸性溶液中才稳定。例如，图 1-13 中的 NO_2^-/NO_3^- 电对的线表明，只有在酸性溶液中 NO_3^- 才能稳定存在，溶剂化的电子$[e(NH_3)_x]^-$在碱性溶液中可稳定存在。对于金属锌，由于它在液氨中不溶解，通常不表现出超电位的作用。因此，除了在两个窄的 pH 范围内，其他范围都会放出 H_2。

4. 液氨中的反应

除氧化还原反应外，在液氨中通常还可发生下列几类反应。

(1) 氨合反应：溶剂氨分子与 Lewis 酸的直接配位。例如反应：

$$CrCl_3 \xrightarrow{\text{液氨}} [Cr(NH_3)_6]Cl_3$$

$$BCl_3 \xrightarrow{\text{液氨}} Cl_3B(NH_3)$$

(2) 氨解反应：类似于水解反应，氨分子作为一个反应剂。由于 NH_3 的电离作用比水小，氨解反应不如水解反应普遍。氨解反应的例子如下：

$$BCl_3 + 3NH_3 \longrightarrow B(NH_2)_3 + 3HCl$$

$$TiCl_4 + 3NH_3 \longrightarrow Ti(NH_2)_3Cl + 3HCl$$

(3) 酸碱反应：与水溶液中的酸碱中和反应类似，其实质是酸(NH_4^+)与碱(NH_2^-)反应生成溶剂氨分子。典型的例子是

$$NH_4I + KNH_2 \longrightarrow KI + 2NH_3$$

同样，对于某些金属离子也能观察到类似于水中两性的行为，例如 Zn^{2+}：

$$Zn^{2+} + 2OH^- \longrightarrow Zn(OH)_2\downarrow \xrightarrow{OH^-,\text{过量}} [Zn(OH)_4]^{2-}$$

$$Zn^{2+} + 2NH_2^- \longrightarrow Zn(NH_2)_2\downarrow \xrightarrow{NH_2^-,\text{过量}} [Zn(NH_2)_4]^{2-}$$

(4) 非酸碱反应：在液氨溶剂中这是一类很重要的反应，其中许多反应是利用溶解度的关系进行。例如，在水溶剂中 $BaCl_2$ 和 $AgNO_3$ 的反应为

$$BaCl_2 + 2AgNO_3 \longrightarrow 2AgCl\downarrow + Ba(NO_3)_2$$

但在液氨中反应向相反方向进行：

$$2AgCl + Ba(NO_3)_2 \longrightarrow BaCl_2\downarrow + 2AgNO_3$$

上述反应中 $Ba(NO_3)_2$ 和 $AgNO_3$ 在水和液氨中都是可溶的，AgCl 和 $BaCl_2$ 在这两种溶剂中的溶解度的差别是由溶剂效应的不同而引起的。水对 Cl^- 的溶剂化作用比氨强，但氨使 Ag^+ 溶剂化比水强。因此，在水中 Ag^+ 和 Cl^- 的溶剂化能比 AgCl 的晶格能小，AgCl 不溶，在氨中则有相反的情况，AgCl 可溶。对于 $BaCl_2$，Ba^{2+} 在水中溶剂化作用要比在氨中强，因此 $BaCl_2$ 可溶于水而在氨中则不溶。这表明水和氨溶剂对阳离子的溶剂化作用存在着较大差别。

1.7.3 酸性溶液——无水硫酸和氟磺酸

H_2SO_4 分子之间可形成氢键，有较高程度的缔合，这就导致硫酸具有较大的黏度。溶质在硫酸溶剂中的溶解和结晶都比较慢，并且从结晶产物中除去残留的溶剂比较困难。

硫酸的介电常数比水高，这就使它成为离子化合物的较好的溶剂，并且溶质电离产生的负

离子和 H_2SO_4 分子可通过氢键产生溶剂化作用，进一步促进溶质的电离。例如，碱金属的硫酸盐、硝酸盐、砷酸盐、硫氰酸盐，硝酸银、硫酸银，钙的硫酸盐、磷酸盐和氟化物都是可溶的。

H_2SO_4 本身存在着几种电离平衡，如表 1-11 所示。

表 1-11　无水 H_2SO_4 体系中的电离平衡

平衡式	平衡常数表达式	K(25 ℃)
$2H_2SO_4 \rightleftharpoons H_3SO_4^+ + HSO_4^-$	$[H_3SO_4^+][HSO_4^-]$	2.7×10^{-4}
$2H_2SO_4 \rightleftharpoons H_3O^+ + HS_2O_7^-$	$[H_3O^+][HS_2O_7^-]$	5.1×10^{-5}
$2H_2SO_4 \rightleftharpoons H_2O + H_2S_2O_7$		
$H_2SO_4 + H_2S_2O_7 \rightleftharpoons H_3SO_4^+ + HS_2O_7^-$	$[H_3SO_4^+][HS_2O_7^-]/[H_2S_2O_7]$	1.4×10^{-2}
$H_2SO_4 + H_2O \rightleftharpoons H_3O^+ + HSO_4^-$	$[H_3O^+][HSO_4^-]/[H_2O]$	1

由于硫酸是酸性很强的溶剂，有提供 H^+ 的强烈倾向。因此，所有在水溶液中是碱的物质在硫酸中也一定是碱(生成 HSO_4^-)，例如：

$$NH_3 + H_2SO_4 \longrightarrow HSO_4^- + NH_4^+$$

但是在水中作为酸(甚至是强酸)的一些物质在硫酸中也能作为碱，例如乙酸：

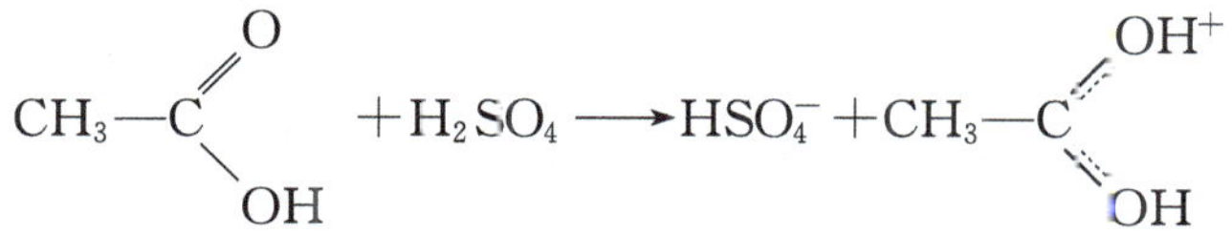

在硫酸中作为酸的物质不多，即使在水中很强的酸如 $HClO_4$、HSO_3Cl、HSO_3F 也只显弱酸性，即有 $H_3SO_4^+$ 生成。此外，溶质的质子化脱水反应也是 H_2SO_4 的一个重要特性。例如，在有机化学中作为强硝化试剂的 HNO_3 和 H_2SO_4 的混合液中存在下列反应：

$$HNO_3 + H_2SO_4 \longrightarrow H_2NO_3^+ + HSO_4^- \xrightarrow{H_2SO_4} H_3O^+ + NO_2^+ + 2HSO_4^-$$

已有许多证据证明 NO_2^+ 为一种活性物种。

氟磺酸(HSO_3F)具有较低的熔点、不太高的沸点和低的黏度，除去 HF 后的纯溶剂不腐蚀玻璃，因而可在普通的玻璃容器中操作，且作为合成介质容易从产物中除去。HSO_3F 的这些优点明显地超过无水硫酸，是一种很有用的溶剂。纯氟磺酸与其他任何酸(除焦硫酸 $H_2S_2O_7$ 外)相比有更强的供质子能力。作为一种很强的酸性溶剂，氟磺酸是进行某些特殊氧化还原反应的优良介质，对于许多氧化物、含氧酸及其盐也是好的氟化试剂。

HSO_3F 溶剂可自动电离，但其程度比硫酸小得多：

$$2HSO_3F \longrightarrow H_2SO_3F^+ + SO_3F^- \qquad K=10^{-8}$$

在 HSO_3F 中，碱是能生成 SO_3F^- 的物质[通过直接溶解(如 KSO_3F)，或通过与溶剂反应(如 ClO_4^-)]，酸是能提供质子、生成 $H_2SO_3F^+$ 的物质，用方程式表示：

$$HA + HSO_3F \rightleftharpoons H_2SO_3F^+ + A^-$$

1.7.4　超酸溶剂体系

在水溶液中所有的强酸(如 HNO_3、H_2SO_4、HSO_3F、$HClO_4$)与水完全反应生成 H_3O^-，酸强度被拉平。然而，在一些酸性非水溶剂中拉平作用不会发生，酸强度可达到水溶液中的 10^{10} 或更多倍。

在稀酸水溶液中，酸性可根据 pH 测量：

$$pH = -\lg[H_3O^+] = -\lg[H^+]$$

但当酸浓度大于 1 mol·L^{-1}时，通过对指示剂的作用或通过其催化能力所体现出来的酸性，要比通过浓度估算的酸度强得多。例如，浓度为 10 mol·L^{-1}的任一强酸溶液，其酸性是 1 mol·L^{-1}浓度时的 1000 倍。因此，在高浓度范围内，pH 标度不再适用，需要提出其他的衡量酸度的函数。

汉默特(L. P. Hammett)于 1932 年提出了一个酸度函数 H_0，用以描述高浓度强酸溶液的酸度。

酸度函数 H_0 基于强酸的酸度可通过一种与强酸反应的弱碱指示剂的质子化程度来表示，此指示剂的碱形式 B 不带电荷，它在酸中的形式为 BH^+，溶液中存在着下列平衡：

$$B+H^+ \rightleftharpoons BH^+$$

按照酸碱平衡原理：

$$K_{BH^+}=\frac{[B][H^+]}{[BH^+]}$$

$$[H^+]=K_{BH^+}\frac{[BH^+]}{[B]}$$

$$-\lg[H^+]=-\lg K_{BH^+}-\lg\frac{[BH^+]}{[B]}$$

酸度函数定义为：

$$H_0=-\lg[H^+]=-\lg K_{BH^+}-\lg\frac{[BH^+]}{[B]}$$

K_{BH^+} 是指示剂的共轭酸的电离常数，可用一般测定平衡常数的方法测得，而$\frac{[BH^+]}{[B]}$是指示剂的电离比率，可通过紫外-可见分光光度法测定。H_0 标度可以看作是对 pH 标度的补充，H_0 和 pH 的结合可用来表述整个浓度范围的酸溶液的酸度。

在稀溶液中，这种新的酸度 H_0 和 pH 是相同的。然而在浓溶液中，随着水含量的减少，酸强度显著增加，对于无水硫酸的 H_0 值为-11.9，即酸强度为其 1 mol·L^{-1}水溶液的 $10^{11.9}$ 倍，通常把$-H_0$ 值大于 12 的体系称为超酸(super acid)体系。

一些重要的液体超酸的酸度函数 H_0 列于表 1-12 中。

表 1-12　一些重要超酸的 H_0

超　酸	化学式	$-H_0$
硫酸	H_2SO_4	11.9
高氯酸	$HClO_4$	13.0
氯代磺酸	HSO_3Cl	13.8
三氟甲烷磺酸	HSO_3CF_3	14.0
焦硫酸	$H_2S_2O_7$	14.4
氟磺酸	HSO_3F	15.1
魔酸	$HSO_3F \cdot SbF_5$	26.5

在超酸溶液中可进行下面两类重要反应：

(1) 许多很弱的碱如乙胺、乙酸、碳酸、烷烃、芳香化合物和生化试剂在超酸溶液中可发生质子化反应。例如，在无水硫酸中反应：

$$(C_6H_5)_3COH \xrightarrow{2H_2SO_4} (C_6H_5)_3C^+ + H_3O^+ + 2HSO_4^-$$

在 HSO_3F-SbF_5-SO_3 体系中，$(CH_3)_3COH$ 也可通过质子化反应生成鎓离子 $(CH_3)_3C^+$。

(2) 在超酸介质中，可以制备出许多卤素阳离子如 I_2^+、I_3^+、Br_2^+ 和 Br_3^+ 等。例如，元素碘可以与 65% 的发烟硫酸或 $S_2O_6F_2$ 的氟磺酸溶液反应，生成蓝色的 I_2^+。在 SbF_5-$3SO_3$-HSO_3F 溶液中，元素溴形成 Br_2^+。

硫、硒、碲单质溶解于许多超强酸性介质时产生有颜色的液体。元素硫溶解在无水硫酸中时，依次被氧化成 S_{16}^{2+}（淡橙黄色）、S_8^{2+}（蓝色）和 S_4^{2+}（黄色），而在 $S_2O_6F_2$-HSO_3F 体系中只形成前面两个物种，绿色的 Se_8^{2+} 和橙色的 Se_4^{2+} 也可用类似的方法得到。例如：

$$8Se + 6H_2S_2O_7 \longrightarrow Se_8^{2+} + 2HS_3O_{10}^- + 5H_2SO_4 + SO_2$$

1.7.5 质子惰性溶剂

这类溶剂的范围很广泛，通常可根据溶剂-溶质间的哪种作用力占优势将这些溶剂分成三类。

第一类溶剂，如 CS_2、CCl_4、正己烷和苯，它们主要通过很弱的色散力起作用，因此也称为 van der Waals 溶剂。这类溶剂的溶剂分子之间作用力很弱，容易分开，而且除色散力外，也不产生其他的溶剂-溶质相互作用。因此，这类溶剂能溶解容易极化的溶质和非极性化合物，而离子化合物和分子极性高的化合物则不溶。下面是在这类溶剂中进行反应的一些典型例子：

$$(C_2H_5)_6Al_2 + Sb_2O_3 \xrightarrow{\text{正己烷}} 2(C_2H_5)_3Sb + Al_2O_3$$

$$2Br_2 + 2HgO \xrightarrow{CCl_4} Br_2O + HgBr_2 \cdot HgO$$

$$Se_8 + 4Cl_2 \xrightarrow{CS_2} 4Se_2Cl_2$$

第二类溶剂，如二甲基亚砜(DMSO)、乙腈等，它们通常有高的极性，不发生明显电离，但由于它们的极性，这些溶剂是好的配位溶剂。根据 Lewis 的酸碱定义，它们是 Lewis 碱，可以与 Lewis 酸溶质反应：

$$CoBr_2 + 6DMSO \longrightarrow [Co(DMSO)_6]^{2+} + 2Br^-$$

$$SbCl_5 + CH_3C{\equiv}N \longrightarrow [CH_3C{\equiv}N \rightarrow SbCl_5]$$

第三类溶剂是分子极性高，容易发生溶剂分子之间、溶剂和溶剂分子之间以及溶质之间离子转移反应的一类溶剂。这类溶剂有 $POCl_3$、BrF_3、$SbCl_3$、IF_5、SO_2 等。一些离子转移反应的例子如下：

$$POCl_3 + nPOCl_3 \rightleftharpoons POCl_2^+ + Cl(POCl_3)_n^-$$

$$BrF_3 + BrF_3 \rightleftharpoons BrF_2^+ + BrF_4^-$$

$$SbCl_5 + POCl_3 \longrightarrow POCl_2^+ + SbCl_6^-$$

$$2UCl_5 \xrightarrow{\text{液态 } SO_2} UCl_4 + UCl_6$$

在第三类溶剂中，研究最多的是液态 SO_2。它具有介电常数居中($\varepsilon = 17.4$)、黏度小、沸点和蒸发热较高(约 25.1 kJ · mol^{-1})，以及既不具有强的 Lewis 碱性，也没有强的 Lewis 酸性的特点。这使液态 SO_2 成为合成反应特别是一些极性和容易极化的溶质之间反应的有用的溶剂。

G. Jander 提出 SO_2 可自动电离：

$$2SO_2 \longrightarrow SO^{2+} + SO_3^{2-}$$

在酸碱理论的讨论中已指出，目前对上述平衡还有争论。

在 SO_2 溶剂中，通常共价化合物比离子化合物更可溶，如 Br_2、ICl、$SOCl_2$、BCl_3、SO_2、

$POCl_3$、PCl_3、Al_2Cl_6、$SiCl_4$、胺类、醚、酯、醇、羧酸、芳香烃及其它们的卤素和硝基衍生物都易溶于液态 SO_2 中。一些盐的溶解度列在表 1-13 中。由表 1-13 的值可看到，对于＋1 价离子，只有碱金属的碘化物是最可溶的；对于＋2 和＋3 价的离子，只有共价的 Al^{3+} 和 Sb^{3+} 的氯化物有较大的溶解度，其他的化合物 1 kg 溶剂只溶解几毫摩尔溶质。由于 SO_2 具有弱的碱性（通过 O 或 S 的配位）和弱的酸性（通过 S 的配位），因此 SO_2 与离子通过酸碱相互作用的溶剂化作用较弱，这也是许多盐类有低的溶解度的原因，虽然 SO_2 的两性被认为是使溶质溶剂化的重要因素。

表 1-13　SO_2 溶剂中离子化合物的溶解度［mmol·(1000 g 溶剂)$^{-1}$，0 ℃］

	I^-	Br^-	Cl^-	F^-	SCN^-	CN^-	ClO_4^-	CH_3COO^-	SO_4^{2-}	SO_3^{2-}	CO_3^{2-}
Li^+	1490.0	6.0	2.82	23.0	—	—	—	3.48	1.55	—	—
Na^+	1000.0	1.36	不溶	6.9	80.5	3.67	—	8.90	不溶	1.37	—
K^+	2490.0	40.0	5.5	3.1	502.0	2.62	—	0.61	不溶	1.58	—
Rb^+	—	—	27.2	—	—	—	—	—	—	1.27	—
NH_4^+	580.0	6.0	1.67	—	6160.0	—	2.14	141.0	5.07	2.67	—
Ti^+	1.81	0.60	0.292	不溶	0.915	0.522	0.43	285.0	0.417	4.96	0.214
Ag^+	0.68	0.159	<0.07	不溶	0.845	1.42	—	1.02	不溶	不溶	—
Be^{2+}	—	—	5.8	—	—	—	—	—	—	不溶	—
Mg^{2+}	0.50	1.3	1.47	—	—	—	—	—	—	—	—
Ba^{2+}	18.15	不溶	不溶	—	不溶	—	—	—	—	—	—
Zn^{2+}	3.45	—	11.75	—	40.4	—	—	不溶	—	—	—
Cd^{2+}	1.17	—	不溶	—	—	—	—	—	—	—	—
Hg^{2+}	0.265	2.06	3.08	—	0.632	0.556	—	2.98	0.338	—	—
Pb^{2+}	0.195	0.328	0.69	2.16	0.371	0.386	—	2.46	不溶	—	—
Co^{2+}	12.2	—	1.00	—	不溶	—	—	—	—	—	—
Ni^{2+}	不溶	—	不溶	—	—	—	—	0.08	不溶	—	不溶
Al^{3+}	5.64	0.60	易溶	—	—	—	—	—	—	—	—
Sb^{3+}	0.26	21.8	575.0	0.56	—	—	—	—	—	—	—
Bi^{3+}	—	3.44	0.60	—	—	—	—	—	—	—	—

SO_2 作溶剂进行的反应可以分为如下几类：

1）形成溶剂化物

碱金属、碱土金属、铵离子的卤化物以及硫氰酸盐在 SO_2 溶剂中可形成溶剂化物。SO_2 与盐的物质的量比通常为 1～4，产物常为红色或黄色。

2）溶剂分解反应

PCl_5 在 SO_2 中的溶剂分解可作为这类反应的例子：

$$PCl_5 + SO_2 \longrightarrow POCl_3 + SOCl_2$$

反应中涉及一个氧原子的转移。一些有机金属化合物也能发生这类反应，例如：

$$Zn(C_2H_5)_2 + SO_2 \longrightarrow ZnO + (C_2H_5)_2SO$$

产物为金属氧化物和有机亚砜，反应中有机金属化合物实际上作为碳负离子的来源。

3）复分解反应

这是一类基于溶解度关系的反应，典型的例子有：

$$KI+HCl(g) \longrightarrow KCl\downarrow+HI(g)$$

$$SOCl_2+2NH_4SCN \longrightarrow 2NH_4Cl\downarrow+SO(SCN)_2$$

4）氧化还原反应

SO_2 正常情况下不参加氧化还原过程而仅作为反应的介质。例如，一些碘化物可被三氯化铁氧化成单质碘，而单质碘能被可溶性的亚硫酸盐还原成碘离子。

5）配位反应

SO_2 能作为配体形成配合物，如$[Ru(NH_3)_4(SO_2)(X)]X$和$[Ru(NH_3)_5(SO_2)]X_2$。在液态 SO_2 中，羰基化合物 $Fe_2(CO)_9$ 转变成红色的 $Fe_2[(CO)_8SO_2]$，$(\pi\text{-}C_5H_5)Mn(CO)_3$ 转变成 $(\pi\text{-}C_5H_5)Mn(CO)_2(SO_2)$，$Ir(Cl)(CO)[P(C_6H_5)_3]_2$ 转变成 $Ir(Cl)(CO)(SO_2)[P(C_6H_5)_3]_2$。

此外，液态 SO_2 可作为一些反应的惰性介质，例如无水 HBr 溶液的制备：

$$Br_2(l)+2H_2O+SO_2(l) \longrightarrow 2HBr(在\ SO_2\ 中)+H_2SO_4(l)$$

通过氮的氧化物与 SO_3 反应生成混合酐（$N_2O_3\cdot3SO_3$、$N_2O_4\cdot3SO_3$ 和 $N_2O_5\cdot4SO_3$），或由 SeO_3 与 HCl 反应制备 $HSeO_3Cl$。SO_2 也可作为烃化、磺化（用 SO_3）、烯烃聚合、碳鎓离子和质子化反应的优良溶剂。

习 题

1. 如何利用活化参数判别反应机理？利用 Al^{3+} 和 Ga^{3+} 水合离子的水交换反应为例加以说明。
2. 写出$[Co(NH_3)_5NO_3]^{2+}$的酸式水解和碱式水解反应机理，用方程式表示。
3. 对于在溶液中 Co(Ⅲ)配合物的取代机理，下列事实有何重要意义？

   (1) 酸式水解的速率定律总是为 $v=K_A[Co(NH_3)_5X^{2+}]$。

   (2) 经常观察到离去的配体 X^- 不是直接被进入的配体 Y^- 取代，而是首先有水进入，然后再被 Y^- 取代。
4. 对于$[Cr(NH_3)_5X]^{2+}$的水合反应，实验上在 50 ℃时测得其反应速率为

X^-	K_{aq}/s^{-1}
NCS^-	0.11×10^{-4}
Cl^-	1.75×10^{-4}
Br^-	12.5×10^{-4}
I^-	10.2×10^{-4}

说明这些反应的机理。

5. 实验测得下列配合物的水交换反应的活化体积（单位为 $cm^3\cdot mol^{-1}$）为

$[Co(NH_3)_5(H_2O)]^{3+}$	+1.2(25,35 ℃)
$[Cr(NH_3)_5(H_2O)]^{3+}$	−5.8(25 ℃)
$[Rh(NH_3)_5(H_2O)]^{3+}$	−4.1(35 ℃)
$[Zr(NH_3)_5(H_2O)]^{3+}$	−3.2(70.5 ℃)

解释这些反应的机理。

6. 写出下列平面四方形取代反应的机理。

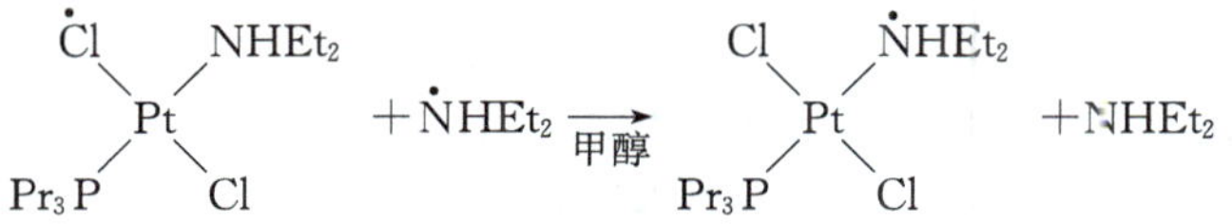

7. 预测下列反应产物(每种反应物为 1 mol)。

$$[Pt(CO)Cl_3]^- + NH_3 \longrightarrow$$

$$[Pt(NH_3)Br_3]^- + NH_3 \longrightarrow$$

$$[Pt(C_2H_4)Cl_3]^- + NH_3 \longrightarrow$$

8. 一个常以外层机理反应的氧化剂与$[V(H_2O)_6]^{2+}$的反应比$[Cr(H_2O)_6]^{2+}$要快,为什么?
9. 下列反应按哪种电子转移机理进行?为什么?

$$[Co(NH_3)_6]^{3+} + [Cr(H_2O)_6]^{2+} \longrightarrow$$

$$[Cr(NH_3)_5Cl]^{2+} + [{}^*Cr(H_2O)_6]^{2+} \longrightarrow$$

10. 为什么单电子转移反应比双电子转移反应快?
11. 用方程式表示 Hg^{2+} 催化顺式和反式$[Co(en)_2Cl_2]^+$的水合反应的机理。
12. 由 BF_3 和氢化物合成 B_2H_6 的反应为

$$3MH + 4BF_3 \longrightarrow \frac{1}{2}B_2H_6 + 3MBF_4$$

讨论这一反应的机理。
13. 卤化银在液氨和水溶剂中的溶解度有何变化规律?为什么?
14. 有三种溶剂:液氨、乙酸和硫酸。
    (1) 写出每种纯溶剂的电离方程。
    (2) CH_3COOH 在液氨和硫酸溶剂中以何种形式存在?用方程式表示。
    (3) 上述溶液对纯溶剂而言是酸性还是碱性溶液?
    (4) CH_3COOH 在这种溶剂中是弱的还是强的酸(或碱)?
15. 锌溶解在液氨的氨基钠溶液中释放出 H_2,在得到的溶液中小心滴加碘化铵,产生白色沉淀,如果加过量的碘化铵,沉淀又溶解,解释上述实验事实。
16. 写出下列现象并用方程式表示。
    (1) 金属钾溶于液氨形成稀溶液。
    (2) 继续加金属钾形成浓溶液。
    (3) CuO 与(1)的稀溶液反应。
17. 列举三个能够在强酸性溶剂中进行而不能在水中进行的反应。列举三个能够在强碱性溶剂中而不能在水中进行的反应。说明理由。
18. 什么条件下酸度函数 H_0 与 pH 相同?什么条件下酸度函数 H_0 与 pH 不同?试解释。

参考文献

陈慧兰. 2006. 高等无机化学. 北京:高等教育出版社
陈慧兰,余宝源. 1989. 理论无机化学. 北京:高等教育出版社
华东理工大学化工学院无机化学教研组. 1983. 无机化学教学参考书. 北京:高等教育出版社
库特利雅夫采夫 H T. 1992. 应用电化学. 陈国亮,等译. 上海:复旦大学出版社
珀塞尔 K F,科茨 J C. 1987. 无机化学. 潘品三,等译. 北京:高等教育出版社
乔利 W L. 1986. 无机化合物的合成与鉴定. 李彬,等译. 北京:高等教育出版社
乔利 W L. 1989. 现代无机化学. 北京化工学院无机化学教研室译. 北京:科学技术文献出版社
日本化学会. 1985. 无机固相反应. 董万堂,等译. 北京:科学出版社
叶瑞仁,等. 1986. 无机材料物理化学. 北京:中国建材工业出版社
项斯芬,姚光庆. 2006. 中级无机化学. 北京:北京大学出版社
郑化桂,倪小敏. 2006. 高等无机化学. 北京:中国科学技术大学出版社
张启昆,卢峰. 1995. 现代无机合成化学. 汕头:汕头大学出版社
朱文祥,刘鲁美. 1993. 中级无机化学. 北京:北京师范大学出版社
张祥麟,王曾隽. 1992. 应用无机化学. 北京:高等教育出版社

Bassolo F, et al. 1967. Mechanisms of Inorganic Reaction. 2nd ed. NewYork: Wiley
Cotton F A, Wilkinson G, Bochmann M, et al. 1980. Advanced Inorganic Chemistry. Chapter28. 4th ed. New York: Wiley
Horspool W M. 1984. Synthetic Organic Photochemistry. New York: Plenum Press
Katakis D, Gordon G. 1987. Inorganic Reaction Mechanisms. New York: Wiley
Sharpe A G. 1992. Inorganic Chemistry. 3rd ed. New York: Wiley &Sons Inc
Zha O C, et al. 1997. Hydrothermal synthesis and rare earth element doping of complex fluorides $BeBaF_4$, $LiYF_4$ and KYF_4 under mild conditions. Chem Commun, 78: 945

第 2 章　无机化合物的制备

无机化合物的制备是人类利用自然、开发自然、弥补自然资源不足的重要手段。自能源危机提出之后，人们开始探索新能源（如太阳能、氢能等）的开发、储存和利用，如太阳能的转换（光-热或光-电转换）、氢能的储存，均与材料的性能有关。高效转换材料（如非晶硅太阳能电池）、大容量可逆储氢材料（如 $LaNi_5$）的制备总是与无机制备密切相关。无机化合物的制备是无机化学和材料化学的重要组成部分，是发展新型无机材料及高新技术产品的重要基础。

2.1　热力学在无机化合物制备中的应用

2.1.1　无机化合物制备反应的判据

无机化合物的制备方法千变万化，但从理论上来看并不复杂。在恒温恒压的条件下，一个制备反应能否进行，其判据是吉布斯自由能变化值 $\Delta_r G_m$，也可用制备反应的电动势（E）、标准平衡常数（$K^{\ominus}$）或焓变（$\Delta_r H_m$）与熵变（$\Delta_r S_m$）的组合来衡量，它们之间相互关系式可表示如下：

$$\Delta_r G_m = -nFE = -RT\ln(K^{\ominus}/J) = \Delta_r H_m - T\Delta_r S_m \tag{2-1}$$

式中：n 为反应所涉及的电子转移数；F 为法拉第常量（96485.31 $C \cdot mol^{-1}$）；J 为反应商，对于理想气体，J 是某一反应进度 ξ 时各物质的分压相对值的比，又可称为压力商等。

从求得的 $\Delta_r G_m$ 值可判断制备反应能否进行。对于封闭体系恒温恒压过程，其制备反应方向判据如下：

$(\Delta_r G_m)_{T,p} < 0$　　制备反应能够进行

$(\Delta_r G_m)_{T,p} = 0$　　制备反应达平衡态

$(\Delta_r G_m)_{T,p} > 0$　　制备反应不能进行

应用吉布斯-亥姆霍兹方程计算 $\Delta_r G_m$ 值较为复杂，可从手册中查得 $\Delta_f H_m^{\ominus}$(298 K)、$S_m^{\ominus}$(298 K)及 $C_{p,m}^{\ominus}$(298 K)的数值，求出反应的 $\Delta_r H_m^{\ominus}$(298 K)、$\Delta_r S_m^{\ominus}$(298 K)及 $\Delta_r C_{p,m}^{\ominus}$(298 K)值。但实际生产过程中许多反应并非在 298 K 时进行，在一般情况下，由于压力对热容的影响很小，常把恒压热容看成温度的函数，并以下列形式表示：

$$C_{p,m} = a + bT + cT^2 + dT^3 \cdots \tag{2-2}$$

式中：a、b、c、d 均为常数。

这样就可给出在任意温度下的反应热力学函数式：

$$\Delta_r H_m^{\ominus}(T) = \Delta_r H_m^{\ominus}(298\ \text{K}) + \int_{298}^{T} \Delta_r C_{p,m} \mathrm{d}T \tag{2-3}$$

$$\Delta_r S_m^{\ominus}(T) = \Delta_r S_m^{\ominus}(298\ \text{K}) + \int_{298}^{T} \frac{\Delta_r C_{p,m}}{T} \mathrm{d}T \tag{2-4}$$

$$\Delta_r G_m^{\ominus}(T) = \Delta_r H_m^{\ominus}(298\ \text{K}) - T\Delta_r S_m^{\ominus}(298\ \text{K}) + \int_{298}^{T} \Delta_r C_{p,m} \mathrm{d}T - T\int_{298}^{T} \frac{\Delta_r C_{p,m}}{T} \mathrm{d}T \tag{2-5}$$

当其制备反应前后各物质的恒压摩尔热容差为 0（$\Delta C_{p,m} = 0$）时，可将 $\Delta_r H_m^{\ominus}$、$\Delta_r S_m^{\ominus}$ 视为不随温度而变的常数，则式(2-5)近似地简化为

$$\Delta_r G_m^{\ominus}(T) = \Delta_r H_m^{\ominus}(298\ \text{K}) - T\Delta_r S_m^{\ominus}(298\ \text{K}) \tag{2-6}$$

在非标准状态时，则为

$$\Delta_r G_m(T) = \Delta_r H_m(298\ \text{K}) - T\Delta_r S_m(298\ \text{K}) \tag{2-7}$$

也可用反应的等温方程式：

$$\Delta_r G_m(T) = \Delta_r G_m^{\ominus}(T) + RT\ln J \tag{2-8}$$

对于氧化还原反应，则可从电池反应的能斯特方程计算出电动势(E)值，从而求得 $\Delta_r G_m(T)$值；对于任一可逆反应，可通过反应商(J)与标准平衡常数($K^{\ominus}$)来确定 $\Delta_r G_m(T)$值，从而判断出制备反应能否进行。

如果制备反应在热力学上是可行的($\Delta_r G_m<0$)，反应却进行得很慢，则该反应实际上是不能进行，所以必须同时考虑热力学和动力学两个因素。工业上合成氨的反应是众所周知的在合成中兼顾化学平衡与动力学的例子。氮和氢在适当高温高压及铁催化剂存在下达到可逆平衡：

$$N_2(g) + 3H_2(g) \rightleftharpoons 2NH_3(g) \qquad \Delta_r H_m^{\ominus} = -92.22\ \text{kJ} \cdot \text{mol}^{-1}$$

其温度、压力对氨产率的影响如表 2-1 所示。显然，从热力学上看，低温高压有利于氨的生成，但若温度降至远低于 673 K 时，则催化反应速率太慢；若温度太高对氨的生成不利，得不到满意的产率，实际生产的温度约为 773 K、压力为 $300p^{\ominus}$～$600p^{\ominus}$。

表 2-1　在 3∶1 的 H_2-N_2 平衡混合物中氨的体积分数

温度/K	压力/$p^{\ominus}$				
	10	50	100	300	1000
573	14.73	39.41	52.04	70.96	92.55
673	3.85	15.27	25.12	47.00	79.82
773	1.21	5.56	10.61	26.44	57.47
873	0.49	2.26	4.52	13.77	31.43

2.1.2　应用吉布斯-亥姆霍兹方程分析制备反应的示例

从吉布斯-亥姆霍兹方程：

$$\Delta_r G_m^{\ominus}(T) = \Delta_r H_m^{\ominus}(298\ \text{K}) - T\Delta_r S_m^{\ominus}(298\ \text{K})$$

可知，反应的焓变和熵变均能影响吉布斯自由能变的数值，按照它们符号的组合形式与温度关系，可从热力学角度将反应分为四种类型。

(1) 体系为焓减($\Delta_r H_m^{\ominus}<0$)、熵增($\Delta_r S_m^{\ominus}>0$)的过程，两项都有利于制备反应的自发进行，这时反应的吉布斯自由能变必然为负值[$\Delta_r G_m^{\ominus}(T)<0$]，故凡属这类的反应在任何温度下都能自发进行。

(2) 体系为焓增($\Delta_r H_m^{\ominus}>0$)、熵减($\Delta_r S_m^{\ominus}<0$)的过程，$\Delta_r H_m^{\ominus}$项和 $\Delta_r S_m^{\ominus}$项都对反应的 $\Delta_r G_m(T)$贡献正值[$\Delta_r G_m^{\ominus}(T)>0$]，这类反应在任何温度下都不能自发进行。

(3) 体系为焓增($\Delta_r H_m^{\ominus}>0$)、熵增($\Delta_r S_m^{\ominus}>0$)的过程。这时，反应的 $\Delta_r G_m^{\ominus}(T)$只有在 $T\Delta_r S_m^{\ominus}(298\ \text{K})$项的绝对值大于 $\Delta_r H_m^{\ominus}(298\ \text{K})$项时才会出现负值[$\Delta_r G_m^{\ominus}(T)<0$]，即只有在较高温度下反应才能自发进行。

(4) 体系为焓减($\Delta_r H_m^{\ominus}<0$)、熵减($\Delta_r S_m^{\ominus}<0$)的过程。这时，反应的 $\Delta_r G_m^{\ominus}(T)$只有在 $T\Delta_r S_m^{\ominus}(298\ \text{K})$项的绝对值小于 $\Delta_r H_m^{\ominus}(298\ \text{K})$项的绝对值时才有负值[$\Delta_r G_m^{\ominus}(T)<0$]，即只有在较低温度下反应才能自发进行。

(3)、(4)类型反应在高温或低温时反应方向是不同的，这是熵因素影响的结果，熵因素是通过温度变化体现出来的，考虑温度就是考虑熵的影响。现以焓减、熵减的反应为例，讨论温度的影响。

［**例 2-1**］ 在过量氧气的条件下，若用氨催化氧化法制硝酸，氨氧化所生成的产物是 NO，还是 NO_2？是否可一步制得 NO_2？

［**解**］ 题设条件的反应方程式为

$$4NH_3(g)+5O_2(g)\xrightarrow[\text{反应(1)}]{\text{Pt-Rh,1173 K}}4NO(g)+6H_2O(g)$$

$$\begin{array}{l}+\\2O_2(g)\\ \quad\xrightarrow[\text{反应(2)}]{}4NO_2(g)\end{array}$$

假设先发生反应(1)，只生成 NO，在过量 O_2 的作用下，反应体系中的 NO 有无可能与 O_2 继续发生反应(2)生成 NO_2 呢？

查得有关热力学数据如下：

	$O_2(g)$	$NO(g)$	$NO_2(g)$
$\Delta_f H_m^\ominus/(kJ\cdot mol^{-1})$	0	90.25	33.18
$S_m^\ominus/(J\cdot K^{-1}\cdot mol^{-1})$	205.03	210.65	239.95

由热力学数据可计算反应(2)的

$$\begin{aligned}\Delta_r H_m^\ominus&=\sum\Delta_f H_m^\ominus(298\ K)(\text{产物})-\sum\Delta_f H_m^\ominus(298\ K)(\text{反应物})\\&=4\Delta_f H_m^\ominus(NO_2,g)-4\Delta_f H_m^\ominus(NO,g)\\&=4\times33.18-4\times90.25\\&=-228.28(kJ\cdot mol^{-1})\end{aligned}$$

$$\begin{aligned}\Delta_r S_m^\ominus&=\sum S_m^\ominus(298\ K)(\text{产物})-\sum S_m^\ominus(298\ K)(\text{反应物})\\&=4S_m^\ominus(NO_2,g)-[4S_m^\ominus(NO,g)+2S_m^\ominus(O_2,g)]\\&=4\times239.95-(4\times210.65+2\times205.03)\\&=-292.86(J\cdot K^{-1}\cdot mol^{-1})\end{aligned}$$

由计算可知，NO 与 O_2 反应生成 NO_2 的反应属于焓减、熵减类型，反应 $\Delta_r G_m(T)$的符号是(+)或(−)取决于温度的影响。在低温时 $\Delta_r G_m(T)<0$，正向反应自发，即低温下 NO 容易被 O_2 氧化成 NO_2；在高温时 $\Delta_r G_m(T)>0$，逆向反应自发，即在高温下 NO_2 又容易分解成 NO 和 O_2。设 $\Delta_r G_m(T)=0$ 时，转化温度依据吉布斯-亥姆霍兹方程，则

$$T=\frac{\Delta_r H_m^\ominus}{\Delta_r S_m^\ominus}=-228.28\times1000/(-292.86)=779.5(K)(506.5\ ℃)$$

当 $T>779.5$ K，生成 NO_2 的反应将发生逆转。而 NH_3 和 O_2 催化氧化生成 NO 的反应通常是在大于 1100 K 的温度下进行的，远超过 NO_2 分解为 NO 和 O_2 的温度(779.5 K)，因而即使在过量氧气作用下仍然不能一步制得 NO_2，仅生成 NO。若要制得 NO_2，反应必须分两步进行，将生成的 NO 迅速冷却降至 779.5 K 以下，再使 NO 重新与 O_2 化合制得 NO_2。

与此类似的反应，如硫铁矿与充足氧气反应仅生成 SO_2，若要得到 SO_3，必须经冷却降温(降至 723～773 K)再进行催化氧化才能制得 SO_3；铅与充足氧反应仅生成 PbO，若要得到 PbO_2，必须采用间接方法氧化 PbO 制得 PbO_2；磷、砷、锑与氯气反应仅生成低氧化态氯化物，若要制得高氧化态氯化物，则要经两步反应才能制得。

分析上述过程可知，对于这类必须分两步反应才能得到产物的反应，主要取决于两个因素：

(1) 反应的高氧化态与低氧化态标准生成焓的差值：

$$\Delta_r H_m^\ominus = \Delta_f H_m^\ominus(\text{高氧化态}) - \Delta_f H_m^\ominus(\text{低氧化态}) = \text{较小的负值}$$

即高、低氧化态之间稳定性相差不大，反应易于逆转。

(2) 反应的 $\Delta_r S_m^\ominus$ 虽是负值，但由于 $\Delta_r H_m^\ominus$ 负值不是很低，故 $\Delta_r S_m^\ominus$ 在决定 $\Delta_r G_m^\ominus(T)$ 的正、负号上起到了不可忽视的作用。对于这一类反应必须考虑熵因素的影响。

[例 2-2] 热法磷酸是采用黄磷在过量氧气中燃烧生成的，试从热力学角度分析反应能否一步完成，生成单一产物 $P_4O_{10}(s)$。

[解] 按题意设反应过程为

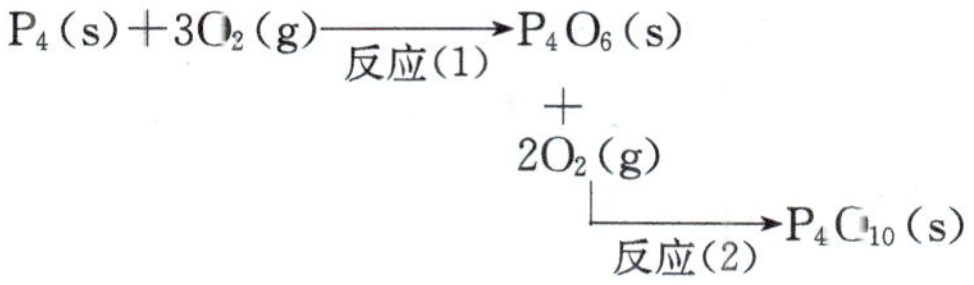

有关热力学数据如下：

	$O_2(g)$	$P_4O_6(s)$	$P_4O_{10}(s)$
$\Delta_f H_m^\ominus/(kJ \cdot mol^{-1})$	0	−1641	−3021
$S_m^\ominus/(J \cdot K^{-1} \cdot mol^{-1})$	205.03	≈230	240

根据热力学数据计算结果，反应(2)的 $\Delta_r H_m^\ominus = -1372\ kJ \cdot mol^{-1}$，$\Delta_r S_m^\ominus = -400.06\ J \cdot K^{-1} \cdot mol^{-1}$。

P_4O_6 转化成 P_4O_{10} 的反应属于焓减、熵减的类型。低温时 $\Delta_r G_m(T)<0$，正向反应能自发进行；高温时反应理应会发生逆转，P_4O_{10} 分解反应自发进行，反应逆转的温度可根据吉布斯-亥姆霍兹方程求出。当 $\Delta_r G_m(T)=0$ 时，则

$$T = \frac{\Delta_r H_m^\ominus}{\Delta_r S_m^\ominus} = -1371 \times 1000/(-400.06) = 3427(K)$$

只有当其温度大于 3427 K 时，P_4O_{10} 才会分解。实际上磷在空气中极易燃烧，其反应温度远远低于 3427 K，在过量氧气存在下，P_4O_6 很容易氧化成 P_4O_{10}。或者说磷在过量氧气中燃烧可一步完成，反应极为完全，产物是 P_4O_{10}①。

[例 2-1]与[例 2-2]反应的不同点在于：

(1) 反应的 $\Delta_r H_m^\ominus = \Delta_f H_m^\ominus(\text{高氧化态}) - \Delta_f H_m^\ominus(\text{低氧化态})$ = 极低的负值，这说明低氧化态不稳定，它在另一反应物过量的条件下，容易转化成高氧化态的化合物，$\Delta_r H_m^\ominus$ 是起关键作用的因素。

(2) 反应的 $\Delta_r S_m^\ominus$ 虽为负值，但由于 $\Delta_r H_m^\ominus$ 是极低的负值，对于决定 $\Delta_r G_m^\ominus(T)$ 的符号，$\Delta_r S_m^\ominus$ 只起次要作用，对于这种类型的反应来说，是一项可忽略的因素。

2.1.3 偶合反应在无机制备中的应用

1. 反应的偶合

偶合是指两个或两个以上的体系通过各种相互作用而彼此影响以致联合起来的现象。

按照热力学观点，反应的偶合是指：化学反应中把一个在任何温度下都不能自发进行的反应(焓增、熵减型)，或在很高温度下才能自发进行的反应(焓增、熵增型)，与另一个在任何温度下都能自发进行的反应(焓减、熵增型)联合在一起，从而构成一个复合型的自发反应(焓减、熵增型)或在较高温度下就能自发进行的反应(焓增、熵增型)。例如，若用 298 K 液态水与氧

① P_4O_{10}(磷酸酐)中仍含有少量的 P_4O_6，这可能是因为反应速率太快，造成局部氧量不足。

作用，不能形成 H_2O_2，但湿的锌片与氧作用能产生 H_2O_2，这可用偶合观点给予说明。为简化讨论，近似地以 $\Delta_r G_m^\ominus$ 代替 $\Delta_r G_m$ 以判断反应的方向。

反应(1)　$H_2O(l)+1/2O_2(g) \longrightarrow H_2O_2(aq)$　　$\Delta_r G_m^\ominus(1)=105.51\ kJ \cdot mol^{-1}$

由于 $\Delta_r G_m(1)>0$，反应(1)不能自发向右进行，而

反应(2)　$Zn(s)+1/2O_2(g) \longrightarrow ZnO(s)$　　$\Delta_r G_m^\ominus(2)=-318.32\ kJ \cdot mol^{-1}<0$

反应(2)能自发进行，且 $|\Delta_r G_m(2)|>\Delta_r G_m^\ominus(1)$。将反应(1)+(2)得

反应(3)　　$H_2O(l)+Zn(s)+O_2(g) \longrightarrow H_2O_2(aq)+ZnO(s)$

$$\Delta_r G_m^\ominus(3)=\Delta_r G_m^\ominus(1)+\Delta_r G_m^\ominus(2)=-212.81\ kJ \cdot mol^{-1}<0$$

两个反应偶合后，促使 H_2O 变成 H_2O_2。

应该指出，这里所说的偶合主要指能量因素的偶合，或者说是吉布斯自由能变的偶合，并不代表真实的反应机理。

2. 在无机制备中的应用

偶合反应在工业上应用较广，氯化冶金或干法制备的反应中常加入能够提供热量的焦炭作还原剂就是偶合反应的典型实例。

1）偶合促使氯化反应顺利进行

[例 2-3]　金红石(TiO_2)的氯化冶炼反应

$$TiO_2(s)+2Cl_2(g) \longrightarrow TiCl_4(l)+O_2(g) \quad (1)$$

	$TiO_2(s)$	$2Cl_2(g)$	$TiCl_4(l)$	$O_2(g)$
$\Delta_f H_m^\ominus/kJ \cdot mol^{-1}$	−945	0	−804	0
$S_m^\ominus/J \cdot K^{-1} \cdot mol^{-1}$	50.3	222.96	252	205.03
$\Delta_f G_m^\ominus/kJ \cdot mol^{-1}$	−890	0	−737	0

由计算得知：

$$\Delta_r H_m^\ominus(298\ K)=141\ kJ \cdot mol^{-1}$$

$$\Delta_r S_m^\ominus(298\ K)=-39.19\ J \cdot K^{-1} \cdot mol^{-1}$$

$$\Delta_r G_m^\ominus(298\ K)=153\ kJ \cdot mol^{-1}$$

用氯气直接与金红石反应的 $\Delta_r G_m^\ominus>0$，且反应属于焓增、熵减类型，在任何温度下正向反应都不能自发进行。如果将众所周知的 $2C(s)+O_2(g) \longrightarrow 2CO(g)$ 的焓减、熵增反应，与金红石氯化反应联合起来就构成一个偶合反应。焦炭的加入既可提供一定量的热量以补充氯化反应所需吸收的热量，又可消耗金红石氯化反应所产生的氧气，使得金红石氯化反应在工业上得以实现。其偶合反应的热力学数据及有关计算如下：

$$TiO_2(s)+2Cl_2(g)+2C(s) \longrightarrow TiCl_4(l)+2CO(g) \quad (2)$$

	$TiO_2(s)$	$2Cl_2(g)$	$2C(s)$	$TiCl_4(l)$	$2CO(g)$
$\Delta_f H_m^\ominus/kJ \cdot mol^{-1}$	−945	0	0	−804	−110.57
$S_m^\ominus/J \cdot K^{-1} \cdot mol^{-1}$	50.3	222.96	5.74	252	197.56
$\Delta_f G_m^\ominus/kJ \cdot mol^{-1}$	−890	0	0	−737	−131.15

$$\Delta_r H_m^\ominus(298\ K)=-80.14\ kJ \cdot mol^{-1}$$

$$\Delta_r S_m^\ominus(298\ K)=139.42\ J \cdot K^{-1} \cdot mol^{-1}$$

$$\Delta_r G_m^\ominus(298\ K)=-121.3\ kJ \cdot mol^{-1}$$

从计算结果看出，偶合后的反应属焓减、熵增类型的反应：原来不能自发进行的反应[反应(1)]，转化成任何温度下正向都能自发进行的反应，原来的吸热反应转化成放热反应，原来的熵减反应转化成熵增反应。也就是说，选用焦炭与氧结合的反应能在焓、熵两个因素上影响被偶合的反应，从而改变整个反应体系的 $\Delta_r H_m^\ominus$、$\Delta_r S_m^\ominus$ 数值。

2）偶合降低含氧酸盐的热分解温度

含氧酸盐热分解反应的类型很多，能产生偶合的典型反应如下：

(1) 金属含氧酸盐与碳的反应。

［例 2-4］ 无水芒硝(Na_2SO_4)热分解碳还原法制备硫化碱：

$$Na_2SO_4(s) \longrightarrow Na_2S(s) + 2O_2(g)$$

$$\Delta_r H_m^\ominus(298\ K) = 1022.1\ kJ \cdot mol^{-1}$$

$$\Delta_r S_m^\ominus(298\ K) = 344.46\ J \cdot K^{-1} \cdot mol^{-1}$$

$$\Delta_r G_m^\ominus(298\ K) = 920.2\ kJ \cdot mol^{-1}$$

只采用热分解，其反应属焓增、熵增类型，这类反应只有在高温下其正向反应才能自发进行。反应自发进行的最低温度可以根据吉布斯-亥姆霍兹方程求得：

$$T \geqslant \Delta_r H_m^\ominus / \Delta_r S_m^\ominus$$

$$= 1022.1 \times 1000 / 344.46$$

$$= 2967.3(K)$$

这一温度是难于实现的，可以看作 Na_2SO_4 加热不分解。但若在上述反应中加入煤粉，用碳的氧化反应与芒硝热分解反应偶合，这就是工业上用碳还原法制硫化碱的主要反应：

$$Na_2SO_4(s) + 4C(s) \longrightarrow Na_2S(s) + 4CO(g)$$

$$\Delta_r H_m^\ominus(298\ K) = 579.82\ kJ \cdot mol^{-1}$$

$$\Delta_r S_m^\ominus(298\ K) = 701.68\ J \cdot K^{-1} \cdot mol^{-1}$$

$$\Delta_r G_m^\ominus(298\ K) = 371.6\ kJ \cdot mol^{-1}$$

反应虽然仍属焓增、熵增类型，但反应正向自发进行的温度大大降低。根据吉布斯-亥姆霍兹方程可求出自发进行的最低温度：

$$T \geqslant \Delta_r H_m^\ominus / \Delta_r S_m^\ominus$$

$$= 579.82 \times 1000 / 701.68$$

$$= 826.3(K)$$

分解温度降低至三分之一以下，说明偶合后改善了反应进行的条件。

(2) 含氧酸盐与二氧化硅的反应。含氧酸盐热分解产物中常有一种碱性氧化物，它能和二氧化硅生成硅酸盐，即偶合后生成硅酸盐的反应。生产中有许多这样的实例。

［例 2-5］ 纯碱与石英细粒反应制备玻璃

$$Na_2CO_3(s) \longrightarrow Na_2O(s) + CO_2(g)$$

$$\Delta_r H_m^\ominus = 321.49\ kJ \cdot mol^{-1}$$

$$\Delta_r S_m^\ominus = 150.44\ J \cdot K^{-1} \cdot mol^{-1}$$

$$\Delta_r G_m^\ominus = 276.74\ kJ \cdot mol^{-1}$$

数据说明纯碱极难发生热分解，当有二氧化硅存在时，则发生下列反应：

$$Na_2O(s) + SiO_2(s) \longrightarrow Na_2SiO_3(s)$$

$$\Delta_r H_m^\ominus = -243.5\ kJ \cdot mol^{-1}$$

$$\Delta_r S_m^\ominus = -0.6\ J \cdot K^{-1} \cdot mol^{-1}$$

$$\Delta_r G_m^\ominus = -245.1\ kJ \cdot mol^{-1}$$

这一反应在较低的温度能自发进行，它们的总反应为

$$Na_2CO_3(s) + SiO_2(s) \longrightarrow Na_2SiO_3(s) + CO_2(g)$$

$$\Delta_r H_m^\ominus = 77.99\ kJ \cdot mol^{-1}$$

$$\Delta_r S_m^\ominus = 149.84\ J \cdot K^{-1} \cdot mol^{-1}$$

$$\Delta_r G_m^\ominus = 31.64\ kJ \cdot mol^{-1}$$

总反应的 $\Delta_r H_m^\ominus$ 和 $\Delta_r G_m^\ominus$ 比无二氧化硅时反应的 $\Delta_r H_m^\ominus$ 和 $\Delta_r G_m^\ominus$ 分别减小了 243.5 $kJ \cdot mol^{-1}$ 和 245.1 $kJ \cdot mol^{-1}$，所以能在相对不太高的温度(读者自行计算反应的温度)下制造玻璃。

在分析化学上处理矿样时常用纯碱作熔矿剂，也是基于碱性氧化钠与矿粉中的酸性氧化

物或硅酸盐间的作用，使熔矿能在不太高的温度下进行，生成可溶性钠盐。

在工业上用石膏和二氧化硅混合制造硫酸和水泥的反应：

$$CaSO_4(s)+SiO_2(s) \longrightarrow CaSiO_3(s)+SO_2(g)+1/2O_2(g)$$

由于氧化钙与二氧化硅生成硅酸钙反应的 $\Delta_r H_m^\ominus$ 为负值，因此硫酸钙能在相对低的温度下进行热分解反应。

(3) 磷酸盐和碳、二氧化硅的反应。磷灰石热分解温度极高，加入碳后下列反应温度仍很高(1700 K以上)：

$$2Ca_3(PO_4)_2(s)+10C(s)(石墨) \longrightarrow P_4(白)+6CaO(s)+10CO(g) \qquad \Delta_r G_m^\ominus=2774.5\ kJ\cdot mol^{-1}$$

若再加入 SiO_2，将与产物中 CaO 反应生成硅酸钙：

$$6CaO(s)+6SiO_2(s) \longrightarrow 6CaSiO_3(s) \qquad \Delta_r G_m^\ominus=-534.18\ kJ\cdot mol^{-1}$$

反应为放热、吉布斯函数变减少的过程，可适当降低磷灰石制备单质磷的反应温度(1600 K左右)，其总反应为

$$2Ca_3(PO_4)_2(s)+6SiO_2(s)+10C(s) \longrightarrow 6CaSiO_3+P_4(白)+10CO(g) \qquad \Delta_r G_m^\ominus=2240.22\ kJ\cdot mol^{-1}$$

3) 偶合促使氧化还原反应的进行

铜不溶于稀硫酸，但若供氧充足，则可溶解。分析如下：

$$Cu+2H^+(aq) \longrightarrow Cu^{2+}(aq)+H_2(g) \qquad \Delta_r G_m^\ominus=64.98\ kJ\cdot mol^{-1}$$

反应不能自发进行。通入氧气，则有

$$H_2(g)+1/2O_2(g) \longrightarrow H_2O(l) \qquad \Delta_r G_m^\ominus=-237.18\ kJ\cdot mol^{-1}$$

两个反应偶合，可得总反应：

$$Cu+2H^+(aq)+\frac{1}{2}O_2(g) \longrightarrow Cu^{2+}(aq)+H_2O(l) \qquad \Delta_r G_m^\ominus=-172.20\ kJ\cdot mol^{-1}$$

总反应是能自发进行的。所以制硫酸铜的反应，可以通过单质铜在加热、供氧充足下与稀硫酸反应。金不溶于硝酸而溶于王水，也是因为发生了类似的偶合反应。

在无机物制备和工业上经常利用偶合反应。所谓偶合或是从 $\Delta_r H_m^\ominus$ 方面(如生成硅酸盐)，或是从 $\Delta_r S_m^\ominus$ 方面(如 $CO_2+C \longrightarrow 2CO$)，或是从 $\Delta_r H_m^\ominus$ 和 $\Delta_r S_m^\ominus$ 两个方面[如 $MSO_4+4C \longrightarrow MS+4CO(g)$]促进反应的进行，从而使反应条件改善或使非自发反应转化成为自发反应。学会用热力学方法分析问题对一个从事化学和化工的工作者来说是极为有益的。当然，对于具体制备方法的选择，不能只考虑热力学因素，还应当全面考虑其他因素。

2.2 无机化合物的制备方法

无机化合物种类繁多，各类化合物的制备方法差异很大，即使是同一种化合物也有多种制备方法，限于篇幅，只能重点介绍无机制备的基本原理、反应规律以及典型方法。

2.2.1 无机物的高温制备

1. 高温的获得

高温是物质合成的一个重要手段，为了进行高温合成，需要一些符合不同要求的产生高温的设备和手段，图2-1和图2-2为常用的高温设备。表2-2列出了一些产生高温的方法及其能达到的温度。

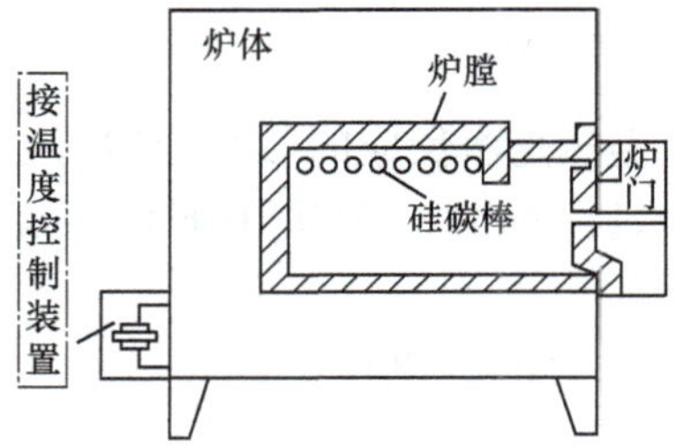

图 2-1　马弗炉结构图

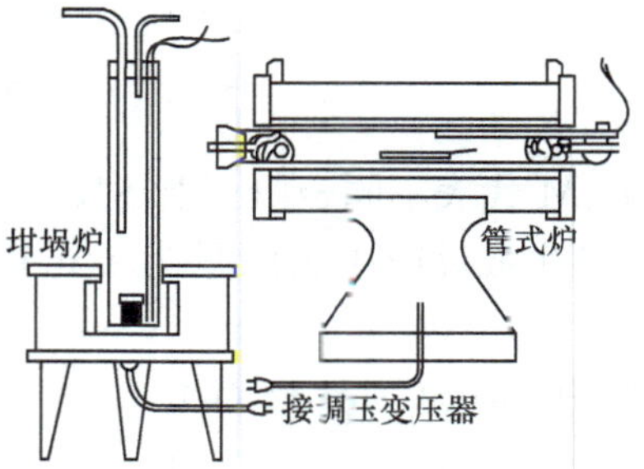

图 2-2　坩埚炉和管式炉结构图

表 2-2　获得高温的各种方法及达到的温度

获得高温的方法	温度/K	获得高温的方法	温度/K
各种高温电炉	1273～3273	激光	10^5～10^6
聚焦炉	4000～6000	原子核分裂和聚变	10^6～10^9
闪光放电炉	>4273	高温离子	10^{10}～10^{14}
等离子体电弧炉	>20000		

表 2-2 中最常用的获得高温的手段是高温电阻炉。它的优点是设备简单、使用方便、可以精确地控制温度，应用不同的电阻材料可以达到不同的高温限度。表 2-3 列出了不同电阻材料的最高工作温度。为了延长电阻材料的使用寿命，一般使用温度应低于最高工作温度。

表 2-3　各种电阻发热材料的最高工作温度

电阻材料名称	最高工作温度/℃	备注	电阻材料名称	最高工作温度/℃	备注
镍铬丝	1060		ThO_2 85%，CeO_2 15%	1850	
硅碳棒	1400		ThO_2 95%，La_2O_3 5%	1950	
铂丝	1400		钼丝	2000	真空
铂 90%，铑 10%合金丝	1540		ZrO_2	2400	
钼丝	1650	真空	石墨棒	2500	真空
硅化钼棒	1700		钨管	3000	真空
钨丝	1700	真空	碳管	2500	

这方面光学高温计具有显著的优势。它的优点为：①不需要同被测温物质接触，同时不影响被测物体的温度场；②测量温度较高，范围较大，可测量 700～6000 ℃；③精确度较高，在正确使用的情况下，误差可小到±10 ℃，且使用简便、测量迅速。

2. 高温氧化还原反应

1）高温下氧化还原反应的方向

高温下如何判断氧化还原剂的相对强弱以及氧化还原反应进行的方向？如高温下金属化合物的还原反应，用 $\Delta_r G_m$ 可判断金属从其化合物中还原出来的难易及还原剂的选择。若以金属氧化物的还原为例进行分析，并将它们的还原反应表示如下：

$$2MO + C \longrightarrow 2M + CO_2$$

$$2MO + 2M' \longrightarrow 2M + 2M'O$$

$$2MO + 2CO \longrightarrow 2M + 2CO_2$$

$$\frac{2}{3}M''_2O_3 + 2M \longrightarrow \frac{4}{3}M'' + 2MO$$

式中：M、M′、M″代表不同金属。上述反应能否发生，仍然是由反应的 $\Delta_r G_m$ 值决定。

若规定各生成反应中氧的量为 1 mol，则各还原反应 $\Delta_r G_m$ 取决于下列各反应的 $\Delta_r G_m$ 之差。

$$C(石墨) + O_2(g) \longrightarrow CO_2(g) \qquad \Delta_r G_m^{\ominus}(a) = \Delta_f G_m^{\ominus}(CO_2)$$

$$2M(s) + O_2(g) \longrightarrow 2MO(s) \qquad \Delta_r G_m^{\ominus}(b) = 2\Delta_f G_m^{\ominus}(MO)$$

$$2M'(s) + O_2(g) \longrightarrow 2M'O(s) \qquad \Delta_r G_m^{\ominus}(c) = 2\Delta_f G_m^{\ominus}(M'O)$$

$$2CO(g) + O_2(g) \longrightarrow 2CO_2(g) \qquad \Delta_r G_m^{\ominus}(d) = 2\Delta_f G_m^{\ominus}(CO_2) - 2\Delta_f G_m^{\ominus}(CO)$$

$$\frac{4}{3}M''(s) + O_2(g) \longrightarrow \frac{2}{3}M''_2O_3(s) \qquad \Delta_r G_m^{\ominus}(e) = \frac{2}{3}\Delta_f G_m^{\ominus}(M''_2O_3)$$

某元素与 1 mol O_2 化合的吉布斯自由能变化是该元素对氧亲和力大小的标志，其 $\Delta_r G_m^{\ominus}$ 负值越大，与氧的亲和力越大，该氧化物越稳定，还原为金属就越困难。因此，与 1 mol O_2 化合生成氧化物时，$\Delta_r G_m^{\ominus}$ 负值较大的元素能把 $\Delta_r G_m^{\ominus}$ 负值较小的元素从氧化物中还原出来。例如：

(1) $\frac{4}{3}Al(s) + O_2(g) \longrightarrow \frac{2}{3}Al_2O_3(s) \qquad \Delta_r G_m^{\ominus}(1) = \frac{2}{3}\Delta_f G_m^{\ominus}(Al_2O_3) = -1055\ kJ \cdot mol^{-1}$

(2) $Ti(s) + O_2(g) \longrightarrow TiO_2(s) \qquad \Delta_r G_m^{\ominus}(2) = \Delta_f G_m^{\ominus}(TiO_2) = -889.5\ kJ \cdot mol^{-1}$

将(1)－(2)得

(3) $$TiO_2(s) + \frac{4}{3}Al(s) \longrightarrow \frac{2}{3}Al_2O_3(s) + Ti(s)$$

$$\Delta_r G_m^{\ominus}(3) = \Delta_r G_m^{\ominus}(1) - \Delta_r G_m^{\ominus}(2) = -165.5\ kJ \cdot mol^{-1}$$

所以，铝能将二氧化钛还原成金属钛。

由以上分析可见，从与 1 mol O_2 生成氧化物的 $\Delta_r G_m^{\ominus}$ 负值大小，便可判断金属还原性强弱、金属氧化物氧化性的强弱及氧化还原反应的方向。

2) 埃林汉姆(Ellingham)图及其应用

许多无机物制备反应是在较高温度下进行的，这时不能用 $\Delta_f G_m^{\ominus}$(298 K)值进行计算，必须计算在反应温度下的 $\Delta_r G_m^{\ominus}(T)$ 值，为此，可利用标准吉布斯自由能变化与温度的关系[如式(2-5)]，求得任意温度下的 $\Delta_r G_m^{\ominus}$ 值，这是比较麻烦的。

1944 年，Ellingham 首先将消耗 1 mol O_2 生成氧化物的标准吉布斯自由能变化 $\Delta_r G_m^{\ominus}$(纵坐标)对热力学温度(横坐标)作图，后又对硫化物、氯化物、氟化物等作类似的图，总称为 Ellingham图，又称为 $\Delta_r G_m^{\ominus}$-T 图。利用 Ellingham 图可以了解不同温度下 $\Delta_r G_m^{\ominus}$ 值的大小，从图上可直观地判断一个金属还原过程在高温下能否进行，以及这个过程进行倾向的大小等。

$\Delta_r G_m^{\ominus}(T)$ 值是随温度变化的，并且在一定范围内基本上是温度的线性函数，故可将 $\Delta_r G_m^{\ominus}$-T的关系表示为直线方程：

$$\Delta_r G_m^{\ominus}(T) = A + BT$$

与 $\Delta_r G_m^{\ominus}(T) = \Delta_r H_m^{\ominus}(T) - T\Delta_r S_m^{\ominus}(T)$ 比较可以看出，A 相当于各温度的 $\Delta_r H_m^{\ominus}(T)$ 的平均值，B 相当于 $\Delta_r S_m^{\ominus}(T)$ 平均值的负值，这就是直线的斜率[$m = -\Delta_r S_m^{\ominus}(T)$]。$\Delta_r G_m^{\ominus}$-$T$ 图就是采用这种近似计算作成的。在一些手册中列举了常见无机反应的 $\Delta_r G_m^{\ominus}(T)$ 中的 A、B 值，并附有使用的温度范围、误差范围等数据。

(1) 氧化物的 Ellingham 图。对于 $2M(s) + O_2(g) \longrightarrow 2MO(s)$（M 为＋2 价金属）类型的

反应，其各种氧化物的 $\Delta_r G_m^\ominus$-T 关系是许多直线，如图 2-3 所示。

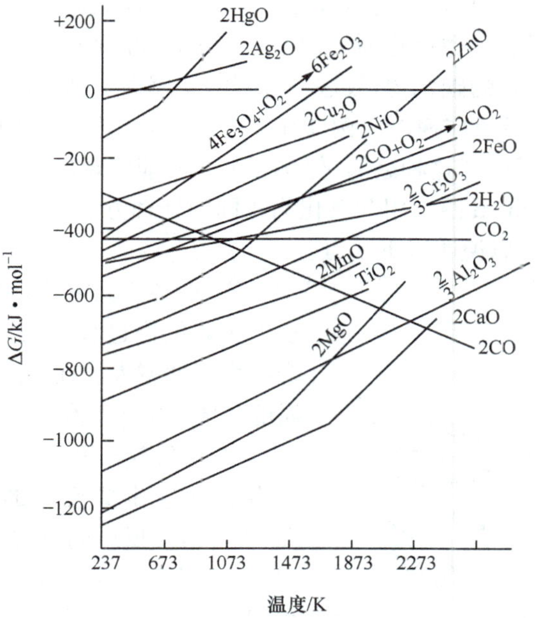

图 2-3　氧化物的 Ellingham 图

Ellingham 图表示消耗 1 mol C_2 生成氧化物过程的 $\Delta_r G_m^\ominus(T)$ 随温度的变化

分析上面生成氧化物的反应，其熵变 $\Delta_r S_m^\ominus(T)$ 为负值，从而斜率 m 等于正值，相应于直线向上倾斜；对于 $C(s)+O_2(g) \longrightarrow CO_2(g)$ 的反应，反应前后气体分子数目不变，固态物质熵值较小，可忽略不计，所以这种类型的反应其 $\Delta_r S_m^\ominus \approx 0$，直线斜率为 0（或近于 0），相应的直线几乎是水平的；对于 $2C(s)+O_2(g) \longrightarrow 2CO(g)$ 的反应，其 $\Delta_r S_m^\ominus$ 为正值，直线斜率为负值，相应直线向下倾斜。由于 CO 线下斜，可与许多线相交而上下易位，这对于火法冶金很有价值。图中 MgO、CaO 线均为折线，这是它们在各自沸点处（Mg 1363 K 、Ca 1765 K）有相变之故。

从图 2-3 可见，$\Delta_r G_m^\ominus$ 为负值区域的所有金属都能自动被氧化；凡在这个区域以上，即正值区内，则金属不能被氧化，如 Ag。某些金属的氧化反应线向上倾斜，即随温度升高，$\Delta_r G_m^\ominus$ 增大（或负值减小），当其与 $\Delta_r G_m^\ominus=0$ 的水平线相交或超过时，表明此温度下 $\Delta_r G_m^\ominus \geqslant 0$，这意味着超过这个反应温度时，氧化不能自发进行，相应的氧化物反而会自动分解。例如 $4Fe_3O_4+O_2 \longrightarrow 6Fe_2O_3$ 的反应，在 1773 K 以上，Fe_3O_4 不可能氧化成 Fe_2O_3，或者说在 1773 K以上时，Fe_2O_3 是不稳定的而易于分解成 Fe_3O_4 和 O_2。图 2-3 说明，在 773 K 以上 Hg 就不能被氧化，或者说 HgO 只要加热超过 773 K，就会分解为单质汞并放出氧。

图 2-3 中直线的位置越低，$\Delta_r G_m^\ominus$ 值越小，其氧化物越稳定，金属的还原性越强（如 Ca、Mg、Al 等）。因此图 2-3 中位置越低的金属可将位置较高的金属氧化物还原，反应的吉布斯自由能变恰好是该温度两线纵坐标之差。例如，在 1073 K 时，Cr_2O_3 能被 Al 还原，由图 2-3 可知：

$$\frac{4}{3}Al(s)+O_2(g) \longrightarrow \frac{2}{3}Al_2O_3(s) \qquad \Delta_r G_m^\ominus=-887\ kJ \cdot mol^{-1}$$

$$-)\ \frac{4}{3}Cr(s)+O_2(g) \longrightarrow \frac{2}{3}Cr_2O_3(s) \qquad \Delta_r G_m^\ominus=-557\ kJ \cdot mol^{-1}$$

$$\frac{4}{3}Al(s)+\frac{2}{3}Cr_2O_3(s) \longrightarrow \frac{2}{3}Al_2O_3(s)+\frac{4}{3}Cr(s) \qquad \Delta_r G_m^\ominus=-330\ kJ \cdot mol^{-1}$$

从图 2-3 可见，几乎所有金属氧化物的图线在高温下都能与 $C \longrightarrow CO$ 直线相交，致使两线上、下位置颠倒过来，这表明许多金属氧化物在高温下能被碳还原，碳是一种应用最广的还原剂。理论上 2273 K 以上 C 也能还原 Al_2O_3，但实际上温度太高，耐高温反应容器不易解决，而且会发生副反应生成 Al 的碳化物，故这一过程的实用性受到限制。应该指出，Ellingham图只反映热力学过程，未涉及反应速率。例如在 273 K 时，从热力学角度看 Al 可以还原 Cr_2O_3，图中两条线的上下位置反映了这种趋势，但实际上是不能实现的。

(2) 氯化物的 Ellingham 图。用和氧化物相同的处理方法，可得到氯化物的Ellingham图，如图 2-4 所示。从图中可以说明以下几点。

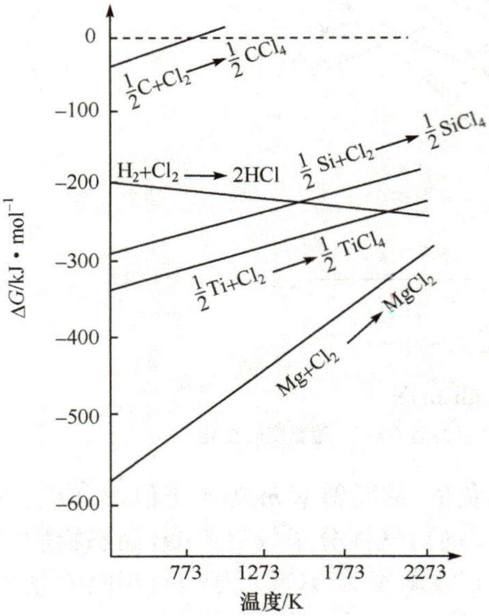

图 2-4　氯化物的 Ellingham 图

Ellingham 图表示消耗 1 mol Cl_2 生成氯化物过程的 $\Delta_r G_m^\ominus$ 随温度的变化

(i) 在某一温度下，位置越靠下的线，表示该元素生成氯化物过程的 $\Delta_r G_m^\ominus(T)$ 值越负，亦即该化合物稳定性越大。在一定温度下，位于图下方的金属能从图上方氯化物中置换出其他金属。例如：

$$2Mg + TiCl_4 \longrightarrow 2MgCl_2 + Ti$$

因为 $MgCl_2$ 生成反应的 $\Delta_r G_m^\ominus(T)$ 比 $TiCl_4$ 负得多，符合自发反应的判据。

(ii) 在指定温度下，如果某金属氯化物的曲线在 HCl 曲线之上，则该氯化物可被氢气还原为金属。如果某金属氯化物曲线在 HCl 曲线之下，该金属可被 HCl 氧化。例如，高温下 H_2 可还原 $SiCl_4$，这是常用的制纯硅的方法。

$$SiCl_4 + 2H_2 \xrightarrow{1423\sim1473\ K} 4HCl + Si$$

(iii) 碳是金属氧化物有效的还原剂，但它不能作为氯化物的还原剂，因为 $C \longrightarrow CCl_4$ 的 $\Delta_r G_m^\ominus$-T 直线在图中位于较高的上方，当其温度接近 773 K 时 $\Delta_r G_m^\ominus = 0$，此温度以上 CCl_4 将分解为 C 和 Cl_2，就是说 CCl_4 的稳定性很小，因此碳不能使金属氯化物还原。

3. 高温固相反应

高温固相反应是一类很重要的高温合成反应。大批具有特种性能的无机功能材料和化合物，如为数众多的各类复合氧化物、含氧酸盐类、二元或多元金属陶瓷化合物(碳、硼、硅、磷、硫族等化合物)都是通过高温(一般为 1000～1500 ℃)下反应物固相间的直接合成而得到的。

对于纯固相反应：

$$aA(s) + bB(s) \longrightarrow cC(s)$$

$$\Delta G = \Delta H - T\Delta S$$

由于反应的 ΔS 变化不大，要使反应自发进行($\Delta G < 0$)，必须使 $\Delta H < 0$，即只有放热反应才能自发进行。例如，镁铝尖晶石 $MgAl_2O_4$ 的制备，可利用 MgO 与 Al_2O_3 为原料通过高温固相合成，反应式为

$$MgO(s) + Al_2O_3(s) = MgAl_2O_4(s)$$

从热力学上，上述反应完全可以进行，但实际上在 1200 ℃下反应几乎不能进行，1500 ℃下反应也需数天才能完成。为什么这类反应对温度的要求如此高？因为固-固反应的特点是反应只在相界面上进行。首先在相界面上生成产物层，然后此产物层厚度增大，反应要继续进行，反应物必须通过各物相之间的界面并穿过产物层才能到达相界面进行反应。因此，反应物在产物层中的扩散往往成为控制反应速率的主要因素。

在高温下，MgO 和 Al_2O_3 接触，首先在接触界面上形成 $MgAl_2O_4$，把 MgO 和 Al_2O_3 分隔开，反应要继续进行就要依靠产物层的扩散。假设产物层中没有裂隙，扩散必须通过 $MgAl_2O_4$ 的晶格进行，于是可以有各种模式，最简单的模式是认为 O^{2-} 的扩散系数与 Mg^{2+}、Al^{3+} 相比很小，可以看作不动，扩散的只是 Mg^{2+} 和 Al^{3+}，它们通过产物层做相对扩散，反应则在产物层与反应物之间的界面上进行。反应机理可由以下两式表示，如图 2-5(b)。

$MgO/MgAl_2O_4$ 界面：$2Al^{3+}-3Mg^{2+}+4MgO \Longrightarrow MgAl_2O_4$

$MgAl_2O_4/Al_2O_3$ 界面：$3Mg^{2+}-2Al^{3+}+4Al_2O_4 \Longrightarrow 3MgAl_2O_4$

总反应：　　$MgO(s)+Al_2O_3(s) \Longrightarrow MgAl_2O_4$

综上所述，影响这类固相反应速率的主要因素有：①反应物固体的表面积和反应物间的接触面积；②生成物相的成核速率；③相界面间特别是通过生成物相层的离子扩散速率。

因此，为提高其反应速率，可采取如下措施：①通过充分破碎和研磨，或通过各种化学途径制备粒度细、比表面大、表面活性高的反应物原料；②通过加压成片，甚至加热成型使反应物颗粒充分接触；③通过化学方法使反应物组分事先共沉淀或通过化学反应制成反应物前驱体。

又如，锆钛酸铅 $Pb(ZrTi)O_3$ 的制备是一个有中间产物生成的复杂反应。选择 $n(PbO):n(TiO_2):n(ZrO_2)=2:1:1$ 配料，用高温 X 射线仪和化学分析法研究反应温度、时间与生成物之间的关系，结果如图 2-6 所示。由图 2-6 可见，整个反应过程分成 4 个区域。

区域Ⅰ：　　没有发生反应

区域Ⅱ：　　$PbO+TiO_2 \longrightarrow PbTiO_3$

区域Ⅲ：　　$PbTiO_3+PbO+ZrO_2 \longrightarrow Pb(Zr_{1-\lambda}Ti_{\lambda})O_3$

区域Ⅳ：　　$Pb(Zr_{1-\lambda}Ti_{\lambda})O_3+PbTiO_3 \longrightarrow Pb(Zr_{1-\lambda'}Ti_{\lambda'})O_3$　$(\lambda<\lambda')$

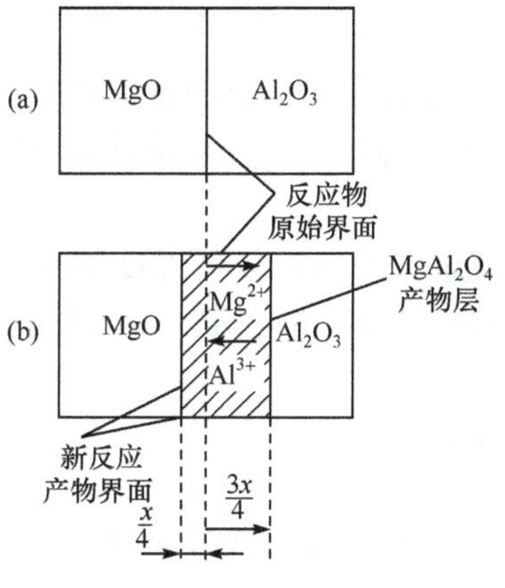

图 2-5　$MgAl_2O_4$ 的生成机理

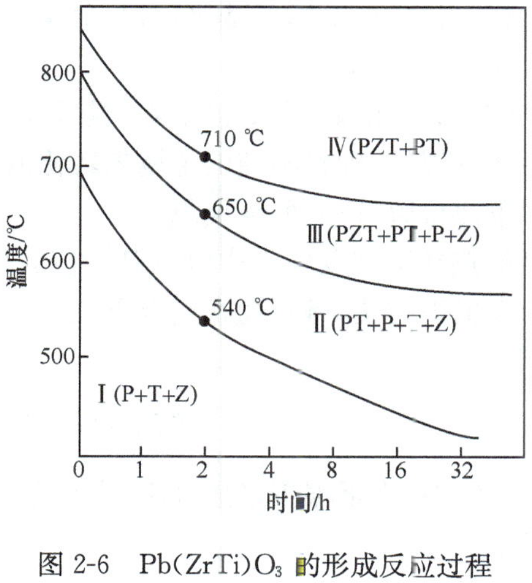

图 2-6　$Pb(ZrTi)O_3$ 的形成反应过程

当时间固定为 2 h 而提高温度时，从图 2-6 中可以看到，约在 540 ℃，由未反应的区域Ⅰ进入反应区域Ⅱ，生成 $PbTiO_3$；在 650 ℃左右，当 TiO_2 消失且 $Pb(ZrTi)O_3$ 生成时，进入反应区域Ⅲ；在 710 ℃左右，PbO 和 ZrO_2 都消失，反应区域Ⅲ变成区域Ⅳ。在最后的反应区域Ⅳ，在

1200 ℃，随着 $PbTiO_3$ 消耗完毕，形成理想的单相 $Pb(ZrTi)O_3$。这些在相图中得到了证实。

综上所述，当把 PbO、TiO_2、ZrO_2 按物质的量比 2∶1∶1 混合加热时，首先是 PbO、TiO_2 反应生成 $PbTiO_3$，在 650 ℃经过 2 h 即可完成。

$$PbTiO_3 + PbO + ZrO_2 \longrightarrow Pb(ZrTi)O_3$$

此反应在 650 ℃附近加热 2 h 后开始，在这个反应中，$PbTiO_3$ 进入固溶体是与 PbO 和 ZrO_2 同时进行的，最后形成 $Pb(Zr_{1-\lambda}Ti_{\lambda})O_3$，因此，在反应过程中没有看到游离的 $PbZrO_3$ 存在。固溶体的形成随着反应时间延长和温度升高而不断地增强。游离的 PbO 和 ZrO_2 在 750 ℃下 2 h 后几乎完全消耗。但是有些 $PbTiO_3$ 仍保留在系统中，最后单相 $Pb(Zr_{0.5}Ti_{0.5})O_3$ 的形成是由于 $PbTiO_3$ 完全消耗而完成的。

锆钛酸铅陶瓷(简称 PZT)是正方晶系 $PbTiO_3$ 和斜方晶系 $PbZrO_3$ 的无限互溶固溶体，具有优越的压电性能。在它的基础上，添加第四种或第五种成分可发展成为具有不同性能的压电陶瓷，应用于声呐、滤波器、超声延迟线、打火机、超声清洗机等。

2.2.2 化学气相沉积

近几十年发展起来的化学气相沉积法(chemical vapor deposition，CVD)已经广泛用于制备高纯物质，研制新晶体，沉积各种单晶、多晶或玻璃态无机薄膜材料。化学气相沉积法是利用气态物质在固体表面上进行化学反应，生成固态沉积物的过程，它有热分解法、化学合成法和化学转移法等类型。

1. *热分解法*

最简单的化学气相沉积法反应是化合物的热分解。热分解一般在简单的单温区炉内进行，于真空或惰性气氛下加热基材至所需温度后，导入反应气体使之发生热分解反应，最后在基材上沉积出固体材料层。

热分解法的关键是反应物和热分解温度的选择。热分解温度可根据化学热力学原理估算并通过实验确定。反应物的选择要考虑蒸气压与温度的关系以及不同温度下的分解产物，一般为氢化物、卤化物、金属烷基化合物、金属羰基化合物等。

1) 热丝法

最早的热分解法始于 19 世纪末的热丝法。它是将挥发性金属化合物蒸气进行热分解，其实质是金属的提纯，即将不纯的金属先转化成挥发性的化合物而与某些杂质分离，然后此化合物在高温下热分解，以制取纯金属。

典型的热丝法常以碘化物为原料。它是基于许多高熔点金属在较低温度下能与碘作用，生成易挥发的碘化物，碘化物在高温下又易分解而得纯金属和碘，其中碘可返回，进一步与粗金属作用。

$$\text{碘化物(g)} \underset{\text{低温}}{\overset{\text{高温}}{\rightleftharpoons}} \text{金属(s)} + I_2(g)$$

例如，碘和钛在低温下形成 TiI_4，在高温下 TiI_4 蒸气分解析出金属钛，从而达到提纯钛的目的。反应式为

$$TiI_4(g) \underset{160\sim200\ ℃}{\overset{1450\ ℃}{\rightleftharpoons}} Ti(s) + 2I_2(g)$$

热分解反应可在如图 2-7 所示的反应器中进行。碘的引入是用玻璃封焊的铁珠击破碘安瓿的方法，反应侧管接 $133.3\times10^{-4}\sim133.3\times10^{-6}$ Pa 的高真空系统。

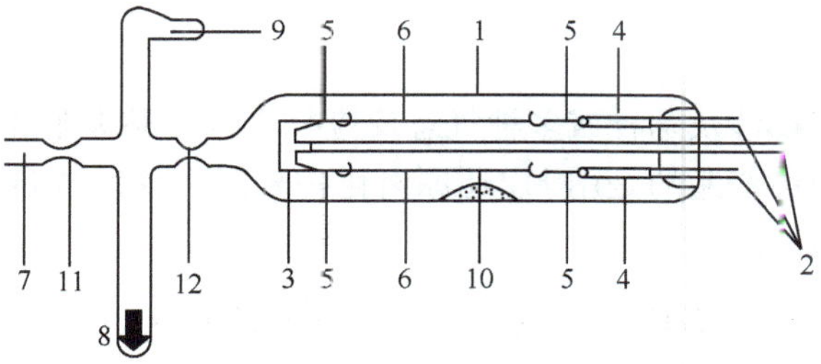

图 2-7　热丝法反应器的结构

1-硬质玻璃反应器壁；2-钨(或钼)电极；3,4-镍制的卡子；5-钨钩；6-钨热丝；7-接高真空；8-碘安瓿；9-玻璃封焊的铁珠；10-粗钛粉；11,12-便于烧封的细颈

热丝温度、反应器内的温度、碘的用量和原料纯度等均影响反应的速率，金属钛的量、状态和纯度，其他如容器的形状，热丝的长度、密度等也对产物有一定的影响。热丝法是生产单晶和制备纯金属的很有用的方法。适合热丝法提纯的金属必须具备以下特点：①熔点高，高温下难挥发；②在低温下与 I_2 能形成易挥发的碘化物，且高温下此碘化物易分解。

2) 氢化物的热分解

氢化物 M—H 键的解离能较小，热分解温度低，惟一的副产物是没有腐蚀性的氢气。

例如，半导体生产中利用 SiH_4 的热分解可在多晶硅基材上沉积一层完整、无缺陷的单晶硅薄膜：

$$SiH_4(g) \xrightarrow{800\sim1000\ ℃} 2H_2(g) + Si(s)$$

而在制镜工业中则利用 AlH_3 的热分解在玻璃基材上沉积铝：

$$AlH_3(g) \xrightarrow{\text{真空或惰性气体}} \frac{3}{2}H_2(g) + Al(s)$$

3) 金属有机化合物的热分解

金属烷基化合物中的 M—C 键键能一般小于 C—C 键，可广泛用于沉积高附着性的金属膜；若用元素的烷氧化合物，由于 M—O 键键能大于 C—O 键，所以可用来沉积氧化物。

$$2Al(OC_3H_7)_3(g) \xrightarrow{420\ ℃} Al_2O_3(s) + 6C_3H_6(g) + 3H_2O$$

$$Si(OC_2H_5)_4(g) \xrightarrow{740\ ℃} SiO_2(s) + 4C_2H_4(g) + 2H_2O(g)$$

4) 氢化物和有机金属化合物体系的热分解

利用这类热分解体系可以在各种半导体或绝缘基底上制备化合物半导体。

$$Ga(CH_3)_3(g) + AsH_3(g) \xrightarrow{630\sim670\ ℃} GaAs(s) + 3CH_4(g)$$

$$Zn(C_2H_5)_2(g) + H_2Se(g) \xrightarrow{725\sim750\ ℃} ZnSe(s) + 2C_2H_6(g)$$

5) 其他气态配合物、复合物的热分解

这一类化合物中的羰基化合物和羰基氯化物多用于贵金属和其他过渡金属的沉积。例如：

$$Pt(CO)_2Cl_2(g) \xrightarrow{600\ ℃} Pt(s) + 2CO(g) + Cl_2(g)$$

$$Ni(CO)_4(g) \xrightarrow{140\sim240\ ℃} Ni(s) + 4CO(g)$$

单氨配合物已用于制备氮化物。例如：

$$GaCl_3 \cdot NH_3(g) \xrightarrow{800\sim900\ ℃} GaN(s) + 3HCl(g)$$

$$AlCl_3 \cdot NH_3(g) \xrightarrow{800\sim1000\ ℃} AlN(s) + 3HCl(g)$$

2. 化学合成法

绝大多数沉积过程都涉及两种或多种气态反应物在同一热基底上相互作用，这类反应即为化学合成反应。其中最普遍的是用 H_2 还原卤化物来沉积各种金属和半导体。例如，用 H_2 还原 $SiCl_4$，生长硅外延片：

$$SiCl_4 + 2H_2 \xrightarrow{1150\sim1200\ ℃} 4HCl + Si$$

与热分解法比较，化学合成反应的应用更广泛。因为用于热分解沉积的化合物寥寥无几，而很多无机材料原则上都可以通过合适的反应合成出来。

除制备各种单晶薄膜外，化学合成反应还可用来制备各种晶态和玻璃态沉积层。

$$SiH_4 + 2O_2 \xrightarrow{325\sim475\ ℃} SiO_2 + 2H_2O$$

$$SiH_4 + B_2H_6 + 5O_2 \xrightarrow{300\sim500\ ℃} B_2O_3 \cdot SiO_2 + 5H_2O$$

$$Al_2(CH_3)_6 + 12O_2 \xrightarrow{450\ ℃} Al_2O_3 + 9H_2O + 6CO_2$$

$$3SiCl_4 + 4NH_3 \xrightarrow{850\sim900\ ℃} Si_3N_4 + 12HCl$$

$$TiCl_4 + NH_3 + \frac{1}{2}H_2 \xrightarrow{830\ ℃} TiN + 4HCl$$

3. 化学转移反应

化学转移反应是指一种固体或液体物质 A，在一定温度下与一种气体物质 B 反应，生成气相产物 C，而 C 扩散到体系的不同温度区发生逆反应，重新析出 A。

$$aA(s\text{ 或 }l) + bB(g) \underset{T_2}{\overset{T_1}{\rightleftharpoons}} cC(g)$$

例如：

$$Ni(s) + 4CO(g) \underset{200\ ℃}{\overset{80\ ℃}{\rightleftharpoons}} Ni(CO)_4(g)$$

这个过程似乎是一个升华或蒸馏过程，但在这样的温度下，物质 A 并没有经过它应该有的蒸气相，所以称化学转移。

1) 化学转移反应装置

用于化学转移反应的装置样式很多，可根据具体的反应条件设计。对于固体物在一个温度梯度下的转移反应，可用图 2-8 所示装置。

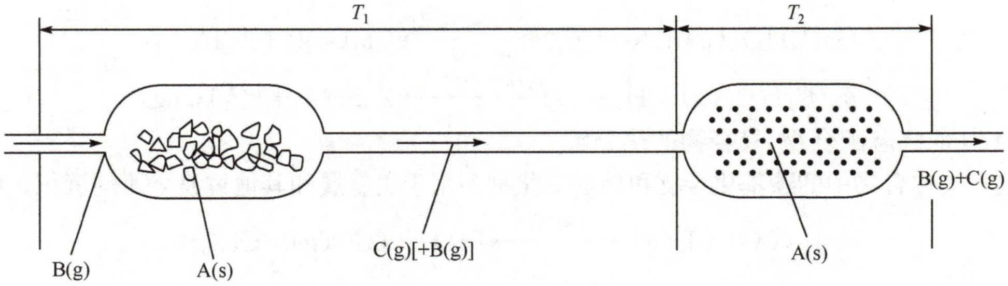

图 2-8 在温度梯度下固体物质转移的理想化流动装置

例如，Fe_3O_4 单晶的制备。以 HCl 作传输剂，通过下列反应而发生 Fe_3O_4 的转移：

$$Fe_3O_4(s) + 8HCl(g) \underset{低温}{\overset{高温}{\rightleftharpoons}} FeCl_2(g) + 2FeCl_3(g) + 4H_2O(g)$$

传输管是一段 25 cm 的石英管，管子的一端封闭，另一端接真空系统。当系统中的压强降到低于 10^{-1} Pa 时，将样品加热到约 300 ℃进行脱气，向系统充入适量 HCl 气体至一定压强，并把两者之间的接口拆开，用氢氧焰把传输管在长度为 20 cm 处熔断。然后把传输管放在传输电炉的中心部位，在它的两端放上控温装置。将生长区的温度升到 1000 ℃，同时使传输管装有粉末的一端保持室温。使逆向转移反应持续 24 h，然后把生长区温度降到 750 ℃，并把装料区的温度升到 1000 ℃，使这个转移反应进行 10 d。用此法生长的 Fe_3O_4 晶体为完整的八面体单晶。此外，用此法还可制备其他铁酸盐，如 $NiFe_2O_4$ 晶体等。

2）化学转移法在合成方面的应用

例如，Ca_2SnO_4 的制备：

$$2CaO(s)+SnO_2(s)\longrightarrow Ca_2SnO_4(s)$$

此反应为纯固相反应，速率很慢，且反应不完全。当有气体 CO 存在时，反应可大大加速。因为当有 CO 存在时，SnO_2 被转变为气体 SnO，而 SnO 在化学上能被传输。因此，CO 又称为传输剂。

$$SnO(s)+CO(g)\longrightarrow SnO(g)+CO_2(g)$$

$$SnO(s)+2CaO(s)+CO_2(g)\longrightarrow Ca_2SnO_4(s)+CO(g)$$

又如，亚铬酸镍（$NiCr_2O_4$）的制备。NiO 和 Cr_2O_3 的反应也相当慢，但是有 O_2 存在时，反应被加速，因为形成气体 CrO_3，CrO_3 再转移到 NiO 上。

$$Cr_2O_3(s)+\frac{3}{2}O_2(g)\longrightarrow 2CrO_3(g)$$

$$2CrO_3(g)+NiO(s)\longrightarrow NiCr_2O_4(s)+\frac{3}{2}O_2(g)$$

这些例子说明了气相传输剂的重要性和对反应速率的影响，在固相反应中气体常作为一种使物质从一种晶体到另一种晶体的传输手段。

3）化学转移法在物质分离方面的应用

用 I_2 和 H_2O 作传输剂，可分离 WO_2 和 W，且 W 在 1000 ℃沉积，而 WO_2 在 800 ℃沉积。

$$WO_2(s)+I_2(g)\underset{800\ ℃}{\overset{1000\ ℃}{\rightleftharpoons}}WO_2I_2(g)$$

$$W(s)+2H_2O(g)+3I_2(g)\underset{800\ ℃}{\overset{1000\ ℃}{\rightleftharpoons}}WO_2I_2(g)+4HI(g)$$

另外，用 HCl 作传输剂，可实现 Cu 和 Cu_2O 的分离。

$$Cu_2O(s)+2HCl(g)\underset{900\ ℃}{\overset{500\ ℃}{\rightleftharpoons}}2CuCl(g)+H_2O(g)$$

$$Cu(s)+HCl(g)\underset{500\ ℃}{\overset{600\ ℃}{\rightleftharpoons}}CuCl(g)+\frac{1}{2}H_2(g)$$

2.2.3 无机化合物的低温制备

低温即指低于室温的温度。将物质的温度降到低于环境温度的操作称为制冷或冷冻。随着新技术的开发，世界将进入“临界技术”或“极限技术”的发展时期，低温或超低温合成将是未来的重要领域。低温技术的发展为某些挥发性化合物的合成及新型无机功能材料的合成开辟了新的途径。

1. 低温的获得

1）低温冷浴

如果某一反应要求在低温下进行，且温度控制要求不高，如为±3 ℃或更高一些，则可用以下方法获得低温。

(1) 自来水冷却。若反应温度为室温(约 12 ℃),可用流动的自来水冷却;若反应温度为 0～12 ℃,则可用偶尔加入碎冰块并搅动的水浴。

(2) 冰-盐或冰-酸低共熔体系。冰-盐低共熔体系是实验室中最常使用、最普通的低温源。许多盐在溶解时要吸热,又由于形成的溶液的蒸气压下降,故冰点下降,因此将冰、盐按不同比例磨细、均匀混合,可得到不同低共熔点的低温源。例如,下面一些冰-盐混合物可达到不同的温度:

$NaCl$: 冰=1 : 3(质量比)　　约-21.2 ℃

NH_4Cl : 冰=1 : 4　　约-15.8 ℃

$(NH_4)_2SO_4$: 冰=2 : 3　　约-19 ℃

冰盐体系所能达到的低温不仅随不同盐类而变化,而且随盐的比例变化。每个冰盐体系均有一个最低共熔点,具体可参阅物理化学中的相图部分内容。这类低温源适用于-25～0 ℃的范围。对于-25～0 ℃的反应,也可采用冰和酸的混合物:

浓 HCl : 冰=1 : 1(质量比)　　约-37.5 ℃

HNO_3 : 冰=1 : 2　　约-56 ℃

浓 H_2SO_4 : 冰=1 : 3　　约-43 ℃

冰-盐、冰-酸体系所得的上述温度是理论温度,实际工作中一般得不到其理论值,除非把冰和盐磨得很细,而且混合得相当均匀,才有可能接近理论温度。且其温度随环境温度而变,若要维持一定的低温时间,必须不断地取走部分溶液,加入新的冰-盐或冰-酸。

(3) 干冰浴。干冰浴也是经常用的一种低温源,其升华点为-78.3 ℃。用时常加入一些有机溶剂,如丙酮、醇、氯仿等,以改善其导热性。表 2-4 列出干冰与某些有机溶剂组成冷浴的温度。

表 2-4　干冰与某些有机溶剂组成冷浴的温度

溶　剂	冷浴温度/℃	溶　剂	冷浴温度/℃
四氯化碳	-23	无水乙醇	-72
乙腈	-42	乙醚	-77
环己烷	-46	丙酮	-78
氯乙烷	-60	乙酸戊酯	-78
三氯甲烷	-61	一氯甲烷	-82

(4) 液氮浴。N_2 液化的温度为-196 ℃,它是合成反应与物化性能试验中经常用的一种低温浴。用于冷浴时,使用温度最低可达-205 ℃(减压过冷液氮浴)。

以上四类低温冷浴较难维持恒定低温,所以不能作恒温低温冷浴。

2) 相变冷浴

这种低温浴可以恒定温度。它主要有两种类型:①由纯物质的固液平衡或固气平衡相变构成温度恒定;②利用纯物质的沸点作为所恒定的温度。

表 2-5 列出了一些常用的固定相变冷浴。一般借助于低温恒温器实现恒定低温。

表 2-5　一些常用的低温浴的相变温度

低温浴	温度/℃	低温浴	温度/℃
冰+水	0	氯苯	-45.6
四氯化碳	-22.8	三氯甲烷	-63.5
液氨	-33.35	干冰	-78.5

续表

低温浴	温度/℃	低温浴	温度/℃
乙酸乙酯	−83.6	正戊烷	−130
甲苯	−95	异戊烷	−160
二硫化碳	−111.53	液氧	−183
甲基环己烷	−126.3	液氮	−195.8

2. 低温下的化学合成

许多物质的分离和制备都必须在低温下进行。氮、氧、稀有气体的工业制备过程是首先压缩净化过的空气，再使之绝热膨胀、温度降低，从而使空气液化，随后对液体空气进行分级蒸馏，便可把氮气、氧气和稀有气体分离；混合气体也常用低温分馏或低温下选择性吸附的方法进行分离；低温下的物质合成，特别是超低温下的超导材料的合成近年来发展很快。

1) 非水溶剂中的低温合成

许多在非水溶剂中进行的反应必须在低温下进行，因为它们只有在低温下才呈液体状态，如 NH_3、SO_2、HF 等。其中液氨是研究得最多，也是应用最广的非水溶剂。

(1) 液氨体系。

(i) 氨基化合物的制备。利用碱金属和碱土金属与液氨作用可制备金属的氨基化合物。

$$M+NH_3(l)\xrightarrow[-33\ ℃]{\text{Pt 或 }Fe^{3+}}\begin{cases}MNH_2+H_2\uparrow & M=Li、Na、K、Rb、Cs\\ M(NH_2)_2+H_2\uparrow & M=Ca、Sr、Ba、Eu、Yb\end{cases}$$

Be 和 Mg 不溶于液氨，也不与其反应，但是当有少量 NH_4^+ 存在时，Mg 能同液氨反应而生成不溶性氨基化合物，此时，NH_4^+ 起催化剂的作用。

$$Mg+2NH_4^+\longrightarrow Mg^{2+}+2NH_3+H_2\uparrow$$

$$Mg^{2+}+4NH_3(l)\longrightarrow Mg(NH_2)_2\downarrow+2NH_4^+$$

总反应为

$$Mg+2NH_3(l)\longrightarrow Mg(NH_2)_2\downarrow+H_2\uparrow$$

此外，许多化合物在液氨中氨解也可得到相应的氨基化物。

$$MH+NH_3(l)\longrightarrow MNH_2+H_2\uparrow$$

$$M_2O+NH_3(l)\longrightarrow MNH_2+MOH$$

$$BCl_3+6NH_3(l)\longrightarrow B(NH_2)_3+3NH_4Cl$$

$$\downarrow \triangle,\ >0\ ℃$$

$$B_2(NH)_3+3NH_3$$

$$2BI_3+9NH_3(l)\longrightarrow B_2(NH)_3+6NH_4I$$

(ii) 某些异常价态的特殊配合物的合成。利用碱、碱土金属液氨溶液的强还原性可以制备某些异常价态的配合物。

$$Mn_2(CO)_{10}+2K\xrightarrow{\text{液氨}}2K[Mn(CO)_5]$$

$$[Pt(NH_3)_4]^{2+}\xrightarrow{\text{液氨(K 或 Na)}}[Pt(NH_3)_4]$$

在这类反应中，液氨给活泼金属 K 提供了一个相当适用的介质，而对反应物来说，它又是一个很好的溶剂。

(iii) 非金属同液氨的作用。非金属单质(如 S、I_2、Se、P 等)或多或少地溶于液氨中。

硫是非金属中最易溶于液氨的。它溶于液氨后得绿色溶液，将此溶液冷却到－84.6 ℃时变成红色溶液，此溶液可与 Ag^+ 盐反应生成 Ag_2S 沉淀，如果将此溶液蒸发可得到 S_4N_4。因此，认为 S 溶于液氨发生如下反应：

$$10S + 4NH_3(l) \longrightarrow S_4N_4 + 6H_2S$$

臭氧在－78 ℃同液氨反应可得 NH_4NO_3（无水）：

$$4O_3 + 2NH_3(l) \longrightarrow NH_4NO_3 + H_2O + 4O_2$$

同时有

$$3O_3 + 2NH_3(l) \longrightarrow NH_4NO_2 + H_2O + 3O_2$$

其中硝酸铵的产率为 98％，亚硝酸铵的产率为 2％。

（2）液态 SO_2 体系。利用液态 SO_2 与金属氧化物反应可得到缩二亚硫酸盐。例如：

$$Na_2O + 2SO_2(l) \longrightarrow Na_2S_2O_5$$

$$CaO + 2SO_2(l) \longrightarrow CaS_2O_5$$

利用液态 SO_2 与某些盐的反应可以制备某些非金属化合物。例如：

$$4KBr + 4SO_2(l) \longrightarrow 2K_2SO_4 + S_2Br_2 + Br_2$$

$$2KI + 2SO_2(l) \longrightarrow K_2SO_4 + S + I_2$$

$$WCl_6 + SO_2(l) \longrightarrow SOCl_2 + WOCl_4$$

$$PCl_5 + SO_2(l) \longrightarrow POCl_3 + SOCl_2$$

（3）液态 N_2O_4 体系。在硝酸盐的水溶液法制备中，只有碱金属和 Ag^+ 的硝酸盐是无水晶体，几乎其他硝酸盐都带有结晶水，而且过渡金属的硝酸盐几乎不能用加热脱水的方法得到，否则分解。N_2O_4 是制备无水硝酸盐的理想溶剂。

例如，无水硝酸铜的制备可用铜粉与液态 N_2O_4 作用得到：

$$Cu + 3N_2O_4(l) \xrightarrow{\text{无水乙醚或乙酸乙酯}} Cu(NO_3)_2 \cdot N_2O_4 + 2NO$$

$$Cu(NO_3)_2 \cdot N_2O_4 \xrightarrow[\triangle]{85\sim160\ ℃} Cu(NO_3)_2 + N_2O_4\uparrow$$

Mn(Ⅱ)、Co(Ⅱ)的无水硝酸盐可用类似方法得到，然而 V 用这种方法则生成硝酸氧钒。

2）低温下稀有气体化合物的合成

稀有气体(nobel gases)包括氦、氖、氩、氪、氙、氡六种元素，俗称“惰性元素”。1933 年，鲍林就预言稀有气体能形成化合物，但直到 1962 年才由英国化学家巴特利特(N. Bartlett)成功地合成了氙的化合物 $Xe[PtF_6]$，它是人工合成的第一个稀有气体化合物。此后，人们陆续合成了许多新的稀有气体化合物，惰性元素就不“惰”了，改称稀有气体。

稀有气体混合物本身是在低温下进行分离和提纯的，所以它们的一些化合物也是在低温下进行合成的。

（1）低温下的放电合成。1933 年，Yost 等曾用放电法制备氟化氙，但未获成功。直到 1963 年，Kirschen-baum 等才用放电法成功地制备了 XeF_4。

$$2F_2 + Xe \xrightarrow[\substack{1100\sim2800\ V \\ 12\sim31\ mA}]{-78\ ℃} XeF_4\text{（无色晶体，熔点 117 ℃，稳定）}$$

研究发现，F_2 和 Xe 的分子比对产物有很大的影响，若 F_2 ∶ Xe＞1，得 XeF_4；若 F_2 ∶ Xe＝1，得 XeF_4 和 XeF_2；若 F_2 ∶ Xe＜1，则得 XeF_2。

在低温下 XeF_4 与过量的 O_2F_2 反应时，可被氧化成 XeF_6：

$$XeF_4 + O_2F_2 \xrightarrow{-143\sim-78\ ℃} XeF_6 + O_2$$

放电合成的另一个例子是二氯化氙的制备。在−80 ℃下对氙、氟、$SiCl_4$（或 CCl_4）的混合物进行高频放电，得到白色晶体 $XeCl_2$。

$$2F_2+SiCl_4(\text{或 }CCl_4)+2Xe \xrightarrow[\text{高频放电}]{-80\ ℃} 2XeCl_2+SiF_4(\text{或 }CF_4)$$

也有人在氙、氯混合物中进行微波放电，将产物收集在 20 K 的冷阱中，得到 $XeCl_2$ 晶体。$XeCl_2$ 晶体较稳定，可长期储存在密封的玻璃容器中，室温下进行减压升华可使之纯化，但在高度真空下加热至 80 ℃分解。

此外，1965 年 Schreiner 等在低温（−183 ℃）、低压（约 2660 Pa）下用放电法成功地合成了氟化氪（KrF_2）。

$$Kr+F_2 \xrightarrow[\substack{700\sim2200\ V\\ 24\sim37\ mA}]{-183\ ℃} KrF_2$$

KrF_2 为白色固体，具有挥发性，−30 ℃以下稳定，室温下自动分解为 Kr 和 F_2，能溶于无水 HF。

(2) 低温光化学合成。光化学反应是由可见光和紫外光所引起的化学反应。这些反应一般是在分子的激发态直接参与下进行的。一个分子只有在吸收一定的光能之后，才能发生化学反应。在吸收光的过程中，分子得到的能量与吸收光的波长成反比（$E=h\nu=hc/\lambda$）。因此必须选择合适的波长才能完成化学键的改组，才能打破旧键，使原来的分子激发到有较大反应性的高能态，或被分解为活性碎片（活化的原子或自由基），然后再组成新的化合物。

利用光化学反应，可以在低温下合成 XeF_2、KrF_2 等稀有气体化合物。例如 XeF_2 的合成，由于氟在紫外区的吸收谱带为 250～350 nm，最大吸收值在 290 nm 处，于是采用 1000 W 高压汞弧灯的紫外光作光源，经硫酸钴、硫酸镍溶液滤光后，波长约 270 nm 的光线占 75%。该光线由石英透镜聚焦，透过蓝宝石小窗射入反应室，反应室内已装好的分压各为 6666 Pa 的氙和氟在紫外光的照射下化合为 XeF_2。其光化学合成的机理是：分子氟受激发分解为原子氟，原子氟与氙生成自由基 XeF·，然后 XeF·与 XeF·或 F 原子碰撞生成 XeF_2。

$$F_2 \longrightarrow 2F$$
$$F+Xe \longrightarrow XeF\cdot$$
$$XeF\cdot+F \longrightarrow XeF_2$$
$$XeF\cdot+XeF\cdot \longrightarrow Xe+XeF_2$$

反应装置如图 2-9 所示。首先将装置抽空，将氙通入反应池直到压强至 6.5×10^4 Pa，用液氮将氙冷凝，然后从真空管路中将计算量的氟充入反应池，以便在升温至室温时有压强约 6.5×10^4 Pa 的氟通入反应池中，然后将反应池在阀 6 处关闭。当放置在−78 ℃冷浴和给电热丝通电时，开始进行照射。随氟的消耗，压强下降的速度减慢，说明被氟吸收的光减小了。然后将反应池与镍真空系统连通，抽除未反应完的氟和氙，XeF_2 则保留在−78 ℃的 U 形管中。

XeF_2 是一种致密的白色蜡状固体，具有刺鼻的令人作呕的气味，极易升华，熔点 140 ℃，能溶于水。

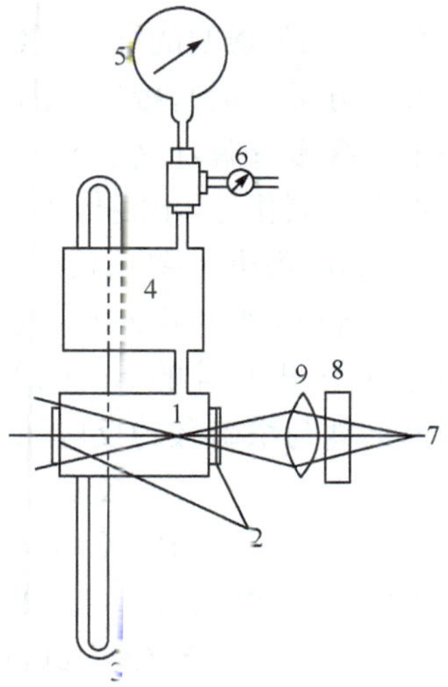

图 2-9 光化学合成 XeF_2 的装置示意图

1-镍反应器；2-蓝宝石窗；3-镍管，其下端浸在杜瓦瓶内，保持−78 ℃；4-备用圆筒（也可不用）；5-气压计；6-开关，输入氙、氟并与真空系统相连；7-光源；8-滤光池（内盛硫酸钴、硫酸镍溶液）；9-石英透镜，作聚光用

(3) 低温水解合成。迄今为止，氙的氧化物尚不能由单质氙和氧直接化合而成，只能由氟化氙转化而来，氙的氟氧化物也是靠氟化氙转化而获得，如 XeO_3、$XeOF_4$、XeO_2F_2 是由 XeF_6 转化而来，XeO_4、XeO_3F_2 则由 XeF_4 或 XeF_6 水解生成高氙酸再转化而成。

最初在制成 XeF_4 时发现，它的水解过程比较复杂，经过仔细研究证明其水解的最终产物不是 Xe(Ⅳ)化合物，而是 Xe(Ⅵ)化合物，其反应机理为 XeF_4 水解时发生歧化反应：

$$3XeF_4+6H_2O \longrightarrow 2XeO+XeO_4+12HF$$

$$XeO \longrightarrow Xe+\frac{1}{2}O_2$$

$$XeO_4 \longrightarrow XeO_3+\frac{1}{2}O_2$$

总反应为

$$3XeF_4+6H_2O \longrightarrow 2Xe+XeO_3+12HF+\frac{3}{2}O_2$$

水解的最终产物经 X 射线分析确证为 XeO_3。

XeF_6 的水解机理比较简单，无歧化反应发生，直接生成 XeO_3：

$$XeF_6+3H_2O \longrightarrow XeO_3+6HF$$

此外，$XeOF_4$ 水解也可以生成 XeO_3：

$$XeOF_4+2H_2O \longrightarrow XeO_3+4HF$$

对比 XeF_4 和 XeF_6 的水解结果可以看出，XeF_6 水解时 Xe(Ⅵ)全部转化为 XeO_3，而 XeF_4 由于歧化反应，Xe(Ⅳ)只有 1/3 转化为 XeO_3，故制备 XeO_3 以 XeF_6 水解为宜。

XeF_4 和 XeF_6 的水解反应极为剧烈，易引起爆炸。为了减慢和便于控制反应速率，可先用液氮冷却氟化氙，然后加入水，这时便形成凝固状态，然后逐渐加热使反应缓缓进行，直至加热到室温。水解完毕后，小心将氟化氢和过量的水蒸发，便可得到潮解状的 XeO_3 白色固体。

XeO_3 为无色透明的结晶，吸湿能力强。它在室温下的蒸气压很低，真空下 70 ℃升华，同时显著发生分解并引起爆炸。因此无水 XeO_3 是一种烈性爆炸物。XeO_3 的水溶液很稳定，但在光照下会缓慢分解，产生少量的臭氧，为了获得最大的稳定性，可把溶液储存在暗处。XeO_3 的水溶液有强氧化性，不能与还原性物质相接触。

XeO_4 的制备也需要低温。将高氙酸盐放入带支管的玻璃容器中，在室温下缓慢滴入 −5 ℃的浓硫酸，则生成 XeO_4 气体(无色)，将此气体收集在液氮冷凝器中，呈黄色固体，然后进行真空升华，即得纯的 XeO_4，储存于 −78 ℃的冷凝容器中。

高氙酸盐与浓硫酸的反应如下：

$$Na_4XeO_6+2H_2SO_4 \longrightarrow XeO_4+2Na_2SO_4+2H_2O$$

$$Ba_2XeO_6+2H_2SO_4 \longrightarrow XeO_4+2BaSO_4+2H_2O$$

高氙酸盐的制备：在 XeO_3 的水溶液中加入 $Ba(OH)_2$，则生成高氙酸钡沉淀。

$$XeO_3+2Ba(OH)_2+13H_2O \longrightarrow Ba_2XeO_6 \cdot 15H_2O$$

需要指出的是，XeO_4 固体极不稳定，甚至在 −40 ℃时也发生爆炸，其反应式为

$$XeO_4 \longrightarrow Xe+2O_2$$

因此需要在 −78 ℃下保存。

3. 低温下挥发性化合物的合成

挥发性化合物的熔、沸点都较低，而且合成时副反应较多，故它们的合成与纯化都需要在

低温下进行。这类化合物低温合成的例子很多,这里仅以氢氰酸的合成为例加以介绍。

氢氰酸是一种无色剧毒的气体,有苦杏仁味,熔点-13.24 ℃,沸点25.70 ℃,燃烧时发出红蓝色火焰,可以任意比与水、乙醇、乙醚混合。

氢氰酸可由氰化钠与硫酸直接作用得到:

$$2NaCN + H_2SO_4 \longrightarrow Na_2SO_4 + 2HCN$$

在图2-10中,长颈圆底烧瓶1中盛有浓硫酸、水、少量$FeSO_4$和几小块沸石,在水浴上加热到90 ℃,将NaCN溶液由滴液漏斗2滴入烧瓶中。待分解反应完毕,将水浴加热至沸腾,将HCN完全蒸馏出来,其中含的水蒸气可在冷凝管3中除去,再经过一个装有0.5 mol·L^{-1}硫酸和一些小块沸石的吸滤瓶4(保持在50 ℃)和吸滤瓶5(其中在一层玻璃棉上装有$CaCl_2$,同样也加热到50 ℃,用以除去水分)。在用冰-盐剂冷却的磨口瓶6中冷凝HCN,为保险起见,再连一个磨口瓶。

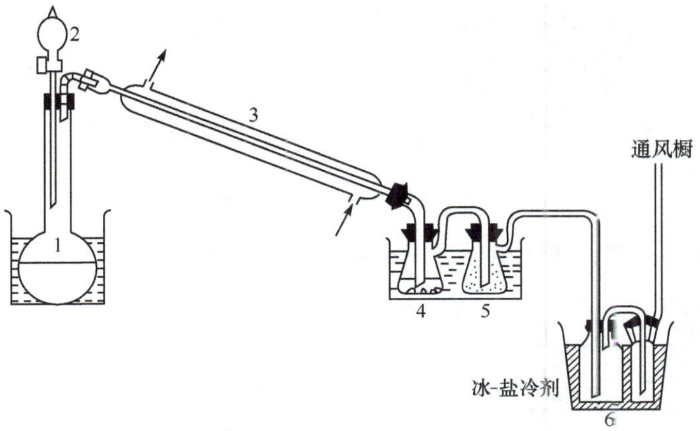

图2-10　制备氢氰酸的装置示意图

1-发生瓶;2-滴液漏斗;3-冷凝管;4,5-吸滤池;6-收集瓶

2.2.4　无机化合物的真空制备

1. 真空度和真空的获得

真空是指低于一个标准压力的气体状态,即与正常的大气相比,是较为稀薄的一种气体状态。真空度是气体稀薄程度的一种量度,作为这种量度,最直接的物理量应该是单位体积内的分子数。但是,真空度的高低通常用气体的压强来表示,气体的压强越低,真空度就越高;反之,压强越高,真空度越低。

一般将真空度分为5个范围:

粗真空	0.1 MPa~1333 Pa	(760~10 Torr①)
低真空	1333~1.3×10^{-1} Pa	(10~10^{-3} Torr)
高真空	1.3×10^{-2}~1.3×10^{-6} Pa	(10^{-4}~10^{-8} Torr)
超高真空	1.3×10^{-6}~1.3×10^{-10} Pa	(10^{-8}~10^{-12} Torr)
极高真空	<1.3×10^{-10} Pa	

产生真空的过程称为抽真空,常用真空泵(如机械泵、油扩散泵等)达到目的。机械泵抽气

① 1 Torr=1 mmHg=133.32 Pa。

速率很高，但一般只能产生 $1.3\times10^{3}\sim1.3\times10^{-1}$ Pa 的低真空。扩散泵的起始压强为 13.33 Pa，不能单独使用，必须以机械泵作为前级泵而联合工作。将机械泵和扩散泵组装在一起称为真空机组，其示意图如图 2-11 所示。真空机械泵和扩散泵原是两种装置，需要时才组合使用，这样就可获得 $1.3\times10^{-4}\sim1.3\times10^{-7}$ Pa的高真空。

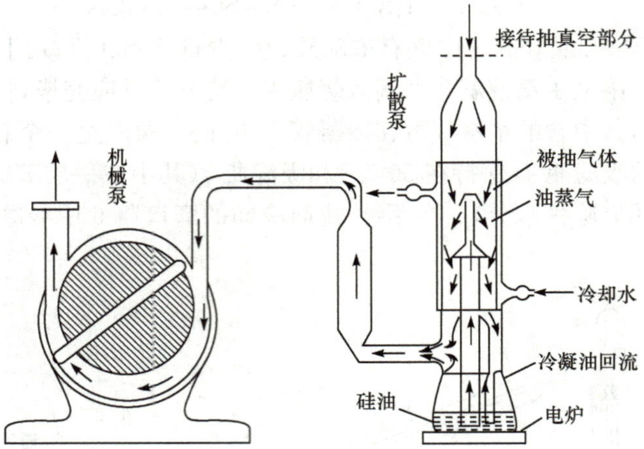

图 2-11　真空机组示意图

各种常用的获得真空方法的最佳适用压强范围见图 2-12。

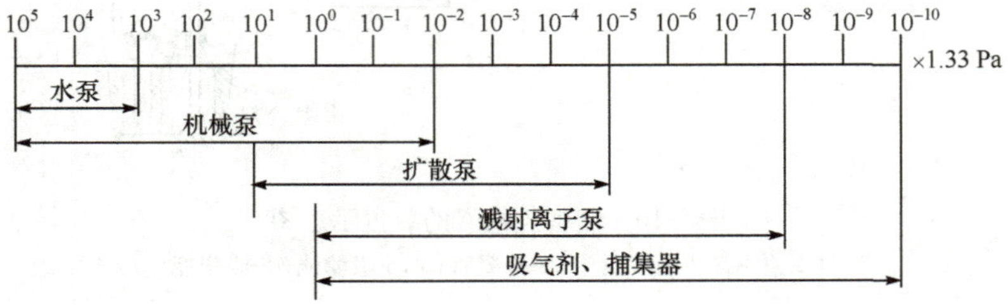

图 2-12　各种常用的获得真空方法的最佳适用压强范围

2. 真空制备法

真空技术的应用较广，本节主要介绍以下几种。

1) 真空系统中的无机制备

若反应物、产物的化学性质极为活泼，极少量的空气或水气都能与之反应而使其变质时，则只能在真空系统内进行制备反应：

(1) 三氟化硼与氨的反应。由于 BF_3 缺电子，它具有电子对接受体的强烈倾向，当它与电子对给予体分子相遇时，就易发生加合反应。这种反应物极易水解，只能在真空系统内进行：

$$H_3N:(\text{纯})+BF_3 \longrightarrow H_3N\rightarrow BF_3$$

(2) 钾与高纯氢反应：

$$2K(\text{纯})+H_2(\text{纯})\xrightarrow{673\ K}2KH$$

KH 为纯白色微晶体粉末，是离子型氢化物，在空气中即转化为 K_2O 和 H_2，遇水便激烈反应而燃烧。

(3) 氢化钾与铂和氢反应：

$$2KH+Pt+H_2 \xrightarrow{723\ K} K_2PtH_4$$

K_2PtH_4 为绿色微晶物质，在痕量的潮湿空气中迅速变黑，其中的铂经分解变为单质。遇水或空气，K_2PtH_4 便立即燃烧。

此外，氯化亚硝酰与五氯化锑的反应、六氯铬锑酸亚硝基的制备等都是在真空系统内完成的。

2) 真空熔炼

冶金中一般是采用在大气中熔炼，大气中的各种气体都能与熔炼金属发生反应，反应生成的气体和大气中气体部分溶解在金属中而影响金属的性质(如氧使金属特性降低，氮使金属变硬等)，故在大气中熔炼出的金属一般杂质含量高，品质不够理想。真空熔炼(或真空蒸馏)和真空区域熔炼等得到的金属纯度高。熔炼方法和杂质含量见表 2-6。

表 2-6　熔炼方法和杂质含量

熔炼方法	杂质含量(%)
电炉	0.1
真空高频炉	0.01
高真空电弧炉	0.001
浮游熔炼	0.0001
区域熔炼	0.00001

一般来讲，真空熔炼可以减少金属中 Al、Ca、Si、Pb、P、C 等杂质，在容易形成氧化物和氮化物的 Ti、Th、Ta、Si、Ge 以及它们合金的提炼时采用真空熔炼，在它们的粉末冶金时采用真空烧结。例如铍青铜，由于铍易于氧化，过去在大气中熔炼时总有 10%左右的损失，采用真空熔炼，不但可以完全避免损失，而且它的耐疲劳性能、耐冲击性能有所改善。蒸气压较高的碱金属、碱土金属、硒和锌等，可利用蒸气压之差进行真空蒸馏法提纯。如果熔盐电解产品受了氯化物或氟化物的污染，更需进行真空蒸馏，特别是不能用电解法制备的金属——例如钡，可将氧化钡用铝还原，再用真空蒸馏法提纯。

3) 区域熔炼法制单晶

区域熔炼(简称区熔)是在化学提纯的基础上更进一步的提纯手段。最初是采用水平区熔法，后又发展为悬浮区熔法。所谓水平区熔是指在区熔过程中将锭料水平放置的熔炼过程。由于硅在熔融状态下有很强的化学活泼性，没有不与它作用的容器，若采用水平区熔，硅锭会在提纯的同时被沾污，不能获得更高纯度的单晶硅，因而发展了悬浮区熔。这种不用容器，而将硅棒竖直放置在工作室内，凭借熔硅有较大的表面张力和硅的比重较小的特性，将硅棒悬挂在熔区之间进行区熔的方法，称为硅的悬浮区熔法。

悬浮区熔的工作原理是在竖直的硅棒下端产生一个熔区，并自下而上移动熔区，在末端凝固，然后保持硅棒暗红，使加热线圈返回始端，按需要重复此过程，最后长成单晶。悬浮区熔制单晶硅的示意过程如图 2-13 所示。

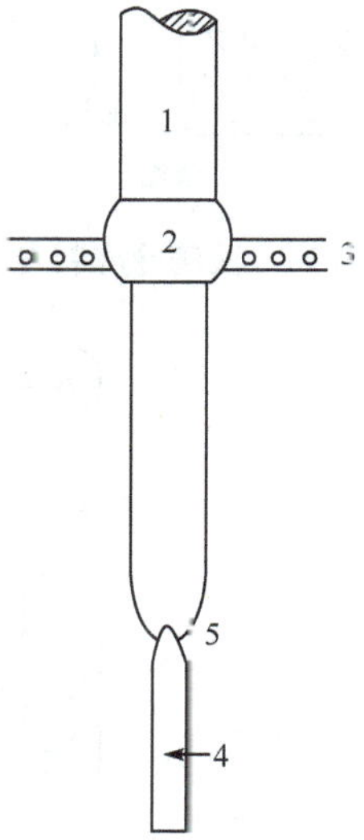

图 2-13　悬浮区熔制单晶硅示意图

1-硅棒；2-熔区；3-加热线圈；4-籽晶；5-锥体

悬浮区熔制单晶硅的基本条件：

(1) 产生区熔所需要的热源，是由 20 kW 高频炉产生 1～4 MHz 的高频电流，通过同轴引线，由环绕在硅棒周围的加热线圈输出，从而产生高频电磁场进行感应加热。

(2) 硅在熔融态有很强的化学活泼性，应使硅棒和熔区处于十分洁净的环境中，才能比较准确地控制晶体中的微量杂质和获得高纯产品，故在工作室内用 $1.3\times10^{-2}\sim1.3\times10^{-3}$ Pa 的真空，并在气体熔区中用纯度为 99.999%的惰性气体作为保护气。

(3) 为使熔区移动和单晶形状对称，需要一套传动机构来推动线圈或硅棒上下移动，转动籽晶和调节熔区形状。

(4) 原料硅棒的电阻率多数是比较高的，高频电磁场在硅棒上产生的感应电流很小，不能直接达到熔化，必须依靠预热使硅棒温度达到 973 K，此时硅棒本征电阻率约为 0.1 Ω · cm，感应电流大大增加，足以维持并继续增高加热区域的温度，达到产生一个熔区的效果，因此需备有预热物体，否则不能产生熔区。

(5) 为方便获得单晶，应在硅棒下端放一个小单晶作为籽晶。

2.2.5 冷冻干燥法合成氧化物和复合氧化物粉末

从溶液中制备无机材料，最早是用沉淀法。由于该法需添加沉淀剂，有时不可避免地会混入杂质。于是，化学工作者近年来又开发了冷冻干燥法、醇盐水解法、喷雾干燥法、喷雾分解法、蒸发法等新方法。冷冻干燥法是合成金属氧化物、复合氧化物等精细陶瓷粉末的有效方法之一。通常是将要制备的化合物原料(可溶性盐)调制成所要求浓度的水溶液，把该水溶盐经过喷嘴喷雾，冷冻成微小液滴，被冷冻的液滴经过加热使冰升华，得松散的无水盐，最后煅烧，即得所要制的化合物陶瓷粉末。

1. 冷冻干燥操作

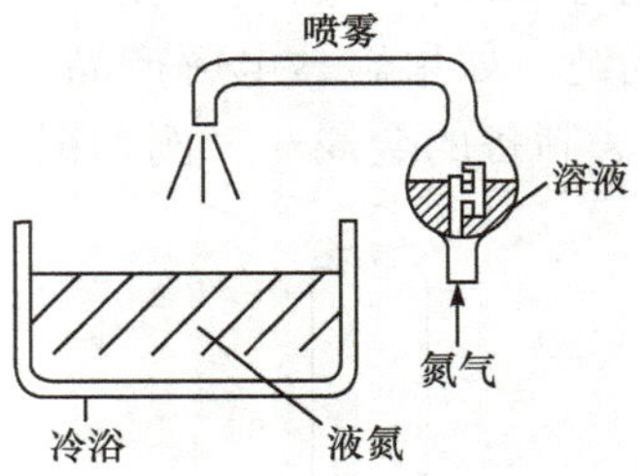

图 2-14 液滴冷冻装置

首先配制所要求浓度的盐水溶液，用玻璃喷嘴把配好的盐水溶液喷射到被制冷剂冷却的冷浴中，急速冷冻(冷冻过程中要注意不能使冰-盐分离)；把冷冻物放入预先冷却的烧瓶中，迅速接入真空系统，边冷冻边减压排气，随之加热，使冰升华；加热和排气是同时进行的，当真空度达到一定值时，干燥也就结束(干燥过程必须做到不使冷冻的液滴熔化，而使冰升华)。将得到的冷冻干燥物在一定温度下进行煅烧热分解，即得到所要求的化合物粉末。图 2-14 和图 2-15 分别为冷冻装置和真空装置图。

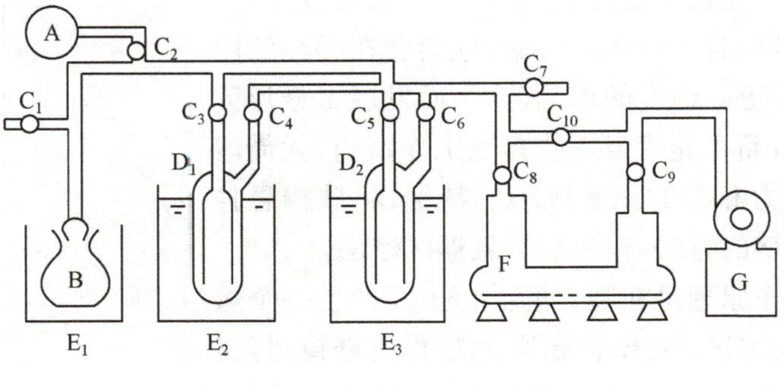

图 2-15 真空干燥装置

A-麦克劳德真空规；B-样品瓶；C-截门；D-冷阱；E-杜瓦瓶；F-扩散泵；G-真空泵

2. 实验条件的选择

(1) 喷嘴直径和喷射压力的选择。用冷冻干燥法制备微粉末，粒径的大小取决于液滴直径的大小，而液滴直径又取决于喷嘴直径和喷射压力。液滴直径一般要求为 0.1～0.5 mm，所以喷嘴直径和喷射压力要与之相匹配。

(2) 溶液浓度的选择。溶液浓度对有效地冷冻干燥是非常重要的。通常浓度不能太大，如浓度太大，溶液的冰点就很低，这样会延长干燥时间，降低干燥效率。此外，浓度太大也会使溶液在冷却时变成玻璃体，从而发生盐的分离和粒子凝聚。一旦变成玻璃体，通过真空干燥除去其中的水分就要比结晶态时困难得多。但是溶液浓度也不能太低，否则就会降低设备的处理能力。溶液的浓度应根据实际情况适当选择，必须保证不使水-盐分离，一般小于 0.1 $mol \cdot L^{-1}$。

(3) 冷媒的选择。在冷冻过程中，必须保证不使水-盐分离。为此通常是制冷剂的制冷温度越低，效果越好。常用的冷媒有被干冰-丙酮冷却的己烷和液氮。使用前者时液滴的热接触优于后者，因为液氮中液滴周围的气体层妨碍热传导。

(4) 真空度的选择。在冷冻物的干燥过程中，真空度太高也会妨碍热传导，从而影响干燥速度，一般要求真空度为 13.33 Pa。

3. 冷冻干燥法的特点

(1) 盐的水溶液容易配制，与沉淀法相比，由于不加入沉淀剂，可避免杂质的混入。

(2) 因为冷冻干燥的液滴中仍保持着溶液中的离子混合状态，所以组成不发生分离，可实现原子级的完全混合。

(3) 用冷冻干燥法制备无水盐的工艺简单，此无水盐的热分解温度与用其他方法制备的相比要低得多，还可避免水合盐溶化的问题。

(4) 用冷冻干燥法能得到多孔质粉体，热分解时气体容易放出，利用流动床煅烧时，气体透过性好。

(5) 用该法得到微粒的大小为 0.1～0.5 μm。

4. 冷冻干燥法应用实例

日本的横田俊幸以可溶性的 $MgSO_4$ 和 $Al_2(SO_4)_3$ 为原料，用冷冻干燥法合成了 $MgAl_2O_4$ 粉末。用 0.2 $mol \cdot L^{-1}$ 的 $MgSO_4$ 溶液(熔点－1.3 ℃)和 0.5 $mol \cdot L^{-1}$ 的 $Al_2(SO_4)_3$ 溶液(熔点－6.2 ℃)配制成阳离子比为 1∶2 的混合溶液，冷浴为用干冰-丙酮冷却的己烷，把配好的混合溶液用单流体喷嘴喷射到冷浴中，喷出的液滴直径为 20～30 μm。将冷冻的液滴迅速从冷浴中取出，移入干燥器中。减压(13.33 Pa)加热干燥，升华的水分用冷阱收集。得到的冷冻干燥粒子的横截面为带空隙的树枝状组织，X 射线分析结果表明，该粒子不是两种盐的混合物，而是它们的非晶态复盐，吸湿性很强，如放在空气中变成结晶的$[MgAl_2(SO_4)_4] \cdot H_2O$，冷冻干燥粒子的热分解温度为 1100 ℃，此温度是根据 GT-DTA 曲线确定的。

华东理工大学钟天耕以试剂纯 $Co(NO_3)_2 \cdot 6H_2O$、$Ni(NO_3)_2 \cdot 6H_2O$ 为原料，配制 3%(质量分数，下同)和 36%的混合溶液，其中 Co^{2+} 和 Ni^{2+} 的质量比为 2∶1。溶液用干冰-丙酮冷浴，喷雾冷冻后加热到 55 ℃，真空干燥，得混合六水合硝酸盐，再减压，升温到 250 ℃，分解 3 h，然后在空气中 400 ℃处理 10 h，得到尖晶石型 $NiCo_2O_4$。

用冷冻干燥法除可以合成 Mg-Al 系列尖晶石和各种铁氧体外，还可合成透明的氧化铝板、氧化镍粉末、核燃料 UO_2 粉体及氯化银等。该方法虽然仍处于研究发展阶段，但已充分显示了它的优越性，因而受到化学工作者的普遍关注。

2.2.6 几种新型的现代合成技术与方法

近代科学技术发展日新月异，对材料不断提出新的要求，有的新技术在原理上和技术上虽然得出明确结论，却常因材料没有得到解决而未能达到适用的目的。可以说，新材料是新技术的物质基础，没有耐高温、高强度的结构材料，就没有今天的航空航天技术；没有半导体材料的工业化生产，就没有今天的计算机；没有优良的光导纤维，就没有今天正在发展的光通信技术。

新技术的发展促进了材料科学的发展，反过来，新技术的发展又为新材料的合成创造了条件，特别是高温、低温、高压、高真空技术、激光技术、等离子体技术等的发展，为新化合物的合成及无机材料的高纯化、超细微化、薄膜化、非晶化、晶体完整化创造了良好条件，使合成化学得到迅速发展。本节介绍几种制备新型无机功能材料的现代合成技术与方法。

1. 微波辐射技术

微波通常是指波长在 1 mm～1 m 范围内的电磁波，其相应的频率范围是 300 MHz～3000 GHz。微波是一种比较特殊的电磁波段，它介于无线电波和红外辐射之间，但它们的产生、传输和应用原理不同。微波在电磁波谱中的位置见图 2-16，其中 1～25 cm 波长范围用于雷达，其他的波长范围用于无线电通信，为了不干扰这些用途，国际无线电通讯协会(CCIP)规定家用、工业用微波加热设备的微波频率分别是 2450 MHz(波长 12.2 cm)和 915 MHz(波长 32.8 cm)。

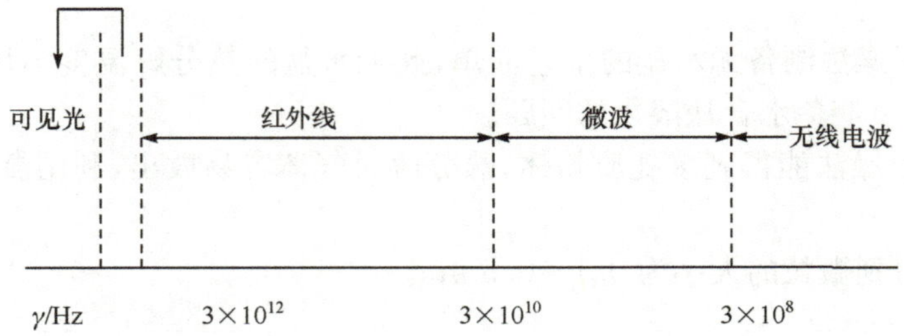

图 2-16 微波在电磁波谱中的位置

微波技术在化学中的应用开辟了化学的新领域。微波化学是将微波辐射技术应用到化学领域所形成的一门新的交叉性学科。1986 年以来，微波化学作为一门新型交叉学科逐渐兴起。1992 年，在荷兰召开了首届国际微波学会议，会议就微波、化学的动力学原理，微波在化学工业、生物化学中的应用进行了广泛的讨论。微波作为一种能源，正以比人们预料快得多的速度步入化工、新材料及其他高科技领域，如超导材料的合成、沸石分子筛的合成与离子交换、稀土发光材料的制备、超细粉末的制备、分子筛上金属盐的高度分散型催化剂制备、分析样品的消解与熔解、蛋白质水解、各种类型的有机合成及聚合物合成等领域。

1) 微波加热和加速反应机理

微波作为一种电磁波，其与物质的相互作用和一般电磁波有共同之处，也可以发生反射、吸收等。在这里主要讨论微波能被物质吸收的作用。这种吸收从作用机理上讲可以分为两类：一类是吸收微波能引起分子内部能级变化，主要是转动能级变化；另一类是微波加热。本小节只简要介绍微波加热理论及在化学上的重要意义。

实验表明，极性分子溶剂吸收微波而被快速加热，而非极性分子溶剂几乎不吸收微波，升温很小；有些固体物质（如 Co_2O_3、NiO、CuO、Fe_3O_4、PbO_2、V_2O_5、WO_3、炭黑等）能强烈吸收微波而迅速被加热升温，而有些固体物质（如 CeO_2、CaO、Fe_2O_3、La_2O_3、TiO_2 等）几乎不能吸收微波，升温幅度很小。微波加热大体上可认为是介电加热效应。

微波加热的原理是：直流电源提供微波发生器的磁控管所需的直流功率，微波发生器产生交变电场，该电场作用在处于微波场的物体上，由于电荷分布不平衡的小分子迅速吸收电磁波，极性分子产生超过每秒 25 亿次的转动和碰撞，从而极性分子随外电场变化而摆动并产生热效应；又因为分子本身的热运动和相邻分子之间的相互作用，分子随电场变化而摆动的规则受到了阻碍，这样就产生了类似于摩擦的效应，使一部分能量转化为分子热能，造成分子运动的加剧，分子的高速旋转和振动使分子处于亚稳态，这有利于分子进一步电离或处于反应的准备状态，因此被加热物质的温度在很短的时间内得以迅速升高。微波加热与传统加热方式有明显区别：微波加热是材料在电磁场中由介质损耗而引起的体加热，微波进入到物质内部，微波场与物质相互作用，使电场能量转化为物质的热能，温度梯度是内高外低；而传统的加热是热源通过热辐射、传导、对流的方式，把热量传递到被加热物质的表面，使其表面温度升高，再依靠传导使热由外至内传递，温度梯度是外高内低。微波加热的显著特点是物质总是处在微波场中。内部粒子的运动除遵循热力学规律之外，还受到电磁场的影响，温度越高，粒子活性越大，受电磁场影响越强烈。

微波加速反应速率的基本原理是：通过辐射反应体系中的溶剂分子和反应物分子等，使其吸收微波能，而分子则通过偶极作用以每秒数亿次的高速运动产生热效应，即加热是由分子自身高速运动引起的（称为“内加热”），因此加热迅速。而传统加热方法则是靠热传导或热对流来实现的，显然，其加热速度较慢。应该指出的是，反应体系中吸收微波能量的多少和快慢与分子的极性有关，极性分子由于分子内电荷不平衡，才能在微波场中迅速吸收微波能量，而非极性分子则不能吸收微波能量。因此，用微波辐射进行的化学反应必须有极性环境（如极性溶剂或极性反应物等）才能实现提高反应速率的目的。此外，反应容器的大小、是否密封及反应物的体积等对反应速率都有影响。总之，微波作用于反应物后，加速了分子运动速度，提高了分子的平均能量，即降低了反应活化能，大大增加了分子的碰撞频率，从而使反应迅速完成。这就是微波提高化学反应速率的主要原因。

按照与微波作用的不同，物质可分为导体、绝缘体、电介质和磁性化合物四大类。良导体大多数为金属，一般不能被加热，它们能够反射微波，所以微波炉的内腔通常使用金属材料，利用微波在腔内的多次反射，提高相关吸收效率。绝缘体可反射或穿透微波，正常时它所吸收的微波功率极小，可忽略不计，如玻璃、陶瓷、云母、聚四氟乙烯、聚丙烯等都是良好的绝缘体，可用这些材料作家用微波炉的炊具、支架及窗口材料等。电介质的性能介于金属材料和绝缘体之间，金属氧化物是最为重要的一类，在微波加热领域里，被加热的物质通常是能不同程度吸收微波的介质材料，即所谓的有耗介质（极性介质）。非极性介质在外电场作用下也能使分子内正、负电荷中心分离，形成偶极子，外电场越强，极化程度越大。对于极性介质来说，无外电场时，偶极子排列紊乱，整体呈现中性；而在外电场作用下，偶极子排列趋向一致。电介质材料能吸收微波这一特性使微波可作为一种能源应用在工业、医疗、科研、家用及其他许多领域。磁性化合物的一般性能类似于电介质，也能反射、吸收和穿透微波，因此许多磁性材料也可用于微波加热。针对不同情况，合理地选择各类物质是微波加热应用中的一个重要方面。

2）沸石分子筛的微波合成

沸石分子筛是具有特定孔道结构的微孔材料，由于其结构与性能上的特点，已被广泛应用于催化、吸附及离子交换领域。一般的合成方法是水热晶化法，此法耗能多，条件要求苛刻，周期相对较长，釜垢浪费严重。微波辐射晶化法是1988年才发展起来的新的合成技术，此法具有条件温和、能耗低、反应速率快、粒度均一且小的特点。例如NaA沸石，在常压下5～10 min即可合成出结晶度较高的晶体。因此，微波合成预计能实现快速、节能和连续生产沸石分子筛的目标。

(1) NaA沸石的合成。A型沸石是目前应用很广泛的吸附剂，用于脱水、脱氨等，而且可以代替洗衣粉中的三聚磷酸钠得到无磷洗衣粉，从而解决环境污染问题。基于微波辐射晶化法独特的优点，可用微波辐射法合成NaA沸石。其具体方法是：微波频率为2450 MHz，100%的微波功率为650 W，在10%～50%微波挡下辐射5～20 min。实验表明：①当原料配比为(1.5～5.0)Na_2O∶1.0Al_2O_3∶(0.5～1.7)SiO_2∶(40～120)H_2O时，能很好地得到NaA沸石晶体；当$H_2O/Al_2O_3 \geqslant 150$时，出现无定形结构，无NaA晶体生成；当$Na_2O/Al_2O_3 \geqslant 8.0$时，则全部生成羟基方钠石；当$SiO_2/Al_2O_3 = 2.0$时，无NaA晶体生成。②微波作用时间与微波功率有关，微波功率越大，作用时间越短。在20%微波功率下作用15～20 min，容易得到较高结晶度的NaA沸石；增大功率(如50%)则易出现羟基方钠石杂质。③搅拌和陈化时间是合成NaA沸石的关键步骤。搅拌45 min、不陈化，产物是无定形；如果搅拌45 min，并静置12 h，再微波作用，得到的产物有少量NaA晶体；如果搅拌12 h、不陈化，可生成NaA晶体，但结晶度不高；如果静置陈化7 h，可生成NaA晶体，大约有50%的结晶度；如果静置陈化12 h，NaA晶体结晶度可达95%。

(2) NaX沸石的合成。NaX是低硅铝比的八面沸石，一般在低温水热条件下合成。因反应混合物配比不同，以及采用的反应温度不同，晶化时间为数小时至数十小时不等。

用微波辐射法合成NaX沸石是以工业水玻璃作硅源，以铝酸钠作铝源，以氢氧化钠调节反应混合物的碱度。具体配比(物质的量)为$SiO_2/Al_2O_3 = 2.3$，$Na_2O/SiO_2 = 1.4$，$H_2O/SiO_2 = 57$。将反应物料搅拌均匀后，封在聚四氟乙烯反应釜中，将釜置于微波炉中接受辐射。微波炉功率650 W，微波频率2450 MHz，在1～3挡(相当于总功率的10%～30%)下使用。辐射约30 min后，冷却，过滤，洗涤，干燥得NaX分子筛原粉。若用同样配比的反应混合物，采用传统的电烘箱加热方法，在100 ℃下晶化17 h可得到NaX分子筛。由此可见微波合成法的优越性，不仅节省时间，更重要的是大幅度降低能耗。

(3) APO-5和APO-C的合成。磷酸铝系列分子筛是20世纪80年代由美国联合碳化物公司(UCC)的Wilson和Flanigen等开发的一类新型分子筛。在它的骨架结构中，首次不出现硅氧四面体，从而打破了沸石分子筛由硅氧四面体和铝氧四面体组成的传统观念。这一成果引起了沸石化学家们的极大兴趣，随后，人们对此系列分子筛进行了大量的研究，其中研究最多的是APO-5型分子筛。$AlPO_4$分子筛的合成一般采用水热晶化法。微波合成$AlPO_4$分子筛是以H_3PO_4作磷源、氢氧化铝作铝源，以氢氧四乙基铵(TEAOH)或三乙胺作模板剂，并以盐酸或氨水调节反应混合物的酸碱度。将一定量反应物料搅拌均匀后，装在封闭聚四氟乙烯反应釜中，在10%～40%的微波功率下作用7～25 min，得到APO-5原粉。

在合成APO-5过程中，当模板剂量降低、微波功率降低、微波作用时间缩短时，则会生成APO-C分子筛。例如，反应混合物配比为(1.0～1.5)三乙胺∶1.0Al_2O_3∶(1.260～1.326)P_2O_5∶(50～70)H_2O或(0.36～0.65)$(TEA)_2O$∶1.0Al_2O_3∶1.1P_2O_5∶(40～60)H_2O，在10%～20%微波功率下作用6～10 min，就会生成APO-C分子筛。

总之，用微波辐射法合成沸石分子筛具有许多优点，如粒度小且均匀、合成的反应混合物配比范围宽、重现性好、时间短等，预计这种新的合成方法能在快速、节能和连续生产分子筛，超微粒分子筛合成以及用传统方法不能合成的一些分子筛的生产等方面取得突破。

3）微波辐射法在无机固相反应中的应用

（1）Pb_3O_4 的制备。Pb_3O_4 属于四方晶系，是二价、三价铅的混合价态氧化物，传统制备方法是把 PbO 在 470 ℃下小心加热 30 h。而用微波辐射法由 PbO_2 出发制备 Pb_3O_4，微波功率为 500 W，只需 30 min 就可定量地制备出 Pb_3O_4，重要的是 PbO_2 强烈地吸收微波，而 Pb_3O_4 不吸收微波，随着产物的生成，体系温度下降而不是升高，这样就可有选择地控制 PbO_2 的热分解反应，只生成 Pb_3O_4，而不生成 PbO 和金属铅。

（2）碱金属偏钒酸盐的制备。制备碱金属偏钒酸盐的传统方法是制陶法，反应式为

$$X_2CO_3 + V_2O_5 \longrightarrow 2XVO_3 + CO_2\uparrow \quad (X = Li, Na, K)$$

在称量前首先在 200 ℃预加热碱金属碳酸盐 2 h，按计量称取干燥过的粉末，与 V_2O_5 充分研磨，混合物盛于铂坩埚中，慢慢升温到 700～950 ℃，熔融烧结 12～14 h。

微波辐射法制备碱金属偏钒酸盐的步骤是：称取 0.5～5.0 g V_2O_5，与化学计量的碱金属碳酸盐混合后在玛瑙研钵中研磨均匀，放入刚玉坩埚中，置于家用微波炉中，在 200～500 W 微波功率下作用，制备 $LiVO_3$ 只需 2 min，制备 $NaVO_3$ 只需 3.5 min，制备 KVO_3 只需 6.5 min，样品粉末的 X 射线图与文献完全一致。

（3）$CuFe_2O_4$ 的制备。$CuFe_2O_4$ 属于立方晶系，反应原料是 CuO 和 Fe_2O_3，传统的方法制备 $CuFe_2O_4$ 需要 23 h，用微波加热方法，在微波功率为 350 W 下，只需 20 min。

总之，利用微波辐射法进行固相反应是一种新颖、快速、独特的合成方法，预计在材料科学及高科技领域会取得突破性进展，如合成新型功能材料、非整比化合物，精细陶瓷的烧结等方面。

2. 等离子体技术

等离子体合成也称放电合成，是 20 世纪 70 年代才迅速发展起来的。它是利用等离子体的特殊性质进行化学合成的一种新技术。由于现代测量技术的改善，人们对激发态的作用及等离子体与固体表面间的相互作用都有了越来越深入的了解，等离子体化学已日趋成熟，它为无机合成化学、有机合成化学、高分子合成化学以及电子材料的加工处理等开辟了新的领域。

1）等离子体的获得及分类

等离子体是宇宙中物质存在的一种状态。物质除固、液、气三态外，还有第四种聚集状态，即等离子态。所谓等离子体就是气体在外力作用下发生电离，产生电荷相反、数量相等的电子、正离子以及自由基，由于在宏观上呈中性，故称之为等离子体。地球表面因温度太低，不具备等离子体产生的条件，但在特定条件仍可产生等离子体，如雷电下的电离空气，日光灯、霓虹灯、氢气爆炸中的气体等都是等离子体。然而在宇宙中 99%以上的物质都处等离子体状态，如太阳就是一个灼热的等离子体火球，地球表面大气上层被太阳辐射而形成的电离层也是由等离子体组成。因此，等离子体是宇宙中物质存在的普遍形式。处于等离子态的各种物质微粒具有较强的化学活性，在一定的条件下可获得较完全的化学反应。

等离子体具有以下特点：①导电性，因为等离子体中存在自由电子和正、负离子，所以具有良好的导电性，普通气体则没有；②电准中性，等离子体中虽然存在很多的荷电粒，但是粒子所带正电荷数和负电荷数总是相等；③与磁场的可作用性，由于等离子体是由带电粒子组成的导体，所以可用磁场控制其位置、形状、运动等，与此同时，荷电粒子集体运动的结果又可以形成电磁场。

产生等离子体的方法很多，自然界雷电、日冕、极光等均可产生等离子体，在实验室里利用加热的方法可以获得等离子体，但需要很高的温度，如常压下使 1%的 N_2 电离需要 10000 ℃以上的高温，这显然不是获得等离子体的实用途径。比较适用的办法是放电，如各种电弧放电、辉光放电、高频电感耦合放电、高频电容耦合放电、微波诱导放电、电容耦合微波放电等，特

别是低压(压强小于 0.1 MPa)时获得等离子体比较容易。

等离子体一般分为两类。第一类是高温等离子体或称热等离子体,此类等离子体中,粒子的激发或电离主要通过碰撞实现,当压力大于 1.33×10^4 Pa 时,由于气体密度较大,电子撞击气体分子,电子的能量被气体吸收,电子温度和气体温度几乎相等,即处于热力学平衡状态。第二类为低温等离子体或称冷等离子体,它是在低压下产生的,压力小于 1.33×10^4 Pa 时,由于气体密度小,被撞击的概率减少,吸收电子的能量减少,从而造成电子温度和气体温度的分离,电子温度比较高(10^4 K),而气体的温度相对较低($10^2\sim10^3$ K),即电子与气体处于非平衡状态。气体压力越小,电子和气体的温差就越大。

热等离子体的获得主要有三种方法:①高强度电弧(电流>50 A,气压>10 kPa 的电弧放电);②射频放电法;③等离子体喷焰和等离子体炬。冷等离子体主要依靠低压放电获得,包括低强度电弧、辉光放电、射频放电和微波诱导放电等。

等离子体技术在化学中的应用开始于 20 世纪 60 年代,1973 年召开了第一届国际等离子体化学会议,此后会议隔年召开。在较短的时间内等离子体化学发展很快,开发研究也越来越深入,目前已在冶金处理、半导体材料、合成化学、材料表面改性和超微粒子的制备等方面卓有成效。

2) 高温等离子体在合成化学中的应用

热等离子体由于温度很高(可达 6000～10000 K),复杂分子无法存在,一般离解成原子、离子等,因此在无机合成中不能用于制备低熔点、易挥发、易分解的化合物,主要适用于金属和合金的冶炼,超细、超纯、耐高温材料(如氮化物、碳化物、硼化物、氧化物)的合成,制备金属超微粒子,喷涂防热防腐层等。

(1) 金属冶炼。高温等离子体在冶金方面充分发挥了它的优越性,研究得最早而且比较成熟的是等离子体炼铁。瑞典的 SKF 钢厂已建成年产 7 万吨等离子体冶炼钛铁矿($FeO\cdot TiO_2$)的装置。基本过程是将煤通过等离子体电弧,加热产生 7000 ℃的高温来还原铁矿石,得到高产优质的铁。日本用氢电弧等离子体还原铁矿石制得了高纯铁。

等离子体冶炼金属的主要优点是:①能耗低、效率高,能耗仅为传统高炉冶金的 75%;②能源选择灵活,用煤、煤气、油都可以,不一定用传统法中价格较贵的焦炭;③在 7000 ℃的高温下可大大减少 SiO_2、焦油和 CO 的产生,不但提高产品质量,而且减少环境污染。

高温等离子体除用于炼铁外,还可用来制造合金,现已制备了铁-铬、铁-锰、铁-钒等合金。

(2) 氧化物粉末的合成。高温等离子体制备氧化物,由于选用的原料不同,所得产物性能也不尽相同。

瑞典的 SKF 钢厂用等离子体冶炼钛铁矿,不仅得到了纯铁,而且得到了 TiO_2。与此类似的例子还有,用功率 1 MW 的等离子体炉热分解锆石英($ZrSiO_4$),再用 NaOH 溶液处理分解后的粉末,即得 ZrO_2。其中 SiO_2 的含量低于 0.5%。

用旋转等离子体炉加热 Al_2O_3(SiO_2)和炭的混合物,气化了的 AlO(SiO)与水蒸气反应,可制得 Al_2O_3(Al_2O_3-SiO_2)粉末。

以 $AlCl_3$($AlCl_3+SiCl_4$)为原料与氧等离子体反应,可制得烧结性好的 Al_2O_3(Al_2O_3-SiO_2)粉末。

把 $SiCl_4$ 通入氧等离子体中,使生成的 SiO_2 熔化,制得石英玻璃。用该法制得的石英玻璃与氢氧焰法相比,含氢量低,是很好的光导纤维材料。

以 $TiCl_4$ 为原料与氧等离子体反应,使生成的 TiO_2 高温骤冷(1628 K→973 K),即得金红石型(高温稳定相) TiO_2。与水溶液法制得的 TiO_2(锐钛矿型,低温稳定相)相比,不仅纯度高，而且有较好的耐高温和耐光性。

(3) 碳化物、氮化物的合成。利用直流辉光放电，以 MgO 作催化剂，可以在常温下由 N_2、H_2 直接合成 NH_3，实验装置见图 2-17。反应器为 160 mL 的封闭循环管，反应室上部装有钨丝电极，电源为可变高压直流电源。原料气是 1∶3 的氮气和氢气，反应室的初始气压为 10^3 Pa，MgO 质量 0.8 g，放电电流 6 mA，生成的 NH_3 由液氮冷阱捕集。

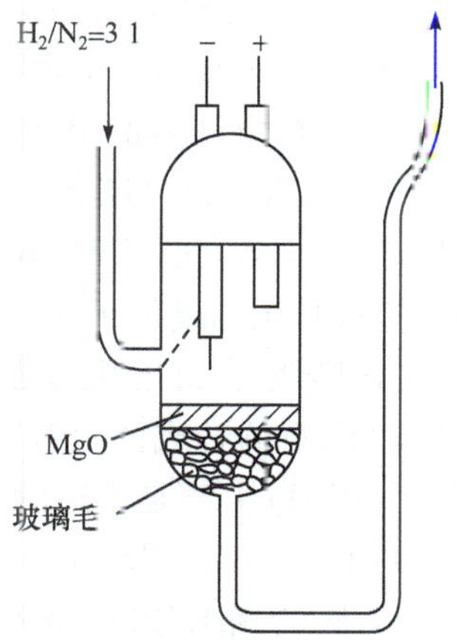

图 2-17 等离子体技术合成氨的反应器

催化剂与阴极间距：3 mm；放电电流：6 mA

日本用微波放电激发 N_2 和 H_2，在 10^5～10^6 Pa 条件下合成了氨，而用常规气相法合成 NH_3 的条件是 673～773 K、3×10^7 Pa，并要用 Fe 作催化剂。

等离子体法合成氨与传统的高温高压法相比有两大优点：①省能源(可节能 20%)、效率高；②不需大量耐高温高压的设备。

原则上讲，凡是用化学方法能制备的无机材料，均可用等离子体法合成，只是晶态、性能不同而已。等离子体合成无机化合物是一种很有前途的方法。

(4) BN 的合成。BN 是一种电的绝缘体，同时是热的优良导体材料，其导热性可与不锈钢相比，此外它的热压制品可进行车、铣、刨、钻、磨等机械加工，是一种能加工的特殊陶瓷，在 1000 ℃的空气中能保持稳定。

BN(白色晶体)的制法很多，工业上采用硼酸与氨在 800～1200 ℃下反应而成，其反应式为

$$H_3BO_3+NH_3\xrightarrow{800\sim1000\ ^\circ\mathrm{C}}BN+3H_2O$$

为了促进氮化反应，通常加入三磷酸钙。反应结束后进行酸洗，经干燥得到纯度为 80%～90%的 BN 粉末。要得到 95%以上的高纯品，可将粗 BN 粉末在 N_2 或 NH_3 的氛围中进行高温处理，或热分解硼酰亚胺 $B_2(NH)_3$。

清华大学利用电弧等离子体一次制备出高纯六方 BN。电弧等离子体制备 BN 的反应为

$$Na_2B_4O_7\cdot5H_2O+2(NH_2)_2CO\xrightarrow{\text{电弧等离子体},2500\ ^\circ\mathrm{C}}4BN+Na_2O+2CO_2+9H_2O$$

电弧等离子体制备 BN 粉末技术的优点是：①产品纯度高，出炉料即达 95%的纯度，经水洗、酸洗后，纯度可达 99.7%，而常规生产的产品只能达到 80%～90%的纯度；②工艺流程大大简化，仅有 4 个步骤，硼砂脱水→混料压块→等离子体加热→出料清洗，而常规法中，单清洗净化这一步就很繁琐，先将粗 BN 在 1400 ℃通入 NH_3 24 h，才能除去部分 B_2O_3，如用 N_2 纯化，需加热到 1900 ℃以上，经过 15 min 才能将 B_2O_3 由 10.7%降至 3%；③利用高温除杂，杂质有 Na_2O、未反应的硼砂、尿素、B_2O_3 和其他原料带来的杂质，但它们的沸点大多小于 2500 ℃，而 BN 的沸点为 5067 ℃，熔点为 3037 ℃，所以在 2500 ℃反应即可除去所有杂质。

(5) 等离子体化学气相沉积(PCVD)。用等离子体技术使反应气体进行化学反应后，在基底上生产固体薄膜的方法称为等离子体化学气相沉积，它是在原来已成熟的薄膜技术中应用了等离子体技术而发展起来的。近几十年来，PCVD 发展非常快，在半导体工业中，这种技术已成为大规模集成电路干式工艺中的重要环节。

与化学气相沉积相比，PCVD 常能获得具有不同晶型、不同性能的薄膜材料。Si、Ge 在熔融状态仍具有很高的配位数，用熔融体骤冷法难以得到非晶态硅，而用 PCVD 则易得到。

平行平板等离子体装置中，电子撞击SiH_4气体解离成SiH_3、SiH_2、Si，即在基板上析出α-Si，其含氢量约10%，这种非晶态的硅是太阳能电池的极好材料。如果在SiH_4中掺入PH_3和B_2H_6，则可得到n型和p型半导体薄膜材料。

无线电波放电产生的甲烷-氢等离子体在硅基板上可沉积非晶态的碳精膜，该膜硬度大、电阻大。利用PCVD已制备了非晶态Si、C、Ge、As等薄膜材料。

用SiH_4、NH_3为工作气体，Ar作载体，高频辉光放电，可以在基板上沉积出Si_3N_4薄膜，薄膜沉积时，基板温度低于400 ℃。Si_3N_4薄膜已用作半导体器件的绝缘层，此外由于Si_3N_4具有高的导热性、良好的机械强度及硬度、良好的化学稳定性，还可用作对金属的耐磨薄膜。

(6) 金刚石的合成。天然金刚石是在地球200～300 km深处形成的，目前世界各国使用的金刚石80%以上都是人造的。人工合成金刚石的传统方法是高温高压法，有铁系催化剂存在，压力大于10^3 MPa及1450 ℃下，用石墨作原料便可转化为金刚石。

根据对碳的相图分析，金刚石也可在低温低压下形成。1971年开始研究用冷等离子体法合成金刚石，1976年采用直流等离子体法获得成功，后来还出现射频等离子体法，1980年又出现微波等离子体法。这些方法都是用CH_4作原料，在低压(0.13～1.33 Pa)下工作，产物都是金刚石。但往往同时有石墨析出，因此低温等离子体法合成金刚石面临的主要问题就是抑制石墨的析出。1980年出现的微波等离子法在原料气中引入一定量的H_2，可以抑制石墨状碳的形成，石墨与氢生成碳氢化物，而使石墨重新变成气体进入反应体系。

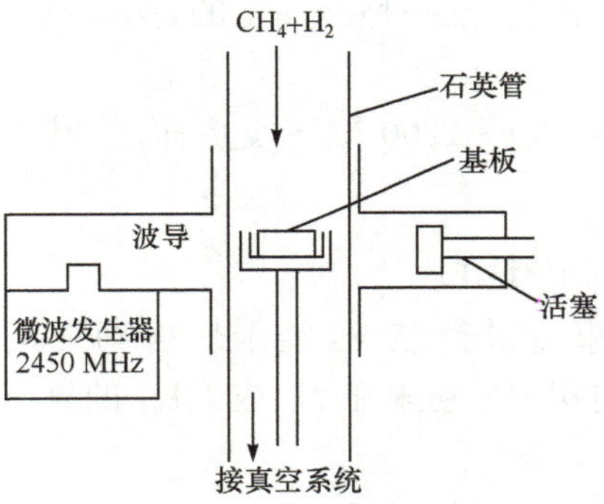

图2-18　微波等离子体合成金刚石的装置示意图

图2-18是微波等离子体合成金刚石的装置示意图，将振荡微波(2450 MHz)导入石英管中，把为析出金刚石所需的基底板配置在支架上。在反应管内，一边注入高纯H_2和CH_4气体，一边保持指定的压力，使之在基底周围产生放电等离子体。例如，当H_2气体流速为45～80 $cm^3 \cdot min^{-1}$，CH_4气体含量为0.3%～0.7%，压力为50×10^5 Pa，基底温度为850～950 ℃时，在Si、Mo、SiO_2玻璃、Al_2O_3和金刚石等基底上可析出金刚石。这样不仅能以简单设备生产出过去不靠高压就无法合成的金刚石，而且能够在洁净的环境中析出高质量的金刚石。

(7) 金属材料的表面处理。改变金属材料表面性能的方法很多，将等离子体作用于金属表面，在金属表面形成稳定的化合物薄膜，以改变金属表面性能，是近年发展起来的新技术。

微波放电产生的氧等离子体中存在O_2^-、O^-等负离子，能在阳极上进行氧化。半导体工业生产中，常用来对硅、铝和砷化镓表面进行处理，生成相应的氧化物薄膜。

直流辉光放电产生的氮等离子体或氮-氢等离子体中，存在N^+、NH^+等正离子，将其作用于阴极上的钢，则生成一层白色的氮化四铁(Fe_4N)薄膜，覆盖在钢材表面，被氮化了的钢表面的硬度为未氮化的2倍。目前此工艺已达到工业化规模。

高频放电产生的氮等离子体在1600 Pa的压力下对金属钛进行氮化处理，在1173 K时生成10 nm的TiN薄膜。如用氮、氢等离子体，可加快化学反应速率，表面生成Ti-N-H薄膜，其硬度显著提高。同样的方法对金属锆表面进行氮化处理，可生成ZrN，其硬度亦大大提高。

等离子体合成化学发展非常迅速，但目前有关基础研究还十分薄弱，前述许多有价值的应用在很大程度上还建立在经验的基础上，有关工作的报道还鲜见于各种文献。今后除应加强基础研究外，对新型耐高温、超硬、超导等各种功能材料和超纯、超导材料的合成，各种功能的薄膜材料的合成，贫矿的冶炼，NH_3、N_2H_4、O_3 及其他无机化工原料、燃料的合成，无机废料的处理等方面，都还有极其有价值的工作可做。

3. 激光技术

激光是一种新型光源，1960 年刚一出现便受到很大重视。近几十年来，激光技术发展很快，已经广泛应用于工业、农业、国防、测量、通信及化学、医疗等科学领域中。随着激光技术的应用与发展，形成了一门崭新的边缘学科——激光化学。它和经典的光化学反应一样，是研究在光子和物质相互作用的过程中，物质激发态的产生、结构、性能及其相互转化的一门学科。

1）激光的产生及特点

人为地把材料中处于低能级的电子送到高能级上，并积累起来成为粒子反转分布，然后再给高能级上的电子一个适当的激发力量，电子便会突然从高能级跃回到低能级，伴随着这种跃迁，原子会以光的形式释放能量，这种能量很大的光就是激光。

激光与普通光不同，它具有亮度高、单色性好、方向性（准直性）好三个特点。亮度是评价光源的一个重要指标，一支功率仅 1 mW 的氦、氖激光器所发的红光（波长 632.8 nm）比太阳亮 100 倍，大功率红宝石脉冲激光器发出的激光（波长 694.3 nm）亮度是太阳的 10^{11} 倍。激光的高亮度使它成为一种特殊的热源，利用这种热源直接加热、蒸发、解离化学物质，可以使许多繁杂、艰难的化学操作变得简单可行。

方向性好指激光只向着一定方向发光，其发散角只有 0.03°～0.05°，几乎是平行光。方向性好本身也有助于提高光的亮度。利用激光的方向性，可实现微区域的高温化学反应。

单色性指光的纯度，即光的波长范围，亦即光子的能量分布。激光的波长特征取决于产生激光的工作物质，激光工作物质可以是气体、液作，也可以是固体。例如氦、氖混合气体作工作物质，发出的激光波长为 632.8 nm，换成氮气则激光的波长变成 337.1 nm。激光发射光子的能量几乎是完全相同的（对某个选定的波长来说）。它的单色性比过去常规的单色光源中最好的氪灯还高出约十万倍。激光的单色性对其应用有很大影响，光子的能量与反应所需激活能相匹配，是提高量子效率的一个基本条件。

正因为激光的这些特点，它在化学中的应用日益广泛。

2）激光催化及诱导化学反应

（1）激光催化化学反应。长期以来，化学家们致力于加快化学反应速率的研究。激光催化法是解决这一问题的有效方法之一，其效果远远超过加热作用，并且有可能超过其他催化剂。表 2-7 列出了一些激光催化反应的效果。由速率常数比（k^*/k）可知，在激光的作用下，反应速率大大加快。

表 2-7　红外激光对化学反应的催化效应

化学反应	活化能 /kJ·mL^{-1}	激光光子能量 /kJ·mL^{-1}	速率常数比值 k^*/k	振动能利用率 /%
$K+HCl \longrightarrow KCl+H$	6.28	34.73	100	34
$O+HCl \longrightarrow Cl+OH$	18.83	34.73	4×10^3	71
$H+HCl \longrightarrow Cl+H_2$	14.64	34.73	100	34
$NO+O_3 \longrightarrow NO_2^+ +O_2$	9.62	12.47	17	35
$NO+O_3 \longrightarrow NO_2^* +O_2$	17.57	12.47	6	50
$SO+O_3 \longrightarrow SO_2^* +O_2$	17.57	12.47	3	27

续表

化学反应	活化能 /kJ·mL^{-1}	激光光子能量 /kJ·mL^{-1}	速率常数比值 k^*/k	振动能利用率 /%
$O_2(\triangle)+O_3 \longrightarrow O+2O_2$	—	12.47	30	100
$Ba+O_3 \longrightarrow BaO+O_2$	—	12.47	5～10	47～60
$Pb+O_3 \longrightarrow PbO+O_2$	—	12.47	10～20	60～90

注：(1) 表中 k^* 为激光共振激发的反应速率常数，k 为未受激光作用的反应速率常数。

(2) NO_2^+ 为电子激发态，NO_2^* 和 SO_2^* 为振动激发态。

(2) 激光诱导化学反应。有些化学反应在常温常压下不能发生，但在激光的作用下，能在常温常压下发生。例如，BCl_3 和 H_2S 的反应就是代表性的例子。由 3～4 W 的 CO_2 激光器发射出的 10.55 μm 的光子与 BCl_3 中 B-Cl 键振动频率一致，所以 BCl_3 受激发，而 H_2S 对 CO_2 激光是透明的，这样 BCl_3 与 H_2S 的反应就可在常温常压下顺利进行：

$$BCl_3+H_2S \longrightarrow BCl_3^*+H_2S \longrightarrow BCl_2SH+HCl$$

其中 BCl_2SH 很不稳定，进一步分解：

$$3BCl_2SH \longrightarrow (BClS)_3+3HCl$$
$$(BClS)_3 \longrightarrow B_2S+BCl_3$$

3) 激光在合成化学中的应用

(1) 合成精细陶瓷粉末。利用激光技术合成精细陶瓷粉末是 20 世纪 80 年代初发展起来的。美国麻省理工学院能量及材料加工实验室的 J. Hagger 等用 CO_2 激光器(10.6 nm)作光源，将 SiH_4(强吸收 10.6 nm 光子)和 NH_3(中强吸收 10.6 nm 光子)按一定比例混合后，通过喷嘴喷向反应区，激光束通过锗透镜进入反应室，并与反应气体在喷嘴前几毫米处的反应区垂直交叉相遇，足够高的激光功率密度加上反应物的高吸收系数，使反应物气流进入激光束后立刻从室温达到反应温度并开始反应：

$$3SiH_4(g)+4NH_3(g) \xrightarrow{h\nu,10.6\ nm} Si_3N_4(s)+12H_2(g)$$

在同样条件下也可以合成 SiC 粉末：

$$2SiH_4(g)+C_2H_4(g) \xrightarrow{h\nu,10.6\ nm} 2SiC(s)+6H_2(g)$$

Bauer 等使用比 SiH_4 易处理的 SiH_2Cl_2、$SiCl_4$ 气体作硅源，并在大气压下进行 SiC、Si_3N_4 超微粉合成，反应装置见图 2-19。

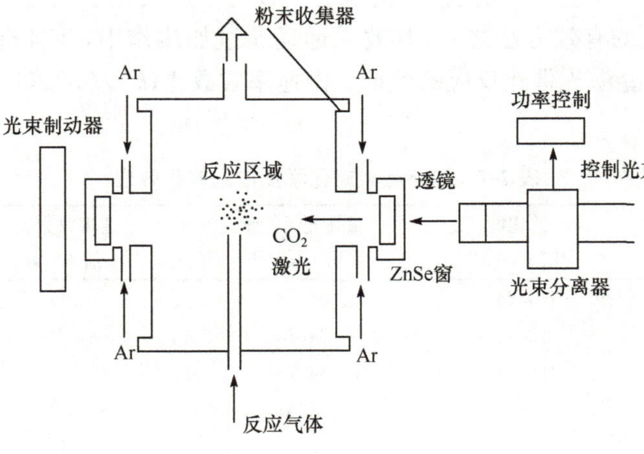

图 2-19 CO_2 激光反应装置示意图

激光合成精细陶瓷粉末的基本原理是利用反应物对激光的强吸收性，用吸收的能量引发气相化学反应，生成固态精细陶瓷粉末。该反应的生成物最好对激光不吸收或很少吸收。此类反应具有如下特点：反应区界限很分明，而且范围小；反应气体的加热均匀、快速；生成物的冷却快速；具有反应温度的阈值，当温度高于这一值时，反应快速进行，均匀成核，而低于这一温度时，几乎不发生化学反应。

(2) 激光化学气相沉积制备薄膜材料。激光化学气相沉积(LCVD)是将激光应用于常规化学气相沉积的一项新技术。LCVD 技术是用激光束照射封闭于气室内的反应气体，诱发化学反应，生成物沉积在置于气室内的基板上。

CVD 法需要对基板进行长时间的高温加热，因此不能避免杂质的迁移和来自基板的自掺杂。LCVD 的最大优点在于沉积过程中不直接加热整块基板，可按需要进行沉积；空间选择性好，甚至可使薄膜生成限制在基板的任意微区上；沉积速度比 CVD 快。

LCVD 的例子很多，它始于 1979 年，Ehrlich 小组用紫外激光分解二甲基镉，使 Cd 沉积在石英表面。美国麻省理工学院林肯实验室 Deutsch 等也用金属烷基化合物 $Cd(CH_3)_2$、$Al(CH_3)_3$、$Sn(CH_3)_4$ 在 SiO_2 表面分别沉积了 Cd、Al、Sn 薄膜。科罗拉多州立大学研究者们用 200 nm 的紫外激光解离 Cr、Mo、W 等的羰基化合物，沉积了金属 Cr、Mo、W 薄膜。美国南加利福尼亚大学 Christensen 等用 CO_2 激光器以 SiH_4 气体(或 SiH_4/Ar 混合气体)作硅源，3 mm石英片作基板，使 SiH_4 热解而将硅沉积在石英片上。法国 Baranauskas 也用 CO_2 激光器以 $SiCl_4$ 作硅源获得硅膜。我国浙江大学袁加勇等在 1989 年使用 CO_2 激光器将 SiH_4 反应气体封闭在不锈钢气室内，激光束透过红外窗口进入气室，以平行于基片表面的方向并以十分接近基板的方位穿过气室(图 2-20)，处于基片表面附近的反应气体受激光引发而按下式分解：

$$SiH_4 \longrightarrow Si + 2H_2 \uparrow$$

反应生成的硅以非晶态薄膜形式沉积在基板上。

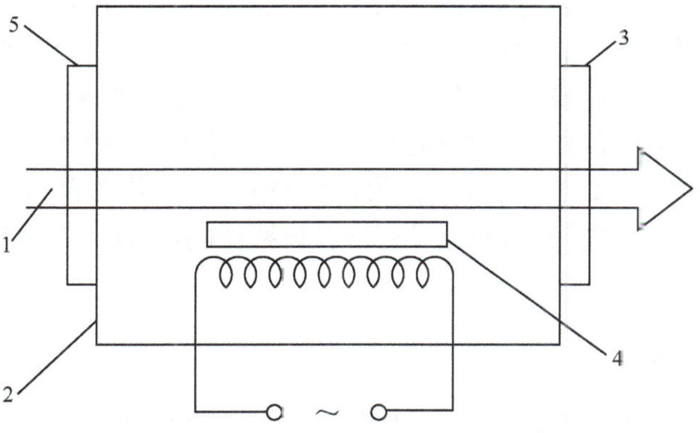

图 2-20　LCVD 沉积非晶硅实验装置示意图

1-激光束；2-气室；3，5-外窗口；4-基板

采用不同的激光照射方式和基板放置方式，可以沉积出不同类型的非晶硅薄膜。若平行照射，能沉积出大面积非晶硅薄膜，可以用来制备太阳能电池；若把激光束加以聚焦并垂直照射基板，可在基板上沉积出微小尺寸的非晶硅薄膜，用来制造大规模集成电路或其他微电子器件。因此激光化学气相沉积技术将在微电子技术和能源科学中呈现出很好的应用前景。

(3) 激光合成超导材料。被称为极限之门的超导材料发现后，引起世界各国的极大重视，出现了超导热。但开始人们习惯在有导电性的金属和合金中寻找超导体，而这类金属超导材料的临界温度较低，很难实际应用。1986 年，美国发现高临界温度的 Ba-La-Cu-O 陶瓷超导材料之后，给超导材料的研究带来新的生机。目前已有用激光或溶胶-凝胶法合成氧化物陶瓷超导材料的报道。

我国西安交通大学刘克俭等以 BaO、Y_2O_3、CuO 为原料，经研磨压片之后，用 CO_2 激光扫描，获得 Ba-Y-Cu-O 高转变温度的陶瓷超导层，其转变温度为 110 K，零电阻温度为 87 K。

应用激光扫描技术合成超导材料，开辟了一个应用激光的新领域和获得超导材料的新途径。由于激光的单色性好，功率密度大，当用激光束扫描试样时，在试样中形成了温度梯度。随着温度梯度的延伸，位于最佳温度的某个层能转变为超导层。用激光对试样反复地进行热处理，能快速合成超导材料，试样不受污染，超导性能稳定。

(4) 激光合成 C_{60}。过去，人们熟知单质碳有金刚石（sp^3 杂化）和石墨（sp^2 杂化）两种同素异形体。1985 年 9 月 4 日，美国 H. Kroto 小组用大功率激光轰击石墨靶时，发现了碳的另一种结构，经质谱仪检测为一系列笼状分子，其中主要是由 60 个碳原子组成的空心球。

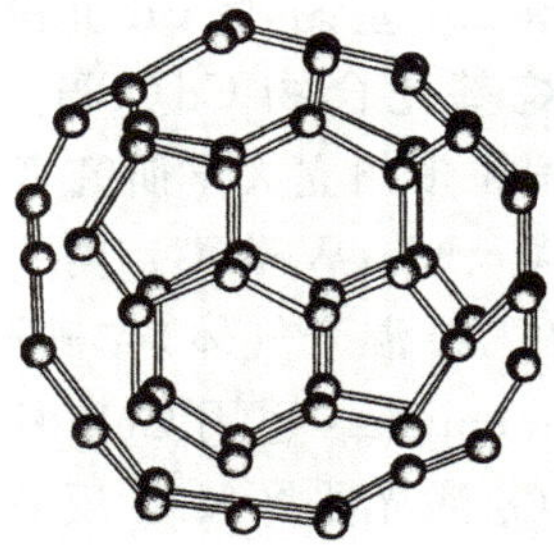
图 2-21　C_{60}的结构示意图

C_{60}是由 60 个碳原子以介于 sp^2 和 sp^3 之间的 $sp^{2.28}$ 杂化轨道联成骨架，其余 0.72 个 p 轨道为离域 π 键，形成的一个 32 面体的空心球，其中有 20 个六边形、12 个五边形，碳原子处于球的 60 个顶角(图 2-21)。其分子直径为 710 pm。由 C_{60}分子以范德华力结合成的晶体为面心立方系。

C_{60}真正成为一种材料还是在 1991 年 4 月以后，美国贝尔实验室报道掺 K 的 C_{60}具有超导性（T_c=18 K)，从而引起世界轰动。兰州大学陈光华教授领导的材料研究所用电弧法制得了 C_{60}和 C_{70}的混合物，经萃取分离得到 75%C_{60}、20%C_{70}。再经液相色谱提纯，获得纯度为99.9%的 C_{60}（绛紫色）和 95%的 C_{70}（橘红色）。1992 年 5 月制出“克级”的 C_{60}晶体，1993 年已批量生产。

C_{60}的发现是材料科学的重大突破，为物理学、化学、材料学开辟了一个崭新的领域，也是物理学家和化学家合作的结晶。由于 C_{60}的特殊结构，它具有不同于金刚石、石墨的许多独特的性能，因而具有十分广阔的应用前景。纯净的 C_{60}不导电，但掺杂后可制作成 n 型或 p 型半导体。掺 K、Ru、Cs 等碱金属的 C_{60}具有超导性。C_{60}还是具有特殊性能的光学材料，并且有很强的抗辐射性。它的结构稳定、坚实，可作耐高温材料，还可作为高效润滑剂。C_{60}的衍生物(使杂质进入笼内或在笼外吸附结合)也具有许多独特性能，如挂上铂可作高效催化剂，挂上锂可作高效锂电池。

4. 溶胶-凝胶合成法

众所周知，玻璃的传统生产方法是高温熔炼法，而陶瓷的制造是采用高温烧结法。这些都属于高温固相反应法，这样制得的产品主要缺点是纯度和均匀性差，陶瓷粉末也难实现超细微化及粒度分布的均匀化，这势必影响其应用范围；另外高温固相反应法需要昂贵的生产设备。

随着现代化科学技术的进步，要求制备具有特殊结构和高熔点的玻璃材料以及高纯度、超细微化及粒度分布均匀化的陶瓷粉末。传统方法不能满足对上述材料性能的要求。新型合成方法如 CVD、PCVD、LCVD 等方法，虽然可以制备各种优质玻璃和陶瓷粉末，但一般仍需 1000～1500 ℃以上的高温。

溶胶-凝胶法（又称 sol-gel 法）是 20 世纪 80 年代迅速发展起来的，以液相反应为基础，在较低的温度之下合成优质玻璃和精细陶瓷粉末的方法。

早在几十年前就有人开始用 sol-gel 法研制玻璃和陶瓷粉末，但系统研究还是 20 世纪

70 年代以后。1973 年,美国 H. Dislich 用 sol-gel 法制备玻璃薄膜的专利发表,引起无机材料科学界对 sol-gel 法的极大重视,论文、报道越来越多。目前,德国、法国、日本、美国、意大利以及中国等国家的科技人员均在积极进行研究。国际上自 1981 年开始,已召开了多次 sol-gel 法制备玻璃、陶瓷及其他无机固体材料的专题学术讨论会。

sol-gel 法是以金属醇盐为原料,在有机介质中进行水解/缩聚等化学反应,使溶液经溶胶-凝胶过程,凝胶经干燥,然后煅烧,最后得到产品。其过程为

$$\text{金属醇盐}\xrightarrow{\text{水解}}\text{溶胶}\xrightarrow{\text{缩聚}}\text{凝胶}\xrightarrow{\text{加热干燥}}\text{干凝胶}\xrightarrow{\text{煅烧}}\text{产品}$$

由于 sol-gel 法是以金属醇盐为起始原料,有人亦称之为醇盐水解法。

1) 水解和缩聚反应——溶胶化过程

了解金属醇盐的水解、缩聚反应的机理,对掌握 sol-gel 法非常重要。金属醇盐的水解一般可表示为

$$M(OR)_n + xH_2O \longrightarrow M(OH)_x(OR)_{n-x} + xROH$$

从溶胶到凝胶的转变过程中,水解和缩聚并非两个孤立的过程,醇盐一旦水解,失水缩聚和失醇缩聚也几乎同时进行,并生成 M—O—M 键,形成溶胶体系:

$$—M—OH + HO—M— \longrightarrow M—O—M— + H_2O$$

$$—M—OH + RO—M— \longrightarrow M—O—M— + ROH$$

室温下,醇盐与水不能互溶,故需要醇或其他有机溶剂作共溶剂,并在醇盐的有机溶液中加水和催化剂(醇盐水解一般都要加入一定催化剂,常用酸、碱催化剂,一般是盐酸或氨水)。

金属醇盐的水解反应与催化剂、醇盐种类、水与醇盐的物质的量比、共溶剂的种类及用量、水解温度等诸多因素有关,研究并掌握这些因素对水解作用的影响是控制水解过程的关键。

2) 凝胶的形成

水解缩聚的结果是形成溶胶初始粒子,初始粒子逐渐长大,联结成链,最后形成三维网络结构,便得到凝胶:

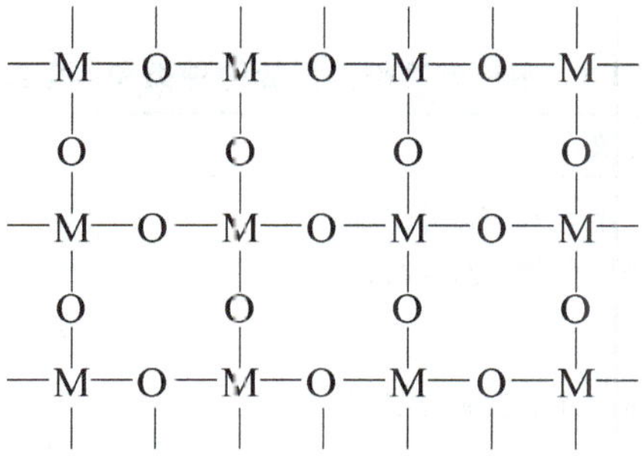

3) 凝胶的干燥

缩聚后的凝胶称湿凝胶,干燥过程就是除去湿凝胶中物理吸附的水、有机溶剂及化学吸附的羟基或烷氧基等残余物。干燥是制备高质量玻璃的关键步骤。干燥过程主要控制好干燥速度,速度过快会使凝胶龟裂和破碎。

4) 煅烧过程

煅烧过程是将干凝胶在选定温度下恒温处理。由于干燥后的凝胶中仍然含有相当多的孔隙和少量的杂质,因此,需要进一步的热处理来除去,以得到致密的产品。

5. 水热与溶剂热合成法

水热与溶剂热合成是指在一定温度(100～1000 ℃)和压强(1～100 MPa)条件下,利用溶

液中物质的化学反应所进行的合成。水热与溶剂热合成是合成化学的一个重要分支。水热合成化学侧重于研究水热合成条件下物质的反应性、合成规律以及合成产物的结构与性质。由于水热与溶剂热合成的研究体系一般是处于非理想平衡状态，通过水热与溶剂热反应可以制得固相反应无法制得的物相或物种，有很好的可操作性和可调变性，使得化学反应在相对温和的溶剂热条件下进行。

在高温高压条件下，水或其他溶剂处于临界或超临界状态，反应活性提高。物质在溶剂中的物性和化学反应性能均有很大改变，因此溶剂热化学反应大多异于常态。一系列中、高温高压水热反应的开拓及在此基础上开发出来的水热合成，已成为目前合成多数无机功能材料、特种组成与结构的无机化合物以及特种凝聚态材料，如超微粒、溶胶与凝胶、非晶态、单晶等的越来越重要的途径。

水热与溶剂热合成具有如下特点：

(1) 在水热与溶剂热条件下，由于反应物反应性能的改变、活性的提高，水热与溶剂热合成方法有可能代替固相反应以及难于进行的合成反应，并产生一系列新的合成方法。

(2) 由于在水热与溶剂热条件下中间态、介稳态以及特殊物相易于生成，因此能合成与开发一系列特种介稳结构、特种凝聚态的新合成产物。

(3) 能够使低熔点、高蒸气压且不能在融体中生成的物质、高温分解相在水热与溶剂热低温条件下晶化生成。

(4) 水热与溶剂热的低温、等压、溶液条件，有利于生长极少缺陷、取向好、完美的晶体，且合成产物结晶度高以及易于控制产物晶体的粒度。

(5) 由于水热与溶剂热条件下的环境气氛易于调节，因而有利于低价态、中间价态与特殊价态化合物的生成，并能均匀地进行掺杂。

1) 水热与溶剂热反应类型

与高温高压水溶液或有机溶剂有关的反应称为水热或溶剂热反应。水热或溶剂热反应的主要类型及典型实例见表 2-8。

表 2-8　水热或溶剂热反应的种类和典型实例

反应种类	定义	实例
氧化反应	金属和高温高压的纯水、水溶液、有机溶剂反应得到新氧化物、配合物、金属有机化合物的反应	$Cr+H_2O \longrightarrow Cr_2O_3+H_2$ $Zr+H_2O \longrightarrow ZrO_2+H_2$ $M+nL \longrightarrow ML_n$（M 为金属离子，L 为有机配体）
沉淀反应	在水热与溶剂热条件下生成的沉淀反应	$KF+MnCl_2 \longrightarrow KMnF_3$ $KF+CoCl_2 \longrightarrow KCoF_3$
合成反应	在水热与溶剂热条件下数种组分直接化合或经中间态发生的化合反应	$Nd_2O_3+H_3PO_4 \longrightarrow NaP_5O_{14}$ $CaO \cdot nAl_2O_3+H_3PO_4 \longrightarrow Ca_5(PO_4)_3OH+AlPO_4$ $La_2O_3+Fe_2O_3+SrCl_2 \longrightarrow (La,Sr)FeO_3$ $FeTiO_3+KOH \longrightarrow K_2O \cdot nTiO_2$ $(n=4,6)$
分解反应	在水热与溶剂热条件下使化合物分解得到新化合物晶体的反应	$FeTiO_3 \longrightarrow FeO+TiO_2$ $ZrSiO_4+NaOH \longrightarrow ZrO_2+Na_2SiO_3$
晶化反应	在水热与溶剂热条件下使溶胶、凝胶等非晶态物质晶化的反应	$CeO_2 \cdot xH_2O \longrightarrow CeO_2$ $ZrO_2 \cdot H_2O \longrightarrow M\text{-}ZrO_2+T\text{-}ZrO_2$ 硅铝酸盐凝胶$\longrightarrow$沸石

2）水热反应特征

高温加压下水热反应具有三个特征：一是加速离子间的反应；二是促进水解反应；三是使氧化还原电势发生明显变化。

在高温高压水热体系中，水的性质将产生下列变化：蒸气压变高、密度降低、表面张力降低、黏度变低、离子积变高。一般化学反应可区分为离子反应和自由基反应两大类。无机化合物中瞬间便可完成的复分解反应以及有机化合物的爆炸反应，就是这两类反应的两个极端，其余的大部分反应都介于两者之间，甚至许多有机化学反应也带有离子反应的性质。对于大量的介于离子和自由基之间的反应来说，其反应速率随反应物的本性和反应条件（温度、压力、浓度以及催化剂等）而定，在其他条件一定的情况下，温度对反应速率的影响可由 Arrhenius 方程式$\left(\frac{\mathrm{d}\ln k}{\mathrm{d}T}=\frac{E}{RT^2}\right)$表示，速率常数随温度的增加而呈指数函数增大。因此，在加压高温水热反应条件下，即使是在常温下不溶于水的矿物或其他有机物的反应，也能诱发离子反应或促进反应。

由于在水热条件下反应速率显著地增大，因此可以在较短的时间内使一些无机酸微粒硬化，生成所谓人造岩石。这类实验对于分析沉积岩的生成机理以及实际应用都具有重要意义。在水热条件下对矿石进行分解和合成的研究，也为从矿石中提取有用元素、合成人造宝石以及制取电子材料开辟了广阔的道路。

水热反应促进水解反应的主要原因是水的电离常数随水热反应温度的上升而增加。水的电离度的大小对水解作用有直接影响。例如，Fe^{3+} 在冷水中一般只能水解到 $Fe(OH)_2^+$，而在沸水中由于水的电离度增大，可水解到 $Fe(OH)_3$ 胶体。

在有机溶剂中进行的溶剂热合成，溶剂种类繁多，性质差异很大，为合成提供了更多的选择机会。例如与水性质接近的醇类，作为合成溶剂的也有几十种，可供选择的余地很大。因此在实际应用时必须考虑到溶剂作用，进行溶剂的选择。溶剂不仅为反应提供一个场所，而且会使反应物溶解或部分溶解，生成溶剂合物，这个溶剂化过程会影响化学反应速率，在合成体系中会影响反应物活性物种在液相中的浓度、解离程度以及聚合态分布等，从而改变反应过程。

3）水热与溶剂热合成的应用

（1）水热与溶剂热合成程序。早期的水热合成主要是模拟地质条件下的矿物合成，成功地合成出沸石分子筛及相关的微孔和中孔物质，现在水热合成已经扩展到功能氟化物或复合氧化物陶瓷、电子和离子导体材料以及特殊的无机配合物和原子簇化合物等无机合成领域。

在合成中，反应混合物占密闭反应釜空间的体积分数称为装满度，它与反应的安全性有关。在实验中要保持反应物处于液相传质的反应状态，同时要防止装满度过高而使反应系统的压力超出安全范围，一般装满度为 60%～80%。

一个好的水热或溶剂热合成实验程序是在对反应机制的了解和化学经验的积累基础上建立的。水热或溶剂热合成实验的程序取决于研究目的，一般的水热合成实验程序如下：①选择反应物料；②确定合成物料的配方；③配料顺序摸索，混料搅拌；④装釜，封釜；⑤确定反应温度、时间、状态（静止或动态晶化）；⑥取釜，冷却（空气冷、水冷）；⑦开釜取样；⑧过滤，洗涤，干燥；⑨光学显微镜观察晶体情况与粒度分布；⑩粉末 X 射线衍射（XRD）进行物相分析。

（2）磁性记忆材料的水热合成。钡铁氧体陶瓷 $BaO\cdot 6Fe_2O_3$ 是一种磁性记忆材料，它可用水热法进行合成。

将 $Ba(NO_3)_2$ 和 $Fe(NO_3)_3$ 按一定物质的量比混合在水溶液中，添加等物质的量以上的 NaOH，则 Ba^{2+} 以 $Ba(OH)_2$、Fe^{3+} 以 $Fe(OH)_3$ 形式沉淀出来。将其在 100 ℃以上进行水热处理。

$$Ba(NO_3)_2+12Fe(NO_3)_3+38NaOH \longrightarrow BaO \cdot 6Fe_2O_3+38NaNO_3+19H_2O$$

在上面的反应中，阳离子浓度、pH、温度不同时，可分别析出 α-Fe_2O_3、$2BaO \cdot 9Fe_2O_3$ 和 $BaO \cdot 6Fe_2O_3$ 或它们的混合物。若在硝酸盐溶液中加入足量的 NaOH，使 $Ba(OH)_2$ 沉淀，在 150～300 ℃进行水热处理，则析出 0.1 μm 具有六方结构的 $BaO \cdot 6Fe_2O_3$ 结晶。

(3) 介孔材料的水热合成。沸石分子筛是一类典型的介稳微孔晶体材料，这类材料具有分子尺寸周期性排布的孔道结构，其孔道大小、形状、走向、维数及孔壁性质等多种因素为它们提供了各种可能的功能。沸石分子筛微孔晶体的应用从催化、吸附以及离子交换等领域，逐渐向量子电子学、非线性光学、化学选择传感、信息储存与处理、能量储存与转换、环境保护及生命科学等领域扩展。

水热合成是沸石分子筛经典和适宜的合成方法之一，而溶剂热合成沸石分子筛是从 1985 年 Bibby 和 Dale 在乙二醇(EG)和丙醇体系中合成全硅方钠石开始的。之后，Sugimoto 等报道了在水和有机物(如甲醇、丙醇和乙醇胺的混合物)中合成 ISI 系列高硅沸石。1987 年，W. A. van Erp等也报道了非水体系中沸石的合成，所使用的溶剂有乙二醇、甘油、环丁砜、C_5～C_7醇、乙醇和吡啶等。

1987 年，吉林大学徐如人院士及其研究小组对 NaOH-SiO_2-EG 体系进行了深入的研究，通过改进晶化条件，获得了全硅方钠石单晶、Silixalite-I、ZSM-39 和 ZSM-48，并进行了单晶 X 射线结构分析，同时详细研究了全硅方钠石的晶化机理。他们在新型微孔晶体的非水合成方面进行了大量的研究，于 1992 年报道了国际最大微孔(20 元环)晶体 JDF-20 的溶剂热合成工作。

(4) 特殊结构、凝聚态与聚集态的制备。在水热与溶剂热条件下合成，比较容易控制反应的化学环境和实施化学操作。又因为水热与溶剂热条件下中间态、介稳态以及特殊物相易于生成，所以能合成与开发特种介稳结构、特种凝聚态和聚集态的新合成产物，如特殊价态化合物、金刚石和纳米晶体等。

1996 年，吉林大学庞文琴教授等成功地在水热体系中合成了特种五配位钛催化剂 JDF-L1(Jilin-Davy-Faraday, Layered solid no. 1; $Na_4Ti_2Si_8O_{22} \cdot 4H_2O$)。JDF-L1 是目前惟一人工合成的含五配位钛化合物，研究发现，该化合物具有良好的氧化催化性能，可望成为新一代催化材料。另外的例子是具有特殊四配位质子结构的锗硅酸盐的水热合成以及美国学者在水热体系中合成金刚石。

中国科学技术大学钱逸泰院士及其研究小组成功地在非水介质中合成出氮化镓、金刚石以及系列硫属化物纳米晶。这类特殊结构、凝聚态与聚集态的水热与溶剂热制备工作是目前的前沿研究领域，大量的基础和技术研究已经开展起来。

(5) 复合氧化物与复合氟化物的合成。复合氧化物与复合氟化物陶瓷粉末的水热或溶剂热合成作为一种比高温固相反应温和的低温合成路线，十分引人注目。因为溶剂、温度和压力对离子反应平衡的总效果可以稳定产物，同时抑制杂质生成，所以水热或溶剂热合成以单一步骤制备陶瓷粉末，而不要求精密复杂装置和贵重的试剂。与高温固相反应相比，水热或溶剂热合成氧化物陶瓷粉末具有以下优势：①明显地降低反应温度和压力(水热反应通常在 100～200 ℃下进行)；②能够以单一反应步骤完成(不需研磨和焙烧步骤)；③能很好地控制产物的理想配比及结构形态；④可制备纯相陶瓷材料；⑤可以大批量生产。

中南大学古映莹教授及其研究小组近年来应用水热合成方法合成了系列纳米复合氧化物。吉林大学冯守华教授及其研究小组应用温和的水热合成路线合成了系列复合氧化物和复合氟化物。水热合成的复合氧化物有锰锌铁氧体 $Fe(MnZn)O_4$、铟锡复合氧化物(ITO)、锡锑复合氧化物(ATO)、$Pb(Zr_xTi_{1-x})O_3$、$BaTiO_3$、$SrTiO_3$、$SrTi_{1-x}Sn_xO_3$($x=0.1\sim0.5$)、$NaCeTi_2O_6$、$NaNdTi_2O_6$、$MMoO_4$(M=Ca,Sr,Ba)、$Na_xAg_yLa_{2/3-(x+y)/3}TiO_3$、$Na_xLi_yLa_{2/3-(x+y)/3}TiO_3$;应用水热氧化还原反应制备混合价态复合氧化物 $Ce(\text{IV})_{1-x}Ce(\text{III})_xO_{2-\frac{x}{2}}$、$H_xV_2Zr_2O_9 \cdot H_2O$($x=0.43$)、双掺杂二氧化铈 $MO/Bi_2O_3/CeO_2$;功能复合氟化物 ABF_3 与 ABF_4,其中 A 为碱金属,B 为碱土金属或稀土,如 $KMgF_3$、$LiBaF_3$、$LiYF_4$、$NaYF_4$、KYF_4、$BaBeF_4$ 等。

综上所述,现代合成技术与方法是开发新型功能材料,使无机材料薄膜化、高纯化、超细微化、非晶化、晶体完整化、非化学计量化的最有效措施。但是,由于现代合成技术有的不是传统的方法(如等离子体、激光等),尚未引起化学家的足够重视,而且所需的设备复杂,操作难度较大,生产成本较高,目前大多数仅限厂实验室研究阶段,达到工业化的不多。然而,随着现代科学技术的进步,现代合成方法必然逐渐代替传统方法。

习　题

1. 判断制备反应过程的方向有哪些方法?
2. 19 世纪中叶,汤姆逊(Thomson)为解决化学反应的方向问题,曾经提出"化学反应只有放热过程才能自发进行"。这个结论虽然概括了不少化学反应的事实,但它是片面的,为什么?
3. 通过热力学数据说明,工业上制备二氧化铅为什么必须采用间接氧化法。
   [$\Delta_f H_m^\ominus(PbO_2, 298\ K) = -277\ kJ \cdot mol^{-1}$,$S_m^\ominus(PbO_2, 298\ K) = 69\ J \cdot K^{-1} \cdot mol^{-1}$]
4. 试用热力学数据说明,硫与足量氟气发生反应,其产物是 SF_2、SF_4 和 SF_6 三者的混合物,还是单一的 SF_6。这类反应在热力学数据上有什么特征?
5. 用热力学数据证明,用煤粉还原重晶石($BaSO_4$)生产硫化钡的反应属于哪种类型的偶合反应。
   $\Delta_f H_m^\ominus(BaSO_4) = -1465.3\ kJ \cdot mol^{-1}$,$\Delta_f G_m^\ominus(BaSO_4) = -1353.1\ kJ \cdot mol^{-1}$,$S_m^\ominus(BaSO_4) = 132.2\ J \cdot K^{-1} \cdot mol^{-1}$。
   $\Delta_f H_m^\ominus(BaS) = -443.5\ kJ \cdot mol^{-1}$,$\Delta_f G_m^\ominus(BaS) = -437.2\ kJ \cdot mol^{-1}$,$S_m^\ominus(BaS) = 78.2\ J \cdot K^{-1} \cdot mol^{-1}$。
6. 根据 Ellingham 图说明为什么多数硫化物矿需要先熔烧成氧化物后再用碳进行还原。对 HgS 矿(朱砂矿)是如何处理以制取金属汞的?
7. 参阅 Ellingham 图,判断用焦炭还原下列氧化物所需要的最低温度。
   (1) CaO　(2) TiO_2　(3) FeO
8. 对氧化物来说,用碳作还原剂比氢气好,而对与氯化物来讲,情况恰恰相反,为什么?
9. 从硫化物的 Ellingham 图可知 MnS 比 Cu_2S 稳定。在与氯气反应时,哪种硫化物容易转化为氯化物?试用 $\Delta_f G_m^\ominus$ 计算说明。[$\Delta_f G_m^\ominus(MnS) = -218.0\ kJ \cdot mol^{-1}$]
10. 试用简单热力学讨论,说明当用碘热转移锗时,为什么锗是从高温区转移到低温区,而不是相反的方向。
11. 制备过程采用"一步制备"、"两步制备"和"迂回制备"的具体含义是什么?以制备氧化物为例,分析反应中的 $\Delta_r H_m^\ominus$、$\Delta_r S_m^\ominus$ 各自的特点。
12. 现代无机合成的技术和方法主要有几种?试各举一例加以说明。与传统的技术比较有何优势?

参 考 文 献

冯光熙,黄祥玉. 1978. 稀有气体化学. 北京:科学出版社

过增元. 1980. 等离子体技术. 北京:科学出版社

化学工业部第四设计院. 1979. 深冷手册. 下册. 北京:化学工业出版社

捷里马尔斯基,马尔科夫. 1965. 熔盐电化学理论基础. 沈时英,等译. 北京:中国工业出版社

孟广耀. 1984. 化学气相沉积与无机新材料. 北京:科学出版社

桑商斌,古映莹,黄可龙. 2002. 锰锌铁氧体纳米晶的水热晶化机理. 中南大学学报,33(4):367-370

徐如人．1991. 无机合成化学．北京:高等教育出版社
徐如人,庞文琴．2001. 无机合成与制备化学．北京:高等教育出版社
阎守胜,陆果．1985. 低温物理实验原理与方法．北京:科学出版社
严宣申．1992. 热力学函数等电子原理的应用．北京:高等教育出版社
张智敏,任建国,王自为．2002. 无机合成化学与技术．北京:中国建材工业出版社
中国科学院大连化学物理所分子筛组．1978. 沸石分子筛．北京:科学出版社
Bundy F P, Hall HT, Strong H M, et al. 1955. Man-made diamond. Nature, (176):51-55
Hagenmuller P. 1972. Preparative Methods in Solid State Chemistry. New York: Academic Press
Headrige J B. 1969. Electrochemical Techniques for Inorganic Chemists. New York: Academic Press
Margrave J L, et al. 1980. High Temperature, In Techniques of Chemistry. Vol Ⅳ (Chemical Experimentation under Extreme Conditions). New York: John Wiley & Sons
Nagy Z. 1981. Electrochemical Synthesis of Inorganic Compounds: A Bibliography. New York and London: Plenum Press
Sang S B, et al. 2003. Effect of additive on synthesis of MnZn ferrite nanocrystal by hydrothermal crystallization. J Central South University Tech, 10 (1):38-43
Sang S B, Gu Y Y, Huang K L. 2000. Synthesis of MnZn ferrite nanoscale particles by Hydrothermal method. J CentralSouth University Tech, 7(1):37-39
Su W H, et al. 1990. High pressure synthesis of new jadeites with fluorescent emission. High Pressure Research, (5):660-662
West Anthony R. 1992. Solid State Chemistry and Application. New York and London: John Wiley & Sons

第3章　原子簇化合物

原子簇化合物指由三个或三个以上原子直接键合组成的以多面体或缺顶多面体骨架为特征的分子或离子，通常简称为原子簇或簇合物。原子簇化学是近年来化学科学中非常活跃、发展很快的一个领域。它涉及面很广，内容极其丰富，所包括的化合物名目繁多。本章主要就金属原子簇合物和非金属原子簇合物中的硼烷及其衍生物作简要介绍。

3.1　金属原子簇合物

金属原子簇合物是含有金属-金属(M—M)键的一类多金属原子化合物。它的历史可追溯至12世纪印度医生使用过的甘汞Cl—Hg—Hg—Cl。1858年德国化学家Roussin首次合成了$CsFe_4S_3(NO)_7 \cdot H_2O$，但它的结构到1958年才被确定。1907年法、美化学家分别报道了化合物$Ta_6Cl_{14} \cdot 7H_2O$。在20世纪20年代，德国的Lindner合成了一个二价钼的配合物$[Mo_6Cl_8]Cl_4$，并知道它不同于普通配合物，但无法阐明其结构。直到X射线衍射等实验技术发展到能应用于解决大的、复杂的结构时，那些复杂化合物中的M—M键的存在才得到证实。

1935年瑞典的结构化学家C. Brosset报道了$K_3[W_2Cl_9]$的结构。测定得到$[W_2Cl_9]^{3-}$中的W—W键长为246 pm，比钨金属中W—W间距离274 pm小得多，明显地表明W原子间有直接键合作用。1945～1946年他在研究Lindner的二价钼的配合物$[Mo_6Cl_8]Cl_4$时，测出Mo—Mo键长为263 pm，也比钼金属中Mo—Mo间距离273 pm小。1950年Vaughan、Sturdivant和Pauling指出$Ta_6Cl_{14} \cdot 7H_2O$中存在着M—M键。可惜的是这些研究成果均未引起人们的重视。直到1963年美国化学家W. T. Robinson、F. A. Cotton测定了$Cs_3[Re_3Cl_{12}]$的结构，1964年F. A. Cotton提出在$[Re_2Cl_8]^{2-}$中存在着四重键的理论后，人们才把含有M—M键的化合物看作单独一类新型化合物进行研究。

从20世纪60年代初至90年代的30年间，原子簇化学以惊人的速度发展着，不仅合成出大批原子簇化合物，进行了大量的波谱研究以及结构测定，而且吸引了不少科学家从不同角度对其进行深入研究。例如对原子簇化学键和结构的探索，提出了多种原子簇的结构规则，进行了大量的理论计算；有的人致力于合成更多、更大的原子簇合物；也有人致力于开发原子簇合物的实际应用。许多原子簇合物具有良好的催化性能、生物活性及特殊的电学和磁学性质，例如$PbMo_6S_8$是强磁场中良好的超导体。某些含硫有机配体的簇合物有特殊的生物活性，是研究铁钼蛋白和固氮酶的模型物。金属原子簇和金属表面在结构和性能上有一定程度的相似性，因此可利用金属原子簇作模型物来研究金属表面过程——吸附和催化。上述事例说明，金属原子簇合物的研究具有重大的理论和实际意义。可以预料，这门新兴学科将不断发展。

3.1.1　金属原子簇合物的结构特征及分类

1. 金属原子簇合物的组成和结构特征

金属原子簇是由金属原子直接键合，形成M_3、M_4、M_5、M_6、M_7和M_8及更多M键合的金属原子团。构成原子簇的金属可以是相同金属原子，也可以是不同的金属原子。能形成原子簇的金属在周期表中的位置见表 3-1。

表 3-1　能形成原子簇的金属元素

ⅣB	ⅤB	ⅥB	ⅦB	Ⅷ	ⅠB	ⅡB
Ti	V	Cr	Mn	Fe　Co　Ni	Cu	
Zr	Nb	Mo	Tc	Ru　Rh　Pd	Ag	Cd
Hf	Ta	W	Re	Os　Ir　Pt	Au	Hg

在金属原子簇合物中，一般以金属原子簇为核心，周围通过多种形式的化学键和配体结合在一起。一般作为金属原子簇配体的是卤素、硫、磷、氢等原子，也可以是羰基、硝基、烷基、烯烃、炔烃、异腈基和氰化物等。当配体的种类和结构不同时，原子簇中所包含的金属原子数目往往也不同。原子簇的化学活性通常和金属与配体的键合有关，所以寻找合适的配体同金属配位可以调整簇的反应活性。

金属原子簇合物最基本的共同点就是含有 M—M 键。这种 M—M 键与普通多核配合物不同。因为普通多核配合物其金属原子之间是通过桥基连接的，如二-μ-羟基八水合二铁(Ⅲ)离子和 μ-氨基-μ-硝基八氨合二钴(Ⅲ)离子。前者两个铁原子之间是由羟基连接的，后者两个钴原子之间是由氨基和硝基连接的。这种 M—M 键也不同于金属晶体中的金属键，因为它具有共价键的性质。

金属原子簇合物的成簇原子构成骨架。它的电子结构是以离域的多中心键为特征，其几何构型绝大多数是以三角形为基本结构单元的多面体，见图 3-1。骨架的边代表骨架原子的成键作用，但一般不代表电子对键。骨架多面体结构绝大多数是空心的，只有极少数例外。骨架原子和配体的结合方式有三种：①端基结合，即 1 个配体只和 1 个成簇原子结合；②边桥基结合，即 1 个配体与 2 个成簇原子结合；③面桥基结合，即 1 个配体与 3 个成簇原子结合。

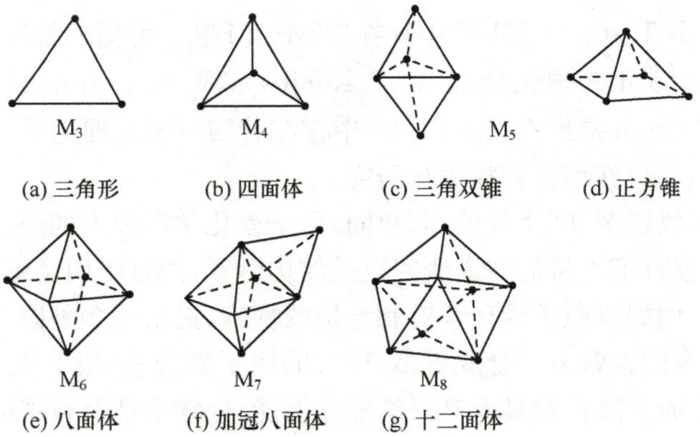

图 3-1　金属簇合物的骨架构型

2. 金属原子簇合物的分类

金属原子簇合物的分类方法有多种。若按成簇元素的异同分类，可分为同核簇合物和异核簇合物两类。

按金属原子簇合物的配体类型分类，可分为金属-羰基簇合物，如 $Co_4(CO)_{12}$、$Ru_3(CO)_{12}$、$Rh_6(CO)_{16}$ 等；金属-卤素簇合物，如 $Cs_3[Re_3Cl_{12}]$、$[Ta_6Br_{12}]Br_2 \cdot 7H_2O$ 等；金属-异腈簇合物，如 $Ni_4(CNR)_7$、$Pd_3(CNR)_6$ 等及金属-有机配体簇合物，如$(\eta^5\text{-}C_5H_5)_4Fe_4(CO)_4$ 等。除此之外，还有无配体金属原子簇，如 Sn_5^{2-}、Pb_7^{4-}、Bi_8^{2+} 等。

按成簇元素原子数目分类，可分为双核原子簇（由于历史的原因也常把含有 M—M 键的双原子金属化合物放在金属簇一起讨论）、三核原子簇、四核、五核、六核直至十五核或更多核[如 $Au_{55}(PPh_3)_{12}Cl_6$]的原子簇，也可以粗略地分为低核簇和高核簇。若干三核及三核以上的金属原子簇合物列于表 3-2 中。

表 3-2　若干三核及三核以上金属簇合物

簇合物	结构式		
三核簇	Re_3Cl_9	$[Fe_3(CO)_{11}]^-$	$Pd_3(CNR)_6$
	$Re_3Cl_3Br_6$	$Co_3(CO)_9CR$	$[Pd_3(CNMe)_8]^{2+}$
	$[Re_3Cl_{12}]^{2-}$	$Ru_3(CO)_{12}$	$Ni_3(CO)_2(C_5H_5)_3$
	$[Re_3Cl_{11}]^{2-}$	$Os_3(CO)_{12}$	$Rh_3(CO)_3(C_5H_5)_3$
	$[Re_3Br_{11}]^{2-}$	$[Pt_3(CO)_6]^{2-}$	
	$Fe_3(CO)_{12}$	$Pt_3(CNR)_6$	
四核簇	$[Fe_4(CO)_{13}]^{2-}$	$[Fe_4(CO)_{13}H]^-$	$[Fe_4S_4(SCH_2Ph)_4]^{2-}$
	$Ni_4(CNR)_7$	$Co_4(CO)_{12}$	$Ni_4[CNC(CH_3)_3]_7$
	$Ru_4(CO)_{12}H_4$	$Rh_4(CO)_{12}$	$H_2FeRu_3(CO)_{13}$
	$Ru_4(CO)_{13}H_2$	$Ir_4(CO)_{12}$	$[\{Fe(C_5H_5)(CO)\}_3SbCl]^-$
五核簇	$Fe_5(CO)_{15}C$	$Ru_5(CO)_{15}C$	$Os_5(CO)_{16}$
	$[Ni_5(CO)_{12}]^{2-}$	$Re_2Os_3(CO)_{20}H_2$	
六核簇	$[Nb_6Cl_{12}]^{2+}$	$[Fe_6(CO)_{16}C]^{2-}$	$[Ni_6(CO)_{12}]^{2-}$
	$[Ta_6Cl_{12}]^{2+}$	$Co_6(CO)_{16}$	$Ru_6(CO)_{13}H_2$
	$[Mo_6Cl_8]^{4+}$	$[Co_6(CO)_{15}C]^{2-}$	$Rh_6(CO)_{16}$
	$[W_6Cl_8]^{4+}$	$[Co_6(CO)_{18}C]^{2-}$	$[Rh_6(CO)_{14}]^{4-}$
	$Os_6(CO)_{16}$	$[Ir_6(CO)_{15}]^{2-}$	$Ru_3(CO)_9(GeMe_2)$
	$Os_6(CO)_{18}H_2$	$[Pt_6(CO)_{12}]^{2-}$	$(Me_4N)_2[(Nb_6Cl_{12})Cl_6]$
	$Ir_6(CO)_{16}$	$[(W_6Cl_8)Br_6]^{2-}$	$(Et_4N)_3[(Ta_5MoCl_{12})Cl_6]$
七核簇	$[Rh_7(CO)_{16}]^{2-}$	$[Rh_7(CO)_{16}I]^{3-}$	$Os_7(CO)_{21}$
八核簇	$[Co_8(CO)_{18}C]^{2-}$	$Rh_8(CO)_{19}C$	$[Ir_8(CO)_{22}]^{2-}$
	$[Ni_8(CO)_{12}]^{2-}$	$Os_8(CO)_{23}$	$Co_4B_4H_4(C_5H_5)_4$
	$[Ni_8(CO)_{12}H_2]^{2-}$	$Os_8(CO)_{21}C$	
九核簇	$[Ni_9(CO)_{18}]^{2-}$	$[Rh_9(CO)_{21}]^{2-}$	$[Pt_9(CO)_{18}]^{2-}$
十核及以上高核簇	$[Os_{10}(CO)_{24}H_4]^{2-}$	$[Rh_{14}(CO)_{25}]^{4-}$	$[Rh_{22}(CO)_{37}]^{4-}$
	$[Ni_{11}(CO)_{20}H_2]^{2-}$	$[Rh_{15}(CO)_{27}]^{3-}$	$[Pt_{26}(CO)_{32}]^{2-}$
	$[Rh_{12}(CO)_{24}C_2]^{2-}$	$[Pt_{15}(CO)_{30}]^{2-}$	$[Pt_{38}(CO)_{44}H_2]^{2-}$
	$[Pt_{12}(CO)_{24}]^{2-}$	$[Rh_{17}(CO)_{32}S_2]^{3-}$	$Au_{55}(PPh_3)_{12}Cl_6$
	$[Co_{13}(CO)_{24}C_2H]^{4-}$	$[Pt_{18}(CO)_{36}]^{2-}$	
	$[Rh_{13}(CO)_{24}H_3]^{2-}$	$[Pt_{19}(CO)_{22}]^{4-}$	

3.1.2 M—M 键的形成条件及判断

1. M—M 键的形成条件

金属是否容易形成 M—M 键与金属在周期表中的位置、氧化态高低和配体的性质等因素有关。

1) 金属在周期表中的位置

从已经发现的金属簇合物来看，第二、三过渡系金属形成 M—M 键的能力比第一过渡系金属强，例如ⅤB、ⅥB、ⅦB 族金属与卤素作用。第二、三过渡系金属均能形成金属-卤素簇合物，而第一过渡系金属没有类似的簇合物，如表 3-3 所列实例。

表 3-3　卤素簇合物实例

族　数	VB	ⅥB	ⅦB
第一过渡系	V /	Cr /	Mn /
第二过渡系	Nb $Nb_6Cl_{12}^{2+}$	Mo $Mo_6Cl_8^{4+}$	Tc $Tc_2Cl_8^{2-}$
第三过渡系	Ta $Ta_6Cl_{12}^{2+}$	W $W_6Cl_8^{4+}$	Re $Re_2Cl_8^{2-}$

再如，ⅦB、Ⅷ族的一些金属形成的羰基簇合物的 M—M 键键能大小见表 3-4。同族过渡金属形成的羰基簇合物，从上到下 M—M 键键能显著增大，说明按此顺序成键能力增强。这可以从金属的价轨道结构理解，因为 M—M 键的形成主要靠 d 轨道的重叠，而 4d、5d 价轨道在空间的伸展范围比 3d 轨道大，更有利于轨道重叠成键，所以第二、三过渡系金属形成 M—M 键的能力更强。

表 3-4　一些羰基簇合物的 M—M 键键能

ⅦB 原子簇	M—M 键键能/ $(kJ \cdot mol^{-1})$	Ⅷ 原子簇	M—M 键键能/ $(kJ \cdot mol^{-1})$	Ⅷ 原子簇	M—M 键键能/ $(kJ \cdot mol^{-1})$
$Mn_2(CO)_{10}$	104	$Fe_3(CO)_{12}$	82	$Co_4(CO)_{12}$	83
$Tc_2(CO)_{10}$	180	$Ru_3(CO)_{12}$	117	$Rh_4(CO)_{12}$	114
$Re_2(CO)_{10}$	187	$Os_3(CO)_{12}$	130	$Ir_4(CO)_{12}$	130

2）金属氧化态

过渡金属处于较低的氧化态有利于形成 M—M 键。因为低氧化态金属及其离子，其外层有较大的电子云密度，利于金属之间的轨道重叠而相互成键。当金属处于较高氧化态时，d 电子云密度减小，d 轨道收缩，不利于轨道重叠成键。目前所发现的金属原子簇合物，其金属的氧化态常呈 0、+1、+2，少数为+3。

3）配体的性质

经典配体（又称饱和配体）如卤素、氧、硫等阴离子和基团，主要和周期表左下部的过渡金属形成簇合物。而 π 配体（又称不饱和配体）如羰基、膦、环戊二烯、苯等，由于本身有空的 π 分子轨道，还能从金属的 d 轨道中夺得电子而形成反馈 π 键，稳定了金属的低氧化态，所以能更广泛地和过渡金属形成稳定的簇合物。

总之，当金属原子具有适宜的 d 轨道和较低的氧化态，并有适宜的配体时，就能形成含 M—M键的金属原子簇合物。

2. M—M 键的判断

金属原子簇合物是含有 M—M 键的化合物，但判断 M—M 键的存在是一个比较复杂的问题。通常根据金属原子和相邻金属原子之间的距离（M—M 键键长）是否缩短，物质磁性是否减小以及 M—M 键键能是否足够大等因素来判断。

1）M—M 键键长

若实验结果证明金属原子簇合物中金属原子之间的距离和金属晶体中的相近或更短时，则认为可能是形成了 M—M 键。例如由两个 Re 原子形成的双核原子簇合物$[Re_2Cl_8]^{2-}$，其

Re—Re 键键长为 224 pm，比 Re 金属晶体中 Re—Re 间的距离 274 pm 小得多，且实验证明 Re—Re间又无桥基连接，由此认为$[Re_2Cl_8]^{2-}$中存在 Re—Re 键。再如多核金属原子簇合物如$[Mo_6Cl_8]^{4+}$中，Mo—Mo 键键长为 263 pm，也比钼金属晶体中 Mo—Mo 间距离 273 pm 短，也可能是形成了 M—M 键。由于键长与金属氧化态、配体性质及分子或离子构型等有关系，因此在作此判断时应注意其影响。

2）磁性

如果多核配合物的磁性比单核的要小，那也可能是形成了 M—M 键，因 M—M 键中的电子配对使单电子数目减少。由于金属原子与桥基配位原子作用也可使电子配对，所以常常要结合键长、桥基等的测定才能作出判断。

3）M—M 键键能

M—M 键键能由热化学和光谱数据求得。一些羰基簇合物的 M—M 键键能见表 3-4。通常认为 M—M 键键能超过 80 $kJ \cdot mol^{-1}$的化合物才算是金属原子簇合物。

在实际应用中，特别是还要确定 M—M 键是单键、双键、叁键或四重键时，需将以上几个因素综合考虑，同时要与理论分析相结合才能确定。

3.2 金属-金属多重键

本章 3.1 所涉及的金属原子簇中，虽含金属-金属键，但绝大多数为单键。除这类簇合物以外，过渡金属还能形成另一类含金属-金属多重键的化合物，包括二重键、三重键，甚至四重键的化合物。

金属-金属多重键化学是 20 世纪 60 年代中期以后逐步形成和发展起来的。第一例含金属-金属四重键的化合物 $K_2Re_2Cl_8 \cdot 2H_2O$ 以及第一例含金属-金属三重键的化合物 $Re_2Cl_5(CH_3SCH_2CH_2SCH_3)_2$都是由 Cotton 的研究小组发现的。

有关金属-金属多重键的化学，Cotton 和 Walton 在他们的专著《金属原子间的多重键》一书中作了历史的回顾和系统的阐述。本节将以金属-金属四重键为主，简要地介绍这一类化合物。

3.2.1 金属-金属四重键

在金属-金属多重键化合物中，四重键化合物是研究得较早和较全面的一类。在短短的几十年中，不仅合成出了众多不同类型的四重键化合物，对它们进行了结构测定和波谱研究，还对它们的化学键性质和特征进行了剖析和实验验证。

1. 金属-金属四重键的定性图像

金属-金属四重键(metal-metal quadruple bond)除 σ 和 π 键外，必定还含 δ 键。事实上，所有的金属-金属四重键都发生在过渡金属原子之间，不言而喻，金属原子间的四重键必定由 d 轨道或 d 轨道与 f、g 等轨道参与成键。若仅考虑 d 轨道之间的重叠，则可得定性或半定量的图像。

当两金属原子互相靠拢，d 轨道的对称性决定了它们之间的重叠只可能采取以下五种方式(图 3-2)，即两个金属原子 d_{z^2} 轨道重叠，形成一个 σ 成键和一个 $σ^*$ 反键轨道；两个 d_{xz} 或 d_{yz} 轨道两两重叠，形成一组二重简并且为正交的 π 成键和 $π^*$ 反键轨道；两个 d_{xy} 或 $d_{x^2-y^2}$ 轨道两两重叠，则形成一组二重简并的 δ 成键和 $δ^*$ 反键轨道。

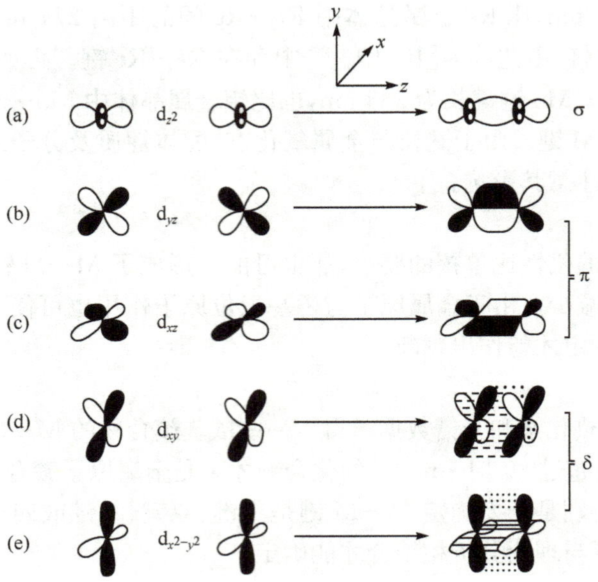

图 3-2　两个金属原子间的五种非零 d-d 重叠

按照 Hückel 的基本观点，分子轨道的能量与其重叠积分呈比例，至少对同类型的轨道是如此。同时，注意到 d 轨道之间的重叠按以下顺序依次增加，即

$$\delta \ll \pi < \sigma$$

则轨道的能量应按下列顺序依次升高：

$$\sigma < \pi \ll \delta < \delta^* \ll \pi^* < \sigma^*$$

对于双核(M_2)体系，若有 8 个配体分别沿两金属原子各自的 x、$-x$、y、$-y$ 方向朝它们靠拢，如$[Re_2Cl_8]^{2-}$，结果导致对称性由圆柱对称($D_{\infty h}$)降低到四方棱柱对称(D_{4h})。这虽不影响 π 成键以及 π^* 反键轨道的简并性，却能使二重简并的 δ 成键以及 δ^* 反键轨道发生分裂。若选择图 3-2 所示的坐标系，则 $d_{x^2-y^2}$ 轨道和 d_{xy} 轨道能量将发生分裂，因为前者指向配体的方向，而后者指向配体之间，事实上，$d_{x^2-y^2}$ 轨道势必参与金属-配体(M—L)σ 键的形成。换句话说，每个金属原子用一组 s、p_x、p_y 和 $d_{x^2-y^2}$ 轨道，即 dsp^2 杂化轨道，形成 4 个 M—Lσ 键。结果，M_2 中原来一组二重简并的 δ 成键轨道之一能量降低，变成 MLσ 成键轨道。与此同时，一个 δ^* 反键轨道能量升高，变成 $ML\sigma^*$ 反键轨道。因此，在金属-金属四重键中，可以不考虑 $d_{x^2-y^2}$ 轨道，只剩下一个 δ 成键和一个 δ^* 反键轨道。可见，金属和配体间 M—Lσ 键的形成，必然导致轨道能级分布的变化。这种修正和 M_2d 轨道的定性能级图表示见图 3-3。

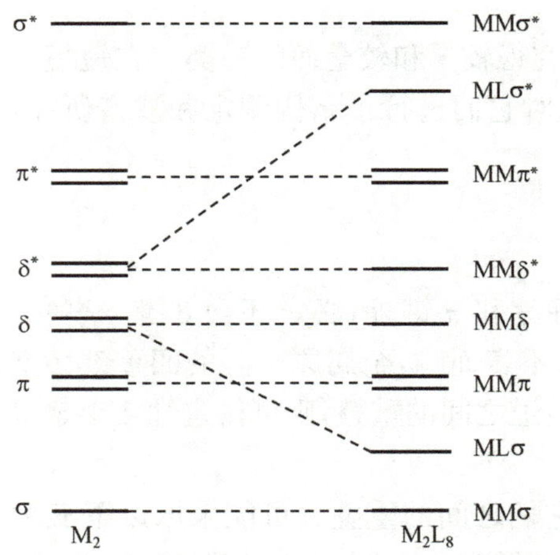

图 3-3　M_2d 轨道重叠形成四重键以及 M—L 成键时能级修正后的定性分子轨道能级图

对于两个 d^4 电子组态的金属离子，如铼(Ⅲ)和钼(Ⅱ)等，共有 8 个价电子可以两两配对地充填在图 3-3所示的成键轨道上。它们的基态电子构型可用 $\sigma^2\pi^4\delta^2$ 表示，即有 4 对成键轨道上的电子，而反键轨道上无电子。按照分子轨道理论的惯例，可以确定它们的键级为 4：

$$键级=\frac{n_b-n_a}{2}=\frac{8-0}{2}=4$$

式中，n_b 和 n_a 分别代表成键和反键轨道上的电子数。需要强调的是，上式所表示的键级仅仅是以成键轨道上净的电子对数为出发点，并不代表键强的直接量度，因为 σ、π 或 δ 组分对总的键强的贡献有很大的差别，但又无可否认，两金属原子间存在 4 对成键电子是造成这类化合物 M—M 距离很短的根本原因。

2. 典型的金属-金属四重键化合物

已知 d^4 电子组态的铬(Ⅱ)、钼(Ⅱ)、钨(Ⅱ)、锝(Ⅲ)和铼(Ⅲ)等过渡金属离子都能形成金属-金属四重键化合物。典型的四重键化合物主要有三类：①含端梢的单齿配体；②含桥式的双齿配体；③含环状体系的配体。现分别加以介绍。

1) 含端梢的单齿配体

任何单齿配体只要不是强的 π 接受体，都能和 M_2 四重键的结构单元键合。这些配体包括 X^-($X=F、Cl、Br、I$)、SCN^-、CH_3^- 和 Py 等。具有强 π 接受性的配体，像 CO、NO 和 RNC 等均未曾在金属-金属四重键化合物中出现过。企图合成这类化合物的任何尝试，终因 M—M 键的断裂，得到单核的产物而宣告失败。究其原因，或许是因为有强 π 接受性配体存在的情况下，形成 M—Mπ 键和 δ 键所必需的 d 电子反馈到配体的 π^* 轨道中去，降低了 M—M 键稳定性。

这一类四重键化合物最重要的实例是 $K_2Re_2Cl_8 \cdot 2H_2O$，因为它是首先被注释为含金属-金属四重键的化合物。$K_2Re_2Cl_8 \cdot 2H_2O$ 是墨绿色的晶体，它可在一定温度下用次磷酸 H_3PO_2 在盐酸溶液中还原高铼酸钾 $KReO_4$，或在高压下用氢气还原 $KReO_4$ 来制备。

X 射线晶体结构的测定证实了在 $K_2Re_2Cl_8 \cdot 2H_2O$ 中存在 $[Re_2Cl_8]^{2-}$，它具有中心对称性，这就要求其中的 $ReCl_4$ 两半部分具有覆盖的而不是交错的构型(图 3-4)。在 $[Re_2Cl_8]^{2-}$ 中，Re—Re 距离为 224 pm，所有的 Re—Cl 键长都在(229±3) pm，所有的 Cl—Re—Cl 键角都在(87±2)°，而所有的Re—Re—Cl键角都在(103.7±2.1)°范围内。

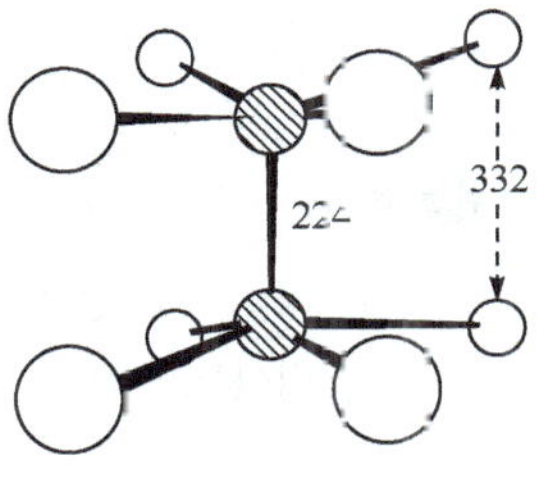

图 3-4　$K_2Re_2Cl_8 \cdot 2H_2O$ 中 $[Re_2Cl_8]^{2-}$ 的结构

$[Re_2Cl_8]^{2-}$ 在结构上存在两个异常显著的特点。首先，$[Re_2Cl_8]^{2-}$ 具有中心对称性，这种覆盖的构型是金属-金属四重键化合物极其重要的结构特征。虽然在Re≣Re 四重键的各组分即 σ、π 和 δ 键中，以 δ 键为最弱，但它对于形成覆盖的构型具有特殊重要的意义。因为 δ 键的强度或存在与否依赖于两部分 $ReCl_4$ 分子片间的相对角度，图 3-5 表示了这种关系。

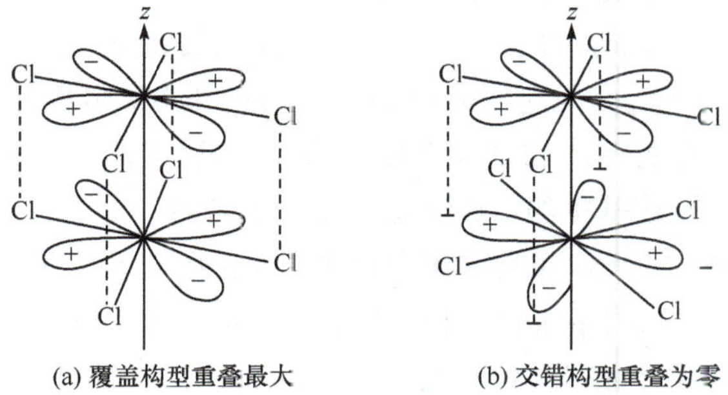

图 3-5　重叠和转动角度的关系

图 3-5(a)所表示的是覆盖构型。在这种情况下，两个 d_{xy} 轨道间的 δ 重叠达到最大，尽管

未成键配体间的排斥也最强。图 3-5(b)所表示的是交错构型，即下半部分相对转动了 45°。此时，尽管配体间的排斥达到最弱，但两个 d_{xy} 轨道间净的 δ 重叠为零，也就是说不存在 δ 键。由此可见，$[Re_2Cl_8]^{2-}$ 这种覆盖构型的本身就支持了 δ 键的存在；反之，δ 键的存在又解释了这种覆盖的构型。但某些四重键化合物，由于空间位阻的关系，两半部分分子片相对转动了一定的角度，成为部分交错的构型。根据理论计算，当扭曲角度不大时，对 δ 键的强度影响不大。

其次，在 $[Re_2Cl_8]^{2-}$ 中，Cl^- 均以端梢的形式和 Re(Ⅲ)键合，其中并不存在氯桥(μ-Cl)，但 Re—Re 距离出乎意料地短，表明Re≣Re 四重键是一种很强的化学键，它有 8 个价电子，把 2 个铼原子紧紧地拉在一起。倘若将 $[Re_2Cl_8]^{2-}$ 中的 Re-Re 距离(224 pm)和金属铼中的 275 pm以及 Re_3Cl_9 中的 248 pm 比较一下，问题就更清楚了。此外，$[Re_2Cl_8]^{2-}$ 中Re≣Re 键能值为 481～544 $kJ \cdot mol^{-1}$，表明它确实是一种很强的化学键。同核原子间的键能只有C≡C(820 $kJ \cdot mol^{-1}$)和 N≡N(946 $kJ \cdot mol^{-1}$)超过它，P≡P(523 $kJ \cdot mol^{-1}$)和它在同一范围。

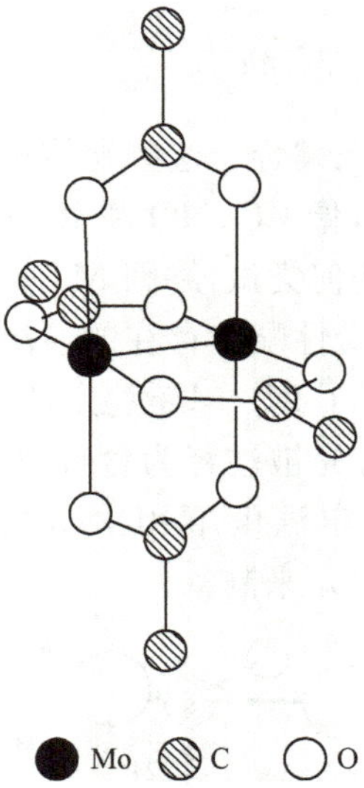

图 3-6　$Mo_2(O_2CCH_3)_4$ 的结构(H 未示出)

除 $K_2Re_2Cl_8 \cdot 2H_2O$ 外，其他含 $[Re_2Cl_8]^{2-}$ 的化合物还有许多，如 $Rb_2Re_2Cl_8 \cdot 2H_2O$、$Cs_2Re_2Cl_8 \cdot H_2O$、$(NH_4)_2Re_2Cl_8$、$(PyH)_2Re_2Cl_8$、$(Bu_4N)_2Re_2Cl_8$ 和 $(Me_2NH_2)_2Re_2Cl_8$ 等。

除 Cl^- 外，含其他卤离子的 $[Re_2X_8]^{2-}$(X＝F、Br、I)也陆续被合成出来，如 $(Bu_4N)_2Re_2F_8 \cdot 4H_2O$、$Cs_2Re_2Br_8$ 和 $(Bu_4N)_2Re_2I_8$ 等。d^4 电子组态其他过渡金属离子形成的此类四重键化合物还有许多，例如 Tc(Ⅲ)的 $(Bu_4N)_2Tc_2Cl_8$、Mo(Ⅱ)的 $K_4Mo_2Cl_8 \cdot 2H_2O$、$(pyH)_2[Mo_2I_6(H_2O)_2]$ 和 $(NH_4)_4[Mo_2(NCS)_8] \cdot 4H_2O$，以及 W(Ⅱ)的 $Li_4[W_2(CH_3)_6Cl_2] \cdot 4THF$ 等。它们都含双核的 M—M 四重键，主要的形式为 M_2L_8 和 $M_2L_6L'_2$，且 M—M 距离很短，和 $[Re_2Cl_8]^{2-}$ 中的 Re—Re 距离不相上下。

2) 含桥式的双齿配体

有一类配体，它们在经典配位化学中的位置虽不突出，但在金属-金属多重键体系中扮演着重要的角色。这类配体的一般形式可表示为

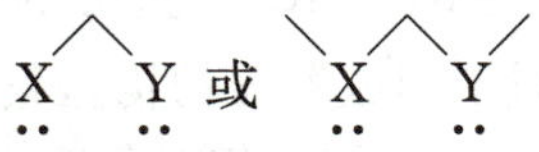

它们的特点包括：①配体是双齿的；②配位原子 X 和 Y 含孤对电子的轨道几乎呈平行；③X 和 Y的距离在 200～250 pm 的范围内。这些特征尤其是第二个特点，使得这类配体不适宜于和同一中心金属离子螯合，但它们易以桥基的形式和 M_2 多重键体系的两个金属原子配位，从而促使多重键化合物的形成和提高金属-金属键的稳定性。在这类双齿配体中，最主要的是羧基和类羧基阴离子，羧基中的氧原子也可被一个或两个 S 原子或 RN 基团所取代。

在含桥式双齿配体的 M—M 四重键化合物中，典型的实例是 $Mo_2(O_2CCH_3)_4$，结构测定的结果无疑表明其中含钼-钼四重键(图 3-6)。由图 3-6 可见，乙酸根阴离子 CH_3COO^- 中的两个氧原子分别和两个钼(Ⅱ)配位，构成双齿桥基。和 $[Re_2Cl_8]^{2-}$ 类似，两部分 MoO_4 分子片之间呈覆盖的构型，而且 Mo—Mo 距离(209.3 pm)也比纯金属中的 Mo—Mo 距离(273 pm)短。由此可见，从表面上看，$Mo_2(O_2CCH_3)_4$ 和 $[Re_2Cl_8]^{2-}$ 的结构似乎不相同，但它们都具备了金属-金属四重键最本质的特征。

$Mo_2(O_2CCH_3)_4$ 分子又通过邻近氧原子在 Mo—Mo 键轴方向上的弱配位构成了无限长链的结构。分子间的 Mo…O 距离为264.5 pm，而分子内的 Mo—O 距离为 212 pm。

$Mo_2(O_2CCH_3)_4$ 是钼(Ⅱ)极其重要的一个四重键化合物，它可通过六羰基钼和乙酸的反应来制备。反应式：

$$2Mo(CO)_6+4CH_3COOH \xrightarrow{\triangle} \underset{\text{黄色晶体}}{Mo_2(O_2CCH_3)_4}+12CO+2H_2 \qquad (3\text{-}1)$$

用 $Mo_2(O_2CCH_3)_4$ 作原料，又可制得一系列其他钼(Ⅱ)的四重键化合物。例如：

$$Mo_2(O_2CCH_3)_4 \xrightarrow[\text{浓盐酸，氯化钾}]{0\ ℃} \underset{\text{红色晶体}}{K_4Mo_2Cl_8 \cdot 2H_2O} \qquad (3\text{-}2)$$

用类似的方法，在不同的反应条件下还能合成其他一些盐，如 $(enH_2)_2Mo_2Cl_8 \cdot 2H_2O$、$(NH_4)_4Mo_2Br_8$ 等。

除 $Mo_2(O_2CCH_3)_4$ 外，其他 $Mo_2(O_2CR)_4$($R=H$、CF_3、CMe_3、C_6H_5 等)型化合物的结构也已测定。测定结果表明 $Mo_2(O_2CCH_3)_4$ 的结构具有代表性，上述 $Mo_2(O_2CR)_4$ 均具有类似的结构，它们同样通过在 Mo—Mo 键轴方向上和相邻分子的氧原子之间的弱配位形成无限长链。对 Mo(Ⅱ)来说，$Mo_2(O_2CR)_4L_2$ 型的四重键化合物为数较少。

铬(Ⅱ)也能形成 $Cr_2(O_2CR)_4$ 和 $Cr_2(O_2CR)_4L_2$ 型的四重键化合物，但和钼(Ⅱ)有一显著的区别，即 $Cr_2(O_2CR)_4$ 分子强烈地倾向于在 Cr—Cr 键轴方向上结合配体 L，形成 $Cr_2(O_2CR)_4L_2$ 型的分子；相反，无轴向配体的化合物却少见。

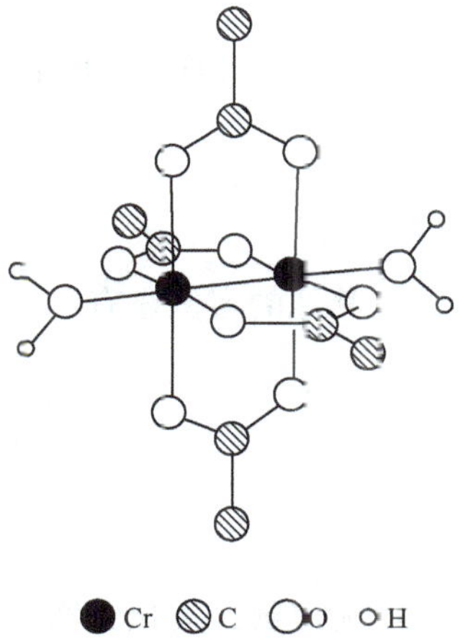

图 3-7　$Cr_2(O_2CCH_3)_4(H_2O)_2$ 的结构

$Cr_2(O_2CCH_3)_4(H_2O)_2$ 是 $Cr_2(O_2CR)_4L_2$ 型化合物中最重要的一例。早在 1844 年该化合物就已发现，而且一直被认为是异常的化合物。因为单核铬(Ⅱ)的化合物一般呈蓝色或紫色，具有强烈的顺磁性，$Cr_2(O_2CCH_3)_2 \cdot H_2O$ 却呈深红色，具有极弱的顺磁性。它的结构虽然在 20 世纪 50～60 年代几经测定，但正确的结构直到 70 年代初期才被确定下来(图 3-7)。从发现到认识 $Cr_2(O_2CCH_3)_4(H_2O)_2$，总共经历了约 120 年。$Cr_2(O_2CCH_3)_4(H_2O)_2$ 可由乙酸钠和二氯化铬的稀溶液反应制得：

$$2Cr^{2+}(aq)+4CH_3COO^- -2H_2O \longrightarrow \underset{\text{深红色晶体}}{Cr_2(O_2CCH_3)_4(H_2O)_2} \qquad (3\text{-}3)$$

产物在真空中加热便转变成棕色、非晶态的无水物，若在有机溶剂中重结晶，又可得到 $Cr_2(O_2CCH_3)_4(HO_2CCH_3)_2$ 和 $Cr_2(O_2CCH_3)_4(C_5H_{11}N)_2$ 等一系列 $Cr_2(O_2CR)_4L_2$ 型化合物。这表明 $Cr_2(O_2CCH_3)_4$ 倾向于在轴向结合配体形成 $Cr_2(O_2CR)_4L_2$。这类四重键化合物的 Cr—Cr 键键长对不同的配体 L 比较敏感，它们的变化范围在 220～250 pm。

含羧基配体的金属-金属四重键化合物当然不限于钼(Ⅱ)和铬(Ⅱ)，其他过渡元素包括铼、锝和钨也能形成类似的化合物。

除羧基外，还可以举出许多其他的桥式双齿配体，它们均可分别和 M_2 单元形成四重键化合物。例如，$S_2CCH_3^-$、$O_2COC(CH_3)_3^-$、$PhNC(CH_3)O^-$、$CH_3NC(Ph)NCH_3^-$、$PhNNNPh^-$ 等。不仅

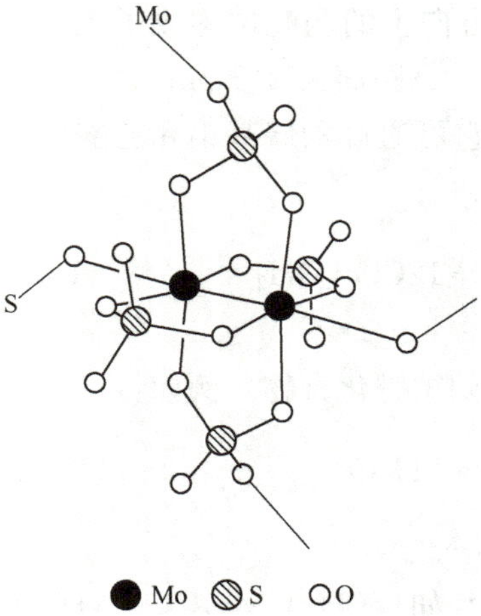

图 3-8 $K_4[Mo_2(SO_4)_4]\cdot 2H_2O$ 中$[Mo_2(SO_4)_4]^{4-}$的结构

有机配体，一些无机配体如CO_3^{2-}、SO_4^{2-}等，也能在金属-金属四重键化合物中作为桥式双齿配体，如$M_4[Cr_2(CO_3)_4(H_2O)_2]$($M=Li、Na、K、Rb、Cs、NH_4$)及$Mg_2[Cr_2(CO_3)_4(H_2O)_2]$已分离出来。它们的结构和$Cr_2(O_2CR)_4(H_2O)_2$类似，但Cr—Cr距离较短，如在$(NH_4)_4[Cr_2(CO_3)_4(H_2O)_2](H_2O)_{1\sim2}$中距离为221.4 pm。$K_4[Mo_2(SO_4)_4]\cdot 2H_2O$的结构也已测定(图 3-8)。该化合物具有层状结构，Mo—Mo距离为211.0 pm。含SO_4^{2-}配体的四重键化合物还有$Na_2[Re_2(SO_4)_4(H_2O)_2]\cdot 6H_2O$和$Na_2[Re_2(SO_4)_4]\cdot 8H_2O$等。

3）含芳香环体系的配体

Cr_2还能和一系列含芳香环体系的配体，如2,6-二甲氧基苯基(DMP)阴离子、3-甲基-6-甲氧基苯基(MMP)阴离子和6-甲基-2-氨基吡啶(map)阴离子等形成四重键化合物。例如，$Cr_2(DMP)_4$可由$Cr_2(O_2CCH_3)_4$和DMP的锂盐在一定条件下反应制得。反应式：

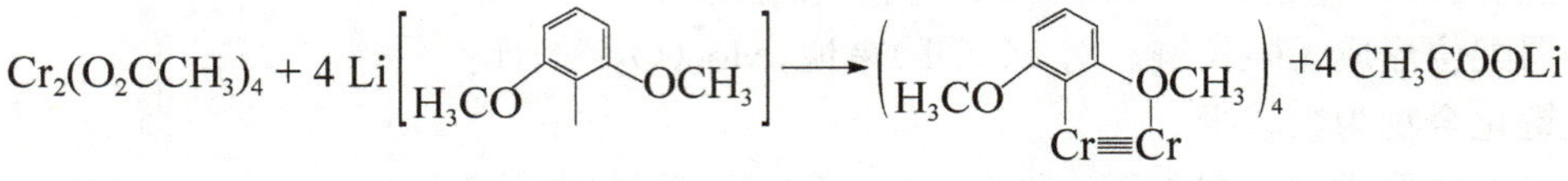

(3-4)

DMP　　　　$Cr_2(DMP)_4$
橙红色固体

其他的实例还有：

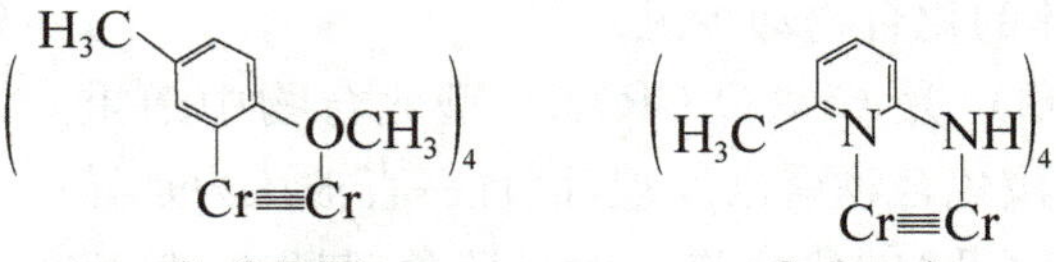

$Cr_2(MMP)_4$　　　　$Cr_2(map)_4$

大多数这类化合物中的Cr-Cr距离比羰基化合物的短得多。例如，$Cr_2(DMP)_4$(图 3-9)的Cr—Cr距离仅为184.7 pm，$Cr_2(MMP)_4$为182.8 pm，$Cr_2(map)_4$为187.0 pm。即使考虑到铬是第一系列的过渡元素，它本身的半径比较小的因素，上述Cr—Cr距离仍是十分短的，因此，有“超短键”(super short bond)之称。所谓超短键，人为的定义是M—M距离小于190 pm。当然，在这类化合物中也有些Cr—Cr距离超过190 pm。其中的原因尚不清楚。

目前了解到，所有具有Cr—Cr超短键的分子都无轴向配体，分子间也不缔合成长链。它们之所以既无轴向配体又不相互缔合，在多数情况下很可能是由于空间位阻的关系，使它们不可能利用Cr—Cr键轴方向上的配位位置。

除Cr外，Mo、W、Tc、Re、Ru、Os和Rh等也能形成类似的四重键化合物。

在上述各类金属-金属四重键化合物中，最令人感兴趣的莫过于δ轨道的相互作用，尤其是同时考虑δ和δ^*时。例如，四重键基态的电子构型为$\sigma^2\pi^4\delta^2$，最低激发态的电子构型为$\sigma^2\pi^4\delta\delta^*$(图 3-3)。因此，最低的电子跃迁能相应于从δ成键到δ^*反键轨道的跃迁，即$\delta\rightarrow\delta^*$。由于δ成键轨道是弱成键轨

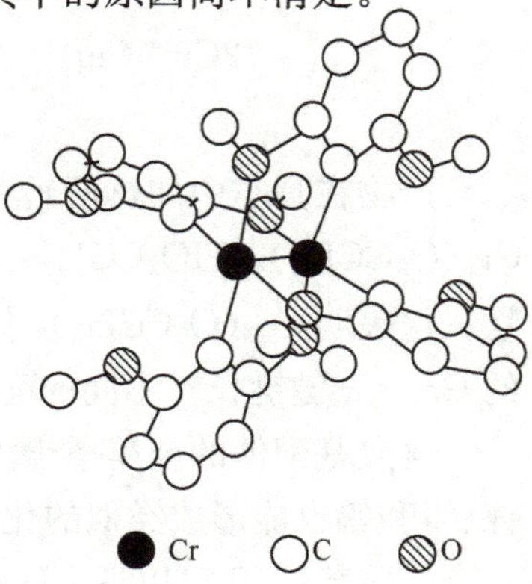

图 3-9 $Cr_2(DMP)_4$的分子结构

道，而 δ^* 反键轨道是弱反键轨道，它们之间的能量差很小。因此，四重键化合物最特征的谱学性质是吸收带都在可见光区，导致四重键化合物的有色性。例如，著名的四重键化合物 $K_2Re_2Cl_8$ 为墨绿色，$Mo_2(O_2CCH_3)_4$ 为黄色，而 $Cr_2(DMP)_4$ 为橙红色等。值得注意的是，它们的跃迁能更多地取决于电子间相互作用的排斥能，而非 δ 和 δ^* 轨道间的能级差。以 Mo_2^{4+} 为例，它的跃迁能在 18000 cm^{-1}左右，粗略估计电子间的排斥能为 12000 cm^{-1}，而轨道间的能级差仅约为 6000 cm^{-1}。

3.2.2 金属-金属三重键

如前所述，金属-金属四重键基态的电子构型为 $\sigma^2\pi^4\delta^2$。从四重键的定性能级图(图 3-3)出发，很容易扩大到对其他键级多重键的定性描述。图 3-10 表示由四重键到三重键的两种途径：①设法移掉 δ 轨道上的两个电子，留下 $\sigma^2\pi^4$ 的电子构型；②设法在 δ^* 轨道上增添两个电子，得到 $\sigma^2\pi^4\delta^2\delta^{*2}$的电子构型。这两种电子构型多重键的键级均为 3。

上述途径①是撤销 δ 组分，途径②是抵消 δ 组分。预期这两条途径均可通过实验即通过氧化还原反应来实现。因为 δ 轨道在能量上颇高，是弱成键轨道；而 δ^* 轨道在能量上又不太高，只是弱反键轨道。目前，这两种形式的金属-金属三重键化合物都已经得到。

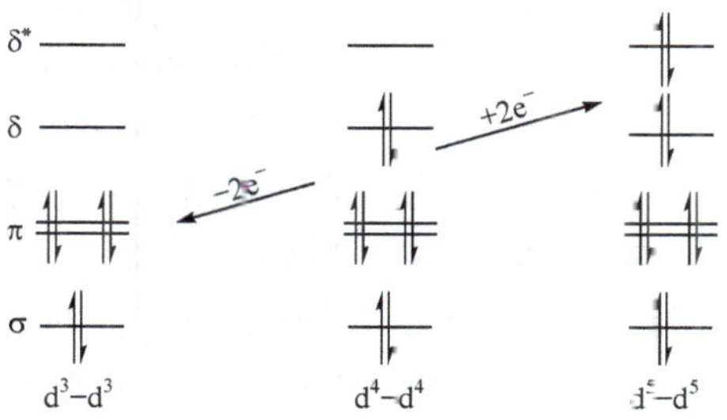

图 3-10　由金属-金属四重键到三重键的两种途径

倘若失去或得到 2 个电子，使四重键转变成三重键可行，那么失去或得到 1 个电子，就能得到 $\sigma^2\pi^4\delta$ 或 $\sigma^2\pi^4\delta^2\delta^*$ 的电子构型，这两种电子构型的键级均为 3.5。如今，这两种形式的化合物也已得到。

以下就这四种键级为 3 及 3.5 的金属-金属多重键化合物分别加以介绍。

1. $\sigma^2\pi^4$ 构型的化合物

金属-金属三重键(metal-metal triple bond)化合物虽可通过氧化四重键化合物制备，但目前主要直接从金属卤化物来合成。例如，$W_2(hpp)_4Cl_2$(hpp 为一种并嘧啶阴离子)便由 WCl_4 和 Li(hpp)在一定条件下反应制得：

$$WCl_4 \xrightarrow[THF,NaEt_3BH]{Li(hpp)} W_2(hpp)_4Cl_2 \tag{3-5}$$

产物为棕色晶体，具有反磁性。它的结构已经测定，其中 W—W 距离 225.0 pm，为 $\sigma^2\pi^4$ 电子构型的 W_2^{6+} 三重键化合物。

三氯化钼和 $LiNMe_2$ 在有机溶剂中反应可制得 $Mo_2(NMe_2)_6$，经升华提纯便可得到黄色晶体。X 射线晶体结构分析表明：$Mo_2(NMe_2)_6$ 分子具有交错的构型，晶体中含两种独立的分子，Mo—Mo 距离分别为 221.1 pm 和 221.7 pm，但它们的结构实际上是相同的。图 3-11从两个不同的角度表示 $Mo_2(NMe_2)_6$ 分子的结构。图 3-11(a)强调交错的、类乙烷的几何形状；图 3-11(b)强调两种不同类型的甲基，一种离 Mo≡Mo 键较近，另一种较远。

以 $M_2(NR_2)_6$ 为原料，又可合成一系列三重键化合物。例如：

$$Mo_2(NMe_2)_6 + 6Bu^tOH \longrightarrow \underset{\text{橙色晶体}}{Mo_2(OBu^t)_6} + 6HNMe_2 \tag{3-6}$$

$$Mo_2(NMe_2)_6 + 2Me_3SiCl \longrightarrow \underset{\text{黄色}}{Mo_2(NMe_2)_4Cl_2} + 2Me_3SiNMe_2 \tag{3-7}$$

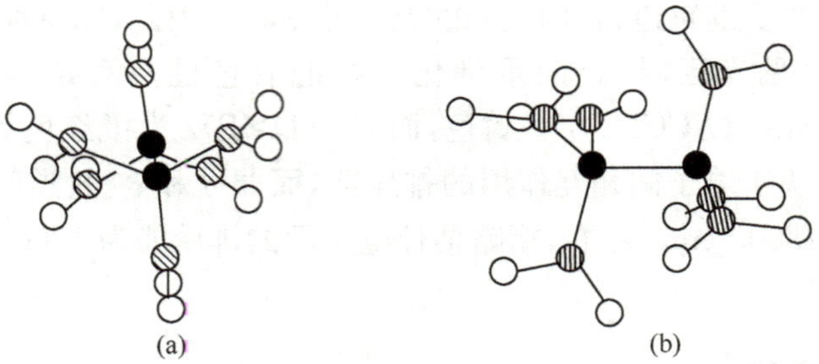

图 3-11　$Mo_2(NMe_2)_6$ 分子的结构

$$Mo_2(NMe_2)_4Cl_2 + 2MeLi \longrightarrow \underset{\text{黄色晶体}}{Mo_2(NMe_2)_4Me_2} + 2LiCl \quad (3\text{-}8)$$

通过卤素的互换反应，还可得到其他的 $M_2(NR_2)_4X_2$ 型化合物（X=Br、I）。例如：

$$W_2(NEt_2)_4Cl_2 + 2LiBr \longrightarrow W_2(NEt_2)_4Br_2 + 2LiCl \quad (3\text{-}9)$$

$$W_2(NEt_2)_4Cl_2 + HgI_2 \longrightarrow W_2(NEt_2)_4I_2 + HgCl_2 \quad (3\text{-}10)$$

这些化合物有的已经测定了结构。例如已知反磁性的 $Mo_2(OCH_2CMe_3)_6$ 分子具有交错的构型，Mo—Mo 距离为 222.2 pm，和 $Mo_2(NMe_2)_6$ 的不相上下。类似地，反磁性的 $Mo_2(NMe_2)_4Cl_2$分子也具有交错的类乙烷构型。

总之，钼和钨的 $\sigma^2\pi^4$ 型三重键化合物有两个基本的共同点，即交错构型和反磁性，这与它们基态的电子构型一致。对比三重键和四重键化合物中 M—M 间的距离，三重键化合物中的 M—M 距离虽有所增长，但增长并不多。这是以下两种因素综合的效果：①δ 键相对弱，失去 δ 电子，仅略为削弱 M—M 键；②金属原子正电荷的增加，导致整个一组 d 轨道收缩，从而减少 σ 和 π 轨道间的重叠。换言之，增加较正的金属原子间的库仑斥力。

除钼和钨外，其他的金属如铼，也能形成此类化合物。第一个被表征为三重键的化合物 $Re_2Cl_5(MeSCH_2CH_2SMe)_2$ 即为 $\sigma^2\pi^4$ 电子构型。

2. $\sigma^2\pi^4\delta^2\delta^{*2}$ 构型的化合物

基态电子构型为 $\sigma^2\pi^4\delta^2\delta^{*2}$ 的金属-金属多重键，净的键级也是 3，但这是由于在 δ^* 反键轨道上充填了 2 个电子，恰好抵消了 δ 成键轨道上 2 个电子的缘故。为了和键级为 3 的 $\sigma^2\pi^4$ 构型加以区别，用 3^* 表示 $\sigma^2\pi^4\delta^2\delta^{*2}$ 构型的键级。

具有 $\sigma^2\pi^4\delta^2\delta^{*2}$ 构型的结构单元有双核的 Re_2^{4+}、Mo_2^{2+}、Ru_2^{6+} 和 Os_2^{6+}，其中以 Re_2^{4+} 的化合物为数最多。

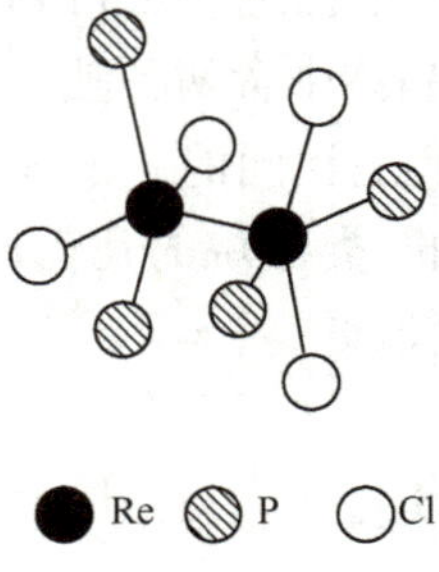

图 3-12　$Re_2Cl_4(PEt_3)_4$ 分子的结构

Re_2^{4+}的化合物可由还原四重键的 Re_2^{6+} 而来。例如，很多 $Re_2X_4(PR_3)_4$ 型（X=Cl、Br、I）的叔膦化合物就可直接由 PR_3 或 $PPhR_2$（R=Me、Et 等）还原 $(Bu_4N)_2Re_2X_8$ 而来。在这类化合物中，$Re_2Cl_4(PEt_3)_4$ 的结构已经测定（图 3-12）。

在 $Re_2Cl_4(PEt_3)_4$ 分子中，由铼-铼键相连的两半部分为反式 $Re_2Cl_2(PEt_3)_2$，其中铼-铼间虽无净的 δ 键，但仍保持了覆盖的构型。目前认为，这是由空间效应所致。因为 PEt_3 基团颇大，这种覆盖的构型使得 PEt_3 基团刚好错开，使整个分子趋于稳定。此外，在 $Re_2Cl_4(PEt_3)_4$ 分子中，Re—Re 距离为 223.2 pm，和四重键

化合物 $Re_2Cl_6(PEt_3)_2$ 中的 222.2 pm 以及 $Re_2Cl_8^{2-}$ 中的 222.2 pm 无明显的差别。

Re_2^{4+} 富电子的三重键化合物还有 $Re_2(C_3H_5)_4$、$Re_2Cl_4(\mu\text{-PP})_2$①、$Re_2Cl_4(\mu\text{-dppm})(PR_3)_2$ (R=Me、Et)和 $Re_2Cl_4(\mu\text{-PP})(CNBu)_n(n=1、2)$等许多类型，其中有些化合物的结构已测定。以 $Re_2Cl_4(\mu\text{-dppm})(PMe_3)_2$ 为例，晶体中含两种略为不同的分子，Re—Re 距离分别为 223.8 pm和 224.2 pm，分子结构示意如下。

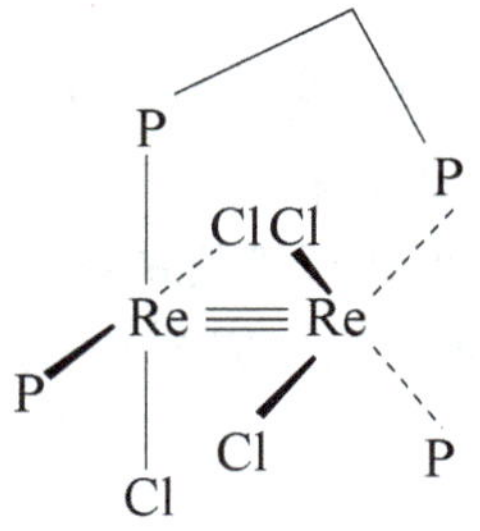

(P=PMe_3或PEt_3，$\widehat{PP}$=dppm或dcpm)

其他过渡元素 $\sigma^2\pi^4\delta^2\delta^{*2}$ 电子构型的化合物较为零散，实例有：

Mo_2^{2+}：$Mo_2(F_2PNMePF_2)_4Cl_2$

Os_2^{6+}：$Os_2(hpp)_4Cl_2$

Ru_2^{6+}：$Ru_2L_2(BF_4)_2$　　　$L^{2-}=[C_{22}H_{22}N_4]^{2-}$

3. $\sigma^2\pi^4\delta$ 构型的化合物

在硫酸溶液中用空气氧化四重键化合物 $K_4[Mo_2(SO_4)_4]\cdot 2H_2O$，可以得到 $K_3[Mo_2(SO_4)_4]\cdot 3.5H_2O$。它也可在硫酸溶液中用紫外辐射(254 nm)产生。反应式：

$$[Mo_2(SO_4)_4]^{4-}+H^+\xrightarrow{254\ nm}[Mo_2(SO_4)_4]^{3-}+\frac{1}{2}H_2 \quad (3\text{-}11)$$

$K_3[Mo_2(SO_4)_4]\cdot 3.5H_2O$ 的结构和 $K_4[Mo_2(SO_4)_4]\cdot 2H_2O$ (图 3-8)类似，只不过在轴向结合了水分子。Mo—OH_2 距离为 255.0 pm，Mo—Mo 距离为 216.4 pm，比 $[Mo_2(SO_4)_4]^{4-}$ 的 211.1 pm 稍长，这和从 $\sigma^2\pi^4\delta^2$ 氧化到 $\sigma^2\pi^4\delta$ 失去一半的 δ 键相符。同时，氧化到 $K_3[Mo_2(SO_4)_4]\cdot 3.5H_2O$ 以后，具有顺磁性(1.69 B.M.)，这也和 $\sigma^2\pi^4\delta$ 的电子构型一致。

$[Mo_2(SO_4)_4]^{3-}$ 还存在于化合物 $K_4[Mo_2(SO_4)_4]Cl\cdot 4H_2O$ 中。它可通过在 $K_4Mo_2Cl_8$ 的稀硫酸和稀盐酸溶液中用过氧化氢氧化，然后加入氯化钾来制备。$K_4[Mo_2(SO_4)_4]Cl\cdot 4H_2O$ 的结构与 $K_3[Mo_2(SO_4)_4]\cdot 3.5H_2O$ 的类似，Mo—Mo 距离基本相同(216.7 pm)，差别在于通过轴向氯原子连成无限长链，即…Mo—Mo…Cl…Mo—Mo…Cl…(图 3-13)。$K_4[Mo_2(SO_4)_4]Cl\cdot 4H_2O$ 也具有顺磁性(1.65 B.M.)，相当于含一个未成对电子。电子顺磁共振谱还表明，其他含一个未成对电子的$[Mo_2(O_2CR)_4]^+$等也具有 $\sigma^2\pi^4\delta$ 的电子构型。

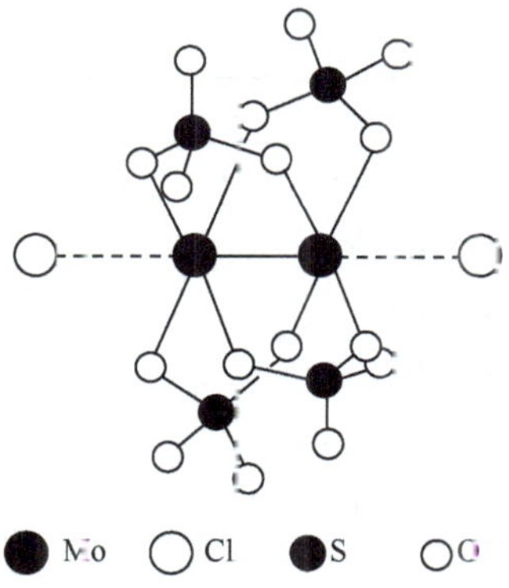

图 3-13　Cl…$[Mo_2(SO_4)_4]^{3-}$…Cl 的结构

4. $\sigma^2\pi^4\delta^2\delta^*$ 构型的化合物

以$(NH_4)_2TcCl_6$ 为原料，可制得黑色晶体$(NH_4)_3Tc_2Cl_8\cdot 2H_2O$，经结构分析证明其中含

① PP=$Ph_2PCH_2PPh_2$ dppm、$Ph_2PC(=CH_2)PPh_2$ dppe 和 $Cy_2PCH_2PCy_2$ dcpm 等桥式双齿膦配体。

$[Tc_2Cl_8]^{3-}$。它和具有 $\sigma^2\pi^4\delta^2$ 构型的$[Tc_2Cl_8]^{2-}$一样具有覆盖的结构。其中短的 Tc—Tc 距离(213 pm)表明锝-锝键很强，而$(NH_4)_3Tc_2Cl_8 \cdot 2H_2O$ 的顺磁性(1.78 B.M.)和具有 $\sigma^2\pi^4\delta^2\delta^*$ 电子构型一致，电子顺磁共振谱的实验结果也证实它具有一未成对的电子。除铵盐外，化合物 $K_3Tc_2Cl_8 \cdot 2H_2O$、$Cs_3Tc_2Cl_8 \cdot 2H_2O$ 和$(pyH)_3Tc_2Cl_8 \cdot 2H_2O$ 等也都具有 $\sigma^2\pi^4\delta^2\delta^*$ 的电子构型。

3.2.3 金属-金属二重键

金属-金属二重键(metal-metal double bond)化合物即双键的化合物较为零散。例如，铼的双核二重键化合物有 $Re_2Cl_4(\mu\text{-}PP)_2(CO)_2$(PP＝dppm 或 dppe)和 $Re_2Cl_3(NCS)(\mu\text{-}dppe)(CO)_2$(红棕色，Re—Re 距离为 257.5 pm)等，其中均含能形成反馈键的配体[式(3-12)]。其他，如 V、Nb、Ta、Mo、W、Fe、Co、Ru 和 Os 等许多过渡金属也能形成金属-金属二重键的化合物。表 3-5 列举了一些实例作为代表。

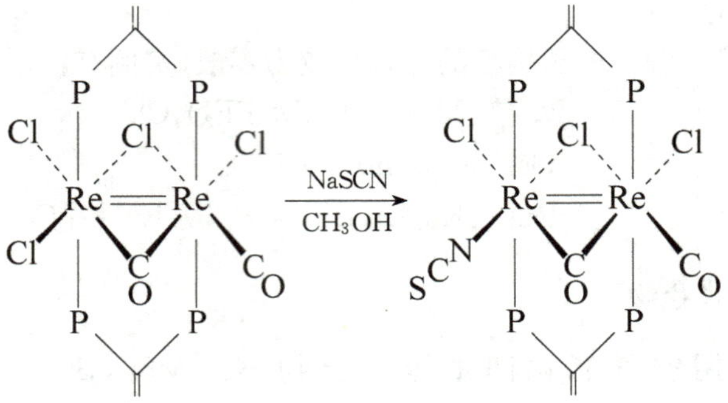

(3-12)

$Re_2Cl_4(\mu\text{-}dppe)_2(CO)_2$　　　　$Re_2Cl_3(NCS)(\mu\text{-}dppe)_2(CO)_2$

表 3-5　若干含金属-金属二重键的化合物

化合物	M—M 距离 /pm	化合物	M—M 距离 /pm
$(\eta^5\text{-}C_5H_5)_2V_2(CO)_5$	246	$Ta_2Cl_6(PMe_3)_4$	272.1
$Cs_3Nb_2Cl_9$	270	$Mo_2(OCHMe)_8$	252.3
$Cs_3Nb_2Br_9$	277	$W_2S_2(S_2CNEt_2)_4$	253.0
$Cs_3Nb_2I_9$	296	$Ru_2[C_{22}H_{22}N_4]_2$	237.9
$Nb_2Br_6(SC_4H_8)_3$	272.8	$(\eta^5\text{-}C_5H_5)_2Fe_2(NO)_2$	232.6
$Ta_2Cl_6(SC_4H_8)_3$	268.1	$Os_2(CO)_{10}H_2$	268.0

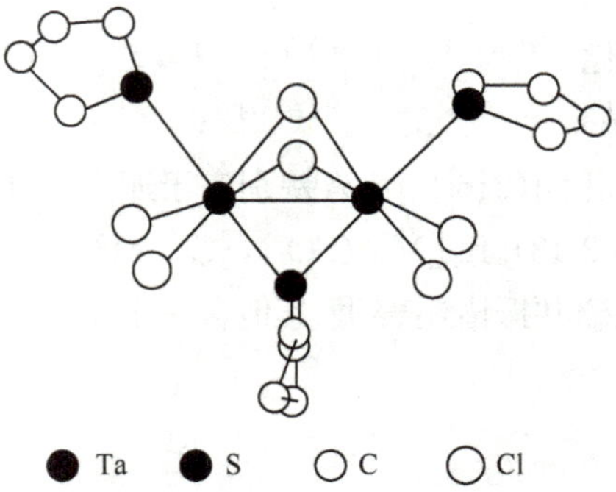

图 3-14　$Ta^{III}Cl_6(SC_4H_8)_3$ 的结构

值得注意的是，金属-金属二重键的电子结构不尽相同。例如表 3-5 中的$[Nb_2X_9]^{3-}$(X＝Cl、Br、I)，此离子具有顺磁性，相当于含有 2 个未成对的电子；而 $M_2X_6(SC_4H_8)_3$(M＝Nb、Ta；X＝Cl、Br)，则具有反磁性。这种差异来自不同的对称性。它的电子结构为：

$$[\sigma(a_1')]^2[\pi(e')]^2$$

即 2 个电子分占 2 个二重简并的 π 轨道，因而有 2 个未成对电子。

从$[Nb_2X_9]^{3-}$到 $M_2X_6(SC_4H_8)_3$(图 3-14)，引起 π(e′)轨道能级的分裂，造成电子的自旋配对，相应的电子结构为：

$$[\sigma(a_1)]^2[\pi(b_1)]^2[\pi(a_1)]^0$$

因而呈现出反磁性。其他，如 $Mo_2(OCHMe)_8$ 的电子构型为 $\pi^2\delta^2$。$Ru_2^{II}[C_{22}H_{22}N_4]_2$ 具有顺磁性(2.88 B.M.)，相应于含 2 个未成对的电子，它的电子构型为：

$$\sigma^2\pi^4\delta^2\delta^{*2}\pi^{*2}$$

综上所述，能形成 M—M 多重键的元素全部为过渡元素，而且主要集中在元素周期表ⅥB 的 Cr、Mo、W 和ⅦB 的 Tc、Re。耐人寻味的是，元素铼直到很晚(1925 年)才被发现，但人们发现的第一个 M—M 四重键、三重键甚至二重键化合物，全部为铼所囊括。其他过渡元素，如ⅤB 的 V、Nb、Ta和Ⅷ的 Fe、Ru、Os 等，虽也能形成多重键化合物，但比较零散。

在金属-金属多重键化合物中，对四重键化合物研究得较早，也较系统，但近年来合成了为数众多的 M—M 三重键化合物。本章仅在表 3-6 中列举了某些典型的双核多重键化合物的特征。

表 3-6　不同键级金属-金属多重键化合物的比较

键　级	化合物	颜　色	电子构型	M—M 距离 /pm	磁　性
2	$Cs_3Nb_2Cl_9$		$\sigma^2\pi^2$	270	顺
3	$Mo_2(NMe_2)_6$	黄	$\sigma^2\pi^4$	221.4(平均)	反
3.5	$K_3[Mo_2(SO_4)_4]$	蓝	$\sigma^2\pi^4\delta$	216.4	顺
4	$K_2Re_2Cl_8$	墨绿	$\sigma^2\pi^4\delta^2$	224	反
3.5*	$(NH_4)_2Tc_2Cl_6$	黑	$\sigma^2\pi^4\delta^2\delta^*$	213	顺
3*	$Re_2(C_3H_5)_4$	橙	$\sigma^2\pi^4\delta^2\delta^{*2}$	222.5(平均)	反
2*	$Ru[C_{22}H_{22}N_4]_2$	绿	$\sigma^2\pi^4\delta^2\delta^{*2}\pi^{*2}$	237.9	顺

3.3　金属原子簇的结构规则

3.3.1　一般介绍

金属原子簇是一大类化合物，它们不仅含金属-金属键，而且具有特征的多面体骨架结构，从而吸引了国内外许多学者探索金属原子簇的结构规律，或与非金属原子簇进行类比，以找出其中的内在联系。有关金属原子簇的结构规则已提出多种，包括经验的、半经验的或纯粹的理论计算，其中大多数着眼于原子簇骨架的电子数与几何构型间的内在联系，此处扼要地举出几种。

Wade 和 Mingos 发展了硼烷的结构规则(见 3.5.3)，把它推广运用到金属原子簇中，称之为多面体骨架电子对理论(polyhedral skeletal electron pair theory，PSEPT)。Lauher 提出了过渡金属原子簇成键能力规则(the bonding capabilities of transition metal clusters)，核心是用半经验的分子轨道法计算出簇价分子轨道数，从而阐明原子簇的成键能力，并预示簇合物骨架的几何构型。Teo 在 Eulet 规则和十八电子规则的基础上，提出了拓扑电子计数理论(topological electron-counting theory)，按照原子簇骨架多面体的顶、面、棱数间的关系，加上若干修正因子，计算原子簇的价电子数。

我国的唐敖庆提出了$(4n-F)$规则(见 3.5.3)；徐光宪提出了$(nxc\pi)$规则，即用 4 个数来描述原子簇的结构类型。此外，卢嘉锡还把 Wade 规则推广运用到类立方烷金属原子簇中。

总之，有关金属原子簇的结构规则已提出多种，但由于原子簇本身的复杂性，上述任何一种结构规则都有不少例外。因此，金属原子簇的结构规律仍在不断地探索和完善之中。本节仅介绍其中的一种结构规则，即多面体骨架电子对理论。

3.3.2 多面体骨架电子对理论

多面体骨架电子对理论，即 PSEPT，试图从多面体骨架的几何形状和电子数之间的关系来阐明金属原子簇的结构规律。PSEPT 不是把金属-金属键看成 2c-2e 键，而是从骨架键总的电子数来推断骨架的几何形状。由于 PSEPT 是从硼烷的结构规则衍生而来，故又称 Wade 规则或 Wade-Mingos 规则。

由于过渡金属共有 9 个价轨道，其中 3 个用于形成原子簇骨架，还剩下 6 个价轨道。倘若这 6 个价轨道全部充满电子，则每个含过渡金属原子的分子片所提供给原子簇骨架的电子数可由($v+x-12$)的简单关系来确定。其中 v 为过渡金属的价电子数；x 为分子片中配体提供的价电子数；12 则表示剩下的 6 个价轨道所容纳的配体及金属原子本身的价电子数。表 3-7 列出了某些常见过渡金属分子片所提供给原子簇骨架的电子数，即它们的($v+x-12$)值。

表 3-7　过渡金属原子簇分子片的($v+x-12$)值

v	过渡金属 M	典型的原子簇分子片			
		$M(CO)_2$($x=4$)	MCp($x=5$)	$M(CO)_3$($x=6$)	$M(CO)_4$($x=8$)
6	Cr,Mo,W		−1	0	2
7	Mn,Tc,Re	−1	0	1	3
8	Fe,Ru,Os	0	1	2	4
9	Co,Rh,Ir	1	2	3	
10	Ni,Pd,Pt	2	3		

PSEPT 还可进一步推广运用到仅含金属骨架原子的化合物，即金属原子簇中，以 $Rh_6(CO)_{16}$ 为例，它具有八面体骨架，共有 86 个价电子($6\times9+16\times2=86e^-$)。在它的分子结构里，含 6 个 $Rh(CO)_2$ 分子片及 4 个面桥基，可用$[Rh(CO)_2]_6(\mu_3\text{-}CO)_4$ 来表示。按照($v+x-12$)规则，每个 $Rh(CO)_2$ 分子片贡献给骨架多面体的电子数为 $9+4-12=1$，加上 4 个面桥基所提供的电子，骨架电子的总数为：

$$
\begin{array}{ll}
6Rh(CO)_2 & 6\times1=6e^- \\
4(\mu_3\text{-}CO) & \underline{4\times2=8e^-} \\
 & \qquad 14e^-
\end{array}
$$

可见，86 电子体系的 $Rh_6(CO)_{16}$ 用以形成原子簇骨架的电子数为 14，即 7 对电子。按照 Wade 规则，它们的骨架键电子对数为 $n+1=7$。除 $Rh_6(CO)_{16}$ 外，其他许多具有八面体骨架的六核金属原子簇也具有 7 对骨架键电子。可以再举出两例：$Ru_6(CO)_{18}H_2$(图 3-15)和 $Ru_6(CO)_{17}C$(图 3-16)。

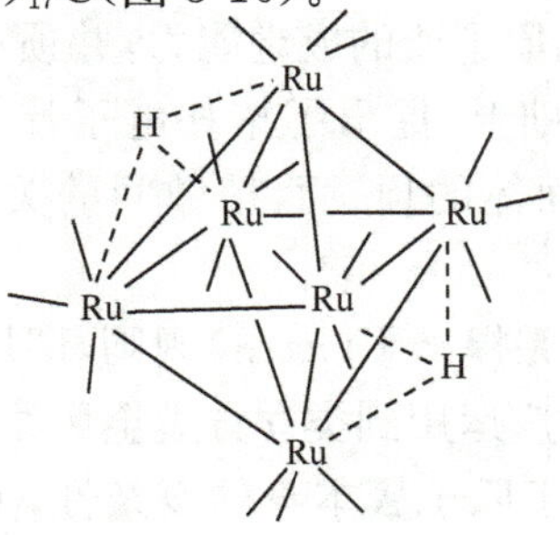

图 3-15　$Ru_6(CO)_{18}H_2$ 的结构

$$
\begin{array}{ll}
6Ru(CO)_3 & 6(8+6-12)=12e^- \\
2H & \underline{2\times1=\ 2e^-} \\
 & \qquad 14e^-
\end{array}
$$

$4Ru(CO)_3$	$4(8+6-12)=8e^-$
$2Ru(CO)_2$	$2(8+4-12)=0$
C	$4e^-$
μ_2-CO	$2e^-$
	$14e^-$

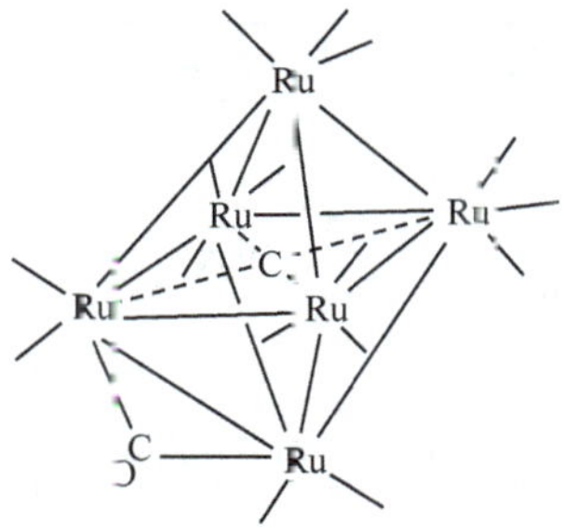

图 3-16　$Ru_6(CO)_{17}C$ 的结构

不仅含八面体骨架的过渡金属原子簇的骨架键电子对数符合 Wade 规则，由它衍生而来的帽型闭式、开式或网式结构的骨架键电子对数也符合 Wade 规则，它们都具有 7 对骨架键电子对。图 3-17～图 3-19 举出了几个各类结构的典型例子，表 3-8 汇总了更多的实例。

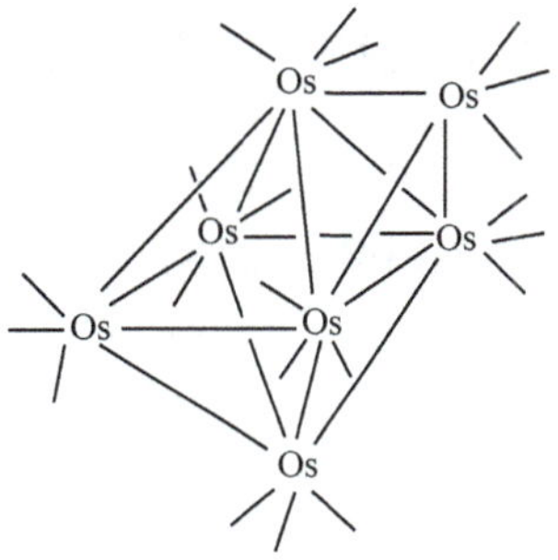

图 3-17　$Os_7(CO)_{21}$ 的结构(单帽八面体)

$7Os(CO)_3$　$7(8+6-12)=14e^-$

$5Fe(CO)_3$	$5(8+6-12)=10e^-$
C	$4e^-$
	$14e^-$

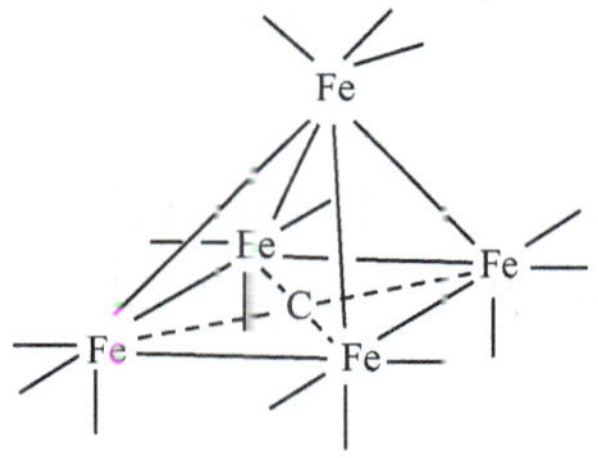

图 3-18　$Fe_5(CO)_{15}C$ 的结构(四方锥)

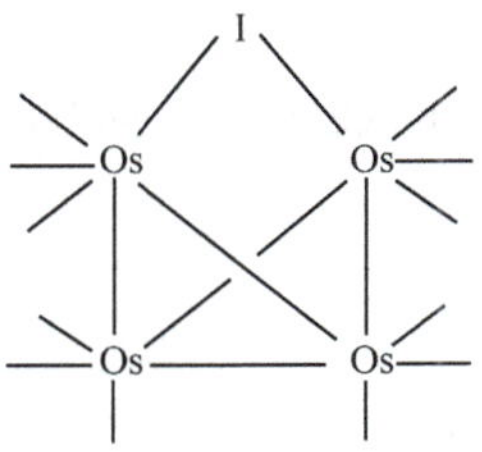

图 3-19　$Os_4(CO)_{12}H_3I$ 的结构(蝴蝶形，H 未示出)

$4Os(CO)_3$	$4(8+6-12)$	$=8e^-$
$3(\mu_2$-H)	3×1	$=3e^-$
I		$3e^-$
		$14e^-$

表 3-8　若干含 7 对骨架键电子对的金属原子簇化合物

骨架原子数	原子簇类型	几何形状	实　例
7	帽型闭式	单帽八面体	$[Rh_7(CO)_{16}]^{3-}$，$[Rh_7(CO)_{16}I]^{2-}$，$Os_7(CO)_{21}$

骨架原子数	原子簇类型	几何形状	实 例
6	闭式	八面体	$[Fe_6(CO)_{16}C]^{2-}$，$[Co_6(CO)_{14}]^{4-}$ $[Co_4Ni_2(CO)_{14}]^{2-}$，$[Ni_6(CO)_{12}]^{2-}$ $Ru_6(CO)_{18}H_2$，$Ru_6(CO)_{17}C$，$Ru_4(CO)_{12}(CPh)_2$ $Ru_6(CO)_{16}$，$[Os_6(CO)_{18}]^{2-}$，$[Os_6(CO)_{18}H]^-$ $[Os_{10}(CO)_{24}C]^{2-}$
	帽型开式	单帽四方锥	$Os_6(CO)_{18}H_2$，$Os_6(CO)_{16}(CMe)_2$
5	开式	四方锥	$Fe_3(CO)_9S_2$，$M_5(CO)_{15}C$ (M=Fe、Ru、Os) (η^4-C_4H_4) $Fe(CO)_3$，$Os_3(CO)_{10}(CPh)_2$ $(CO)_3FeB_4H_8$，$CpCoB_4H_8$
4	网式	蝴蝶形	$[Fe_4(CO)_{13}H]^-$，$Co_4(CO)_{10}(CEt)_2$，$Os_4(CO)_{12}H_3I$

类似地，具有三角双锥骨架的五核金属簇合物含 6 对骨架键电子对。由这种闭式基础多面体骨架衍生而来的帽型闭式、开式或网式结构也都包含 6 对骨架键电子对。

图 3-20～图 3-22 表示了上述几种结构类型的实例，表 3-9 汇总了更多的例子。

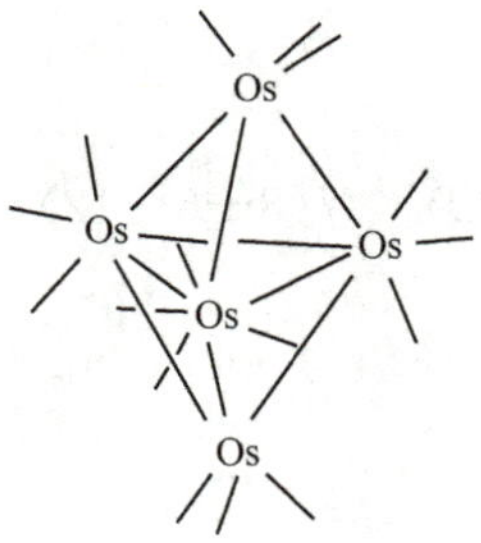

图 3-20 $Os_5(CO)_{16}$的结构(三角双锥)

$4Os(CO)_3$ $4(8+6-12)=8e^-$

$Os(CO)_4$ $(8+8-12)=4e^-$

$12e^-$

$3Co(CO)_2$ $3(9+4-12)=3e^-$

$Co(CO)_3$ $(9+6-12)=3e^-$

$3(\mu_2$-$CO)$ $3\times2=6e^-$

$12e^-$

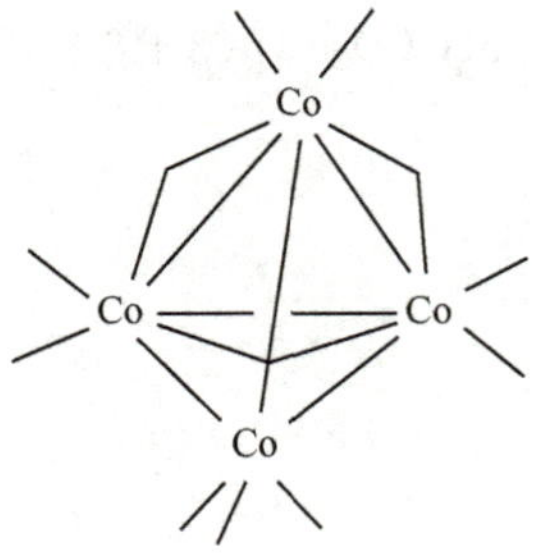

图 3-21 $Co_4(CO)_{12}$的结构(四面体)

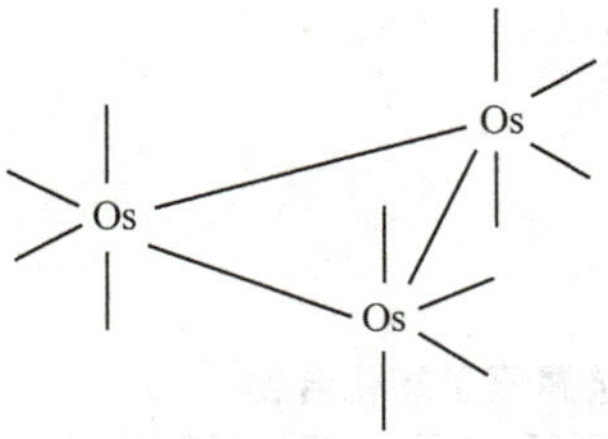

图 3-22 $Os_3(CO)_{12}$的结构(三角形)

$3Os(CO)_4$ $3(8+8-12)=12e^-$

表 3-9　若干含 6 对骨架键电子对的金属原子簇化合物

骨架原子数	原子簇类型	几何形状	实　例
6	帽型闭式	单帽三角双锥	$Os_6(CO)_{18}$
5	闭式	三角双锥	$Fe_3(CO)_9(CPh)_2$，$Os_5(CO)_{16}$，$[Os_5(CO)_{15}H]^-$ Sn_5^{2-}，Pb_5^{2-}，Bi_5^{3+}
4	开式	四面体	$(CpW)_2(CO)_4(CR)_2$，$[Re_4(CO)_{12}H_6]^{2-}$，$Co_3(CO)_9CR$， $Co_2(CO)_6(CR)_2$，$M_4(CO)_{12}$ $[M_4(CO)_{10}H_2]^-$（M＝Co、Rh、Ir），$M'_4(CO)_{12}H_4$， $(CpM)_2M'_2(CO)_8$（M′＝Fe、Ru、Os），$(CO)_6Fe_2B_2H_6$
3	网式	三角形	$M'_3(CO)_{12}$（M′＝Fe、Ru、Os）及其他三核原子簇

综上所述，按照 PSEPT 或 Wade 规则，以八面体为基础多面体骨架的金属原子簇化合物，具有 7 对骨架键电子对；以三角双锥为基础多面体骨架的，具有 6 对骨架键电子对。典型的金属簇合物和相应的几何构型汇集在图 3-23 中。

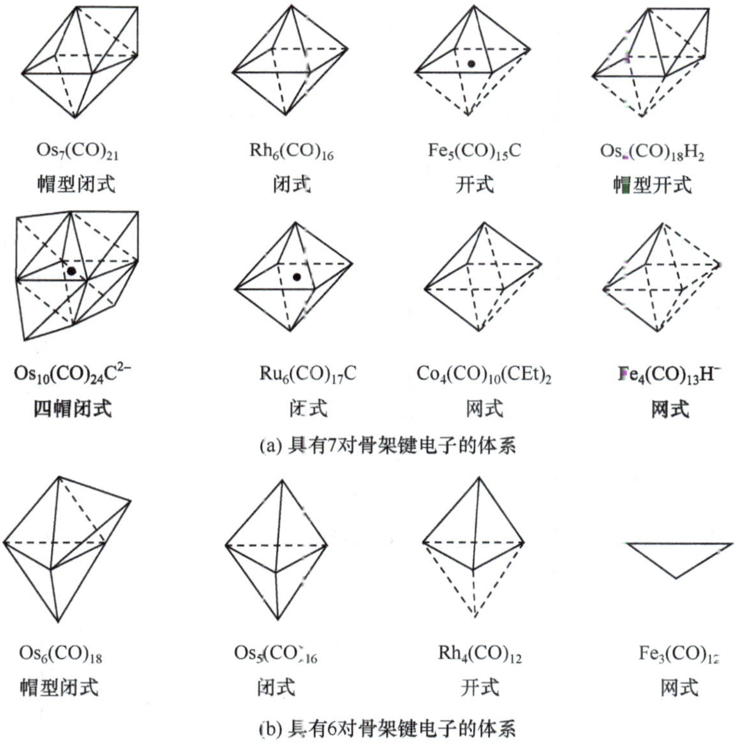

图 3-23　若干和硼烷对应的金属羰基原子簇

3.4　金属原子簇的主要类型

金属-羰基和金属-卤素原子簇是最主要的两类金属簇合物，此外，还有许多其他的类型。本节仅介绍其中较为常见的几类。

3.4.1 金属-羰基原子簇

1. 金属-羰基原子簇的结构

金属-羰基能形成大量的二元簇合物。不仅如此，一部分羰基还可被其他配体，如烯烃、炔烃、芳香基等碳氢基团，以及大量含氮、磷、砷、氧和硫等非碳配位原子的基团所取代。因此，金属-羰基簇合物(metal carbonyl cluster)，特别是过渡金属-羰基簇合物及其衍生物，是数量最大、发展最快，也是最重要的一类金属簇合物。表 3-10 列举了若干Ⅷ族元素较为简单的羰基簇合物，作为这一类型的代表。

表 3-10 若干Ⅷ族元素的羰基簇合物

Fe	Co	Ni
$[Fe_3(CO)_{11}]^-$	$Co_3(CO)_9CR$	$Ni_3(CO)_2(C_2H_5)_3$
$Fe_3(CO)_{12}$	(R=H、Cl、Me、Ph 等)	$[Ni_5(CO)_{12}]^{2-}$
$[Fe_4(CO)_{13}]^{2-}$	$Co_4(CO)_{12}$	$[Ni_6(CO)_{12}]^{2-}$
$[Fe_4(CO)_{13}H]^-$	$Co_6(CO)_{16}$	$[Ni_8(CO)_{12}]^{2-}$
$Fe_5(CO)_{15}C$	$[Co_6(CO)_{15}C]^{2-}$	$[Ni_8(CO)_{14}H_2]^{2-}$
$[Fe_6(CO)_{16}C]^{2-}$	$[Co_6(CO)_{15}H]^-$	$[Ni_9(CO)_{18}]^{2-}$
	$[Co_8(CO)_{18}C]^{2-}$	$[Ni_{11}(CO)_{20}H_2]^{2-}$
	$[Co_{13}(CO)_{24}C_2H]^{4-}$	$[Ni_{12}(CO)_{21}H_2]^{2-}$
Ru	**Rh**	
$Ru_3(CO)_{12}$	$Rh_3(CO)_3(C_5H_5)_3$	$[Rh_9(CO)_{21}P]^{2-}$
$Ru_4(CO)_{12}H_4$	$Rh_4(CO)_{12}$	$[Rh_{12}(CO)_{30}]^{2-}$
$Ru_4(CO)_{13}H_2$	$Rh_6(CO)_{16}$	$[Rh_{12}(CO)_{24}C_2]^{2-}$
$Ru_5(CO)_{15}C$	$[Rh_6(CO)_{14}]^{4-}$	$[Rh_{13}(CO)_{24}H_3]^{2-}$
$Ru_6(CO)_{18}H_2$	$[Rh_6(CO)_{15}I]^-$	$[Rh_{14}(CO)_{25}]^{4-}$
$Ru_6(CO)_{17}C$	$[Rh_6(CO)_{15}C]^{2-}$	$[Rh_{15}(CO)_{27}]^{3-}$
	$[Rh_7(CO)_{16}]^{3-}$	$[Rh_{15}(CO)_{28}C_2]^-$
	$[Rh_7(CO)_{16}I]^{2-}$	$[Rh_{17}(CO)_{32}S_2]^{3-}$
	$Rh_8(CO)_{19}C$	$[Rh_{22}(CO)_{37}]^{4-}$
Os	**Ir**	**Pt**
$Os_3(CO)_{12}$	$Ir_3(CO)_{12}$	$[Pt_3(CO)_6]^{2-}$
$Os_5(CO)_{16}$	$Ir_6(CO)_{16}$	$[Pt_6(CO)_{12}]^{2-}$
$Os_6(CO)_{18}$	$[Ir_6(CO)_{15}]^{2-}$	$[Pt_9(CO)_{18}]^{2-}$
$Os_6(CO)_{18}H_2$	$[Ir_8(CO)_{22}]^{2-}$	$[Pt_{12}(CO)_{24}]^{2-}$
$Os_7(CO)_{21}$		$[Pt_{15}(CO)_{30}]^{2-}$
$Os_8(CO)_{23}$		$[Pt_{18}(CO)_{36}]^{2-}$
$Os_8(CO)_{21}C$		$[Pt_{19}(CO)_{22}]^{4-}$
$[Os_{10}(CO)_{24}H_4]^{2-}$		$[Pt_{26}(CO)_{32}]^{2-}$
$[Os_{10}(CO)_{24}C]^{2-}$		$[Pt_{38}(CO)_{44}H_2]^{2-}$

由表 3-10 可见，同一种金属往往可以形成一系列大小不等的羰基簇合物。在这些簇合物的结构中，均包含由金属原子直接键合而组成的多面体骨架。例如，表 3-10 中最低的三核原子簇均具有三角形的骨架；四核原子簇则有几种不同的骨架结构，其中最多的为四面体如 $Ir_4(CO)_{12}$ 等，其他还有蝴蝶形如 $[Fe_4(CO)_{13}H]^-$，菱形如 $[Re_4(CO)_{16}]^{2-}$ (图 3-24)。随着核数的增加，可能的几何构型种类还会增加，如到六核，最常见的几何构型为八面体。此外，还有双

帽四面体如 $Os_6(CO)_{18}$，单帽四方锥如 $Os_6(CO)_{18}H_2$，以及三角棱柱体如 $[Rh_6(CO)_{15}C]^{2-}$ 等多种几何构型。在高核的原子簇中，也会出现两个或几个原子簇骨架相连的情况。对于同一种元素而言，由于能形成众多大小不一的羰基簇合物，因此骨架的几何构型也各异。图 3-25 举出了若干铑-羰基原子簇的结构作为实例。

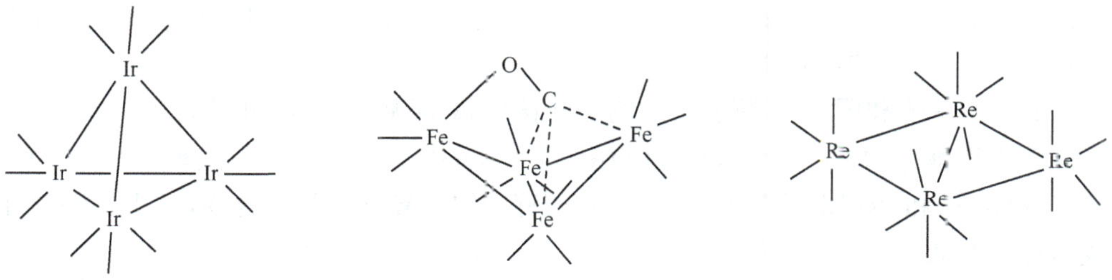

(a) 四面体的 $Ir_4(CO)_{12}(T_d)$　(b) 蝴蝶形的 $[Fe_4(CO)_{13}H]^-(C_{2v})$　(c) 菱形的 $[Re_4(CO)_{16}]^{2-}(D_{2h})$

图 3-24　几种四核金属-羰基原子簇的骨架构型

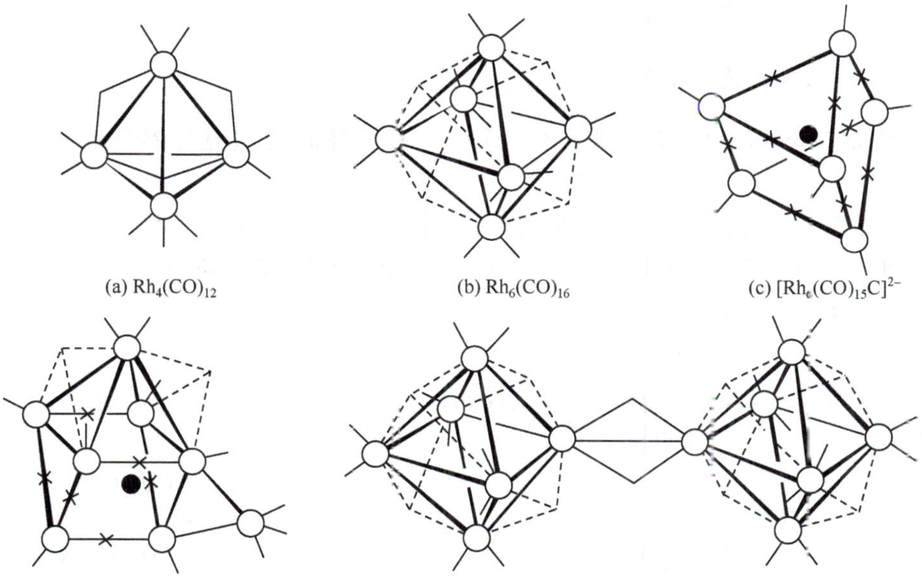

(a) $Rh_4(CO)_{12}$　(b) $Rh_6(CO)_{16}$　(c) $[Rh_6(CO)_{15}C]^{2-}$

(d) $Rh_8(CO)_{19}C$　(e) $[Rh_{12}(CO)_{30}C]^{2-}$

图 3-25　若干铑-羰基原子簇的结构
带有“×”的化学键表示有 μ-CO

由图 3-25 可见，在铑-羰基簇合物中，n 铑原子（或离子）组成不同几何形状的多面体骨架，羰基则以端基、边桥基或面桥基的形式和铑原子相连。例如，在 $Rh_6(CO)_{16}$［图 3-25(b)］的晶体结构中，Rh_6 组成八面体的骨架，其中每个铑原子和 4 个其他的铑原子键合，Rh—Rh平均距离为 277.6 pm。八面体骨架的 4 个面上各有一面桥基，它们互相错开。此外，每个顶点的铑原子上还有 2 个端梢的羰基，共 16 个羰基。

$[Rh_6(CO)_{15}C]^{2-}$ 原子簇阴离子［图 3-25(c)］的多面体骨架虽然也由 Rh_6 组成，但几何形状不相同，为三角棱柱体，其中每个铑原子仅和 3 个其他的铑原子键合。Rh—Rh 距离分成两组，三角形底边的 Rh—Rh 距离为 277.6 pm(平均值)；棱边的 Rh—Rh 距离较长，为 281.7 pm(平均值)。$[Rh_6(CO)_{15}C]^{2-}$ 的 15 个羰基中有 9 个为对称的边桥基，每边一个；另有 6 个端梢的羰基，分别和 6 个铑原子键合；碳原子则位于多面体的中心。

$Rh_8(CO)_{19}C$ 的多面体骨架比较特殊［图 3-25(d)］，它的结构可作如下的描述：6 个铑原子组成棱柱体的基本结构单元，还有 2 个铑原子，其中一个加顶于棱柱体的侧面，另一个则处于边桥的位置，形成不对称的几何形状。这种不对称的结构在原子簇中较少见。$Rh_8(CO)_{19}C$ 中的 19 个羰基，既有端基又有边桥基和面桥基。

12 个顶点的高核$[Rh_{12}(CO)_{30}C]^{2-}$簇阴离子[图 3-25(e)]则如上所述，含 2 个八面体骨架多面体。它们通过其中 2 个顶点的 Rh—Rh 键，以及 2 个边桥羰基(μ-CO)相连，每个八面体的 4 个面上各有一面桥基，除 2 个八面体间相连的铑原子外，其余的 10 个铑原子还各有 2 个端梢的羰基。这样总共有 30 个羰基。

表 3-10、图 3-24 和图 3-25 所表示的均为同核金属-羰基原子簇，此外，许多金属原子还能形成异核羰基簇合物。$[Ru_3Rh(CO)_{13}]^-$、$[Ru_2Rh_2(CO)_{12}]^{2-}$、$[RuRh_3(CO)_{12}]^-$、$[RuRh_4(CO)_{15}]^-$和$[RuRh_5(CO)_{16}]^-$就是几例钌和铑的异核羰基簇合物，其中钌和铑原子共同组成多面体骨架。

以上虽仅列举了若干Ⅷ族的金属-羰基原子簇，但具有普遍性，即在金属-羰基簇合物中均包含金属原子或掺入某些杂原子组成的多面体骨架。羰基则主要以端基、边桥基和面桥基三种形式与金属原子簇联系在一起。

2. 金属-羰基原子簇的合成

金属-羰基簇合物的合成有三条基本的途径，即氧化还原、氧化还原缩合和热缩合。

1）氧化还原

锇的三核羰基簇合物 $Os_3(CO)_{12}$是制备其他锇的二元羰基簇合物及其衍生物的重要中间产物。它可在一定温度和压力的条件下，通过一氧化碳还原四氧化锇的甲醇溶液来制备，该反应同时发生诸多过程，例如：

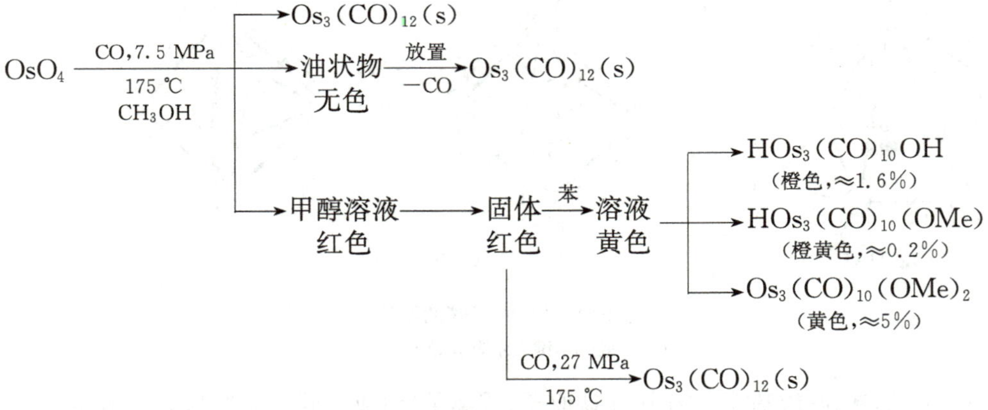

(3-13)

反应(3-13)产生的 $Os_3(CO)_{12}$产率可高达 85%。粗产品在 130 ℃经真空升华提纯后，可得亮黄色的 $Os_3(CO)_{12}$ 固体。反应的同时产生少量的 $HOs_3(CO)_{10}(OH)$、$HOs_3(CO)_{10}(OMe)$以及 $Os_3(CO)_{10}(OMe)_2$。

能够通过氧化还原反应来制备的羰基原子簇还有很多，例如：

$$6[RhCl_6]^{3-}+23OH^-+26CO+CHCl_3 \xrightarrow[CH_3OH]{25\ ℃,CO,100\ kPa} [Rh_6(CO)_{15}C]^{2-}+11CO_2+39Cl^-+12H_2O \qquad (3\text{-}14)$$

$$2Rh_2(CO)_4Cl_2+4Cu+4CO \xrightarrow[\text{正己烷}]{\text{室温},CO,20MPa} Rh_4(CO)_{12}+4CuCl \qquad (3\text{-}15)$$

$$2[Ni_6(CO)_{12}]^{2-}+2H^+ \xrightarrow[H_2O]{pH\approx 4} [Ni_{12}(CO)_{21}H_2]^{2-}+3CO \qquad (3\text{-}16)$$

2）氧化还原缩合

通过氧化还原缩合反应，可以逐步使原子簇变大，而且产量可以控制到接近定量的程度。由 Rh_4 到 Rh_7 就是一个实例[式(3-17)～式(3-19)]。

$$Rh_4(CO)_{12}+[Rh(CO)_4]^- \xrightarrow[\text{THF}]{25\ ℃,CO,100\ kPa} [Rh_5(CO)_{15}]^- + CO \quad (3\text{-}17)$$

$$[Rh_5(CO)_{15}]^- + [Rh(CO)_4]^- \underset{-70\ ℃,CO,100\ kPa,THF}{\overset{25\ ℃,CO,100\ kPa,THF}{\rightleftharpoons}} [Rh_6(CO)_{15}]^{2-} + 4CO \quad (3\text{-}18)$$

$$[Rh_6(CO)_{15}]^{2-} + [Rh(CO)_4]^- \underset{-70\ ℃,CO,100\ kPa,CH_3OH}{\overset{25\ ℃,CO,100\ kPa,CH_3OH}{\rightleftharpoons}} [Rh_7(CO)_{16}]^{3-} + 3CO \quad (3\text{-}19)$$

上述氧化还原缩合反应释放出 CO，同时形成新的 M—M 键。反应(3-18)和(3-19)的逆反应只有在－70 ℃的低温下才能发生，表明氧化还原缩合是一个放热过程。这可从M—CO 和 M—M 键键能的平均值中得到一粗略的概念：M—CO 的键能为 146～188 kJ・mol^{-1}，M—M的键能为 84～126 kJ・mol^{-1}。因此，氧化还原缩合更适用于第五、六周期的过渡元素，因为同族元素由上到下 M—CO 和 M—M 键键能的差值减小。

除了铑以外，氧化还原缩合的其他例子还有很多，例如：

$$[Fe_3(CO)_{11}]^{2-} + Fe(CO)_5 \xrightarrow[\text{THF}]{25\ ℃} [Fe_4(CO)_{13}]^{2-} + 3CO \quad (3\text{-}20)$$

$$[Pt_6(CO)_{12}]^{2-} + [Pt_{12}(CO)_{24}]^{2-} \xrightarrow[\text{THF}]{25\ ℃} 2[Pt_9(CO)_{18}]^{2-} \quad (3\text{-}21)$$

3）热缩合

热缩合和氧化还原缩合不同，反应产物很难控制，产量又往往很低。以 $Os_3(CO)_{12}$ 的热缩合为例。将 $Os_3(CO)_{12}$ 置于一封闭的管中，在 210 ℃下加热 12 h 后，产生一深棕色的固体。用乙酸乙酯萃取后，通过薄层色谱分离，得到一系列在空气中稳定的化合物，其中除少量未热解的 $Os_3(CO)_{12}$ 以外，主要是含 Os_5～Os_8 的羰基簇合物[式(3-22)]。

$$Os_3(CO)_{12}\ (\text{黄色}) \xrightarrow[12\ h]{210\ ℃} \begin{cases} Os_5(CO)_{16} & (\text{粉红色})7\% \\ Os_6(CO)_{18} & (\text{深棕色})80\% \\ Os_7(CO)_{21} & (\text{橙色})10\% \\ Os_8(CO)_{23} & (\text{橙黄色})2\% \end{cases} \quad (3\text{-}22)$$

若在不同的温度条件下进行热缩合，反应产物又有所不同[式(3-23)]。

$$Os_3(CO)_{12} \xrightarrow{250\ ℃} \begin{cases} Os_5(CO) & (\text{黄色})\ 5\% \\ Os_6(CO)_{18} & 60\% \\ Os_7(CO)_{21} & 20\% \\ Os_8(CO)_{23} & 5\% \\ Os_8(CO)_{21}C & (\text{深紫色})\ 8\% \end{cases} \quad (3\text{-}23)$$

热缩合的研究结果表明，随着温度的升高，原子簇增大，在极端的情况下形成金属锇。在催化研究中人们对此颇感兴趣，因为很大的金属-羰基簇合物可以看成是金属表面吸附了 CO。因此，金属多核羰基化合物的反应性能有可能和锇表面吸附了一氧化碳分子联系起来，从而对多相催化的研究提供一个模型。

除上述三种基本的合成路线外，金属-羰基簇合物的合成还有许多途径，如光化学缩合等，不一一述及。

3. 金属-羰基原子簇的反应

从原则上讲，几乎所有单核配合物的反应，如配体取代反应、氧化还原反应、简单加成反应以及氧化加成反应等，都适用于多核金属原子簇合物。然而，需要强调的是金属原子簇的反应又有它本身的特殊性和复杂性。这一方面是因为多核原子簇必须作为一个整体来考虑，它们的反应很少仅在单个的金属中心上发生。同时，不能忽视电子效应和立体效应从原子簇的一部分到另一部分的迅速传递。何况有些配体，如面桥基等，只存在于原子簇中，它们需要通过和几个金属原子键合才得以稳定。倘若原子簇骨架遭到破坏，则面桥基也就不复存在。

另一方面，原子簇在进行配位层反应的同时，常伴随着骨架多面体的变化，包括几何形状或骨架原子数的变化，因而使反应复杂化，有时甚至无法预测反应的结果将会如何。例如，式(3-24)所表示的反应就是在配体取代反应发生的同时，骨架多面体的几何形状也随之发生了改变，即由原来的四面体转变成蝴蝶形。

$$\underset{\text{四面体}}{Co_4(CO)_{12}} + RC\equiv CR \longrightarrow \underset{\text{蝴蝶形}}{Co_4(CO)_{10}(RC\equiv CR)} + 2CO \quad (3\text{-}24)$$

式(3-25)～式(3-27)所表示的反应，则是在配体取代反应发生的同时，发生了降解。换句话说，多面体骨架受到影响，由原来较大的原子簇转变成较小的原子簇，甚至单核的配合物。

$$[Pt_9(CO)_{18}]^{2-} + 9PPh_3 \xrightarrow[THF]{25\ ℃} [Pt_6(CO)_{12}]^{2-} + 3Pt(CO)(PPh_3)_3 + 3CO \quad (3\text{-}25)$$

$$Rh_6(CO)_{16} + 12PPh_3 \xrightarrow[C_6H_6]{25\ ℃} 3[Rh(CO)_2(PPh_3)_2]_2 + 4CO \quad (3\text{-}26)$$

$$4[Rh_{12}(CO)_{30}]^{2-} + 12Cl^- \longrightarrow 7[Rh_6(CO)_{15}]^{2-} + 6[Rh(CO)_2Cl_2]^- + 3CO \quad (3\text{-}27)$$

不仅是配体取代反应，氧化还原反应或其他的反应也有类似的现象发生。例如，在氧化还原反应进行的同时，常伴随着骨架多面体的降解，式(3-28)和式(3-29)就是两例。

$$10[Co_6(CO)_{15}]^{2-} + 22Na \longrightarrow 9[Co_6(CO)_{14}]^{4-} + 6[Co(CO)_4]^- + 22Na^+ \quad (3\text{-}28)$$

$$2[Pt_9(CO)_{18}]^{2-} + 2Li \longrightarrow 3[Pt_6(CO)_{12}]^{2-} + 2Li^+ \quad (3\text{-}29)$$

此外，除了和单核配合物共同的反应类型以外，多核金属原子簇还有它本身特殊的反应，如骨架转换反应，这也是一类难以预示的反应。式(3-30)～式(3-32)就是其中的几例。

$$\underset{\text{四面体}}{[Fe_4(CO)_{13}]^{2-}} + H^+ \underset{25\ ℃,DMSO}{\overset{25\ ℃,THF}{\rightleftharpoons}} \underset{\text{蝴蝶形}}{[Fe_4(CO)_{13}H]^-} \quad (3\text{-}30)$$

$$\underset{\text{单帽四方锥}}{Os_6(CO)_{18}H_2} \underset{CH_2Cl_2}{\overset{THF}{\rightleftharpoons}} \underset{\text{八面体}}{[Os_6(CO)_{18}H]^-} + H^+ \quad (3\text{-}31)$$

$$\underset{\text{八面体}}{[Rh_6(CO)_{13}C]^{2-}} + 2CO \underset{60\ ℃,N_2}{\overset{25\ ℃,100\ kPa}{\rightleftharpoons}} \underset{\text{三角棱柱体}}{[Rh_6(CO)_{15}C]^{2-}} \quad (3\text{-}32)$$

总之，金属原子簇的反应是一类变化多端的反应，此处不加详述。

3.4.2 金属-卤素原子簇

金属-卤素簇合物(metal halide cluster)虽然在数量上远不及金属-羰基簇合物那样多，但它对金属原子簇化学的最初发展起过积极的作用，因为这是较早发现的一类金属原子簇。早在1907年已报道合成了 $TaCl_2 \cdot 2H_2O$，过了若干年才认识到它的组成实际上是 $Ta_6Cl_{14} \cdot 7H_2O$，而它的结构直到 1950 年才测定。

金属-卤素簇合物大多为二元簇合物，三核的以$[Re_3Cl_{12}]^{3-}$为代表，六核的主要有$[M_6X_{12}]^{n+}$和$[M_6X_8]^{4+}$两种典型的原子簇结构单元。铌和钽以三核的为主，钼和钨以六核的为主。除同核的以外，还有异核的金属-卤素原子簇。表 3-11 列出了若干实例。

表 3-11 若干金属-卤素原子簇合物

M_3	M_6	
	$[M_6X_{12}]^{n+}$	$[M_6X_8]^{4+}$
Re_3Cl_9	Zr_6I_{12}	$Cs_2[(Mo_6Cl_8)Br_6]$
$Re_3Cl_3Br_6$	$(Nb_6Cl_{12})Cl_2 \cdot 7H_2O$	$(Mo_6Br_8)Br_4(H_2O)_2$
$Re_3Cl_3Br_7(H_2O)_2$	$K_4[(Nb_6Cl_{12})Cl_6]$	$Cs_2[(W_6Cl_8)Br_6]$
$Cs_3[Re_3Cl_{12}]$	$(Me_4N)_2[(Nb_6Cl_{12})Cl_6]$	$[(W_6Br_8)Br_4]Br_4$
$[Re_3Cl_{11}]^{2-}$	$(PyH)_2[(Nb_6Br_{12})Cl_6]$	
$[Re_3Br_{11}]^{2-}$	$(Ta_6Cl_{12})Cl_2 \cdot 7H_2O$	
	$(Ta_6Br_{12})Br_2 \cdot 7H_2O$	
	$(Ta_6I_{12})I_2$	
	$H_2[(Ta_6Cl_{12})Cl_6] \cdot 6H_2O$	
	$(Mo_6Cl_{12})Cl_2$	
	$(Et_4N)_3[(Ta_5MoCl_{12})Cl_6]$	
	$(Et_4N)_2[(Ta_4Mo_2Cl_{12})Cl_6]$	

图 3-26 表示$[Re_3Cl_{12}]^{3-}$的结构。其中 Re_3 构成三角形骨架，Re—Re 距离为 247.7 pm（平均值）。Re_3 三角形的每条边上有一边桥基(μ-Cl)，此外，每个铼原子和 3 个端梢的氯原子键合。从另外一个角度也可以认为 3 个(μ-Cl)构成一个等边三角形，每边的中心有一铼原子，因而 Re_3 也构成一个等边三角形。

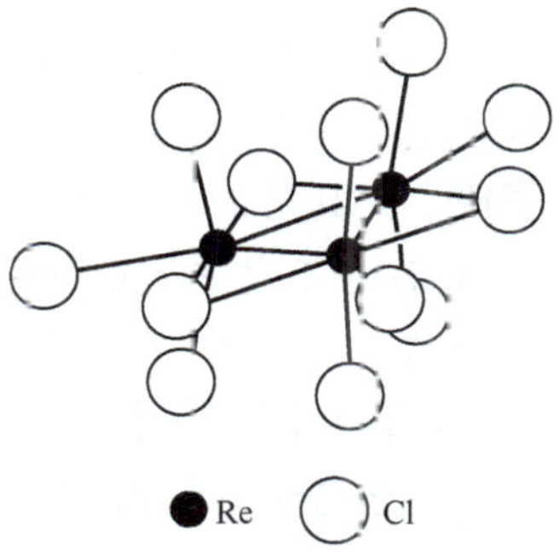

图 3-26 $[Re_3Cl_{12}]^{3-}$的结构

在$[M_6X_{12}]^{n+}$和$[M_6X_8]^{4+}$两种类型的结构中，以$[Nb_6Cl_{12}]^{2+}$[图 3-27(a)]和$[Mo_6Cl_8]^{4+}$[图 3-27(b)]最为典型。在$[Nb_6Cl_{12}]^{2+}$离子中，6 个铌原子处在正八面体的顶点，Nb—Nb 距离为 285 pm；12 个氯原子处在各边的垂直平分线上，最短的 Nb—Cl 距离约 241 pm。$[Mo_6Cl_8]^{4+}$的结构是从所谓的 $MoCl_2$ 中建立起来的。结构分析的结果表明，在$[Mo_6Cl_8]^{4+}$中，6 个钼原子处在八面体的顶点，Mo—Mo 距离为 264 pm；8 个面上各有一面桥基(μ_3-Cl)。从另一角度，也可以认为 8 个氯原子位于立方体的 8 个顶点，6 个钼原子位于立方体的面心。

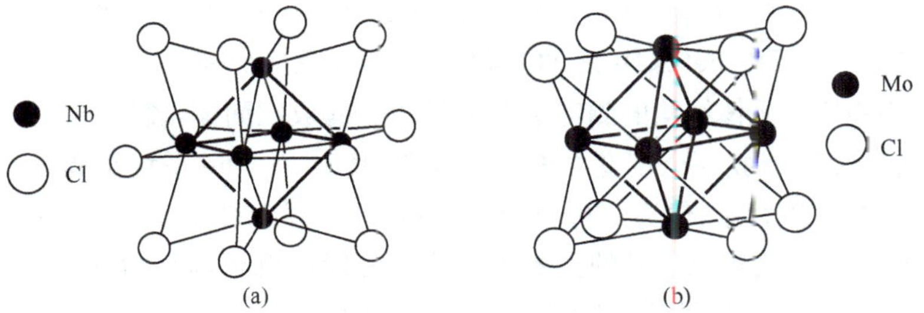

图 3-27 $[Nb_6Cl_{12}]^{2+}$(a)和$[Mo_6Cl_8]^{4+}$(b)阴离子的结构

在以上两种典型的六核金属-卤素原子簇的结构中，M_6 部分的几何形状均为正八面体。但在类似的化合物$[Ta_6Cl_{12}]Cl_{12}\cdot 7H_2O$中，$[Ta_6Cl_{12}]^{2+}$却为拉长了的八面体，即四角双锥。轴向的 2 个钽氧化态为+3，水平方向上的 4 个钽氧化态为+2。还需指出的是：虽然在$[Nb_6Cl_{12}]^{2+}$中仅含边桥氯，在$[Mo_6Cl_8]^{4+}$中仅含面桥氯，但在其他具有类似原子簇结构单元的化合物中，也有含端梢氯的。例如，在化合物$(Me_4N)_2[Nb_6Cl_{18}]$的阴离子$[Nb_6Cl_{18}]^{2-}$中，Nb_6Cl_{12}构成类似于图3-27的八面体原子簇，不同的是每个 Nb 原子还有一端梢的 Cl 原子，它的结构式可表示为$[Nb_6(\mu_2\text{-}Cl)_{12}(\mu_1\text{-}Cl)_6]^{2-}$。类似的，$[Ta_6Cl_{18}]^{2-}$和$[M_6Cl_8Br_6]^{2-}$(M=Mo、W)中也含有端梢的卤原子，它们的结构式可分别表示为$[Ta_6(\mu_2\text{-}Cl)_{12}(\mu_1\text{-}Cl)_6]^{2-}$和$[M_6(\mu_3\text{-}Cl)_8(\mu_1\text{-}Br)_6]^{2-}$。

上述$[M_6X_8(\mu_1\text{-}Y)_6]^{n-}$(M=Mo、W)和$[M'_6X_{12}(\mu_1\text{-}Y)_6]^{n-}$(M′=Nb、Ta)型化合物中，6 个端梢的卤离子较活泼，它们可被一系列其他的配体，如 NCS^-、NCO^-、OSO_2CF_3、OMe 和 $O{=}PPh_3$ 等取代，形成一系列金属-卤素二元原子簇的衍生物。

不难看出，金属-卤素和金属-羰基原子簇化合物有许多共同之处，它们除了都具有原子簇最基本的特点以外，和一氧化碳配体类似，卤素原子也可以端基、边桥基或面桥基的形式和金属原子组成的多面体骨架联系在一起。当然，它们在化学键性质上的差异也是不容忽视的。

3.4.3 金属-硫原子簇

在金属-硫原子簇(metal sulfur cluster)中存在着一类硫代金属原子簇(thio-metal cluster)，其中硫原子取代了部分金属原子的位置，并与金属原子共同组成原子簇的多面体骨架。

在硫代金属原子簇中，核心部分具有 M_4S_4 形式的原子簇，受到了特殊的重视。原因是生物固氮的核心——固氮酶的组分钼铁蛋白中，含铁钼辅因子和 P 原子簇对，它们为 Fe—S 原子簇。尤其是 1993 年用 X 射线衍射法测定了它们的结构，证实铁钼辅因子含 MFe_3S_3(M=Fe 或 Mo)不完整类立方烷的二聚体，P 原子簇对则含 Fe_4S_4 原子簇的二聚体。此外，还有一单个的 Fe_4S_4 原子簇和固氮酶的另一组分铁蛋白结合在一起。

不仅在固氮酶中，在其他许多铁硫蛋白中，铁硫原子簇也是活性中心，它们的主要生理功能是传递电子。因此，铁硫原子簇尤其是 Fe_4S_4 原子簇引起了极大的关注。人们把铁硫原子簇作为非血红素铁蛋白活性中心的模型化合物来进行研究和剖析。

在 M_4S_4 原子簇中，金属原子占据着四面体的 4 个顶点，此外，4 个面上各加一个硫原子的顶，构成 M_4S_4 的骨架。从另一角度来看，也可认为 4 个金属原子和 4 个硫原子相间地占据着立方体的 8 个顶点，构成畸变立方体的原子簇骨架。这种几何形状类似于碳氢立方烷 C_8H_8，因此，M_4S_4 原子簇通称类立方烷原子簇(cubane-like cluster)。

以 $Fe_4S_4(NO)_4$ 簇合物为例，它可在甲苯溶液中将 $Hg[Fe(CO)_3(NO)]_2$ 与硫回流得到，$Hg[Fe(CO)_3(NO)]_2$则可由 $Fe(CO)_5$、KNO_2 和 $Hg(CN)_2$ 反应而来。$Fe_4S_4(NO)_4$ 是一种黑色晶体，在空气中相当稳定。晶体结构的测定结果表明，Fe_4 构成四面体，硫原子占据面桥基的位置。从另一角度来看，Fe_4S_4 形成一个畸变立方体的骨架，其中 Fe—Fe 平均距离为 265.1 pm，12 个 Fe—S键键长的变化范围很小，仅为 220.8～222.4 pm，平均为 221.7 pm(图3-28)。

由于在铁硫蛋白中铁硫原子簇的主要生理功能是传递电子，因此在研究铁硫原子簇的性质时，往往对它们的氧化还原性给予特殊的关注。实验表明，中性的 $Fe_4S_4(NO)_4$ 可被还原成$[Fe_4S_4(NO)_4]^-$。该阴离子相应的盐如$[(\eta^5\text{-}C_5H_5)Co][Fe_4S_4(NO)_4]$和$[AsPh_4][Fe_4S_4(NO)_4]$等，均已制得。

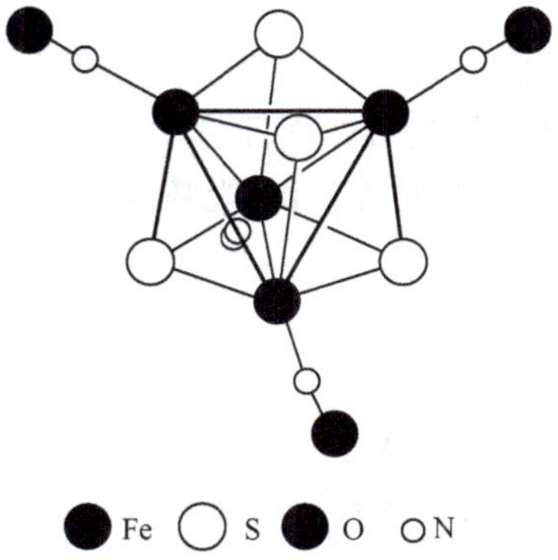

图 3-28　$Fe_4S_4(NO)_4$ 的结构

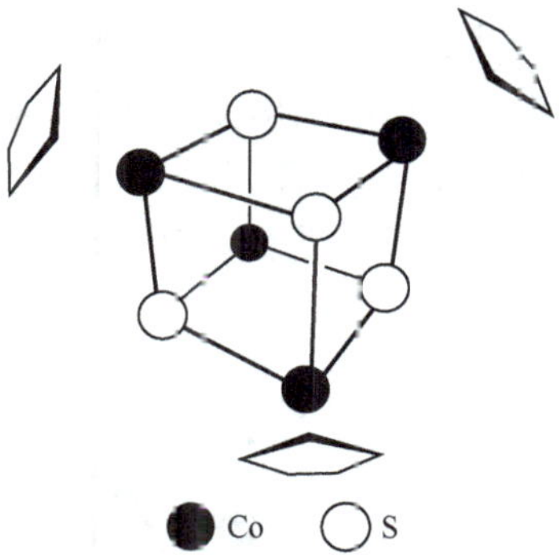

图 3-29　$(\eta^5\text{-}C_5H_5)_4Co_4S_4$ 分子的结构(另一个 C_5H_5 基团未示出)

在类立方烷$[Fe_4S_4(NO)_4]^n$($n=0,-1$)中,铁原子之间通过化学键相连,在其他已知的 Fe_4S_4 原子簇中情况也大致如此。然而,现在了解到还有另外一种类立方烷原子簇,其中金属原子间并无化学键的作用,$(\eta^5\text{-}C_5H_5)_4Co_4S_4$ 就是一例。由图 3-29 所表示的分子结构可见,在该分子中,钴、硫原子相间地占据着畸变立方体的 8 个顶点,它们共同构成了原子簇的多面体骨架。和 Fe_4S_4 原子簇不同,在$(\eta^5\text{-}C_5H_5)_4Co_4S_4$ 分子中,并不存在任何净的 Co…Co 相互作用,它们之间的平均距离达 329.5 pm,而且变化范围较大,为 323.6～334.3 pm。12 个 Co—S 距离的变化则不明显(≤0.8 pm),平均为 223.0 pm。

除上述几种金属类立方烷簇合物以外,已知的 M_4S_4 原子簇还有许多。表 3-12 列出了若干实例。

表 3-12　若干 M_4S_4 类立方烷原子簇合物

簇合物	簇合物
$(C_5H_5)_4Cr_4S_4$	$[(C_5H_5)_4Fe_4S_4]^{2-}$
$(C_5Me_5)_2Mo_4S_4(CO)_6$	$[Fe_4S_4(SPh)_4]^{2-}$
$(C_5H_5)_4Mo_4S$	$[Fe_4S_4(SCH_2CH_2OH)]^{2-}$
$Mo_4S_4(S_2CNEt_2)_6$	$[Fe_4S_4(SCH_2Ph)_4]^{2-}$
$[Re_4S_4(CN)_4]^{4-}$	$[Fe_4S_4(S_2CNEt_2)_4]^{2-}$
$Fe_4S_4(NO)_4$	$(C_5H_5)_4Co_4S_4$
$[Fe_4S_4(NO)_4]^-$	$[(C_5H_5)_4Co_4S_4]^+$
$(C_5H_5)_4Fe_4S_4$	$(C_5Me_5)_2Mo_2Fe_2S_4(CO)_4$
$[(C_5H_5)_4Fe_4S_4]^+$	$(C_5Me_5)_2Mo_2Fe_2S_4(NO)_2$
	$(Me_2NH_2)_6[W_4S_4(NCS)_{12}]$

需要指出的是,硫代金属原子簇不仅局限于 M_4S_4 一种形式,还有许多其他的形式,如 M_2S_2、M_3S_4、M_3S_6、M_4S_3、M_4S_6 和 M_6S_6 等。出于同样的原因,其他形式的硫代金属原子簇也相当引人注目。此处不拟详述,仅举出若干实例:

$$[Et_4N]_2[Fe_2S_2(SPh)_4],(C_5Me_5)_2Mo_2FeS_4(CO)_2,[Et_4N]_3[Mo_2FeS_6(SCH_2CH_2S)_2]$$

$$[AsPh_4][Fe_4S_3(NO)_7],[Et_4N]_2[Fe_6S_6I_6]$$

图 3-30 表示$(C_5Me_5)_2Mo_2FeS_4(CO)_2$ 和$[Fe_6S_6I_6]^{2-}$的结构。由图 3-30(a)可见,该分子的核心部分是 Mo_2FeS_2,具有畸变三角双锥的几何构型,硫原子处于锥顶。由图 3-30(b)可见,$[Fe_6S_6I_6]^{2-}$的核心部分是 Fe_6S_6,它含两个椅形的 Fe_3S_3 环,通过 Fe—S 键结合在一起,铁原子则

处于接近四面体的环境中。

除硫代金属原子簇以外，金属-硫簇合物还有一些其他的类型，其中通式为$[M_6S_8]^{n+}$的是典型的一类。它们的结构类似于$[M_6X_8]^{4+}$[图 3-27(b)]，即 M_6 构成八面体骨架，每个面上有一面桥基硫，以$[Bu_4N]_2[Re_6(\mu_3\text{-}S)_8Cl_4L_2]$[L=py(吡啶)，cpy(氰基吡啶)，pz(吡嗪)，bipy(联吡啶)和mpy(甲基吡啶)等]为例，其中核心部分为$[Re_6(\mu_3\text{-}S)_8]^{2+}$。

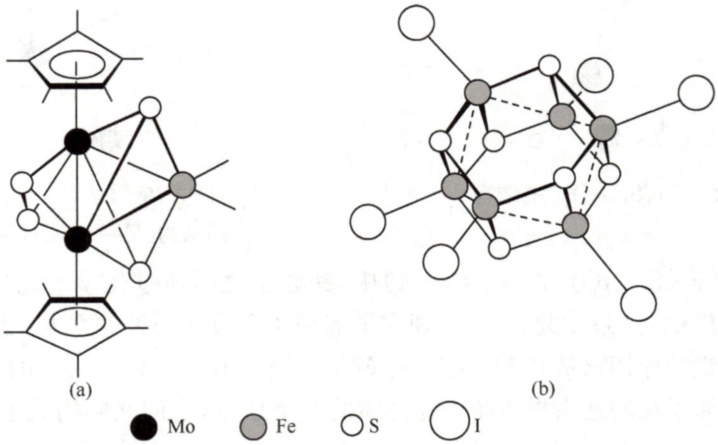

图 3-30 $(C_5Me_5)_2Mo_2FeS_4(CO)_2$(a)和$[Fe_6S_6I_6]^{2-}$(b)的结构

$[Bu_4N]_2$[反-$Re_6(\mu_3\text{-}S)_8Cl_4(pz)_2$]的单晶 X 射线结构分析表明，6 个 Re 原子位于 Re_6 八面体的顶点，Re—Re 距离为 259.06～260.08 pm，Re—S 距离为 239.5～241.8 pm(图 3-31)。

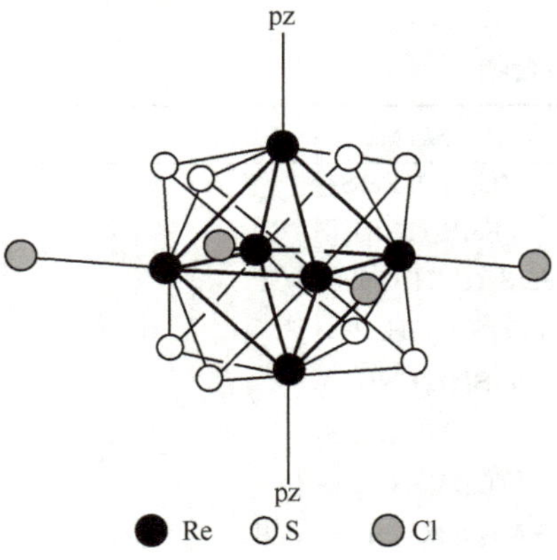

图 3-31 [反-$Re_6(\mu_3\text{-}S)_8Cl_4(pz)_2$]$^{2-}$的结构

人们对这类簇合物的兴趣源自它们具有某些特殊的电化学和光学性质。电化学性质的研究表明，上述 *N*-杂环配体 L，稳定了$[Re_6(\mu_3\text{-}S)_8]^{2+}$核的基态。换句话说，*N*-杂环配体使$[Re_6(\mu_3\text{-}S)_8]^{2+}$变得更难被氧化。光学性质的研究则表明，所有含 *N*-杂环配体的簇合物均能在室温下在乙腈溶液中发光，且光发射的激发态很大程度上位于$[Re_6S_8]^{2+}$核。

除$[Bu_4N]_2[Re_6(\mu_3\text{-}S)_8Cl_4L_2]$外，类似的化合物还有$[Bu_4N]_3[Re_6(\mu_3\text{-}S)_8Cl_6]$和$[Ru_6(\mu_3\text{-}S)_8](PPh_3)_6$等。

此外，金属和某些含硫配体也能形成原子簇化合物，如$Cu_4[SC(NH_2)_2]_{10}(SiF_6)_2(H_2O)$、$Cu_8[S_2CC(CN)_2]_6^{4-}$以及$Pd_3(SC_2H_5)_3(S_2CSC_2H_5)_3$等。严格地讲，金属-硫的二元原子簇并不存在。

3.4.4 无配体金属原子簇

有一类金属原子簇和上述几类原子簇有一显著的不同之处，即它们不含任何配体。这类原子簇通称无配体原子簇(non-ligand metal cluster)或裸原子簇(naked cluster)。它们与非金属裸原子簇有许多共同之处。能够形成这类原子簇的元素大都是周期表上过渡元素后的 p 区主族金属元素，特别是较重的元素，如铊和铋。它们既能形成簇阴离子，又能形成簇阳离子，且以前者为主。

表 3-13 列举了若干实例。

表 3-13 若干无配体金属原子簇

周 期	Ⅲ A	Ⅳ A	Ⅴ A
第四周期	Ga_3^{2-}，Ga_6^{8-}，Ga_{11}^{7-}	Ge_4^{2-}，Ge_9^{2-}，Ge_9^{4-}，Ge_{13}^{3-}	
第五周期	In_3^{2-}，In_4^{8-}，In_5^{9-}，In_{11}^{7-}	Sn_5^{2-}，Sn_9^{3-}，Sn_9^{4-}，Sn_{12}^{12-}	Sb_4^{2-}，Sb_5^{3-}，Sb_7^{3-}
第六周期	Tl_3^{7-}，Tl_4^{8-}，Tl_5^{7-}，Tl_6^{6-}，Tl_7^{7-} Tl_9^{9-}，Tl_{11}^{7-}，Tl_{13}^{10-}，Tl_{13}^{11-}	Pb_4^{-}，Pb_4^{4-}，Pb_5^{2-}，Pb_7^{4-}，Pb_9^{4-}	Bi_3^{2-}，Bi_3^{7-}，Bi_4^{2-}，Bi_5^{3-}，Bi_3^{+} Bi_4^{+}，Bi_5^{3+}，Bi_8^{2+}，Bi_9^{5+}

表 3-13 所列举的无配体金属原子簇中，同样存在分立的多面体骨架，且大多由三角面构成，也可分为闭式、开式和网式的结构。图 3-32 表示几例簇阴离子的结构。

表 3-13 和图 3-32 所列举的无配体金属原子簇阴离子，大多存在于碱金属、碱土金属或碱金属-穴合物(cryptand)的盐中。图 3-32(b)所表示的 Tl_7^{7-} 便存在于钾盐 $K_{10}Tl_7$ 中。$K_{10}Tl_7$ 是在 400 ℃直接熔融化学计量的相应金属得到，产物为灰色，在空气中即刻分解。Tl_7 簇为轴向压缩的五角双锥，根据分子轨道法的处理，对应于 Tl_7^{7-} 而非 Tl_7^{10-}，剩余的 3 个电子则离域在整个分子中。其他存在于碱金属、碱土金属盐中的簇阴离子还有许多，如 $CaNa_{10}Sn_{12}$ 中的 Sn_{12}^{12-}，K_4Pb_9 中的 Pb_9^{4-}[图 3-32(d)]，K_2Ga_3 中的 Ga_3^{2-} 和 M_2In_3(M=Rb、Cs)中的 In_3^{2-} 等。它们大多由一定温度下加热化学计量的相应金属得到。

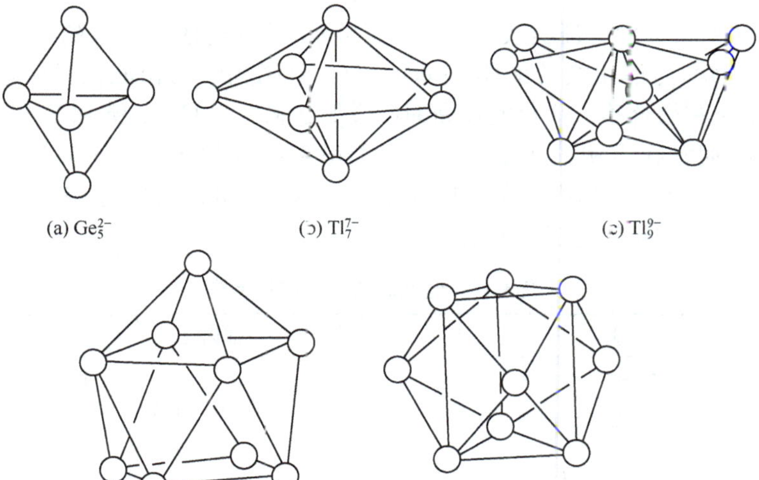

(a) Ge_5^{2-}　(b) Tl_7^{7-}　(c) Tl_9^{9-}

(d) Pb_9^{4-}的两种结构型式

图 3-32 若干无配体金属原子簇阴离子的结构

图 3-32(a)所表示的闭式-Ge_5^{2-} 是存在于碱金属-穴合物盐中的一个实例，相应的盐为 $(2,2,2\text{-crypt-}K^+)_2Ge_5^{2-}\cdot THF$。它是在 2,2,2-crypt 存在下，用乙二胺(en)萃取 $KGe_{1.67}$ 合金粉末，然后加入 THF，将橙色的单晶由乙二胺溶液中分离得到。Ge_5^{2-} 呈三角双锥形，Ge—Ge 距离为 246.6～269.8 pm。在该盐的结构中，$(2,2,2\text{-crypt-}K^+)$阳离子层被 Ge_5^{2-} 和 THF 层隔开。类似结构的盐中还有 $(2,2,2\text{-crypt-}K^+)_6Ge_9^{2-}Ge_9^{4-}\cdot 2.5en$、$(2,2,2\text{-crypt-}K^+)_3(PPh_3)Ge_9^{3-}$ 和 $(2,2,2\text{-crypt-}K^+)_2M_5^{2-}$(M=Sn、Pb)等，不一一列举。

无配体金属原子簇阳离子以铋为代表。它们一般由金属铋还原三氯化铋和其他氯化物的熔融盐体系得到。以 Bi_9^{5+} 为例，它可通过下列反应制备：

$$8Bi + 2BiCl_3 + 3HfCl_4 \xrightarrow{450\ ℃} Bi_{10}(HfCl_6)_3 \tag{3-33}$$

产物 $Bi_{10}(HfCl_6)_3$ 的结构中，含阳离子 Bi_9^{5+}、Bi^+ 和阴离子 $HfCl_6^{2-}$。若按结构，该化合物应表示为 $Bi_9^{5+}Bi^+(HfCl_6^{2-})$。$Bi_9^{5+}$ 的几何构型为三帽三角棱柱体，类似于 Pb_9^{4-} 的一种结构形式[图 3-32(d)]。

本节所涉及的各类金属原子簇均为核数较低的，实际上，从 20 世纪 80 年代以来，已合成出了众多高核的金属原子簇，包括一些很大的簇合物，下面给出的就是其中的几例，而且均已经进行了结构测定和波谱表征：$Au_{55}(PPh_3)_{12}Cl_6$、$Na_6\{Mo_{120}O_{366}(H_2O)_{48}H_{12}[Pr(H_2O)_5]_6\}$、$Pt_{309}(Phen^*)_{36}O_{30\pm10}$、$Pd_{561}(Phen)_{36}O_{195\pm5}$(Phen 为菲咯啉、Phen* 为菲咯啉衍生物)和 Sn_{162}^{32-}。

综上所述，金属元素尤其是过渡金属元素形成大量的原子簇化合物，而且第五、六周期较重的金属元素形成原子簇的倾向比第四周期同族元素的更大。在各种不同类型的金属原子簇化合物中，又以过渡金属的羰基簇合物及其衍生物的数量最为庞大、最为重要。

3.4.5 金属原子簇的某些应用

许多金属原子簇具有良好的催化性能、生物活性及特殊的电学和磁学性质，应用前景十分可观。

1. 金属簇的均相催化

在金属簇的均相催化中，多数情况下尚不能证明金属簇合物在整个反应过程中都存在而不分解，并且在某些反应中已证实簇合物发生了分解，活性物质是单核的物种。因此，通常把起始的金属簇合物称为催化剂的前体(precusor)。金属簇的均相催化反应包括不饱和烃氢化、异构化、醛基化和聚合等。活化能较高的反应如饱和烃中 C—C 键和 C—H 键的断裂以及叁键的还原反应，通常在多相催化中进行。目前虽有在均相体系中金属簇作为催化剂还原 —C≡O、—C≡N、—N≡C 的例子，但反应速率极低，无实际应用价值。表 3-14 汇总了文献中报道的金属簇存在下均相催化反应的部分实例。

表 3-14 金属簇的均相催化反应

反应	催化剂	注释
加氢反应 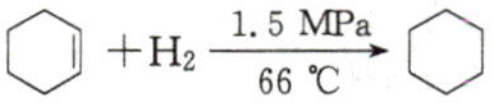	$[Co(CO)_{12}PBu_3^n]_3$	也可作为一个异构化催化剂
$CR\equiv CR' + H_2 \xrightarrow[20\ ℃]{0.3\ MPa}$ 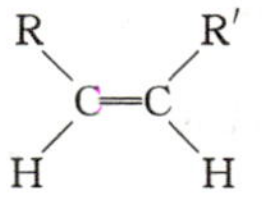	$Ni_4(CNR)_7$	选择性地产生顺烯类，无烷烃生成
$RCHO + H_2 \xrightarrow[160\ ℃]{80\ MPa} RCH_2OH$	$Rh_6(CO)_{16}$	认为起催化活性的是单核 $HRh(CO)_3$
$2CO + 3H_2 \xrightarrow[200\sim240\ ℃]{100\sim300\ MPa} \begin{array}{l}CH_2OH\\ \mid\\ CH_2OH\end{array}$	$M_2[Rh_{12}(CO)_{30}]$	许多 Rh 羰基负离子有效
$CO + H_2 \xrightarrow[140\ ℃]{0.2\ MPa} CH_4$	$Os_3(CO)_{12}$ $Ir(CO)_{12}$	没有醇或烯烃产生，三天后转变 1%，$P(OMe)_3$ 使反应速率增加
$RNC + H_2 \xrightarrow[66\ ℃]{0.1\sim0.3\ MPa} RNHCH_3 + RNH_2$	$Ni_4(CNR)_7/Ni_4(CNR)_4$	$R=C(CH_3)_3$，转化率十分低(约 $10\%\cdot h^{-1}$)

反　应	催化剂	注　释
$CH_3CN+H_2 \xrightarrow{90\ ℃} CH_3CH_2NH_2+RNHCH_3$	$Ni_4(CNR)_7$	反应速率很低
$PhNO_2+2CO+H_2 \xrightarrow[160\ ℃]{20\ MPa} PhNH_2+2CO_2$	$Ru_3(CO)_{12}$	在 $CO/H_2>1$ 时，也形成二苯脲
醛基化		
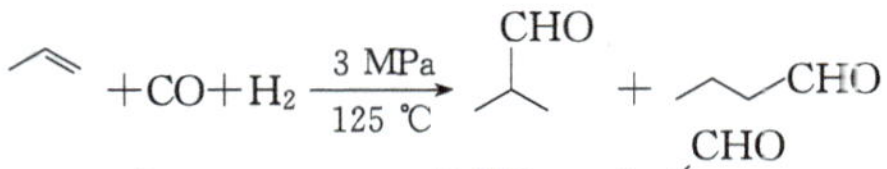	$Rh_6(CO)_{16}$ $Ir(CO)_{12}$	也可使用 CO/H_2O，不用 CO/H_2
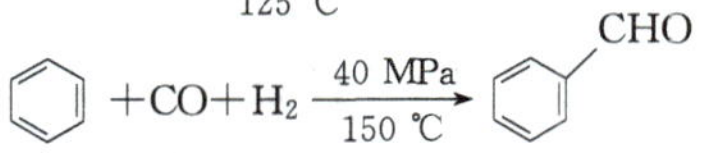	$Rh_6(CO)_{16}$	活性物为单核 $HRh(CO)_3$
水煤气转换		
$CO+H_2O \xrightarrow[100\ ℃]{0.1\ MPa} CO_2+H_2$	$Ru_3(CO)_{12}/KOH$ $H_2FeRu_3(CO)_{13}/KOH$	反应速率很低，混合金属体系比单金属羰基活性高
异构化		
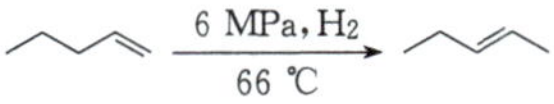	$[Co(CO)_{12}P(Bu^n)_3]_3$	生成顺反式-戊二烯，顺/反=0.26，在 N_2 中异构速率降低得多
环合		
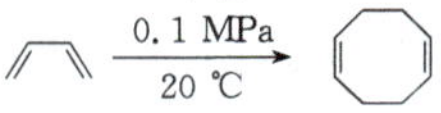	$Ni_4(CNR)_7$	少量的 1,3-异构，但无乙烯基环己烯或线性辛三烯产生
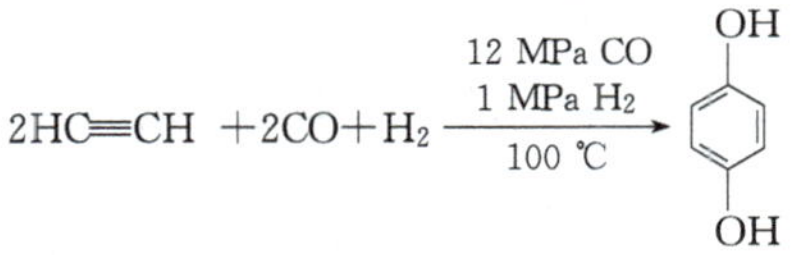	$Ru_3(CO)_{12}$	产率 58%，用 CO/H_2O 代替得到 65% 的较高产率
氧化		
$2CO+O_2 \xrightarrow[100\ ℃]{3.4\ MPa} 2CO_2$	$Rh_6(CO)_{16}$	在纯 O_2 中由于簇分解不发生反应，单核催化剂也有效
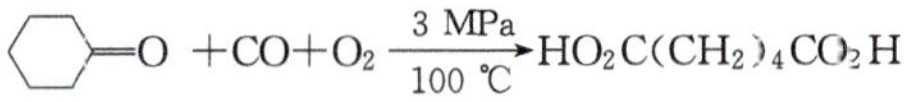		

需要指出单核的过渡金属配合物也可作为表中列举的某些反应如简单的加氢、水煤气的转化、异构和氢化的催化剂，且其催化性能和选择性不逊于金属簇，因而这些反应并不具有特殊的意义。研究表明一些难以加氢的反应，如含有三重键—C≡O、—C≡N 等的加氢反应以及 CO 和 H_2O(不用 H_2)的还原反应，以金属簇作为催化剂是很重要的。

2. 金属簇的多相催化

上述金属簇的均相催化反应虽然有较高的选择性，但由于它们大多是 18 电子的稳定结构，催化活性较低。金属簇的多相催化具有一般多相催化的优点，在使用上可采用两种方式。一种是把金属簇通过膦或胺键合在高聚物或无机氧化物载体上，形成所谓的均相化的多相催化剂，这类新型催化剂兼备均相和多相催化剂的优点，是十分重要的发展方向。例如，$Rh_6(CO)_{16}$ 负载在一种以 PPh_2 基为官能团的聚苯乙烯-二乙烯基苯的膜上，形成三取代的 $Rh_6(CO)_{13}$ 的衍生物，可作为环己烯、乙烯和苯的加氢催化剂。此外，也有报道 Rh 催化剂负载在聚胺型负离子交换树脂上用于不饱和烃氢化及醛基化，这方面令人感兴趣的还有以分子筛为载体的 Rh 羰基簇催化剂，如同 Rh 的均相催化剂，这种分子簇为载体的 Rh 羰基簇催化剂对于烯烃的醛基化及异构化显示高的活性。由于分子筛比高聚物有更好的耐高温能力，所以这种催化剂有着潜在的前景。金属簇的另一种多相催化方式类似于高分散的负载金属催化剂，即金属簇作为前体负载后进行热分解，使部分或全部除去配体，得到具有特定原子数的高度分散的金属集合体催化剂。例如，加热负载在 SiO_2 上的 $Ru_3(CO)_{12}$ 到 150 ℃ 得到 $Ru_3(CO)_5/SiO_2$，它可催化 1-丁烯的异构和加氢反应。例如把 $Ru_3(CO)_{12}/SiO_2$ 加热到200 ℃以上，得到完全去羰基的高分散金属颗粒（<1.5 nm），该物质对 1-丁烯的异构化反应失去活性，但在1-丁烯的加氢反应中表现出与一般金属 Ru 催化剂类似的性质。在 CO 和 H_2 的反应中，热分解 $Rh_4(CO)_{12}/La_2O_3$ 得到的物质对产物乙醇表现较高的选择性，反应产物中的乙醇含量为 61%，CO 转化率为 36%。相比之下，通常的金属 Rh 催化剂（由 H_2 还原 $RhCl_3/La_2O_3$ 得到）在同样条件下得到乙醇含量仅为 17%，CO 的转化率为 5%。从这两个例子可看出，负载的金属簇催化剂表现出不同于一般金属催化剂的催化活性和选择性，因而有可能成为新一代的多相催化剂。估计最可能取得进展的是对饱和烃的 C—C 和 C—H 键的活化以及 CO 和 N_2 的加氢反应。

最后还要提到一类混合金属簇的催化剂，这类簇合物可改变配位基和簇的骨架金属，从而产生出多种具有局部不对称的分子构型和不对称键。同时由于含有一种以上的金属可能产生的协同效应，因而可能成为比单金属簇更有效的一类催化剂。例如 D. J. Labroue 报道在苯乙烯氢化为乙苯的反应中，$[Co_4(CO)_{12}]$不具有催化活性，而$[Co_3Rh(CO)_{12}]$(Ⅰ)和$[Co_2Rh_2(CO)_{12}]$(Ⅱ)则均有活性，而耐人寻味的是簇合物(Ⅱ)催化上述氢化反应的初始速率为(Ⅰ)的一倍。此外，我国兰州化学物理研究所在研究 Pt 和 Co 的混合金属簇$[Pt_2Co_2(\mu_2\text{-}CO)_3(CO)_5(PPh_3)_2]$作为烯烃醛基化催化剂时，也发现其活性高于 Pt 和 Co 相应的单金属簇，因而必须对混合金属簇给予足够的重视。

从上面的讨论可看到金属簇化合物作为催化剂的主要优点是金属簇中的原子与反应物分子的作用表现出与单核配合物不同的键合方式，引起分子结构改变而表现出催化性能。同时它又可作为多相催化中研究表面结构和催化过程的一种模型。虽然目前对金属簇化合物的催化研究尚处在开发阶段，但它的发展必将为催化领域的技术革命提供新的源泉。

3. *作模拟生物固氮的模型物*

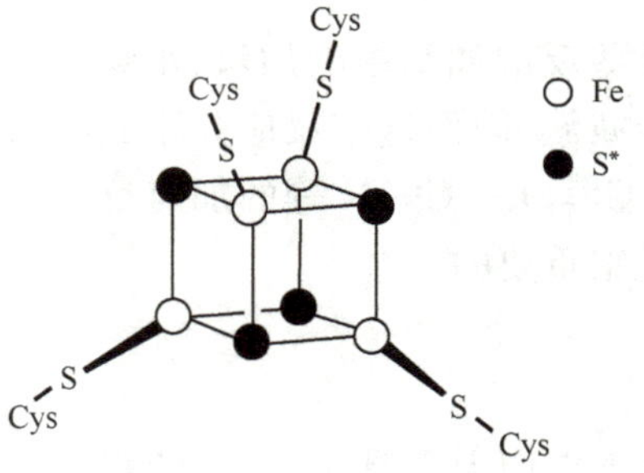

图 3-33　细菌$[Fe_4S_4^*(S\text{-}Cys)_4]$的立方体结构

生物固氮是依靠固氮细菌（如根瘤菌等）的作用，在常温常压下发生固氮反应，将大气中的氮固定下来的过程。固氮细菌的固氮作用是通过固氮酶分子中的活性中心进行的，固氮酶是生物固氮的核心。在研究固氮酶的成分和结构中发现，固氮酶含有两种不同的蛋白质：一种是同时含有钼和铁两种金属元素的钼铁蛋白，呈棕色，对氧敏感；另一种是含铁而不含钼的铁蛋白，呈黄色，对氧极为敏感。它们都含有硫和半胱氨酸（Cys）。细菌铁蛋白的$[Fe_4S_4^*(S\text{-}Cys)_4]$（$S^*$ 指无机硫或活泼硫，遇无机酸会放出 H_2S）立方体结构如图 3-33 所示。由于固氮酶对氧很敏感，故而很难由生物材料获得纯净的结晶衍生物，对固氮酶分子结构的研究受到阻碍。

国内外不少学者十分重视对固氮酶分子中活性中心结构的研究，一般认为其活性中心是含有钼和铁及半胱氨酸的钼铁硫原子簇合物，但对于它的结构还不十分清楚。

3.5 硼烷及其衍生物

硼和氢不能直接化合,但可间接形成一系列硼氢化合物。由于这些氢化物类似于碳烷和硅烷,所以称它们为硼烷。

人们对硼烷的研究开始于1912年前后,其发展比较快,特别是在第二次世界大战后,火箭技术提出了对高能燃料的需求,使得具有高燃烧热的硼氢化合物受到重视,为硼氢化合物的深入研究提供了机遇,加上现代技术如红外光谱、核磁共振谱等为研究硼氢化合物的结构提供了条件,因而硼烷化学得以迅速发展。不仅硼烷体系得到扩大,而且硼烷衍生物也得到了广泛深入的研究,与此同时,硼烷及其衍生物的立体化学和化学键理论以及有关应用都相继得到发展。

3.5.1 硼烷的合成及命名

1. 硼烷的合成

早在1912～1930年,德国的Alfred Stock及其合作者们通过酸与硼化镁的作用,制备了除 B_2H_6 外的 B_4H_{10}、B_5H_9、B_6H_{10} 和 $B_{10}H_{14}$ 等一系列硼烷。乙硼烷 B_2H_6 是通过高级硼烷的热分解制备的,即

$$2B_4H_{10} \xrightarrow{\triangle} B_2H_6 + 2B_3H_7 \qquad (3\text{-}34)$$

但现在已不使用上述方法了。

1) 乙硼烷的合成

B_2H_6 是通过四氢合硼酸钠或四氢合铝酸锂与三氟化硼反应来制备的。反应式如下:

$$3NaBH_4 + 4BF_3 \xrightarrow{\text{二甘醇二甲醚}} 2B_2H_6 + 3NaBF_4 \qquad (3\text{-}35)$$

或 $$3LiAlH_4 + 4BF_3 \xrightarrow{\text{乙醚}} 2B_2H_6 + 3LiF + 3AlF_3 \qquad (3\text{-}36)$$

也可用 $AlCl_3$ 作催化剂在高温高压下由 B_2O_3、Al 和 H_2 反应来制备:

$$B_2O_3 + 2Al + 3H_2 \xrightarrow{AlCl_3} B_2H_6 + Al_2O_3 \qquad (3\text{-}37)$$

用此法,在448 K和氢气压力为 7.6×10^4 MPa下可制得很纯的 B_2H_6,转化率达50%。

在实验室里,还可以小心地将四氢合硼酸钠加到浓硫酸或磷酸中来制备少量 B_2H_6。

$$2NaBH_4 + 2H_2SO_4 \longrightarrow B_2H_6 + 2NaHSO_4 + 2H_2 \qquad (3\text{-}38)$$

2) 高级硼烷及硼氢阴离子的合成

由 B_2H_6 热解,可进一步制得高级的硼烷。例如:

$$2B_2H_6 \xrightarrow{373\text{ K}} B_4H_{10} + H_2 \qquad (3\text{-}39)$$

$$5B_2H_6 \xrightarrow[\text{二甲醚}]{423\text{ K}} B_{10}H_{14} + 8H_2 \qquad (3\text{-}40)$$

$$5B_2H_6 \xrightarrow{453\text{ K}} 2B_5H_9 + 6H_2 \qquad (3\text{-}41)$$

由硼氢阴离子的盐与氯化氢反应也可制备较高级的硼烷。例如

$$K[B_5H_{12}] + HCl \xrightarrow{162\text{ K}} B_5H_{11} + H_2 + KCl \qquad (3\text{-}42)$$

$$K[B_6H_{11}] + HCl \xrightarrow{162\text{ K}} B_6H_{12} + KCl \qquad (3\text{-}43)$$

较高级的硼氢阴离子可用 B_2H_6 与较低级的硼氢阴离子反应来制备。例如:

$$2NaBH_4 + 5B_2H_6 \xrightarrow{423\text{ K}} Na_2[B_{12}H_{12}] + 13H_2 \qquad (3\text{-}44)$$

还可由较低级的硼氢阴离子盐的热解来制备。例如：

$$4Cs[B_3H_8] \xrightarrow[\text{少量乙醚}]{\triangle} Cs_2[B_{12}H_{12}]+2CsH+9H_2 \quad (3\text{-}45)$$

也可通过硼氢化物与有机的 Lewis 碱反应来制备。例如：

$$6B_2H_6+2(C_2H_5)_3N \longrightarrow [(C_2H_5)_3NH]_2[B_{12}H_{12}]+11H_2 \quad (3\text{-}46)$$

$$B_{10}H_{14}+2R_3N \xrightarrow[\text{二甲苯}]{\text{煮沸}} (R_3NH)_2B_{10}H_{10}+H_2 \quad (3\text{-}47)$$

2. *硼烷及其衍生物的命名*

硼烷的命名类似于碳烷烃。结合硼烷的具体情况，其一般命名原则如下：

(1) 当硼烷分子的硼原子数在 10 以内时，用甲、乙、丙、丁……表示硼原子数。若硼烷分子中的硼原子数超过 10，则用中文数字词头标明硼原子数。

(2) 硼烷分子中的氢原子数用阿拉伯数字加圆括号写在硼烷名称的后面，如 B_5H_9 称为戊硼烷(9)，B_5H_{11} 称为戊硼烷(11)，$B_{18}H_{22}$ 则称为十八硼烷(22)等。若硼烷只有一种化合物时，括号内的数字可以省略，如 B_2H_6 就称乙硼烷。

(3) 某些多硼烷需要在名称前加词头标明结构类型(如闭型、巢型、网型等)。例如 $B_{10}H_{14}$ 称为巢型-癸硼烷(14)，$B_{20}H_{16}$ 称为闭型-二十硼烷(16)等。

(4) 硼烷阴离子一般按照配位化合物的命名原则来命名。B—H 键均称为“氢合”某硼酸根，在名称后的圆括号内标明离子电荷。例如 $B_{10}H_{10}^{2-}$ 的名称为十氢合-闭型-癸硼酸根(2−)离子。

(5) 碳硼烷作为硼烷的一种含杂原子的衍生物，其命名和硼烷的命名原则相似，所不同的是需标明碳原子的位置。将多面体骨架原子进行编号时，尽可能给予碳原子最低的编号。例如图 3-34(a)闭型-1,5-$C_2B_3H_5$ 可命名为 1,5-二碳代-闭型-戊硼烷(5)，(b)闭型-1,2-$C_2B_{10}H_{12}$ 可命名为 1,2-二碳代-闭型-十二硼烷(12)等。

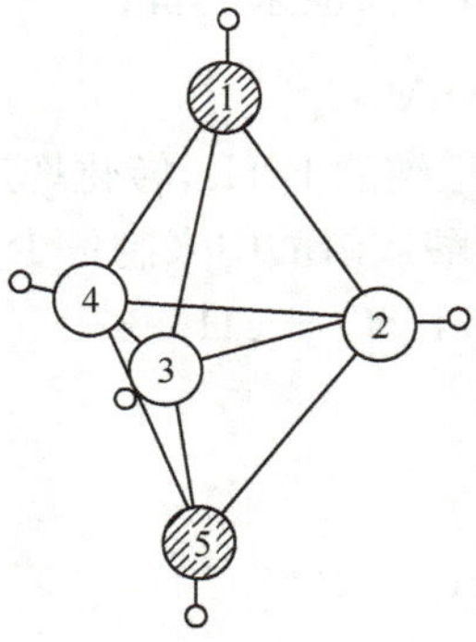

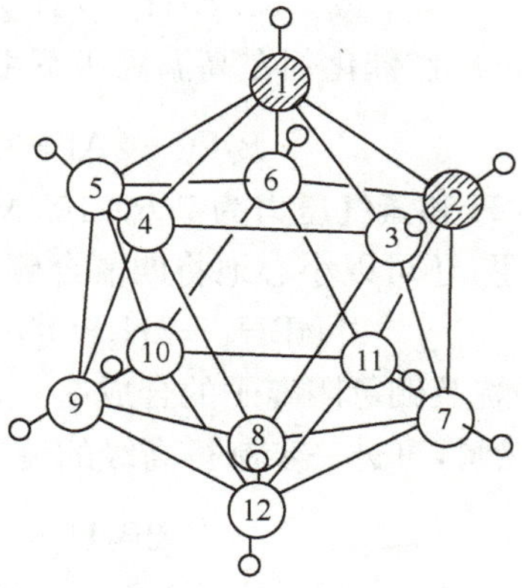

图 3-34 闭型-1,5-$C_2B_3H_5$(a)和闭型-1,2-$C_2B_{10}H_{12}$(b)的结构

3.5.2 硼烷的结构和化学键

1. *硼烷的结构*

在硼烷分子中，硼原子组成多面体骨架结构，氢原子与骨架硼原子的结合有端联、桥联两种方式。按硼烷结构的闭合度可分为 3 种典型类型，即闭型、巢型和网型，其他还有敞网型结构。

1）闭型硼烷阴离子

闭型硼烷阴离子如 $B_6H_6^{2-}$、$B_8H_8^{2-}$、$B_{10}H_{10}^{2-}$、$B_{11}H_{11}^{2-}$、$B_{12}H_{12}^{2-}$ 等，其通式可表示为 $B_nH_n^{2-}$。n 个 B 原子组成的骨架结构主要如图 3-35 所示。

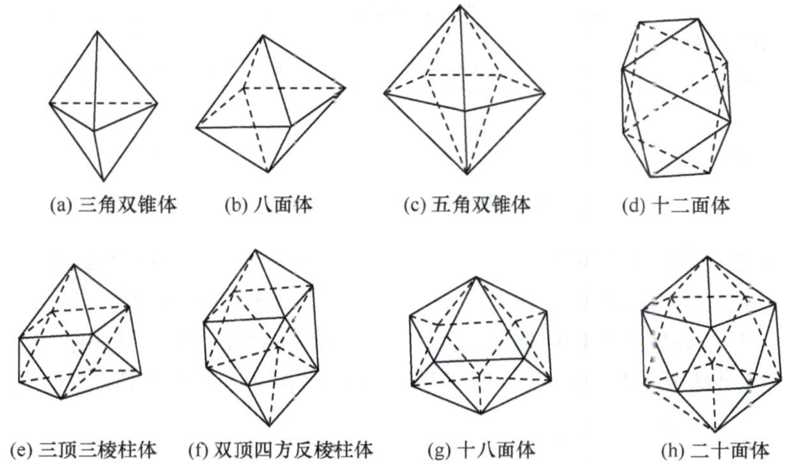

图 3-35　闭型硼烷分子的骨架结构

闭型是所有的硼原子均处在多面体的 n 个顶点上，使骨架本身闭合起来形成多面体结构。由于这种结构形如笼，所以又有笼型之称。

在闭型硼烷阴离子中，每个硼原子均外向端联 1 个氢原子，形成外向 B—H 键。

2）巢型硼烷

巢型硼烷如 B_5H_9、B_6H_{10}、B_8H_{12}、$B_{10}H_{14}$ 等，其结构通式可表示为 B_nH_{n+4}。这种类型是比闭型多面体骨架的 n 个顶点少一个骨架原子而形成的开口或缺顶的多面体骨架结构，如图 3-36所示的几种巢型硼烷的结构。由于这种结构的形状似鸟窝，所以称为巢型硼烷。

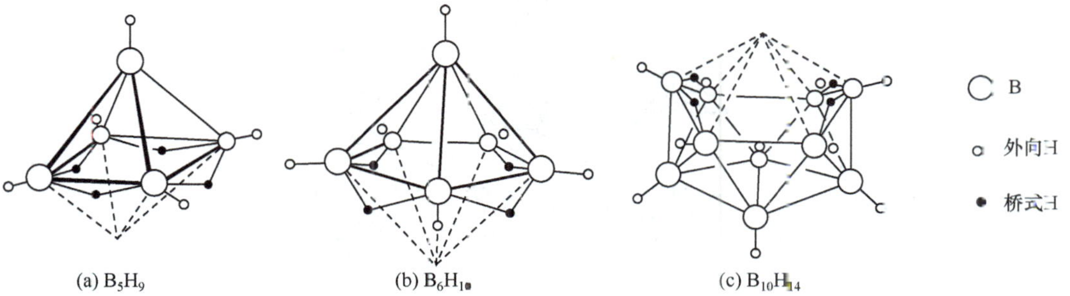

图 3-36　巢型硼烷分子的结构

在巢型硼烷中，氢原子与硼原子的键合有两种方式：一种是外向端联键合；另一种是桥联键合，形成氢桥键。如图 3-36(a) B_5H_9 的结构中，5 个硼原子外向端联 5 个 H 原子，剩下的 4 个 H 原子在四棱锥的底面与硼原子两两键合形成四个氢桥键。

3）网型硼烷

网型硼烷如 B_4H_{10}、B_5H_{11}、$B_9H_{15}^-$ 等，其通式可表示为 B_nH_{n+6}。这种类型是比闭型多面体骨架的 n 个顶点少了两个骨架原子的开口或缺顶多面体结构。或者说，是比巢型多面体骨架少一个骨架硼原子的开口或缺顶多面体结构。例如 B_4H_{10}、B_5H_{11}、$B_9H_{15}^-$ 的结构，见图 3-37。

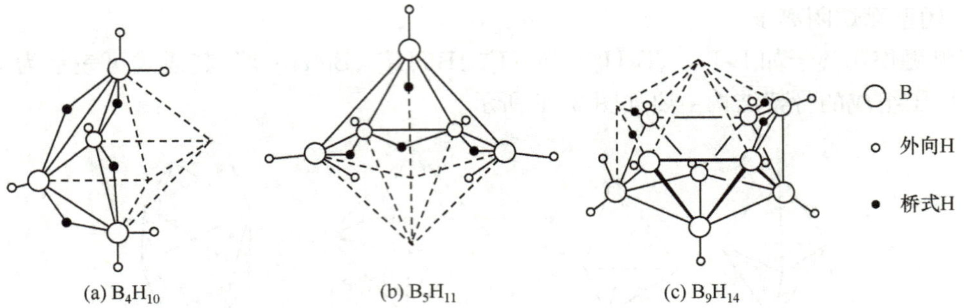

图 3-37　网型硼烷分子的结构

在网型硼烷中，氢原子与硼原子的键合仍为两种方式，即外向端联和桥联键合。例如图3-37(a) B_4H_{10}的结构中，有 6 个外向端联 H 原子，4 个桥联 H 原子。

从上面所述可知，硼烷的 3 种典型结构按闭型、巢型和网型的顺序，其完整程度逐渐降低，开口程度不断增加。各种硼原子数为 n=4～12 的硼烷的主要结构模式及其相关图见图 3-38 所示。

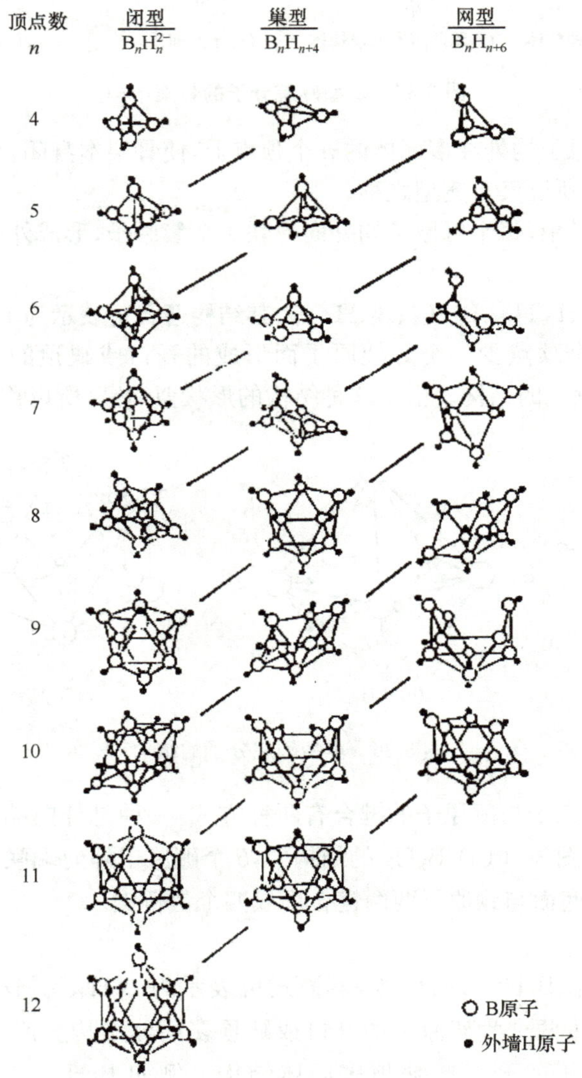

图 3-38　各类硼烷和杂硼烷的结构关系

超过 12 个硼原子的硼烷还有很多，如 $B_{13}H_{19}$、$B_{14}H_{20}$、$B_{16}H_{20}$、$B_{20}H_{16}$、$B_{24}H_{23}^{3-}$、$B_{48}H_{45}^{5-}$ 等。其中有的结构已经测定，有的尚未测定。不过，它们的结构都比较复杂，大多是由 n 个多面体骨架组合而成，如图 3-39 所示 $B_{16}H_{20}$ 和 $B_{20}H_{16}$ 的结构。

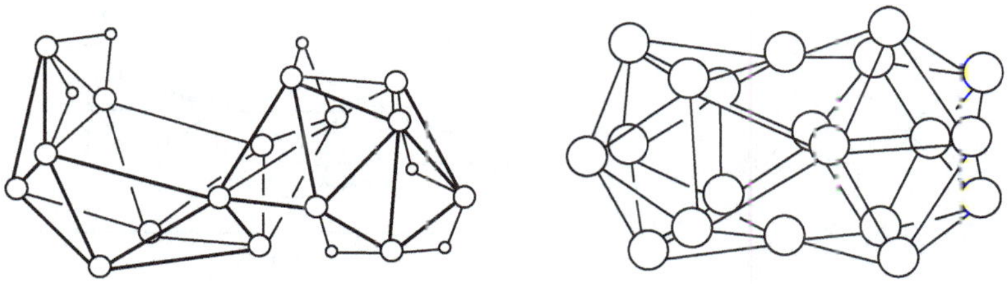

(a) $B_{16}H_{20}$(端梢氢未示出)　　(b) $B_{20}H_{16}$

图 3-39　$B_{16}H_{20}$ 和 $B_{20}H_{16}$ 的结构

其他还有敞网型结构。顾名思义，这种结构是网敞得更开，几乎成平面的结构。例如 $[B_5H_9][P(CH_3)_3]_2$ 和 $[B_5H_9][Ph_2PCH_2]_2$ 的结构，见图 3-40 和图 3-41。

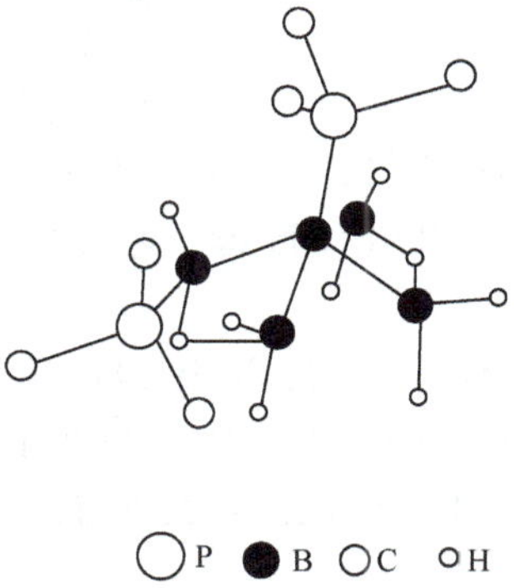

图 3-40　$[B_5H_9][P(CH_3)_3]_2$ 的结构(甲基中的氢未示出)

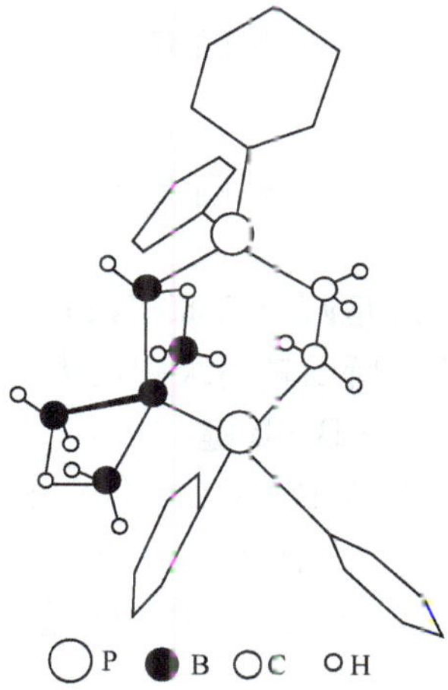

图 3-41　$[B_5H_9][Ph_2PCH_2]_2$ 的结构

2. 硼烷的化学键

硼烷是缺电子化合物。因为如果相邻原子间都形成普通的二中心二电子键(2c-2e 键)，则成键电子不足。例如在 B_2H_6 分子中，若形成 6 个 B—H 和 1 个 B—B 二中心二电子键，则需要 14 个价电子，但 B_2H_6 分子中只有 12 个价电子，所以缺少 2 个电子。研究认为，在 B_2H_6 分子中，每个 B 原子的两个各具有单电子的不等性 sp^3 杂化轨道分别与 H 原子的 1s 轨道重叠，形成 2 个 B—H 2c-2e 键；每个 B 原子剩下的具有 1 个电子的两个 sp^3 杂化轨道与 H 原子的 1s 轨道重叠，形成两个 B—H—B 三中心二电子键(3c-2e 键)。B—H—B 三中心二电子键又称为 3c-2e 氢桥键。这样，在 B_2H_6 分子中就有 4 个 B—H 2c-2e 键，两个 B—H—B 3c-2e 氢桥键。B_2H_6 分子中的两种硼氢键为：

2c-2e 键　　端联硼氢键　　B—H

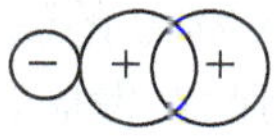

3c-2e 键　　桥式硼氢键　　$\overset{H}{\frown}$ B B

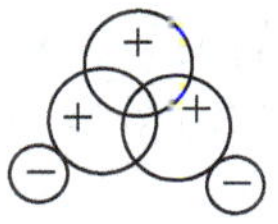

B_2H_6 中的两个 BH_2 处于同一平面内，和 B—H—B 所在的平面在空间互相垂直。B_2H_6 的结构式和立体结构见图 3-42。

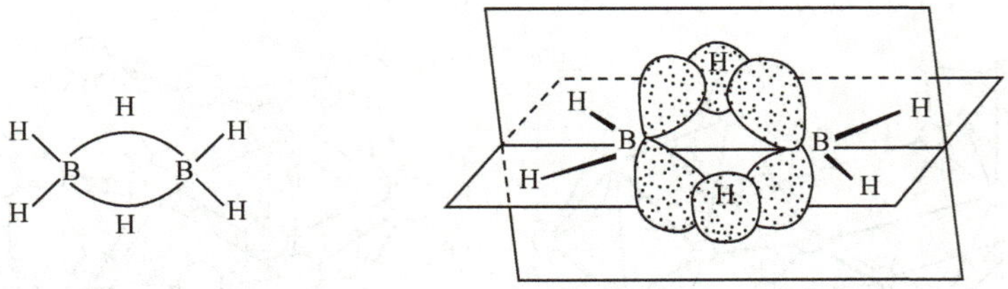

(a)　　(b)

图 3-42　B_2H_6 分子的结构

对于较高级的硼烷，其结构中除了上述两种成键要素外，还涉及以下两种成键要素，即 2c-2e 硼-硼键和 3c-2e 硼-硼-硼键。硼原子用于成键的轨道是 4 个 sp^3 杂化轨道。于是硼原子的这两种骨架键为

2c-2e　　硼-硼键　　B—B　　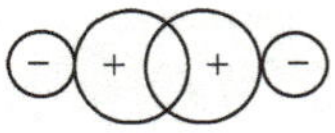

3c-2e　　硼-硼-硼键　　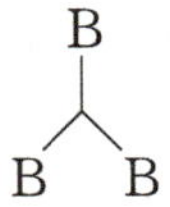　　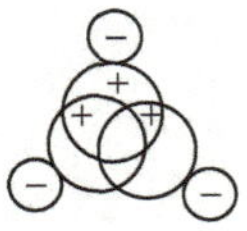

2c-2e B—B 键是两个 B 原子杂化轨道之间的重叠；3c-2e B—B—B 键是 3 个 B 原子杂化轨道之间的重叠。所以较高级硼烷中的化学键则有：2c-2e B—H 键、3c-2e B—H—B 键、2c-2e B—B 键和 3c-2e B—B—B 键。

例如，图 3-43(a) B_4H_{10} 中，有 6 个 2c-2e B—H 键、4 个 3c-2e B—H—B 键和 1 个 2c-2e B—B 键；(b) B_5H_{11} 中有 8 个 2c-2e B—H 键、3 个 3c-2e B—H—B 键和 2 个 3c-2e B—B—B 键；(c) B_6H_{10} 中有 6 个 2c-2e B—H 键、4 个 3c-2e B—H—B 键、2 个 2c-2e B—B 键和 2 个3c-2e B—B—B 键。

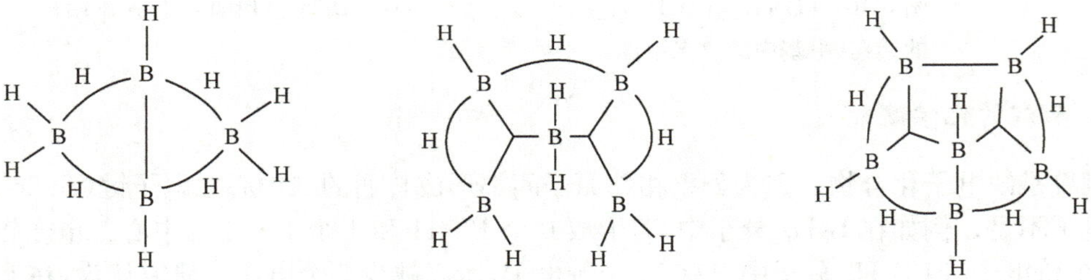

(a) B_4H_{10}　　(b) B_5H_{11}　　(c) B_6H_{10}

图 3-43　几种硼烷分子的结构

3.5.3　$4n-F$ 规则

对于高对称性的硼烷进行分子轨道处理获得了令人满意的结果，但低对称性的结构计算比较困难，因此在发展定量的分子轨道方法的同时，人们也注意寻找硼烷及其衍生物的结构与电子数之间的关系。对硼烷和碳硼烷的深入研究已总结出有关它们的多面体形状与骨架电子数(或价电子数)关系的一些规则，如 Wade 提出的规则(见 3.3 节)，我国化学家唐敖庆提出的

$4n-F$ 规则以及徐光宪提出的 $nxc\pi$ 规则等，根据上述规则可预测硼烷、碳硼烷的结构。本节仅介绍 $4n-F$ 规则。该规则能较好地阐明各类硼烷，特别是联结型硼烷的结构和价电子数（这些价电子全部容纳在成键分子轨道中）的关系，其要点如下：

（1）如果硼烷的结构为完整多面体，即该多面体的所有面均为三角形，则将它加上一个顶点，使之成为戴帽多面体，如图 3-44 所示。

（2）如果硼烷的结构为不完整的多面体，则加上一个或多个顶点使之成为完整多面体，如图 3-44 所示。

（3）设硼烷中的硼原子数为 n，戴帽或加顶点使之完整化后的多面体的三角形面数为 f，实际硼烷骨架多面体与完整三角形面多面体相差的顶点数为 s（对于巢型、网型用负号；对于戴帽型用正号；闭型其值为 0），则多面体硼烷的价成键分子轨道数为

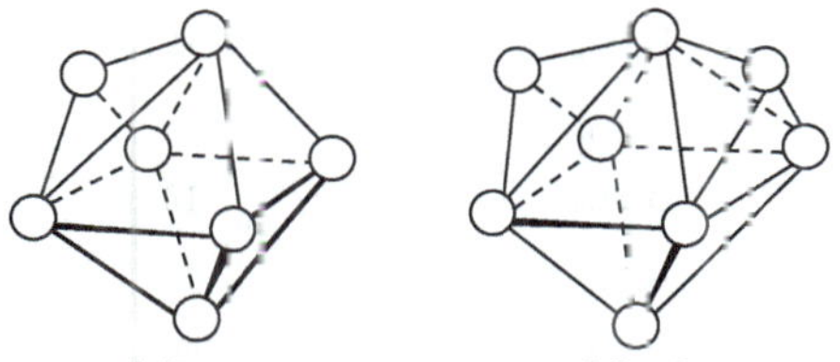

图 3-44 戴帽多面体

$$\text{VBO}=4n-f-3(s+1)=4n-F \tag{3-48}$$

式(3-48)可以解释全部闭型、巢型和网型硼烷的结构：

（1）闭型硼烷 $B_nH_n^{2-}$。闭型硼烷本身就是完整多面体，$s=0$，因此 $F=f+3$，它们的结构性质、VBO 以及价电子数如表 3-15 所示。

表 3-15 闭型硼烷的 VBO

硼 烷	完整多面体数(f)	$F=f+3$	VBO$=4n-F$	价电子数$=2(4n-F)$
$B_6H_6^{2-}$	8	11	13	26
$B_7H_7^{2-}$	10	13	15	30
$B_8H_8^{2-}$	12	15	17	34
$B_9H_9^{2-}$	14	17	19	38
$B_{10}H_{10}^{2-}$	16	19	21	42
$B_{11}H_{11}^{2-}$	18	21	23	46
$B_{12}H_{12}^{2-}$	20	23	25	50

（2）巢型硼烷 B_nH_{n+4}。巢型硼烷构成完整多面体需加顶点数 $s=-1$，所以 $F=f$，它们的结构性质以及 VBO、价电子数如表 3-16 所示。

表 3-16 巢型硼烷的 VBO

硼 烷	$f=F$	VBO$=4n-F$	价电子数$=2(4n-F)$
B_5H_9	8	12	24
B_6H_{10}	10	14	28
B_7H_{11}	12	16	32
B_8H_{12}	14	18	36
B_9H_{13}	16	20	40
$B_{10}H_{14}$	18	22	44
$B_{11}H_{15}$	20	24	48

（3）网型硼烷 B_nH_{n+6}。网型硼烷构成完整多面体需加顶点数 $s=-2$，所以 $F=f-3$，它们的结构性质以及 VBO、价电子数列于表 3-17。

表 3-17　网型硼烷的 VBO

硼　烷	完整多面体数(f)	$F=f-3$	$VBO=4n-F$	价电子数$=2(4n-F)$
$B_3H_8^-$	6	3	9	18
B_4H_{10}	8	5	11	22
B_5H_{11}	10	7	13	26
B_6H_{12}	12	9	15	30
$B_7H_{12}^-$	14	11	17	34
B_8H_{14}	16	13	19	38
$B_9H_{14}^-$	18	15	21	42
$B_{10}H_{14}^{2-}$	20	17	23	46

(4) 联结型硼烷。式(3-48)还可以进一步推广，用于解释联结型硼烷的结构。目前已测定结构的联结型硼烷中，以一条或多条 B—B 单键相联结和以共用一条边联结其两个多面体的联结型硼烷较多(图 3-45)，例如戊硼烷(9)通过 1,1′位上的硼联结形成的 $B_{10}H_{16}$ 属前一种类型[图 3-45(b)]，巢型 $B_{10}H_{14}$ 和巢型 B_6H_{10} 通过共用一条 B—B 边形成的 $B_{14}H_{18}$ 属于后一类[图 3-45(d)]。

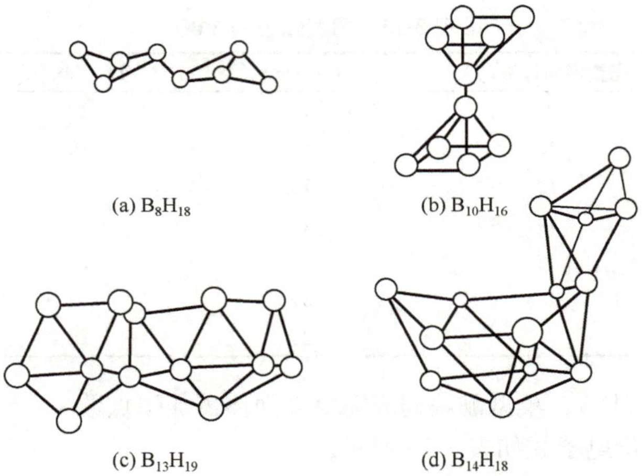

(a) B_8H_{18}　(b) $B_{10}H_{16}$　(c) $B_{13}H_{19}$　(d) $B_{14}H_{18}$

图 3-45　一些联结型硼烷的结构

有趣的是闭型 $B_{10}H_{10}^{2-}$ 在水溶液中用 Fe^{3+} 或 C^{4+} 氧化得到 $B_{20}H_{18}^{2-}$，$B_{20}H_{18}^{2-}$ 是两个 B_{10} 多面体通过 6,10 或 6′,10′位置以两个 B—B—B 三中心键联结的结构，而此二价负离子在液氨中又会被 Na 还原成为 $B_{20}H_{18}^{4-}$，这时两个 B_{10} 多面体只通过在 10 和 10′位上的 B—B 键联结，见图3-46($B_{20}H_{18}^{4-}$ 还有其他异构体)。

对于联结型硼烷可以总结出下列拓扑公式，即当 B—B 单键联结时，若 γ 为这类 B—B 键数，则

$$VBO=4n-(F_1+F_2)-\gamma \tag{3-49}$$

对于共用一条边联结：

$$VBO=4n-(F_1+F_2)+2 \tag{3-50}$$

式(3-49)和式(3-50)可以作如下理解：当两个硼烷多面体同时各提供一个成键轨道相作用成键时，其结果必形成一个成键和一个反键轨道。而当两个硼烷多面体间形成 γ 个键时，必定产生 γ 个反键轨道，因此式(3-49)中就出现了 $-\gamma$ 这一项。式(3-50)中的 $+2$ 项可能同下列

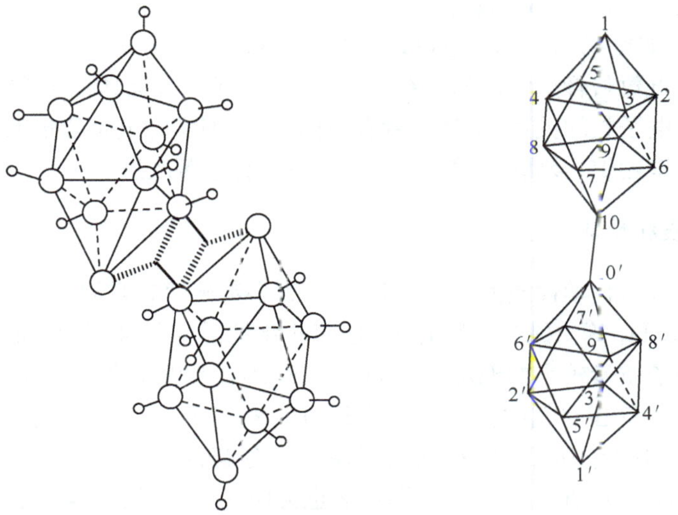

(a) (b)

图 3-46 $B_{20}H_{18}^{2-}$(a)和 $B_{20}H_{18}^{4-}$(b)的结构

事实相关:在硼烷多面体中,每条边由两个三角形面所共用,而当一条边为两个多面体共用时,它将为 4 个三角形面所共用,使公共面数增加 2,故要加上。

表 3-18 列出了联结型硼烷的多面体性质、VBO 以及价电子数。

表 3-18 联结型硼烷的 VBO

硼烷	被联结的多面体						γ	VBO	价电子数 2(VBO)
	1 多面体结构 F_1			2 多面体结构 F_2					
B_8H_{18}	巢型	B_4	5	网型	B_4	5	1	21	42
$B_{10}H_{16}$	巢型	B_5	8	巢型	B_5	8	1	23	46
$B_{20}H_{16}$	巢型	B_{10}	18	巢型	B_{10}	18	1	43	86
$B_{20}H_{18}^{4-}$	闭型	B_{10}	19	闭型	B_{10}	19	1	41	82
$B_{20}H_{18}^{2-}$	闭型	B_{10}	19	闭型	B_{10}	19	2	40	80
共边联结的硼烷的 VBO									
$B_{13}H_{19}$	网型	B_9	15	巢型	B_6	10	—	29	58
$B_{14}H_{18}$	巢型	B_{10}	18	巢型	B_6	10	—	30	60
$B_{16}H_{20}$	巢型	B_{10}	18	巢型	B_8	14	—	34	68
$B_{18}H_{22}$	巢型	B_{10}	18	巢型	B_{10}	18	—	38	76

Lipscomb 曾设想 B_{13}~B_{24} 的 12 个闭型硼烷也都符合式(3-48),有些联结型硼烷目前尚未测定出结构,但可依据式(3-49)和式(3-50)进行推测。例如 $B_{24}H_{23}^{3-}$ 很可能是两个 B_{12} 闭型硼烷用 B—B 键相联,$B_{14}H_{22}$ 很可能是两个网型硼烷共用一条边而联结成。

硼烷可以看成是由硼原子的多面体骨架与配位氢原子结合而形成。当骨架硼同一个氢原子相结合时,它们各提供一个成键轨道相互作用,其结果是产生一个成键和一个反键分子轨道,因此可以认为硼烷的成键分子轨道数在多面体骨架中已经确定。这点已被用从头计算方法计算的 B_6^{2-} 和 $B_6H_6^{2-}$ 轨道相关图证实,此外还计算了 $s=0$,$s=\pm1$ 和 $s=\pm2$ 的各种多面体硼的骨架分子轨道能级，其 VBO 数与 $4n-F$ 规则预言的完全相符。

同样，用 Wade 规则(见 3.3 节)也可以计算硼烷和碳硼烷结构与电子数的关系。但 Wade 规则强调多面体顶点数与骨架键对的关系；$4n-F$ 规则强调多面体面数和空的顶点数与所有成键分子轨道中价电子数的关系，虽然二者有不同形式，但实际上是等价的。$4n-F$ 规则可适用于联结型硼烷和碳硼烷、金属碳硼烷，比 Wade 规则有显著改进。

3.5.4 硼烷的性质和反应

若干硼烷的物理和化学性质列于表 3-19 中。大多数硼烷在常温常压下为液体或固体，只有少数为气体，如 B_2H_6 等。硼烷一般有毒，它们的化学活性很强，几乎所有的硼烷对氧化剂都很敏感。相对分子质量较小的硼烷如 B_2H_6、B_5H_9 等在常温下遇空气即自燃，只有相对分子质量较大的如 $B_{10}H_{14}$ 等在空气中稳定。对于 B_nH_{n+4} 和 B_nH_{n+6} 两个系列的硼烷：一般 B_nH_{n+6} 的热稳定性较差，如 B_4H_{10} 和 B_5H_{11} 在室温下便迅速分解；B_nH_{n+4} 对热比较稳定，如 B_5H_9 在 423 K 才缓慢分解，$B_{10}H_{14}$ 在 423 K 时长期加热也无明显变化，只有当温度高于 443 K 时分解才较明显。但是也有例外，如 $B_{10}H_{16}$ 为 B_nH_{n+6} 系列的硼烷，很稳定，加热到 523 K 时仍不分解。几乎所有的硼烷都能发生水解而生成硼酸和氢气。

表 3-19 若干硼烷的重要性质

通式	化学式	名称	熔点/K	沸点/K	与空气的反应	热稳定性	与水的反应
B_nH_{n+4}	B_2H_6	乙硼烷	126.3	180.56	自燃	在 298 K 时很稳定	立即水解
	B_5H_9	戊硼烷(9)	226.35	333.15	自燃	在 298 K 时稳定，423 K 时缓慢分解	加热时水解
	B_6H_{10}	己硼烷(10)	210.85	381.15	稳定	在 298 K 时缓慢分解	加热时水解
	B_8H_{12}	辛硼烷(12)	353.15	—	—	高于 248 K 时分解	—
	$B_{10}H_{14}$	癸硼烷(14)	372.85	486.15	很稳定	在 423 K 时稳定	缓慢水解
	$B_{14}H_{18}$	十四硼烷(18)	液态	—	稳定	约 298 K 时分解	—
B_nH_{n+6}	B_4H_{10}	丁硼烷(10)	153.15	291.15	纯的不自燃	在 298 K 时很快分解	在 24 h 内水解
	B_5H_{11}	戊硼烷(11)	150.15	336.15	自燃	在 298 K 时很快分解	迅速水解
	B_6H_{12}	己硼烷(12)	190.85	353.15 363.15	—	液态在 298 K 时稳定几小时	全部水解，产生 B_4H_{10}、$B(OH)_3$ 及 H_2
	B_9H_{15}	壬硼烷(15)	275.75	—	稳定	—	—
	$B_{10}H_{16}$	癸硼烷(16)	—	—	稳定	在 298 K 时稳定	—
	$B_{14}H_{20}$	十四硼烷(20)	固态	—	稳定	—	—
	$B_{20}H_{16}$	二十硼烷(16)	469.15～472.15	—	稳定		不可逆地产生 $B_{20}H_{16}(OH)_2^{2-}$ 和 $2H^+$

硼烷的反应很多，如氢桥键的裂解反应、加合反应、去氢反应等。

1. 氢桥键的裂解反应

硼烷的许多反应是从与 Lewis 碱加合开始，形成不稳定的化合物，然后发生对称或非对称性裂解。如图 3-47 所示 B_2H_6 和 B_4H_{10} 的两种裂解方式。

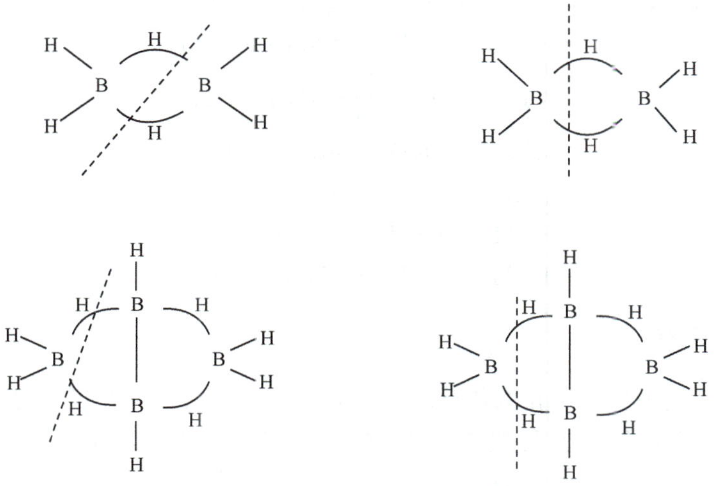

(a)　　　　　　　　(b)

图 3-47　B_2H_6 和 B_4H_{10} 的对称(a)和非对称(b)裂解

一般，较小的 Lewis 碱导致硼烷非对称性裂解，产生 BH_2^+ 和硼氢阴离子。例如：

$$B_2H_6 + 2NH_3 \longrightarrow [H_2B(NH_3)_2]^+ + [BH_4]^-$$

$$B_4H_{10} + 2NH_3 \longrightarrow [H_2B(NH_3)_2]^+ + [B_3H_8]^-$$

$$B_5H_{11} + 2NH_3 \longrightarrow [H_2B(NH_3)_2]^+ + [B_4H_9]^-$$

$$B_4H_{10} + 2OH^- \longrightarrow [H_2B(OH)_2]^- + [B_3H_8]^-$$

$[H_2B(OH)_2]^-$ 不稳定，发生歧化分解：

$$2[H_2B(OH)_2]^- \longrightarrow [B(OH)_4]^- + [BH_4]^-$$

较大的 Lewis 碱则导致硼烷发生对称性裂解，产生 BH_3 或者形成加合物，或者二聚成 B_2H_6。例如：

$$B_2H_6 + 2(CH_3)_2O \longrightarrow 2(CH_3)_2OBH_3$$

$$B_4H_{10} + 2(CH_3)_3N \longrightarrow (CH_3)_3NB_3H_7 + (CH_3)_3NBH_3$$

$$B_6H_{12} + (CH_3)_3P \longrightarrow (CH_3)_3PBH_3 + B_5H_9$$

$$2B_4H_{10} + 2(C_2H_5)_2O \longrightarrow 2(C_2H_5)_2OB_3H_7 + B_2H_6$$

2. 加合反应

硼烷是缺电子化合物，易接受电子对进行加合反应。例如硼烷能广泛地与 Lewis 碱发生加合反应。许多 Lewis 碱与硼烷反应形成的加合物不稳定，进一步发生裂解反应，如上所述。有些 Lewis 碱却不能使某些硼烷裂解，而直接形成自身骨架的加合物。例如：

$$B_5H_9 + 2(CH_3)_3P \longrightarrow [(CH_3)_3P]_2B_5H_9$$

又如，乙腈化的癸硼烷(12)和三乙胺的反应，不过乙腈化癸硼烷(12)通常是由晶态的癸硼烷(14)与乙腈溶剂反应生成的，即

$$B_{10}H_{14} + 2CH_3CN \longrightarrow (CH_3CN)_2B_{10}H_{12} + H_2$$

$$(CH_3CN)_2B_{10}H_{12}+2(C_2H_5)_3N \longrightarrow [(C_2H_5)_3N]_2B_{10}H_{12}+2CH_3CN$$

3. *去桥式氢反应*

研究证明，具有桥式氢的中性硼烷都具有质子酸性质。同类型硼烷的酸性强度随骨架体积增大而增强。因此，硼烷能与碱反应，移去桥式氢生成硼烷阴离子。例如：

$$B_5H_9+NaH \longrightarrow NaB_5H_8+H_2$$

$$B_4H_{10}+KH \xrightarrow[\text{乙醚}]{195\ K} KB_4H_9+H_2O$$

$$B_6H_{10}+KH \longrightarrow KB_6H_9+H_2$$

$$B_{10}H_{14}+NaOH \longrightarrow NaB_{10}H_{13}+H_2O$$

$$B_{10}H_{14}+NaH \longrightarrow NaB_{10}H_{13}+H_2$$

$$B_{10}H_{14}+NH_3 \longrightarrow NH_4B_{10}H_{13}$$

4. *端联氢的取代反应*

端联氢最典型的反应是卤化取代反应。当硼烷与卤化物或卤素反应时，生成三中心二电子 B—H—B 骨架基本不变、只是端联氢原子被 X 取代的产物。例如：

$$B_2H_6+HI \longrightarrow B_2H_5I+H_2$$

$$B_2H_6+X_2 \longrightarrow B_2H_5X+HX \quad (X_2=F_2、Cl_2、Br_2、I_2)$$

$$B_{10}H_{14}+I_2 \longrightarrow I_2B_{10}H_{12}+H_2$$

有些硼烷与 X_2（$X_2=Cl_2$、Br_2、I_2）反应时，其氢原子甚至可以全被 X 取代。例如：

$$[B_{10}H_{10}]^{2-}+5X_2 \longrightarrow [B_{10}X_{10}]^{2-}+5H_2$$

$$[B_{12}H_{12}]^{2-}+6X_2 \longrightarrow [B_{12}X_{12}]^{2-}+6H_2$$

3.5.5 硼烷的衍生物

硼烷的衍生物很多，除前面涉及的硼烷阴离子外，还有碳硼烷、金属碳硼烷和金属硼烷等。

1. *碳硼烷*

由于 CH 和 BH^- 基团是等电子体，可以互相取代，因而硼烷中部分 BH^- 被 CH 基团取代而形成碳硼烷。碳硼烷是硼烷重要的衍生物，其骨架多面体由 B 原子和 C 原子共同组成。

通过硼烷或硼烷加合物与乙炔反应，可制得碳硼烷。例如在室温下，由 B_5H_9 和等物质的量乙炔组成的混合物在无声放电装置中反应可产生 $C_2B_3H_5$。反应式为

$$B_5H_9+C_2H_2 \longrightarrow C_2B_3H_5+B_2H_6$$

$C_2B_3H_5$ 在室温下为气体，不与空气或水发生明显的反应。用类似的方法，在一定温度下，由 B_5H_9 和 C_2H_2 反应还可制得 $C_2B_4H_8$。反应式为

$$B_5H_9+C_2H_2 \longrightarrow C_2B_4H_8+\frac{1}{2}B_2H_6$$

$C_2B_4H_8$ 是第一个被发现的巢型碳硼烷。

CB_5H_7 可通过 $CH_3B_5H_8$ 放电或加热来制备。反应式为

$$CH_3B_5H_8 \xrightarrow{\text{放电}} CB_5H_7+2H_2$$

$$2(1\text{-}CH_3B_5H_8) \xrightarrow{873.15\ K} CB_5H_7+2\text{-}CB_5H_9+3H_2$$

由 $B_{10}H_{14}$ 和乙炔在二乙基硫醚的丙醚溶液中反应可制得 $C_2B_{10}H_{12}$。反应式为

$$B_{10}H_{14}+2(C_2H_5)_2S \xrightarrow{\text{丙醚}} [(C_2H_5)_2S]_2B_{10}H_{12}+H_2$$

$$[(C_2H_5)_2S]_2B_{10}H_{12}+C_2H_2 \xrightarrow{\text{丙醚}} C_2B_{10}H_{12}+2(C_2H_5)_2S+H_2$$

已知碳硼烷的结构也有闭型、巢型和网型，但主要的是闭型和巢型，只有少数是网型和链型，如$B_7C_2H_{13}$等。通式为$C_2B_{n-2}H_n$的闭型碳硼烷和硼烷阴离子$B_nH_n^{2-}$等的电子结构十分相似，也具有闭合的三角形多面体骨架结构。其中部分结构如图 3-48 所示。

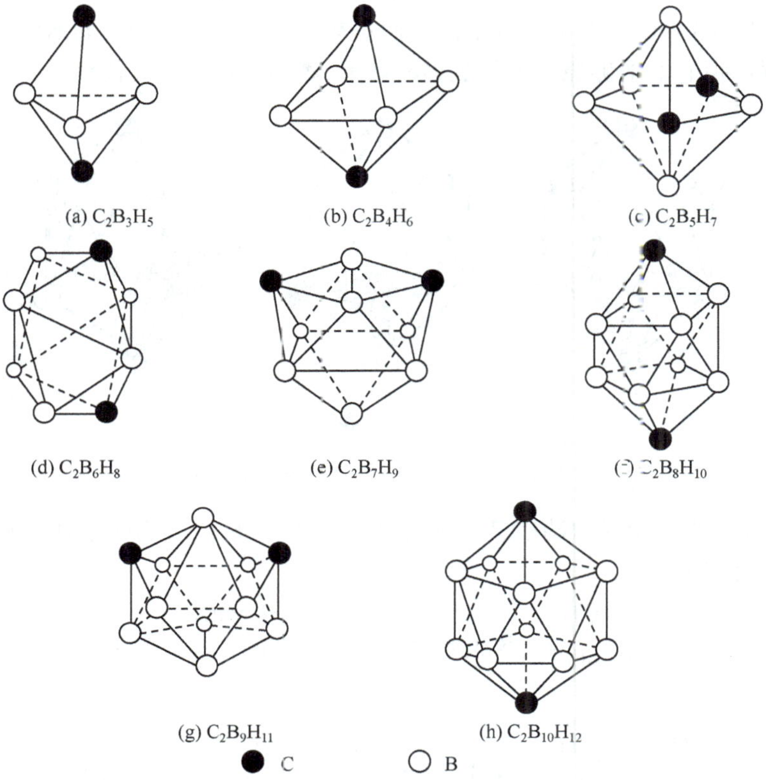

图 3-48　若干$C_2B_{n-2}H_n$(n=5～12)系列闭型碳硼烷的骨架结构

巢型碳硼烷的数量也不少。从第一个被发现的巢型碳硼烷$C_2B_4H_8$到现在，已经形成了很多完善的系列，例如B_6H_{10}、CB_5H_9、$C_2B_4H_8$、$C_3B_3H_7$、$C_4B_2H_6$和$C_5BH_6^+$(图 3-49)及C_5B_9、CB_4H_8、$C_2B_3H_7$、$C_3B_2H_6$和C_4BH_5等。

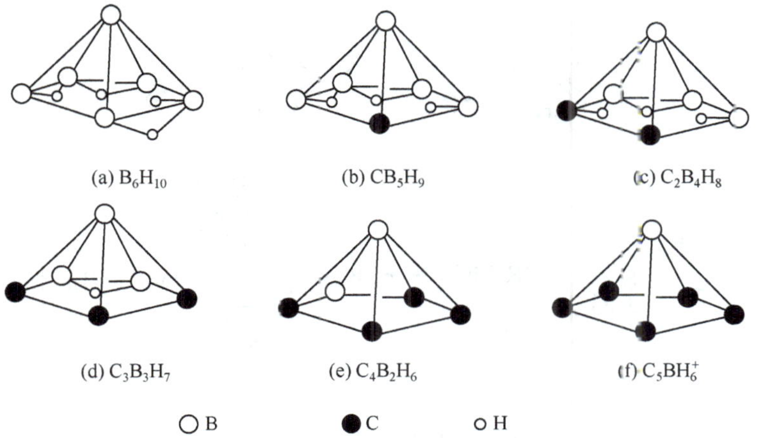

图 3-49　巢型碳硼烷系列(仅示出桥式氢)

含有两个或两个以上碳原子的碳硼烷很多都存在异构体。在各种异构体中，碳原子相隔较远的异构体稳定性较高。例如，闭型 $C_2B_{10}H_{12}$ 的 3 种异构体都具有二十面体的几何构型。如图 3-50 所示，(a)(b)(c)的结构分别称为邻、间和对位二碳代十二硼烷(12)。在一定条件下，$C_2B_{10}H_{12}$ 在分子内发生重排作用。例如，将 1,2-$C_2B_{10}H_{12}$ 加热到 743 K 时，可使它在气相中发生重排，只需几小时便可得到 1,7-$C_2B_{10}H_{12}$，产率可达 90%；在 973 K 下将 1,7-$C_2B_{10}H_{12}$ 加热几秒钟，则可生成产率达 20%的 1,12-$C_2B_{10}H_{12}$。1,2-$C_2B_{10}H_{12}$ 和 1,7-$C_2B_{10}H_{12}$ 是极性分子，而 1,12-$C_2B_{10}H_{12}$ 是非极性分子。它们对空气、水、热、氧化剂(如 $KMnO_4$、H_2O_2)和还原剂都是稳定的，但它们的硼原子上的氢容易被氟、氯等取代形成卤代物。

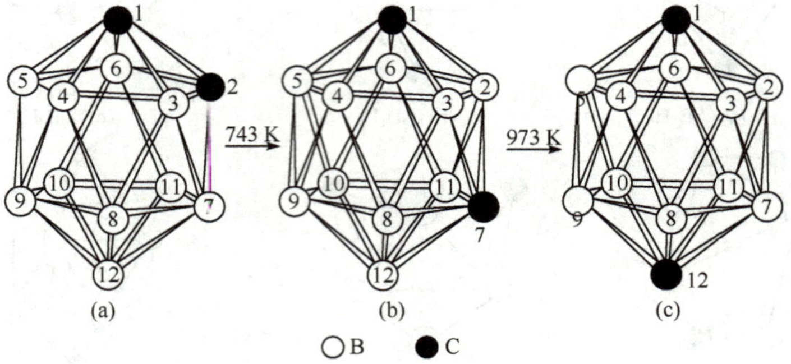

图 3-50 $C_2B_{10}H_{12}$ 的分子内重排反应

碳硼烷中与 C 原子相联的端梢氢具有明显的酸性，易被金属离子取代形成骨架结构不变的金属碳硼烷。例如：

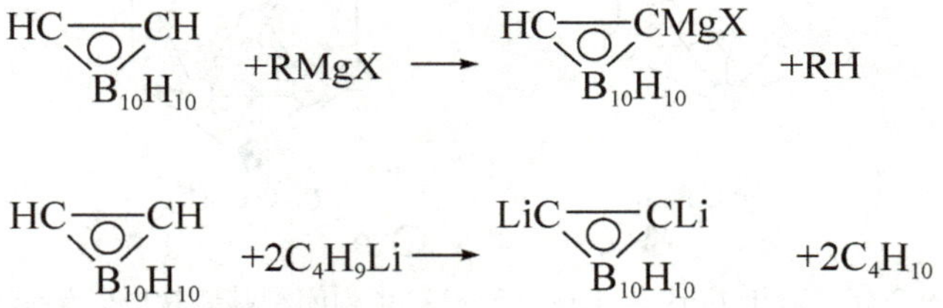

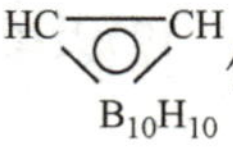

代表闭型 $C_2B_{10}H_{12}$。利用形成的金属碳硼烷，可制得许多其他的取代碳硼烷衍生物。例如：

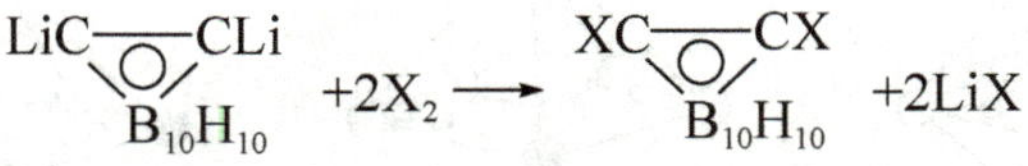

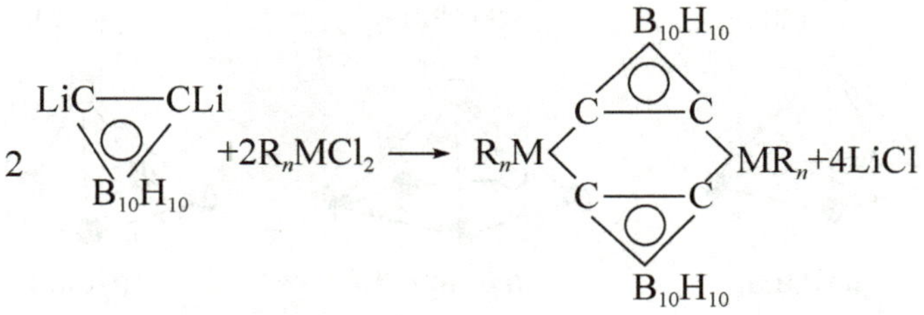

其中，R_nM 代表$(CH_3)_2Si$、C_6H_5P 及 C_6H_5As。

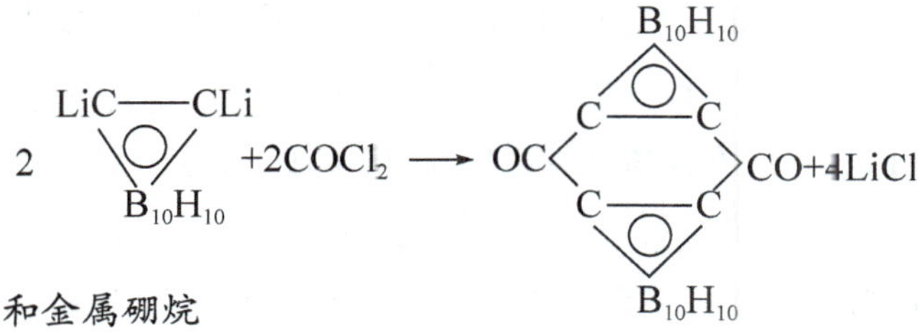

2. 金属碳硼烷和金属硼烷

金属碳硼烷是由金属原子、硼原子及碳原子共同组成骨架多面体的原子簇合物。第一个金属碳硼烷阴离子$[(C_2B_9H_{11})_2Fe]^{2-}$是在1964～1965年由M. F. Hawthorne等用无水氯化亚铁和巢型碳硼烷阴离子$C_2B_9H_{11}^{2-}$反应得到的。反应式为

$$2C_2B_9H_{11}^{2-} + FeCl_2 \longrightarrow [(C_2B_9H_{11})_2Fe]^{2-} + 2Cl^-$$

$[(C_2B_9H_{11})_2Fe]^{2-}$的结构如图3-51所示。由图可见，在它的结构里，由铁原子、硼原子和碳原子组成12个顶点的二十面体骨架，其中铁原子为两个二十面体所共享。

$[(C_2B_9H_{11})_2Fe]^{2-}$在空气中不稳定，还会被氧化而生成红色的结构相似的$[(C_2B_9H_{11})_2Fe]^-$。

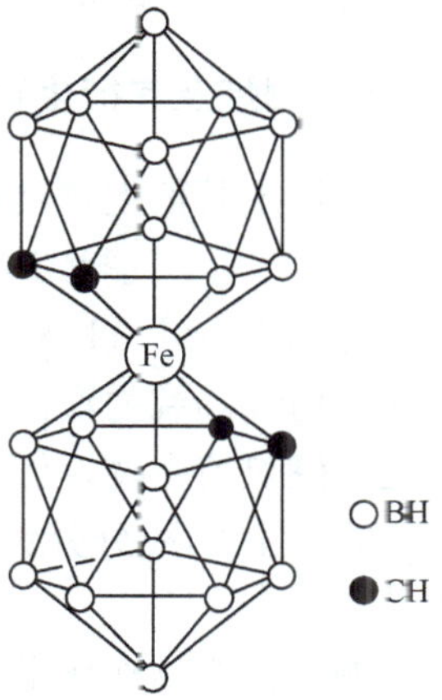

图3-51 $[(C_2B_9H_{11})_2Fe]^{2-}$的结构

第一个金属碳硼烷$[(C_2B_9H_{11})_2Fe]^{2-}$的母体是由碳硼烷1,2-$C_2B_{10}H_{12}$[图3-52(a)]经用乙氧基负离子在乙醇中处理，发生降解反应，消除1个B顶，产生1,2-$C_2B_9H_{12}^-$[图3-52(b)]。该阴离子再与强碱NaH作用，便产生1,2-$C_2B_9H_{11}^{2-}$[图3-52(c)]。反应式为

$$1,2\text{-}C_2B_{10}H_{12} + C_2H_5O^- + 2C_2H_5OH \xrightarrow{358\ K} 1,2\text{-}C_2B_9H_{12}^- + B(OC_2H_5)_3 + H_2$$

$$1,2\text{-}C_2B_9H_{12}^- + NaH \xrightarrow{THF} 1,2\text{-}C_2B_9H_{11}^{2-} + Na^- + H_2$$

1,2-$C_2B_9H_{12}^-$的12个氢原子中有11个处于端梢位置上，还有1个氢原子的位置不很清楚，可能是在开口面的周围快速运动。1,2-$C_2B_9H_{11}^{2-}$开口的面上，3个硼原子和2个碳原子各提供1个sp^3杂化轨道，均指向中心点位置。这5个轨道中共包含6个离域电子。这种情况类似于环戊二烯基$C_5H_5^-$(常用CP^-表示)由p轨道组成的π体系。环戊二烯基能形成大量有机金属化合物(见第4章)，于是启发Hawthorne等推测$C_2B_9H_{11}^{2-}$也可能作为π配体。按照这种思路，他们用类似于合成二茂铁的方法，果然合成出第一个金属碳硼烷。此后他们又合成了一系列类似的化合物，为金属碳硼烷化学的发展奠定了基础。到现在，已经通过多种途径合成了大量的金属碳硼烷和金属硼烷。

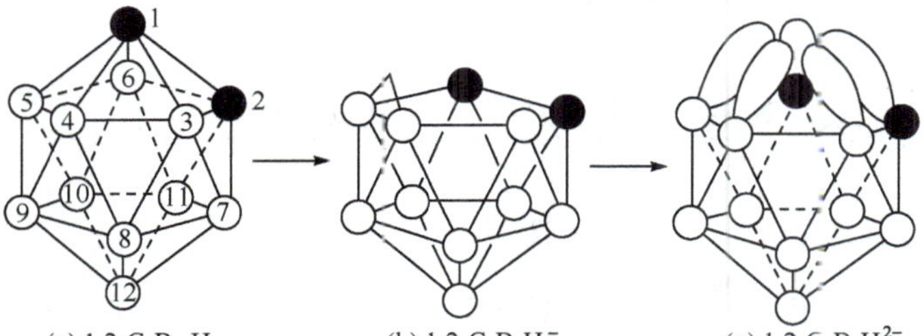

(a) 1,2-$C_2B_{10}H_{12}$　(b) 1,2-$C_2B_9H_{12}^-$　(c) 1,2-$C_2B_9H_{11}^{2-}$

○BH　●CH　• H

图3-52 1,2-$C_2B_9H_{11}^{2-}$的由来和结构

例如，$C_2B_9H_{11}^{2-}$ 与 $FeCl_2$ 和 NaC_5H_5 在四氢呋喃中反应可生成混配夹心型化合物。

$$C_2B_9H_{11}^{2-}+Fe^{2+}+C_5H_5^- \xrightarrow{THF} C_2B_9H_{11}Fe(\text{Ⅲ})C_5H_5$$

1，2-$C_2B_9H_{11}^{2-}$ 和 $Fe(CO)_5$ 在四氢呋喃中回流，可生成一种铁的双核金属碳硼烷。

$$2C_2B_9H_{11}^{2-}+2Fe(CO)_5 \xrightarrow{THF} [(C_2B_9H_{11})_2Fe_2(CO)_4]^{2-}$$

硼烷的衍生物除碳硼烷、金属碳硼烷和金属硼烷外，还有一些杂硼烷。因为硼烷骨架中的硼原子除可被碳原子或金属原子取代外，还可被其他非金属原子如硫、磷、氮等取代，形成硫代、磷代或氮代硼烷，如 $B_{10}SH_{11}^-$、$B_{10}SH_{10}^{2-}$、$B_{10}CPH_{11}$ 和 $B_3N_3H_6$ 等。

3.5.6 硼烷及其衍生物的某些应用

硼烷及其衍生物具有很高的燃烧热。例如：

$$B_2H_6+3O_2 \longrightarrow B_2O_3+3H_2O \qquad \Delta H_m^{\ominus}=-2137.7\ kJ\cdot mol^{-1}$$

燃烧 1 kg B_2H_6 约产生 77397 kJ 的热量，这就是当初考虑用硼烷作高能火箭燃料的原因所在。但纯硼烷的毒性太大，而且在空气中易着火爆炸。所以，硼烷高能燃料不是用纯硼烷，而是用硼烷衍生物。例如，有关部门曾推测美国使用的几种硼烷高能燃料 HEF-2、HEF-3 和 HEF-5 的化学成分分别是$(C_2H_5)_3B_5H_6$（液体）、$(C_2H_5)_2B_{10}H_{12}$（固体）和$(C_4H_9)_2B_{10}H_{12}$（固体）。

硼氢化合物在化学合成和分析化学中是非常有用的还原剂。在水溶液中能将许多金属离子还原成较低氧化态或金属。例如在分析化学中，用 $NaBH_4$ 能还原 Fe^{3+} 成 Fe^{2+}，还原 V^{5+} 成 V^{4+}，还原 Ag^+ 成 Ag 等。

在无机制备中，$NaBH_4$ 可用于制备某些元素的氢化物。例如：

$$Sn^{2+} \xrightarrow{NaBH_4} SnH_4$$

$$GeO_2 \xrightarrow[H^+]{NaBH_4} GeH_4$$

在有机合成中，$NaBH_4$ 可以将醛和酮中的羰基还原成醇，但它对酸、脂、腈、酸酐或硝基无影响。所以，$NaBH_4$ 常被用作选择性还原剂。B_2H_6 可与不饱和烃反应生成烃基硼烷，这类反应称为硼氢化反应。硼氢化反应选择性很强，硼原子加在烃基较少的双键碳原子上。例如：

$$CH_3CH_2CH{=}CH_2 \xrightarrow{B_2H_6} \underset{93\%}{(CH_3CH_2CH_2CH_2)_3B} + \underset{7\%}{(CH_3CH_2\underset{\displaystyle CH_3}{\underset{|}{C}H})_3B}$$

所生成的烃基硼烷是有机合成的重要中间产物，该中间产物一旦形成立即用于下一步反应。例如：

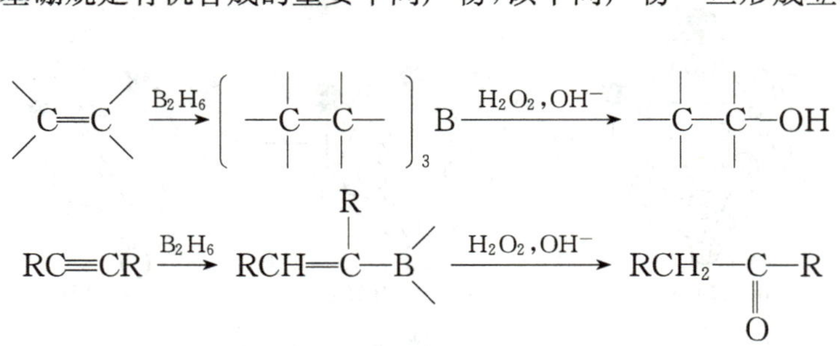

许多硼烷的衍生物可作耐高温材料。例如由 B_2H_6 衍生而来的间硼氮六元环化合物，它的许多衍生物在一定条件下可发生缩合反应，生成高度交联的聚合物。例如：

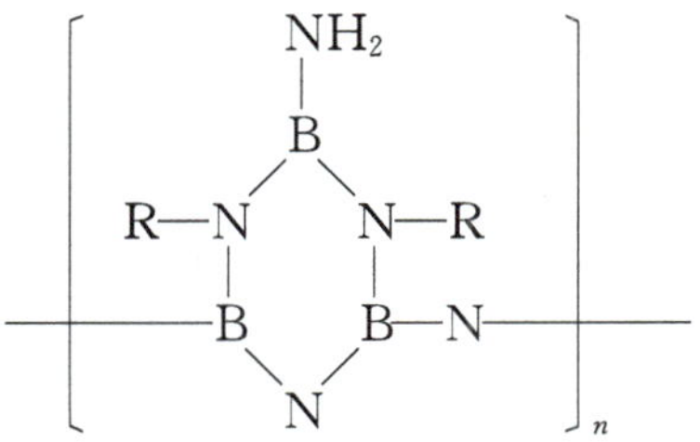

和

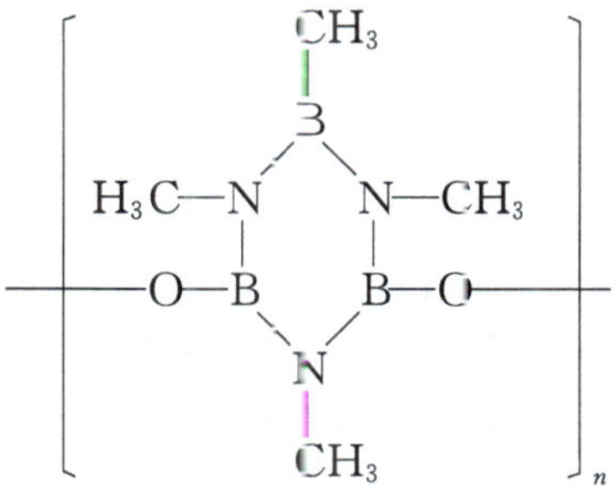

等，这些聚合物都具有耐油和耐高温等特性。

由闭型 1,7- $C_2B_{10}H_{12}$ 碳硼烷衍生、水解缩合而来的碳硼烷的硅氧烷聚合物，如

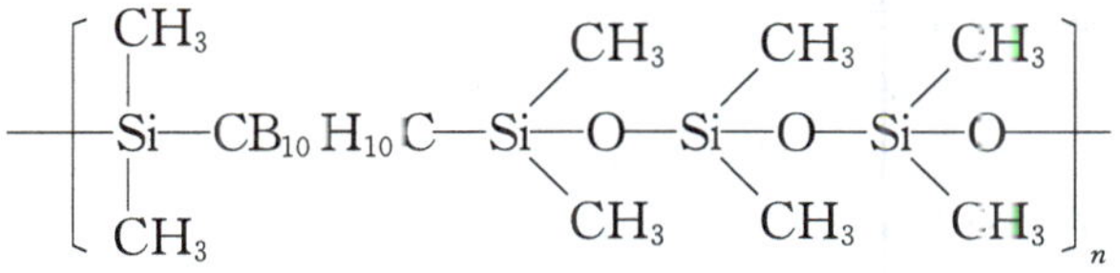

等，相对分子质量在 16000～30000，常温下为黏稠液体和蜡状物，对热（温度高达 573～773 K）和氧都很稳定。

由巢型 $B_{10}H_{14}$ 硼烷衍生、缩合而来的硼磷聚合物，如

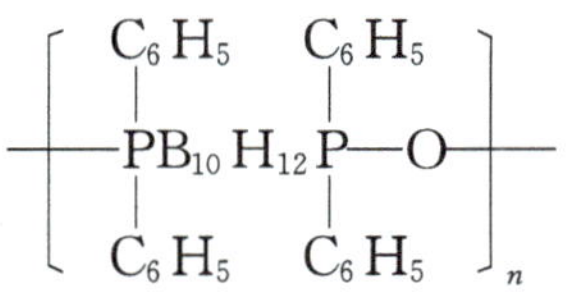

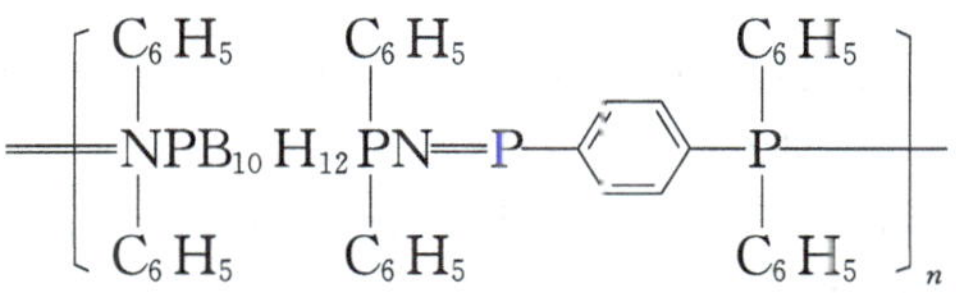

等，相对分子质量在 20000 以上，在空气中 873 K 以上仍很稳定。它与石棉制成的复合材料比酚醛树脂-石棉复合材料的强度还高，在 873～1473 K 温度下长时间加热，其质量和强度仍无明显变化，因此该复合材料可在 873～973 K 温度下长期使用。

习　题

1. 金属原子簇合物与一般多核配合物有何区别？试举例说明。
2. 试述金属原子簇合物的结构特点。
3. 为什么第二、三过渡系金属元素比第一过渡系金属元素更容易形成原子簇化合物？
4. $[Re_2Cl_8]^{2-}$ 中的 Re-Re 四重键是如何形成的？试画出其轨道重叠成键表示式。
5. 金属原子簇合物中，骨架原子和配体的结合方式有哪几种？试举例说明。
6. 合成原子簇合物的常见方法有哪几种？各举一例。
7. 试画出硼烷结构中的 2c-2e 硼-氢键、2c-2e 硼-硼键、3c-2e 氢桥键和 3c-2e 硼-硼-硼键的符号及轨道重叠情况图。
8. 硼烷及其衍生物按其结构的闭合度主要分为哪几种类型？它们骨架结构的区别何在？
9. 应用骨架成键电子对理论推测下列原子簇合物的几何构型。

   (1) $[(C_5H_5)Fe(CO)]_4$　(2) $Rh_6(CO)_{16}$　(3) $B_{10}H_{14}$　(4) $B_6H_6^{2-}$　(5) $B_4C_2H_6$　(6) $B_7C_2H_{13}$
10. 写出下列各物质的制备反应。

    (1) B_4H_{10}　(2) B_5H_9　(3) B_6H_{12}　(4) $Na_2[B_{12}H_{12}]$　(5) B_5H_{11}
11. 完成下列各反应。

    (1) $6RuCl_3 + 9Zn + 24CO \xrightarrow{加压}$　　(2) $6Mo + 6COCl_2 \xrightarrow{\triangle}$

    (3) $2Co_2(CO)_8 \xrightarrow{\triangle}$　　(4) $B_2H_6 + (CH_3)_2O \longrightarrow$

    (5) $B_5H_9 + NaH \longrightarrow$　　(6) $B_4H_{10} + NH_3 \longrightarrow$

参 考 文 献

博克里斯 J O'M,德拉齐克 D M. 1980. 电化学科学. 夏熙译. 北京：人民教育出版社

陈慧兰. 2006. 高等无机化学. 北京：高等教育出版社

格林伍德 N N,厄恩肖 A. 1996. 元素化学. 下册. 曹庭礼,等译. 北京：高等教育出版社

龚毅生. 1998. 无机化学丛书. 第二卷(硼). 北京：科学出版社

季惠明. 2007. 无机材料化学. 天津：天津大学出版社

克留乞尼科夫 H Г. 1957. 无机合成手册. 申泮文,等译. 北京：高等教育出版社

沈敦瑜,郭顺勤. 1993. 生物无机化学. 成都：成都科技大学出版社

项斯芬. 1988. 无机化学新兴领域导论. 北京：北京大学出版社

项斯芬,姚光庆. 2006. 中级无机化学. 北京：北京大学出版社

张祥麟,王曾隽. 1992. 应用无机化学. 北京：高等教育出版社

郑化桂,倪小敏. 2006. 高等无机化学. 合肥：中国科学技术大学出版社

周光召. 1997. 当代化学前沿. 北京：中国致公出版社

朱文祥,刘鲁美. 1993. 中级无机化学. 北京：北京师范大学出版社

Basolo F, Pearson R G. 1967. Mechanisms of Inorganic Reaction. 2nd ed. New York: Wiley

Cotton F A, et al. 1980. Advanced Inorganic Chemistry. Chapter 28. 4th ed. New York: Wiley

Katakis D, Gordon G. 1987. Inorganic Reaction Mechanisms. New York: Wiley

Li G, et al. 1997. Mild hydrothermal syhtheses and thermal properties of hydrogarnets, $Sr_3M_2(OH)_{12}$, M=Cr, Fe and Al. Chem Mater, 9(12): 2894-2901

Lwncka M M, et al. 1993. Thermodynamic modeling of hydrothermal synthesis of ceramic powders. Chem Mater, 5(11): 61-70

第 4 章　金属有机化合物

4.1　概　　述

金属有机化合物是指金属原子与有机基团(有机化合物分子)中的碳原子直接键合而成的化合物,含有金属-碳键,$Hg(C_2H_2)_2$ 和 $C_6H_5Ti(OC_3H_7)_3$ 中汞原子和钛原子都直接与碳原子键合,它们是金属有机化合物。在$(C_5H_5S)_2Hg$ 和$(C_3H_7O)_4Ti$ 分子中,直接与 Hg 原子键合的原子是 S,直接与 Ti 原子键合的原子是 O,这两种化合物就不属于金属有机化合物。

4.1.1　金属有机化合物的发展简史

1827 年黄色的铂(Ⅱ)烯烃化合物 $K[PtCl_3(C_2H_4)]$的发现是人类首次成功合成金属有机化合物,从此以后人们开始关注金属有机化合物。1849 年 E. Frank-land 合成并研究烷基锌;1900 年 V. Grignard 合成了 Grignard 试剂,并因此获得诺贝尔化学奖;1952 年 E. O. Fischer 和 G. Wilkinson 确定了二茂铁(它由 T. J. Kealy 和 P. L. Pauson 于 1951 年合成)的夹心型结构,促进了金属有机化合物的发展;1954 年 K. Ziegler 和 G. Natta 发现了 Ziegler 催化剂(Et_3Al-$TiCl_4$),使烯烃聚合物实现了工业化,发展了高分子聚合物化学;H. C. Brown 和 G. Wittig 合成了第Ⅲ、Ⅴ主族金属元素的金属有机化合物及准金属有机化合物。这些化学家都因此获得诺贝尔化学奖。近年不仅合成了许多新型过渡金属化合物,还制备了镧系与锕系元素的新型金属有机化合物,有关金属有机化合物的理论及应用方面的研究热情日渐高涨。

金属有机化合物在医药、工农业生产及科学实验方面应用广泛。例如,属于有机镁的 Grignard 试剂以及有机铝和有机锂等在有机合成中都是十分重要的试剂和催化剂。某些锑、铋、汞的有机化合物是高效杀虫灭菌剂。通过金属有机化合物的化学气相沉积可制得高附着性的金属膜。二茂铁及其衍生物可作火箭燃料添加剂、汽油抗震剂、硅树脂和橡胶的熟化剂和紫外线的吸收剂等。过渡金属不饱和烃化合物在工业上常用作不饱和烃氧化、氢化、聚合反应的催化剂。有人估计近年来有机合成的新方法中 50%以上是以金属有机化合物为催化剂的。

有机金属化学的重要性不仅表现在它对有机合成的实际应用上,而且许多过渡金属的有机金属化合物本身具有特殊结构和新的键型,因此研究它们还具有重要的理论意义。另外已发现某些生命物质如维生素 B_{12}、血红素、细胞色素 C 等也包含过渡金属 Co、Fe 等与有机基团形成的配合物,例如,血红素是亚铁与原卟啉的配合物,维生素 B_{12}和辅酶 B_{12}都是钴胺素,后者还包括直接的金属-碳键。目前有机金属化学已成为无机化学、有机化学、结构化学、配位催化以及生物化学等多种学科互相渗透、共同研究的重要领域。

4.1.2　金属有机化合物的类型

金属有机化合物是含有金属-碳键的化合物,现在认为不是金属的 B、P 和 Si 的有机化合物也属于金属有机化合物的范畴。金属有机化合物的分类可按下列两方面进行。

(1) 按键型可分为离子型、共价型、缺电子型及过渡型 4 种。

离子型:高电正性金属的有机化合物常常是离子型的,例如钠、钾、铷、铯和钫形成的金属有机化合物。离子型金属有机化合物不溶于烃类溶剂,易水解,在空气中易氧化,纯化后得不到晶体，提纯困难。

共价型：共价型金属有机化合物的共用电子对是由金属和有机基团各提供一个电子形成的，锌和汞、第ⅢA族（除铝外）、第ⅣA族、第ⅤA族元素易形成该类型的金属有机化合物。它们的性质类似于典型的有机化合物，如可挥发、溶于有机溶剂而不溶于水等。

缺电子型：缺电子型金属有机化合物因电子不足不能按通常的双中心二电子键把所有的原子键合起来，锂、铍、镁和铝都能形成缺电子型的金属有机化合物，由于这四种金属的阳离子极化力强，电荷与离子半径之比很高，M—C键为极性的共价键，易形成聚合型的结构。

过渡型：过渡型金属有机化合物介于离子型与共价型之间。例如钙、锶、钡、镭的金属有机化合物，它们的性质介于烷基镁和烷基碱金属的性质之间，为过渡型金属有机化合物，它们与烷基镁和烷基锂相比并无特殊的优点。

(2) 以价层电子数考虑，主族金属形成的有机金属化合物遵守八隅体规则(octet rule)，过渡金属的有机金属化合物遵守有效原子序数规则。

八隅体规则是指金属价电子数与配体提供的电子数总和等于8的分子是稳定的。例如$Pb(C_2H_5)_4$中Pb的价电子数4，每个乙基提供1个电子形成σ键，所以价层电子数等于8，因此该化合物稳定。ⅠA、ⅡA、ⅢA族金属的价电子数较少，加上配体电子数后价层电子总数仍小于8，故形成的有机金属化合物属缺电子型，它们常表现出与溶剂缔合、本身聚合或形成多电子2中心键的趋势。例如甲基锂(价层电子数2)形成四聚体$[LiMe]_4$，三甲基铝(价层电子数6)在苯溶液中形成二聚体$[AlMe_3]_2$，甲基铍形成链状多聚体$[BeMe_2]_x$(图4-1)，但是四甲基硅仍是单体，因为价层电子总数已达8。由于结构的变化，这些化合物的挥发性从Li→Be→Al迅速增加(表4-1)。

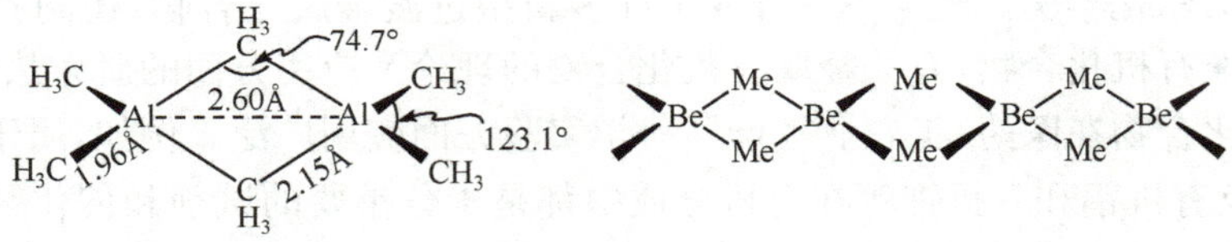

图4-1 $[(CH_3)_3Al]_2$和$[(CH_3)_2Be]_x$的结构

表4-1 缺电子键型有机金属化合物的性质

化合物	单体相对分子质量	结构类型	挥发性
$[LiMe]_4$	21.96	四面体型聚合物	难熔
$[BeMez]_x$	39.08	线型聚合物	在200℃升华
$[AlMe_3]_2$	72.09	二聚物	在15.4℃熔化

过渡金属有机金属化合物满足有效原子序数规则(effective atomic number rule)，即金属的全部电子数与所有配体提供的σ电子的总和恰好等于金属所在周期中稀有气体的原子序数。如果只考虑价层电子，那么金属价电子数加上配体σ电子数的总和等于18的分子是稳定的，所以有效原子序数规则又称为18电子规则。这一规则反映了过渡金属原子用它的5个nd轨道、1个$(n+1)$s轨道和3个$(n+1)$p轨道总共9个价轨道最大限度地成键，在每个价轨道中可容纳一对自旋相反的电子，共计18个电子形成稳定结构。该规则可以解释或预言许多过渡金属形成的有机金属化合物，特别是羰基、亚硝酰基、异氰基的过渡金属配合物的稳定性和结构(具体例子见后)，但该规则不适用于联吡啶、二硫代烯等离域π配体的配合物，羰基化合物也有例外。对于第二、第三系列过渡金属d^8组态离子如Rh(Ⅰ)、Pd(Ⅱ)、Ir(Ⅰ)、Pt(Ⅱ)

等，它们的 p 轨道能量较高，不能全部参加成键，导致生成平面四方形配合物时 16 或 14 电子比 18 电子更稳定。

4.1.3 配体分类和电子数计算

1. 配体分类

在有机金属化学中常按照配位到金属上的碳原子数或配体提供的电子数对配体进行分类，也可以根据配体与金属键合的本质将配体分为 σ 配体、π 酸配体和 π 配体。

1) σ 配体

一些含碳有机基团如烷基、烯基、炔基、芳基、酰基等在与金属形成 M—C 键时，只有一个碳原子直接同金属键合，这类配体为 σ 配体，它们一般作为负离子(形式电荷−1)提供一对 σ 电子，配位方式为端式。亚烷基(RC⋮)和次烷基(RC∶)也属于含碳的 σ 配体，但它们与金属形成多重键。高价过渡金属与亚烷基形成M═C二重键的亚烷基配合物(alkylidene complexes)，与次烷基形成M≡C三重键的次烷基配合物(alkylidene complexes)；低价过渡金属与亚烷基或次烷基形成卡宾(carbene)或卡拜(carbyne)配合物，这两类配合物中的键合情况比较复杂。

各种 σ 配体(以碳的杂化状态分类)以及所形成的化合物列于表 4-2。

表 4-2 过渡金属与碳形成 π 键有机金属化合物的主要类型

碳的杂化态	配 体	化合物	例 子
sp^3	烷基	M—CR_3	$W(CH_3)_6$，$Ti(CH_2Ph)_4$，$C_7(CH_2PSiMe_3)_4$
	μ-烷基	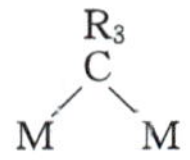	$(\eta\text{-}C_5H_5)_2Y(\mu\text{-}Me)_2Y(\eta\text{-}C_5H_5)_2$
	μ-亚烷基	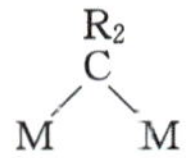	$(\eta\text{-}C_5H_5)_2Rh_2(\mu\text{-}CH_2)(CO)_2$
	μ-次烷基	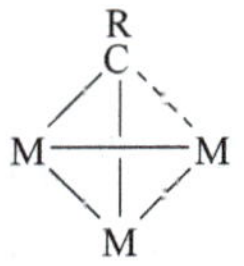	$Co_3(CO)_9CH$
sp^2	芳基	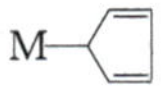	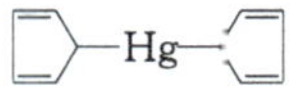
		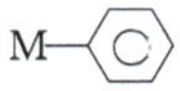	$M(CH_2C_6H_5)_2(C_5H_5)$ M=Ti，Zr
			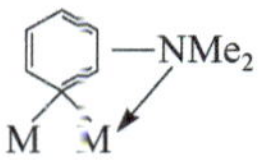 M=Cu
	卡宾或亚烷基	M═CR_2	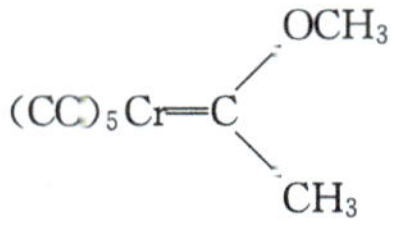 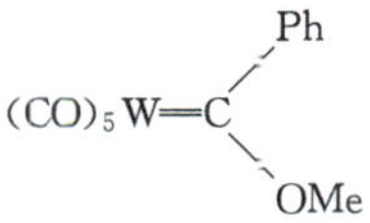
	酰基	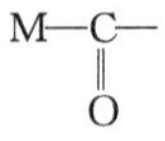	顺-$Cl_2(Et_3P)Pt(CNHPh)(OEt)$ $CH_3COMn(CO)_5$

续表

碳的杂化态	配　体	化合物	例　子
sp	卡拜或次烷基	M≡CR	(η-C_5H_5)$(CO)_2$W≡CR $(OC)_3(Me_3P)$XCr≡CM　X=卤素
	乙炔化合物	M—C≡CR	$[Ni(CM≡CR)_4]^{2-}$ (η-C_5H_5)$(CO)_3$CrC≡CPh
	亚乙烯基	M=C=CR	$[C_5H_5LFe=C=CRR']^+$

2) π 酸配体

CO 是典型的 π 酸配体，通过它与金属的键合可以了解这类配体的特点。CO 分子轨道中(图 4-2)既有占满的 σ 轨道(相当于孤对电子)，又有空的 π 轨道，因此它与低价过渡金属成键时发生两种作用:σ 成键作用和 π 成键作用。当 CO 充满的 σ 轨道与金属 σ 杂化轨道重叠时产生 σ 成键作用，这时电子从碳流向金属，根据 Pauling 的电中性原理，金属上多余的负电荷必须流回配体，恰好 CO 有空的 π 轨道可以接受金属充满的 dπ 或 dpπ 杂化轨道的电子，于是产生 π 成键作用，这时负电荷从金属流向碳，σ 和 π 成键作用的示意图如图 4-2。

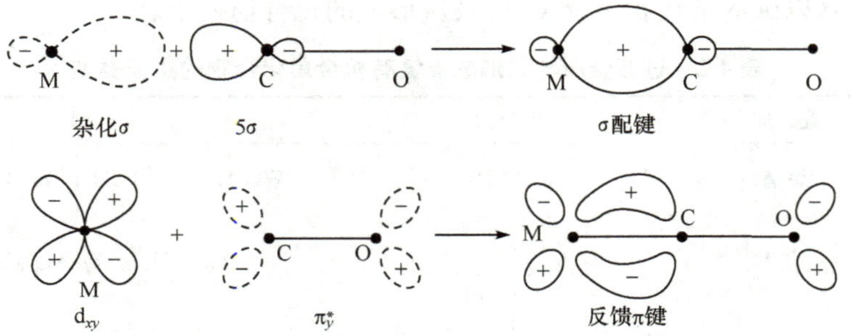

图 4-2　CO 与过渡金属的成键作用

CO 同金属的 π 成键作用又称为 π 反馈作用，它与 σ 成键作用同时存在并互相加强，两者“协同”，稳定过渡金属的氧化态，而形成稳定的羰基化合物。按照 Lewis 酸碱的概念，CO 既是 σ 碱又是 π 酸，简称 π 酸。其他 π 酸配体如异氰(NC)、膦(PRa)、胂(AsR_3)、锑(SbR_3)、亚硝酰基(NO)等，它们与过渡金属的成键方式类似 CO，但配体接受金属 π“反馈”电子的轨道对于 CO 是空的 pπ*，而对于膦、胂是空的 dπ* 轨道(图 4-3)。

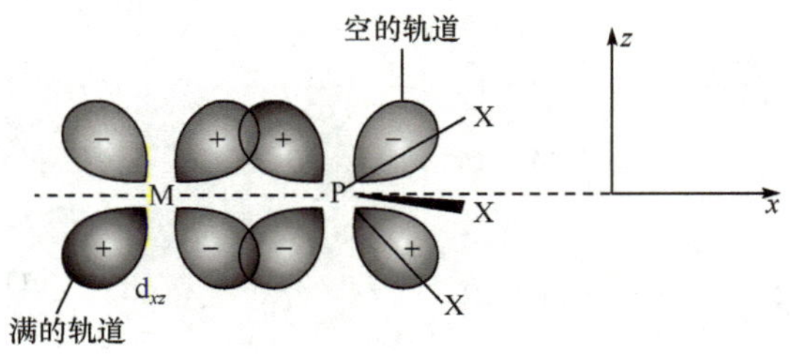

图 4-3　PR_3 与过渡金属的成键作用

3) π 配体

π 配体多数是含碳的不饱和有机分子，它们以多个碳原子与金属配位，提供 π 电子与金属键合，这类不饱和有机分子有链状(烯烃、炔烃、π 烯丙基、丁二烯等)和环状的(环戊二烯、苯、环辛四烯等)。

π 配体与金属的键合作用类似 π 酸，也有 σ 和 π 两类，但它们与 π 酸配体有以下两方面区别：①π 配体给出和接受电子都利用配体 π 轨道，而 π 酸配体给出电子利用 σ 轨道，接受电子用空的 π 轨道；②π 配体形成的配合物中，金属原子不一定在 π 配体平面内（如茂铁中 Fe 不在环戊二烯平面内），而 π 酸配体形成的配合物中金属原子在直线形配体的轴上（如羰基化合物中金属原子在 M—CO 轴上）或平面形配体的平面内。

2. 电子数计算

在讨论有机过渡金属的成键作用时，计算配体电子数是很重要的，按照一般习惯将一氧化碳、氨、三苯基膦、卤素离子等都作为 2 电子给体；对于氢、卤素、甲基既可作为 1 电子给体，又可作为 2 电子给体。按配位化学的观点一般将它们作为提供一对电子的“配体”，只有在 σ 共价型的有机化合物中将它们作为 1 电子给体，这时金属也提供一个电子形成 σ 共价键。中性有机分子的每个双键或叁键也提供一对电子（前提是不考虑电子离域），所以乙烯是 2 电子给体，丁二烯是 4 电子给体，碳烯（R_2C ∶）也是 2 电子给体，但碳炔（RC ⋮）是 3 电子给体，烯丙基 C_3H_5—和亚硝酰基 NO（直线形）也作为 3 电子给体。含有多个双键的烯烃提供的 π 电子数是可变的，例如环庚三烯 C_7H_8 既可作为 4 电子给予体［如在（η^4-C_7H_8）$Fe(CO)_3$ 中］，也可作为 6 电子给予体［如在（η^6-C_7H_8）$Cr(CO)_3$ 中］。环辛四烯也同样，它们形成的配合物举例如下：

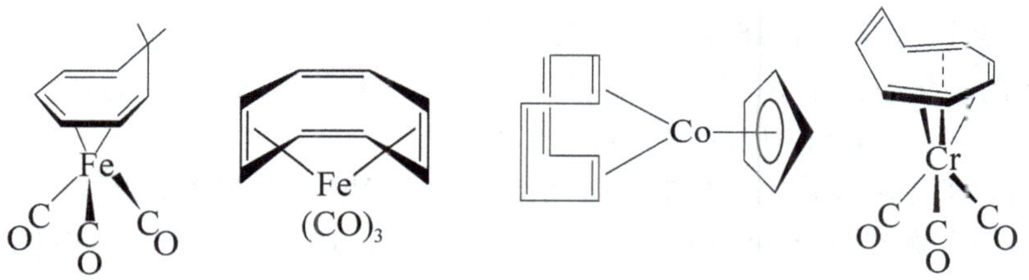

上述配合物分子式中的符号 η^n 代表与金属原子 π 键合的配体原子数，η^4-C_7H_8 表示环庚三烯中有 4 个碳原子与金属 π 键合，η^6-C_7H_8 表示环庚三烯中有 6 个碳原子与金属 π 键合。当配体只提供一个原子与金属 σ 键合时，可用 η^1-表示，或按国际纯粹与应用化学联合会在 1970 年提出的规则，将词头 σ 加在配体前。有时同一配体既存在 σ 键合方式，又存在 π 键合方式（如烯丙基和环戊二烯基等），甚至两种键合方式出现在同一化合物中，详见下例：

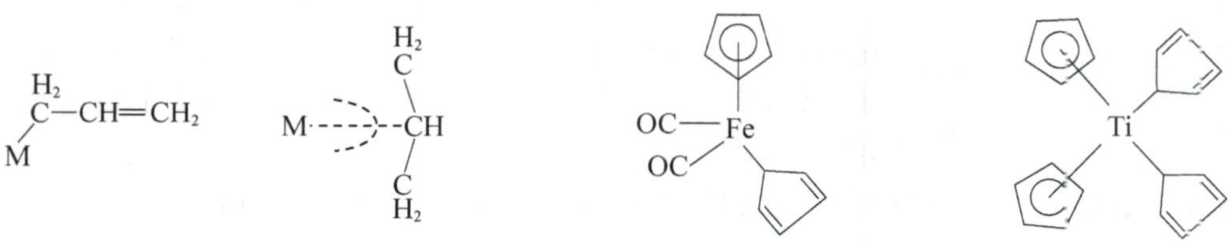

（η^1-C_3H_5）M σ键合　（η^3-C_3H_5）M π键合　（η^5-C_5H_5）$Fe(CO)_2$（η^1-C_5H_5） π键合　σ键合　（η^5-C_5H_5）$_2$（η^1-C_5H_5）$_2$Ti π键合　σ键合

将一些常见的配体电子数列于表 4-3。

表 4-3　有机金属化合物中配体的电子数

	电子数	举　例
共价键	1	CH_3，H，X，桥连的 CO，η^1-C_3H_5
孤对	2	端 CO，NH_3，CH_3^-，X^-，H^-，PPh_3（X 为卤素）
烯烃	2	C_2H_4，C_2F_4
炔烃	2	RC≡CR

	电子数	举　例
碳烯	2	R_2C：
碳炔	3	RC⋮
烯丙基	3	η^3-C_3H_5
亚硝酰基	3	NO(直线形)
二烯烃	4	C_4H_6(丁二烯)
芳烃	4	η^4-C_7H_8(降冰片二烯)
	4	η^4-C_7H_8(环庚三烯)，η^4-C_8H_8(环辛四烯)
	6	η^6-C_6H_6，η^5-$C_5H_5^-$，η^6-C_7H_8，η^7-$C_7H_7^+$(卓　离子)
	8	η^8-C_8H_8
	10	η^8-$C_8H_8^{2-}$

4.1.4　金属的氧化数

在有机过渡金属化合物中，金属的氧化数是指配体从金属原子的正常闭壳层除去后剩下的电荷数。例如 $Fe(CO)_5$ 是 18 电子结构的中性分子，由于 CO 是中性的，将它除去后电荷数为 0，所以 Fe 的氧化数等于 0；又如 $(PPh_3)_2PtCl_2$ 分子中 PPh_3 是中性的，Cl^- 荷电 −1，除去 PPh_3 和 Cl^- 后荷电 +2，所以 Pt 的氧化数为 +2。

不难看出有机过渡金属化合物中金属氧化数的确定取决于配体的形式电荷，当然不是中性分子时还必须考虑配离子的电荷。关于配体形式电荷的确定有以下经验规则：

(1) 氢和卤素的形式电荷都是 −1。

(2) NH_3、PR_3、AsR_3、SbR_3 等中性配体的形式电荷为 0。

(3) 含碳配体有以下情况：①当键合的碳原子数是偶数时(英文以 ene 结尾)，形式电荷等于 0，如乙烯(ethylene)、苯(benzene)等；②当键合的碳原子数是奇数时(英文以 yl 结尾)，形式电荷等于 −1，如 CH_3^-(methyl)、π-C_3H_5(allyl)、π-$C_5H_5^-$(pentadienyl)等。

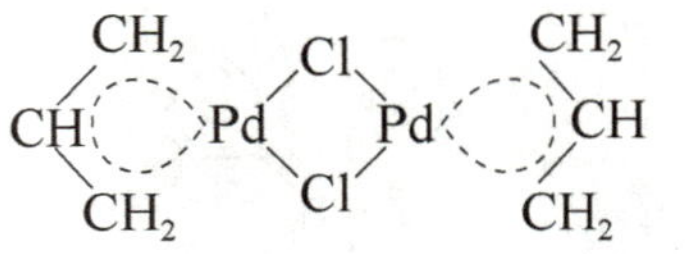

例如 $CH_3Mn(CO)_5$，一氧化碳是中性的，CH_3 带 1 个形式负电荷，所以 Mn 的氧化值为 +1。又如 $K[Pt(C_2H_4)Cl_3]$，乙烯是中性的，Cl 带 1 个形式负电荷，配离子总共带 1 个负电荷，所以铂的氧化值是 +2。

η-烯丙基是 1 个奇数碳键合的配位体，2 个 Pd 原子分享 4 个形式电荷，所以 Pd 的氧化值是 +2。

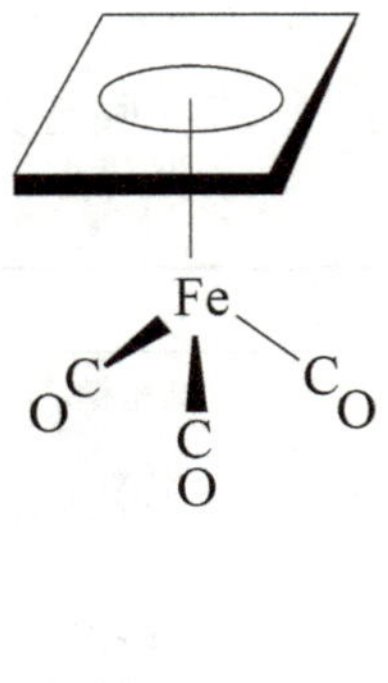

$Fe(CO)_3C_4H_4$ 中，环丁二烯是一个偶数碳键合的配体，形式电荷等于 0，一氧化碳也是中性的，所以铁的氧化数是 0。

必须指出氧化数是人为指定的一种形式，不能用物理方法直接测定它的数值，也不对应于某种物理性质，并且同化学性质也不一定发生直接关系。例如，M—H 键可以异裂出 H^- 或 H^+(M—H 键有极性)，也可以均裂产生 H(M—H 没有极性)，即使这样我们仍然可以规定 M 的氧化数(配体氢均作为 H^-，形式电荷 −1)。此外氧化数的数值与分子轨道计算的金属和配体间的电荷分布数值也不同，例如二茂铁中一般认为 Fe 的氧化数是 +2，但用分子轨道从头计算方法得出 Fe 的净电荷为 +1.23e，是非整数。

4.2 金属烷基化合物

元素周期表上 s 区和 p 区主族金属元素形成的有机金属化合物大多属于金属烷基或金属芳基化合物。金属烷基化合物有离子型和共价型之分。电正性高的金属元素，如碱金属中的钠、钾，碱土金属中的钙、锶、钡等，能和烷基形成离子型化合物；而大多数此类化合物则以共价型为主。本节所讨论的仅限于后一类。在共价型金属烷基化合物中，金属-碳(M—C)键一般为正常的二中心二电子(2c-2e)σ 键，但在某些缺电子体系，如锂、铍、镁、铝等的烷基化合物中，也和硼烷类似，形成烷基桥的多中心键。

4.2.1 金属烷基化合物的合成

金属烷基化合物的合成途径主要有以下四种。

1. 金属和有机卤化物直接反应

许多金属包括某些过渡金属都可和卤代烷直接反应得到金属烷基化合物。二烷基锌和格氏试剂最初就是通过下列反应合成的：

$$2Zn + 2RI \longrightarrow R_2Zn + ZnI_2 \qquad (R = CH_3 \text{ 或 } C_2H_5) \tag{4-1}$$

$$Mg + CH_3I \xrightarrow{\text{无水乙醚}} CH_3MgI \tag{4-2}$$

工业上生产甲基锂的反应也属此类：

$$8Li + 4CH_3Cl \longrightarrow (CH_3)_4Li_4 + 4LiCl \tag{4-3}$$

类似地，较大的烷基锂如丁基锂 C_4H_9Li 等也可用此法制备。反应通常在苯或烷烃中进行。其他，如烷基汞和烷基铅等也可直接合成，反应式如下：

$$Hg + 2Na + 2CH_3Br \longrightarrow (CH_3)_2Hg + 2NaBr \tag{4-4}$$

$$4Na\text{-}Pb + 4C_2H_5Cl \longrightarrow (C_2H_5)_4Pb + 3Pb + 4NaCl \tag{4-5}$$

2. 金属置换反应

某些电负性较低的金属可从其他金属烷基化合物中将电负性较高的金属置换出来，形成相应的金属烷基化合物：

$$Mg(\text{过量}) + R_2Hg \longrightarrow R_2Mg + Hg \tag{4-6}$$

$$2Al + 3(CH_3)_2Hg \longrightarrow Al_2(CH_3)_6 + 3Hg \tag{4-7}$$

$$Zn + (CH_3)_2Hg \longrightarrow (CH_3)_2Zn + Hg \tag{4-8}$$

反应(4-6)产生的 R_2Mg 是除格氏试剂(RMgX)外，烷基镁的一种重要类型。反应(4-7)是实验室制备甲基铝常用的方法，而二烷基汞则主要用以制备其他的金属烷基化合物。

除 Mg、Al、Zn 外，Ga、Sn、Pb 和 Bi 等的烷基化合物也可通过金属置换反应制备。

3. 复分解反应

复分解反应是制备众多金属烷基化合物的有效方法，其中金属烷基化合物和无机金属卤化物间的复分解反应是一种常用的手段，而 Li、Mg、Al 等的烷基化合物更是常用的原料。例如：

$$3(C_2H_5)_4Li_4 + 4GaCl_3 \longrightarrow (C_2H_5)_3Ga + 12LiCl \tag{4-9}$$

$$2RMgX + HgX_2 \longrightarrow R_2Hg + 2MgX_2 \tag{4-10}$$

$$Al_2(CH_3)_6 + ZnCl_2 \longrightarrow (CH_3)_2Zn + (CH_3)_4Al_2Cl_2 \tag{4-11}$$

$$4R_3Al + 3SnCl_4 + 4NaCl \longrightarrow 3R_4Sn + 4NaAlCl_4 \tag{4-12}$$

4. 加成反应

$$C_2H_5Li+Al_2(C_2H_5)_6 \longrightarrow 2LiAl(C_2H_5)_4 \tag{4-13}$$

$$2(C_2H_5)_2AlH+2C_2H_4 \longrightarrow Al_2(C_2H_5)_6 \tag{4-14}$$

$$3Bu_4Ge+GeCl_4 \xrightarrow[120\ ℃]{AlCl_3} 4Bu_3GeCl \tag{4-15}$$

$$R_3SnH+R'CH=CH_2 \longrightarrow R'CH_2CH_2SnR_3 \tag{4-16}$$

除上述四条合成路线外，金属烷基化合物还有其他的制备方法，如有机金属化合物与卡宾的反应及光化学反应等。

4.2.2 金属烷基化合物的性质和结构

在金属烷基化合物中，重要的有 Li、Mg、Al、Zn、Hg 等的烷基化合物，而 Sn、Pb 的烷基化合物及其衍生物颇有商业价值。其中，烷基锂是同类碱金属化合物中少有的典型共价化合物，溶于烃或其他非极性溶剂，具有挥发性。它能在空气中自燃，也能和水或水蒸气反应，但烷基锂和氯化锂或溴化锂按化学计量形成的复合物 $RLi(LiX)_{1\sim6}$ 则为固体，在空气中较稳定。不仅是烷基锂，R_2Mg、RMgX 和低碳 R_2Zn 等均易被空气氧化，并和水发生剧烈反应。相对分子质量较低的液态烷基铝很活泼，在空气中着火，遇水则爆炸，烷基铝的衍生物对空气和湿气也很敏感。

烷基汞为无色液体或低熔点固体，与空气或水均不反应，但对光和热很敏感。分解时通常发生 Hg—C 键的均裂，随之而来的是自由基反应。烷基汞剧毒，现认为水俣病即为甲基汞中毒引起的中枢神经疾病。

低碳烷基铅是非极性的有毒液体。四甲基铅在 200 ℃左右分解，四乙基铅在 110 ℃左右分解，分解时都伴随着自由基的产生。例如：

$$(CH_3)_4Pb \longrightarrow Pb+4\cdot CH_3 \tag{4-17}$$

在共价型的金属烷基化合物中，Zn、Cd、Hg 的甲基化合物为线型分子[图 4-4(a)]，M—C 键为正常的 2c-2e 键，它们在固、液、气态均不聚合。Li、Be、Mg、Al 等缺电子的甲基化合物则发生不同程度的聚合，存在着烷基桥和多中心键。烷基锂在非极性溶液中发生聚合时，聚合体的大小依赖于溶剂、有机基团的立体构型及反应温度等条件。在烃类溶剂中，RLi($R=CH_3$，C_2H_5，C_3H_7)为六聚体，而叔丁基锂则因体积较大仅形成四聚体。在乙醚或胺中，烷基锂则以四聚体的形式存在。以甲基锂的四聚体为例，其中 4 个锂组成正四面体骨架，四面体的每个面上各有一面桥甲基，形成多中心键。在四聚体中，锂、碳桥键的键合作用大于 Li—Li 间的相互作用[图 4-4(b)]。甲基铝为二聚体，其特征是 Al—C—Al 键角很小，仅为 74.7°[图 4-1]。甲基铍或镁则为多聚体[图 4-4(c)]。在甲基铍、镁、铝中，均存在 3c-2e 的甲基桥键。

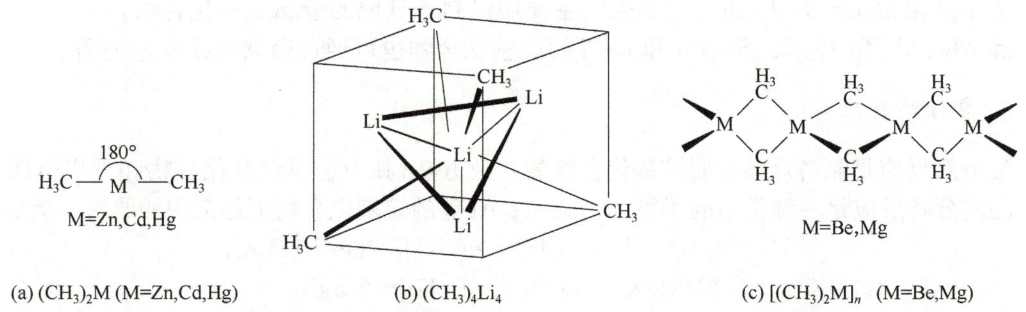

图 4-4 若干金属甲基化合物的结构

4.2.3 金属烷基化合物的应用

金属烷基化合物是有机合成的重要试剂，其中烷基锂、烷基铝和格氏试剂是最常使用的负碳离子(carbanion)试剂。所谓负碳离子性，是指与电正性金属原子共价键合的有机基团上所带的电荷，使它成为强亲核剂或 Lewis 碱，在有机合成中作为亲核 R 基团源。例如，上述试剂中的 R 基团进攻酮中的羰碳原子后水解得叔醇；与醛反应后水解得仲醇；与 SO_2Cl_2 或 $SOCl_2$ 反应，可制砜和亚砜等。

$$\begin{array}{l} RLi \\ RMgX \end{array} \left\{ \begin{array}{l} \xrightarrow{R_2CO,\ H_2O} R_3COH \\ \xrightarrow{RCHO,\ H_2O} R_2CHOH \\ \xrightarrow{SO_2Cl_2} R_2SO_2 \\ \xrightarrow{SOCl_2} R_2SO \end{array} \right. \qquad (4\text{-}18)$$

负碳离子性强的基团还能与弱的 Brönsted 酸，包括水和醇，发生质子转移反应。例如烷基铝与过量乙醇发生剧烈反应，生成烷氧基铝：

$$Al_2(CH_3)_6 + 6C_2H_5OH \longrightarrow 2Al(OC_2H_5)_3 + 6CH_4 \qquad (4\text{-}19)$$

烷基铝还是 Ziegler-Natta 催化体系的基础。该催化剂广泛用作乙烯或丙烯均相聚合的工业催化剂。

金属烷基化合物除了对有机合成和催化有重要的意义外，还有许多其他方面的应用。例如，四甲基铅和四乙基铅一直被广泛用作汽油的抗爆剂，因为四烷基铅在发动机燃烧室中分解产生的烷基自由基[式(4-17)]和汽油燃烧产生的烷基自由基结合，能发生链终止。正是这种终止剂减少了汽油发生爆炸性燃烧的倾向。然而，铅的毒性相当高，易使废气转化器中的催化剂失活，并对环境造成严重污染。世界上已有许多国家和地区不再把有机铅用作汽油添加剂。和铅同属一族的烷基锡是聚氯乙烯和橡胶的稳定剂，用以抗氧化和过滤紫外线。烷基锡氧化物还可用作船体的防污涂料、杀菌剂和木材的防腐剂。但近来认为，有机锡可能伤害对人类有益的生物资源。

此外，在半导体研制中，利用金属烷基化合物的热解，已成功地制备了一系列Ⅲ～Ⅴ族和Ⅱ～Ⅵ族的半导体材料。例如：

$$(CH_3)_3Ga + AsH_3 \xrightarrow{630\sim675\ ℃} GaAs + 3CH_4 \qquad (4\text{-}20)$$

$$(CH_3)_2Cd + H_2S \xrightarrow{475\ ℃} CdS + 2CH_4 \qquad (4\text{-}21)$$

利用金属烷基或芳基化合物的热解，通过气相沉积还可得到高附着性的金属膜。由热解三丁基铝或三异丙基苯铬制备金属铝膜或铬膜就是两例。

4.3 金属羰基化合物

一氧化碳是最重要的 σ 给予体和 π 接受体。它和过渡金属形成的羰基化合物(metal carbonyls)及其衍生物，不仅数量多，而且它们的化学键、结构、谱学性质以及催化性能等都引起了人们极大的兴趣和关注。

在羰基化合物中，金属原子的形式氧化态变化范围很宽，除了有许多氧化态为零的中性化合物以外，还有众多氧化态为负值的羰基阴离子，甚至包括一些被高度还原的羰基阴离子，如 $[M(CO)_4]^{4-}$(M=Cr、Mo、W)、$[M'(CO)_4]^{3-}$(M=Mn、Re)和 $[M''(CO)_3]^{3-}$(M''=Co、Rh、Ir)

等，其中金属原子的氧化态为－3或－4，是过渡金属已知的最低氧化态，除中性化合物和阴离子外，过渡金属还能形成羰基阳离子。但总的来说，金属羰基化合物以金属原子的低氧化态为特征。据文献报道，近年来合成了一批二元金属羰基阳离子，其中金属原子的氧化态相对于其他金属羰基化合物而言较高，如$[M(CO)_2]^+$（M＝Ag、Au）、$[Hg(CO)_2]^{2+}$、$[M'(CO)_3]^{2+}$（M'＝Pd、Pt）、$[Os(CO)_6]^{2+}$和$[Ir(CO)_6]^{3+}$等。它们在化学键性质和谱学性质上往往有别于一般的金属羰基化合物。因此，有时将符合一般规律的称为“经典”(classical)过渡金属羰基化合物，而把那些不符合一般规律的羰基阳离子称为“非经典”(nonclassical)过渡金属羰基化合物。

表4-4和表4-5分别列举了某些单核和双核“经典”二元羰基化合物及其性质。从表4-4可见，室温下单核的羰基化合物，或为憎水液体，或为挥发性固体，它们都不同程度地溶于非极性溶剂。双核的二元羰基化合物中，除M—CO键外，还含M—M键。

表4-4　某些单核二元羰基化合物及其性质

化合物	颜色及状态	熔点/℃	说　明
$V(CO)_6$	固体黑色，溶液橙黄	70(分解)	真空中升华，顺磁性，V—C　200.8 pm
$Cr(CO)_6$	无色晶体	130(分解)	易升华，Cr—C　191.3 pm
$Mo(CO)_6$	无色晶体	—	易升华，Mo—C　206 pm
$W(CO)_6$	无色晶体	—	易升华，W—C　206 pm
$Fe(CO)_5$	浅黄色液体	－20	bp 103 ℃
$Ru(CO)_5$	无色液体	－22	挥发性强
$Os(CO)_5$	无色液体	－15	挥发性强，难以制取纯净的化合物
$Ni(CO)_4$	无色液体	－ 25	bp 43 ℃，易燃，剧毒，Ni—C　183.8 pm

表4-5　某些双核二元羰基化合物及其性质

化合物	颜　色	熔点/℃	说　明
$Mn_2(CO)_{10}$	黄	154	易升华，Mn—Mn　293 pm
$Tc_2(CO)_{10}$	白	160	
$Re_2(CO)_{10}$	白	177	
$Fe_2(CO)_9$	金黄	(分解)	Fe—Fe　246 pm
$Os_2(CO)_9$	橙黄	64～67	
$Co_2(CO)_8$	橙红	51(分解)	Co—Co　254 pm

从表4-4和表4-5还可见，单核和双核“经典”过渡金属羰基化合物一般符合18电子规则。其中羰基为两电子给予体，而金属原子本身的价电子数加上全部羰基提供的电子数总和为18，恰好满足过渡金属原子提供的1个s、3个p和5个d轨道，即$(n-1)$d、ns和np 9个价轨道最多可充填18个电子，以达到稀有气体稳定电子结构的要求。

某些单核的分子片，如$Mn(CO)_5$或$Co(CO)_4$，由于金属原子的价电子数为奇数，因此仅为17电子体系。结果，两个同类的分子片各提供一个价电子，形成M—M键，成为二聚体，如$Mn_2(CO)_{10}$和$Co_2(CO)_8$同样满足18电子规则。简单的“经典”羰基化合物中，例外的情况较少，$V(CO)_6$是其中的一例，仅为17电子体系，因此它易被还原为18电子的阴离子$[V(CO)_6]^-$。“非经典”的羰基阳离子则不然，它们往往不符合18电子规则。例如，$[M(CO)_2]^+$（M＝Ag、Au）为14电子体系，$[M'(CO)_4]^{2+}$（M'＝Pd、Pt）则为16电子体系等。

二元金属羰基化合物中的配体可部分地被其他的基团取代，形成相应的三元或多元衍生物。表 4-6 列出了其中极少部分的实例。除中性衍生物外，金属羰基阴离子或阳离子同样可形成大量的衍生物。

表 4-6 若干单核的羰基衍生物

取代基	羰基衍生物
H	$Mn(CO)_5H$，$Fe(CO)_4H_2$，$Co(CO)_4H$
X^-	$Mn(CO)_5Cl$
RCN	$W(CO)_5(NCCH_3)$
RNC	$Mo(CO)_5(CNCH_3)$
py	$Mo(CO)_5(py)$，$Mo(CO)_4(py)_2$
en	$Mo(CO)_4(en)$
PX_3	$Mo(CO)_5(PF_3)$，$Mo(CO)_4(PCl_3)_2$
PPh_3	$Mo(CO)_4(PPh_3)_2$
PEt_3	$Mo(CO)_3(PEt_3)_3$
YPh_3(Y=As、Sb、Bi)	$Mo(CO)_5(YPh_3)$
$Y'Ph_2$(Y'=S、Se)	$Mo(CO)_5(Y'Ph_2)$
$C_5H_5^-$	$(C_2H_5)M(CO)_3$ (M=Cr、Mo、W)
C_6H_6	$(C_6H_6)Cr(CO)_3$
C_7H_8	$(C_7H_8)Mo(CO)_3$

事实上，金属羰基化合物还可以跟一些复杂的配体形成衍生物，羰基化合物和富勒烯的衍生物就是其中的一类。例如 $[Mn(CO)_4(\eta^2\text{-}C_{60})]^-$，如图 4-5 所示，其中 C_{60} 好似烯烃配体，它以 2 个六元环交界处的 2 个 C 原子与 Mn 原子配位，故以符号“η^2”表示。

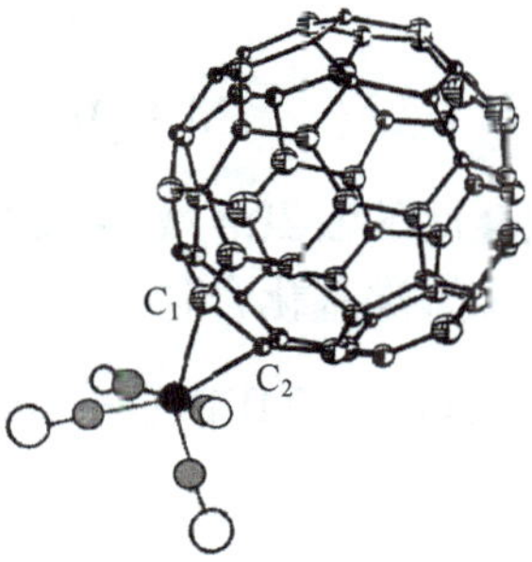

图 4-5 $[Mn(CO)_4(\eta^2\text{-}C_{60})]^-$ 的结构

4.3.1 金属羰基化合物的合成

金属羰基化合物是一大类化合物，制备方法各异，本节只能针对某些类型的化合物，介绍几种典型的合成方法。

1. 二元金属羰基化合物

在金属中，惟有镍和铁能在较温和的条件下直接与一氧化碳气体反应，形成相应的羰基化合物。反应式如下：

$$Ni+4CO\xrightarrow[100\ kPa]{25\ ℃}Ni(CO)_4 \tag{4-22}$$

$$Fe+5CO\xrightarrow[10\ MPa]{150\ ℃}Fe(CO)_5 \tag{4-23}$$

其他的二元金属羰基化合物大都间接地由相应金属的卤化物、氧化物或其他的盐还原而来。

$$CrCl_3+Al+6CO\xrightarrow[140\ ℃,30\ MPa]{AlCl_3,C_6H_6}Cr(CO)_6+AlCl_3 \tag{4-24}$$

$$2CoCO_3 + 2H_2 + 8CO \xrightarrow[30\ MPa]{130\ ℃} Co_2(CO)_8 + 2CO_2 + 2H_2O \tag{4-25}$$

$$OsO_4 + 9CO \longrightarrow Os(CO)_5 + 4CO_2 \tag{4-26}$$

$$VCl_3 + 4Na + 6CO \xrightarrow[160\ ℃,20\ MPa]{diglyme} [Na(diglyme)_2][V(CO)_6] + 3NaCl \tag{4-27}$$

$$[Na(diglyme)_2][V(CO)_6] \xrightarrow{HCl\text{-}Et_2O} V(CO)_6$$

2. 金属羰基阴离子

金属羰基阴离子不仅是有机金属化学重要的中间产物，而且其数量远远超过中性的羰基化合物。有些过渡金属如铌和钽等，仅分离出它们的羰基阴离子，如$[Nb(CO)_6]^-$和$[Ta(CO)_6]^-$等；镍的中性羰基化合物为数极少，但羰基阴离子有多种。金属羰基阴离子的数目还大大地超过阳离子。

金属羰基阴离子可通过以下途径制备：

(1) 金属羰基化合物和碱作用。该法用以制备金属羰基阴离子的碱，可以是碱金属氢氧化物的水溶液或醇溶液，氨或胺以及其他的 Lewis 碱。例如：

$$Fe_2(CO)_9 + 4NaOH \longrightarrow Na_2[Fe_2(CO)_8] + Na_2CO_3 + 2H_2O \tag{4-28}$$

$$Fe(CO)_5 + Et_3N \xrightarrow[80\ ℃]{H_2O} (Et_3NH)[Fe_3(CO)_{11}H] \tag{4-29}$$

(2) 用碱金属还原金属羰基化合物。

$$Mn_2(CO)_{10} + 2Li \xrightarrow{THF} 2Li[Mn(CO)_5] \tag{4-30}$$

$$2M(CO)_6 + 2Na\text{-}Hg \xrightarrow[h\nu]{THF} Na_2[M_2(CO)_{10}] + 2CO \quad (M=Cr、Mo、W) \tag{4-31}$$

碱金属的液氨溶液、碱金属萘盐或钠的冠醚或穴合物的 THF 溶液等强还原剂，甚至可高度还原金属羰基化合物，产生金属氧化态很低的富电子体系。例如：

$$Cr(CO)_4(TMEDA) + 4Na \xrightarrow[-33\ ℃,6\sim8\ h]{NH_3(l)} \underset{黄色}{Na_4[Cr(CO)_4]}\downarrow + TMEDA \tag{4-32}$$

(TMEDA=四甲基亚乙基二胺)

$$Mn_2(CO)_{10} \xrightarrow[20\ ℃]{碱金属萘盐(过量),THF} M_3[Mn(CO)_4] \quad (M=Na、K) \tag{4-33}$$

(3) 用阴离子取代金属羰基化合物中的羰基。

$$Mo(CO)_6 + KI \xrightarrow{diglyme} [K(diglyme)_3][Mo(CO)_5I] + CO \tag{4-34}$$

$$Mo(CO)_6 + KC_5H_5 \longrightarrow K[(C_5H_5)Mo(CO)_3] + 3CO \tag{4-35}$$

$$M(CO)_6 + R_4NX \longrightarrow (R_4N)[M(CO)_6X] + CO \quad (M=Cr、Mo、W;X=Cl、Br、I) \tag{4-36}$$

3. 金属羰基阳离子

金属羰基阳离子可通过羰基卤化物和 Lewis 酸的作用来制备，也可通过金属羰基化合物的歧化反应，或金属-卤素配合物在阴离子存在下直接与一氧化碳反应等方法制备。例如：

$$Mn(CO)_5Cl + AlCl_3 + CO \longrightarrow [Mn(CO)_6][AlCl_4] \tag{4-37}$$

$$(C_3H_5)Fe(CO)_3Cl + AgBF_4 \longrightarrow [(C_3H_5)Fe(CO)_3][BF_4] + AgCl \tag{4-38}$$

$$Co_2(CO)_8 + 2PPh_3 \longrightarrow [(Ph_3P)_2Co(CO)_3]^+[Co(CO)_4]^- + CO \tag{4-39}$$

$$(Et_3P)_2PtCl + ClO_4^- + CO \longrightarrow [(Et_3P)_2Pt(CO)Cl][ClO_4] + Cl^- \quad (4\text{-}40)$$

对于“非经典”的羰基阳离子，则通过金属氟化物或其他的盐，在 CO 气氛中，在液态 SbF_5 存在下发生羰基化或溶剂分解作用制备。例如：

$$2IrF_6 + 15CO + 12SbF_5 \xrightarrow[60\ ℃, 12\ h]{SbF_5(l)} 2[Ir(CO)_6][Sb_2F_{11}]_3 + 3COF_2 \quad (4\text{-}41)$$

$$Hg(SO_3F)_2 + 2CO + 8SbF_5 \xrightarrow[100\ ℃, 1\ h]{SbF_5(l)} \underset{\text{白色固体}}{[Hg(CO)_2][Sb_2F_{11}]_2} + 2Sb_2F_9(SO_3F) \quad (4\text{-}42)$$

$$\text{顺-}M(CO)_2(SO_3F)_2 + 2CO + 8SbF_5 \xrightarrow[25\sim60\ ℃]{SbF_5(l)} [M(CO)_4][Sb_2F_{11}]_2 + 2Sb_2F_9(SO_3F) \quad (4\text{-}43)$$

(M=Pb、Pt)

4.3.2 金属羰基化合物的化学键和结构

1. CO 的分子轨道

一氧化碳的分子轨道主要由碳的 2s 和 2p 原子轨道以及氧的 2s 和 2p 原子轨道组成，分子轨道的能级和电子概率密度图如图 4-6。

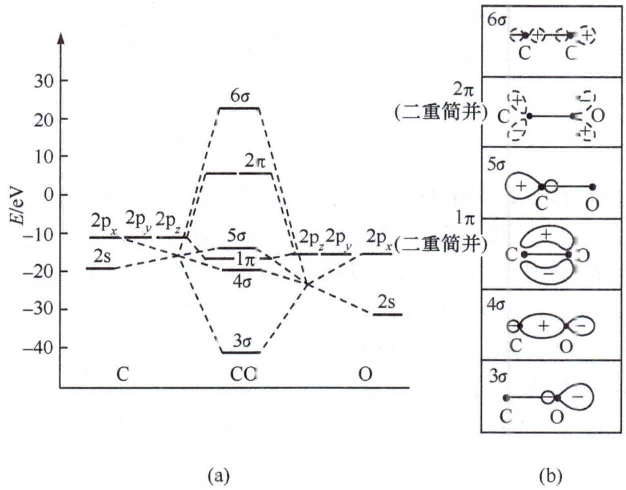

图 4-6 CO 分子的分子轨道能级图

CO 的 10 个价电子(碳提供 4 个，氧提供 6 个)分别填入 3σ、4σ、1π、5σ 分子轨道，最高占有轨道 5σ 具有碳孤对的性质，最低未占有轨道 $2\pi^*$ 可以接受金属的电子，所以 CO 既可给出电子作为 σ 碱，也可接受电子作为 π 酸，当它作为电子给予体时能提供 2(5σ)或 4(5σ+1π)个电子。

2. CO 与金属的配位方式

一氧化碳与金属原子的配位有以下几种方式：

(1) 端基配位。CO 只与一个金属原子通过碳配位，给出 5σ 轨道一对电子，形成的 M—C—O 单位接近直线型(∠MCO 为 160°～180°)。

在端梢的羰基中，一氧化碳以碳原子的孤对电子和中心金属原子的空轨道形成 σ 配键[图 4-7(a)]；此外，一氧化碳空的反键 π^* 轨道又可以和金属原子充满电子的、具有 π 对称性的 d 轨道重叠，形成 π 键。这种 π 键由金属原子提供电子，称为 dπ-pπ 的反馈键[图 4-7(b)]。因此，M—CO 之间的化学键为 σ-π 配键，而 CO 则是最重要的一类 π 酸配体。

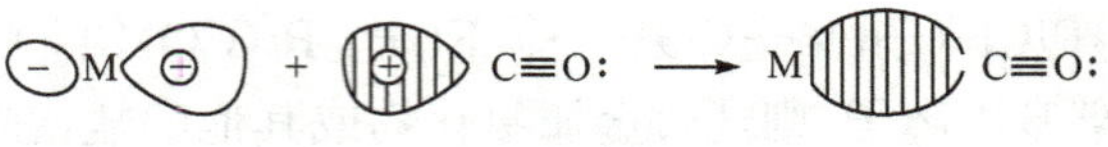

(a) M←COσ 配键

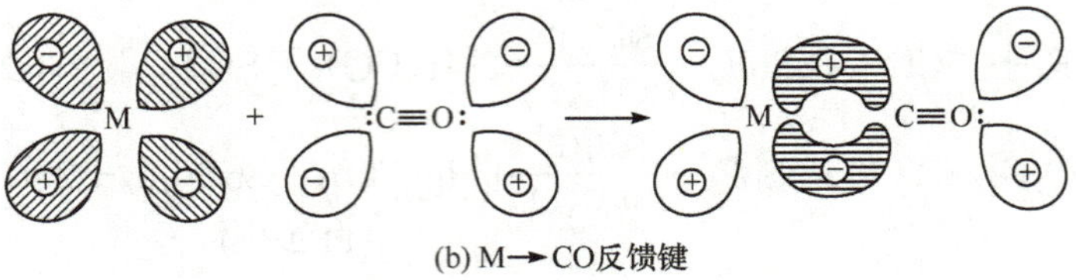

(b) M→CO 反馈键

图 4-7　M—CO 间的 σ-π 配键示意图

（2）双桥基配位。CO 通过碳原子同时与两个金属配位（两个 M—C 键长不一定完全相等），这种配位方式中 CO 类似酮基，且 C—O 轴几乎垂直于 M—M 轴，常用符号 μ_2-表示这种配位方式。图 4-8 表示了两种配位方式。

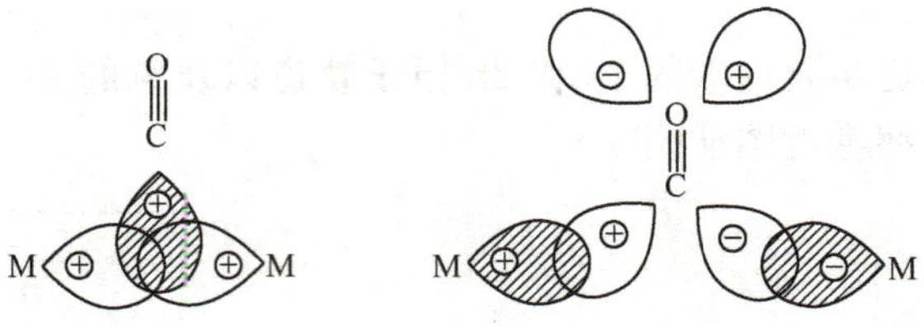

(a)　　(b)

图 4-8　双桥基中的化学键

（3）双桥基不对称配位。CO 分子中不仅碳同时与两个 M 原子配位，另外，CO 中的氧原子也与金属配位，形成 M⋯O 键，两个 M—C 键长不相等。图 4-9(a)和(b)分别表示两例含不对称边桥基的金属羰基化合物，即 $Fe_3(CO)_{12}$ 和 $(C_7H_8)Co_2(CO)_6$ 的结构和相应的结构数据。$Fe_3(CO)_{12}$ 中 2 个不对称的 μ_2-CO 横跨 Fe_3 三角形的同一条边，2 个 $Fe_2(\mu_2\text{-CO})$ 基团间的两面角为 139.6°。$(C_7H_8)Co_2(CO)_6$ 可看作 $Co_2(CO)_8$ 同一钴原子上 2 个端梢的 CO 配体被降冰片二烯(norbornadiene)所取代的产物。$Co_2(\mu_2\text{-CO})_2$ 不在同一平面内，2 个 $Co_2(\mu_2\text{-CO})$ 基团间的两面角为 135.0°。由 $Co_2(CO)_8$ 到 $(C_7H_8)Co_2(CO)_6$，分子由对称到不对称，导致 $(C_7H_8)Co_2(CO)_6$ 分子中的双桥基也不对称。

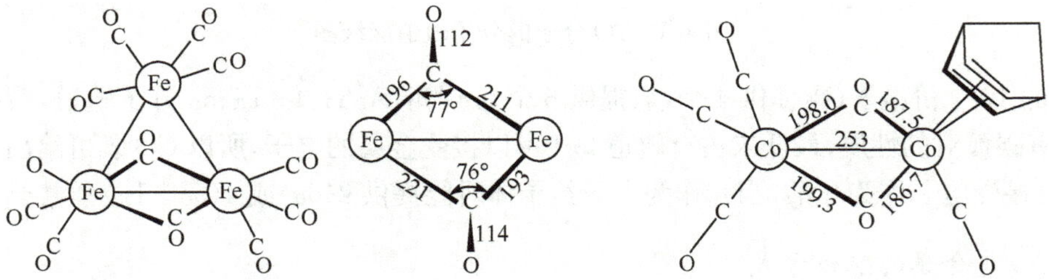

(a) $Fe_3(\mu_2\text{-CO})_2(CO)_{10}$　　(b) $(C_7H_8)Co_2(\mu_2\text{-CO})_2(CO)_4$

图 4-9　含不对称双桥基的金属羰基化合物

（4）三桥基配位。CO 分子通过碳原子与 3 个金属原子配位，C—O 轴垂直于 M_3 平面（或接近垂直），这种配位方式也称为面桥配位，用符号 μ_3-表示。μ_3-CO 基团中碳原子上含孤对电子的轨道可以和符号相同的 3 个金属原子轨道组合重叠[图 4-10(a)]，同时，CO 配体上 2 个空的反键 π^* 轨道又能从对称性匹配的金属原子轨道的组合中接受电荷[图 4-10(b)和(c)]。

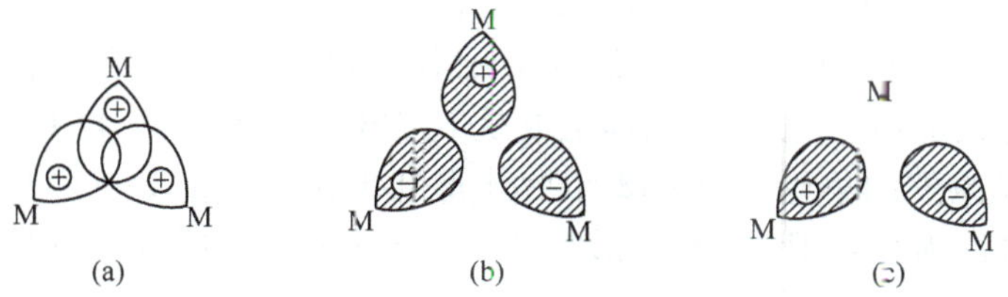

图 4-10　与 μ_3-CO 孤对电子及 π^* 轨道作用的金属原子轨道的组合

(5) 碳与 3 个金属原子形成 μ_3-配位方式，而碳和氧又和第 4 个金属原子同时配位，这种配位方式较特殊，过渡金属羰基簇中可形成这样的结构。

上述 5 种配位方式如图 4-11 所示。

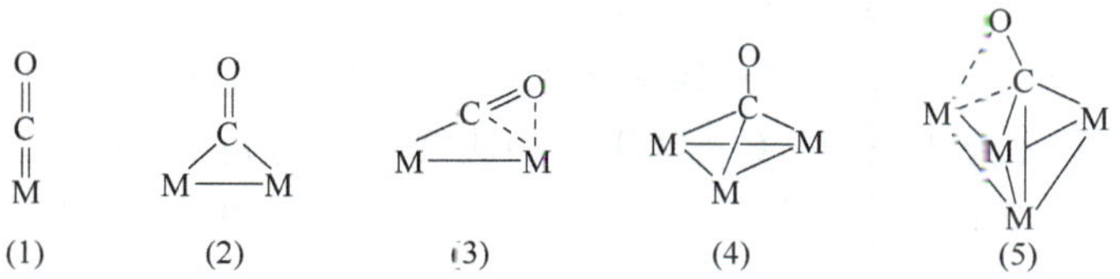

图 4-11　CO 的配位方式

4.4　过渡金属不饱和烃配合物

有机不饱和分子和过渡金属形成的配合物具有重要的实际意义。烯烃的氢醛基化、同分异构化以及烯烃的聚合等一系列重要的化学反应，都离不开过渡金属不饱和烃配合物的催化作用。为了研究催化机理，实现催化剂的选择，探明过渡金属和不饱和烃分子间的相互作用，测定它们的结构，研究它们的化学键性质和成键规律显得非常重要。因此，不饱和烃配合物的研究受到了广泛的重视。

4.4.1　金属烯烃配合物

在金属烯烃配合物(metal olefin complex)中，研究得较为透彻的是乙烯配合物。从结构化学的角度来看，乙烯过渡金属配合物有三个基本的特征：①乙烯的两个碳原子到中心金属原子的距离基本相等；②配位以后，原来呈平面型的乙烯分子变成了非平面型，和碳原子相连的氢原子远离中心金属原子向后弯折；③若把乙烯分子看作单齿配体，则典型的三配位、四配位以及五配位化合物的几何构型分别为三角形、平面四方形和三角双锥。在三角形的配合物中，C═C 键大体上在三角形的平面内；在平面四方形的配合物中，C═C 键和四方形平面接近垂直；在三角双锥的配合物中，C═C 键大体上在水平方向的面上。图 4-12 表示了这三种典型的几何形状。

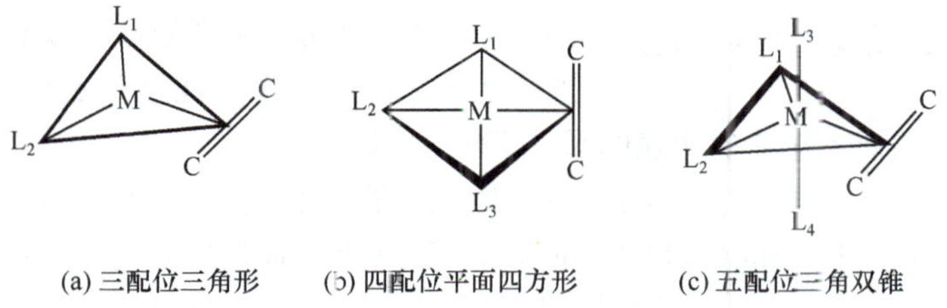

图 4-12　乙烯过渡金属配合物的几何构型

$K[PtCl_3(C_2H_4)]\cdot H_2O$ 是最著名的乙烯配合物。早在 1827 年，丹麦的 William Zeise 在乙醇溶液中回流 $PtCl_4$ 和 $PtCl_2$ 的混合物，然后用 KCl 和 HCl 处理所得到的黑色固体，结果分离出一种柠檬黄色的晶体，并报告该晶体组成是 $K[PtCl_3(C_2H_4)]\cdot H_2O$。Zeise 的观点在当时立即引起了一场激烈的争论，直到 13 年后才得到承认。$K[PtCl_3(C_2H_4)]\cdot H_2O$ 又称为 Zeise 盐，一般通过乙烯和 K_2PtCl_4 稀盐酸溶液的反应来制备。反应式如下：

$$K_2[PtCl_4]+C_2H_4 \longrightarrow K[PtCl_3(C_2H_4)]+KCl$$

Zeise 盐虽然很早就已发现，但它的结构直到 20 世纪中叶才最后确定，前后经历了一个多世纪。X 射线衍射和中子衍射法的测定表明，Zeise 盐中的阴离子 $[PtCl_3(C_2H_4)]^-$ 具有平面四方形的几何形状，其中 d^8 电子组态的铂(Ⅱ)周围有 3 个氯原子和 1 个乙烯配体。图 4-13 表示 $[PtCl_3(C_2H_4)]^-$ 的结构，在 $[PtCl_3(C_2H_4)]^-$ 中，$PtCl_3$ 结构部分接近一平面型基团，而 C—C 键和该平面呈 84°。C═C 键几乎和 $PtCl_3$ 的平面垂直。同时，乙烯配体中的氢原子对称地远离中心铂(Ⅱ)向后弯折，致使乙烯配体本身不再保持平面型[图 4-13(a)]。这种弯折的程度通常用 α 来量度，α 为两个 H—C—H 平面的法线之间的夹角[图 4-13(b)]。若乙烯配体仍保持平面型，则 α 为 0°；若发生弯折，则 α 相应地增加。在 $[PtCl_3(C_2H_4)]^-$ 中，α 为 32.5°。

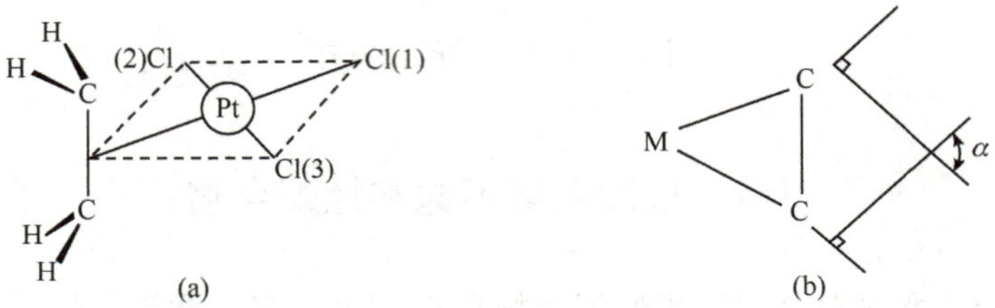

图 4-13　$[PtCl_3(C_2H_4)]^-$ 阴离子的结构

Zeise 盐中 Pt(Ⅱ)—C_2H_4 之间的化学键通常用 Dewar-Chatt-Duncanson 模型作定性的解释。该模型的要点是：C_2H_4 充满电子的 π 轨道和铂(Ⅱ)的 dsp^2 杂化轨道重叠，形成 σ 键；同时，铂(Ⅱ)充满电子的 dp 杂化轨道和 C_2H_4 空的反键 π^* 轨道重叠，形成 π 反馈键。因此，Pt(Ⅱ)—C_2H_4 之间的化学键为 σ-π 配键(图 4-14)。其他乙烯配合物中，M—C_2H_4 间的化学键也可用类似的方法描述。

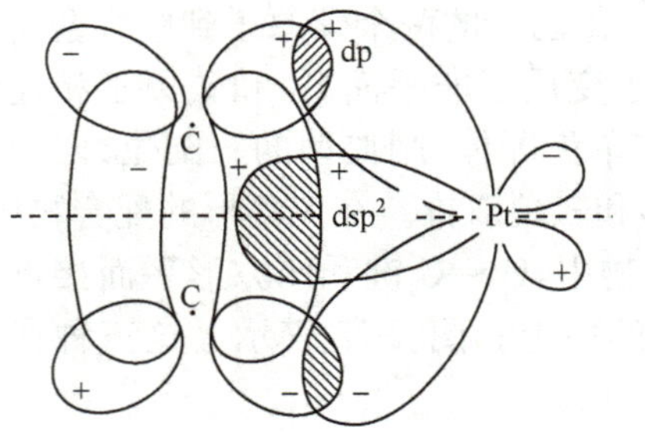

图 4-14　Pt(Ⅱ)—C_2H_4 之间的 σ-π 配键

Zeise 盐晶体中，C_2H_4 配体的 C—C 键长从自由 C_2H_4 分子的 133.7 pm 增加到 137 pm，C—C键的伸缩振动频率则从自由 C_2H_4 分子的 1623 cm^{-1} 降低到 1526 cm^{-1}，表明 Zeise 盐的C═C双键有所削弱；这可从 C_2H_4 配体的 π 给予性和 π 接受性两者的协同效应中得到解释：①由于配体的 π 给予性，降低了 C_2H_4 充满电子的 π 轨道的负电荷密度，导致 C—C 键的削弱；②配体的反键 π^* 轨道又从金属离子那里接受反馈的负电荷，进一步削弱了 C—C 键的强度。在某些乙烯及其衍生物的配合物中，甚至观测到比 Zeise 盐更加明显的 C—C 键的增长。

$K[PtCl_3(C_2H_4)]\cdot H_2O$ 为平面四方形乙烯配合物的典型，其他四方形的乙烯配合物还有 $[(C_5H_5)_2(THF)Zr(C_2H_4)]$ 和 $[(C_5H_5)_2(py)Zr(C_2H_4)]$ 等，前者为橙色，后者为暗棕色晶体。它们对空气和潮气都极敏感，结构均已在低温下测得。$Ni(PPh_3)_2(C_2H_4)$ 和 $Fe(CO)_4(C_2H_4)$ 的结构为三角形和三角双锥乙烯配合物，如图 4-15 所示。

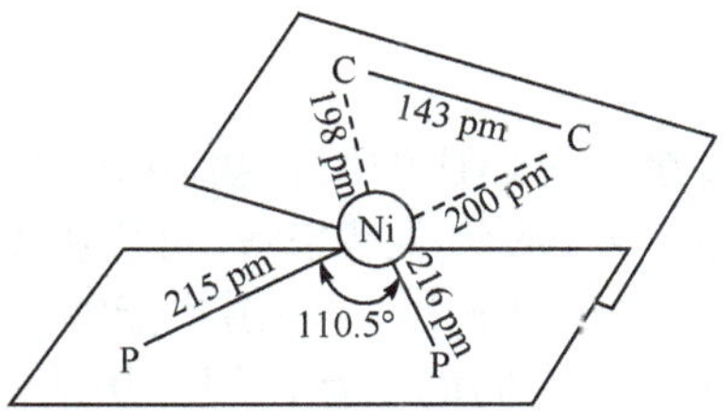

(a)

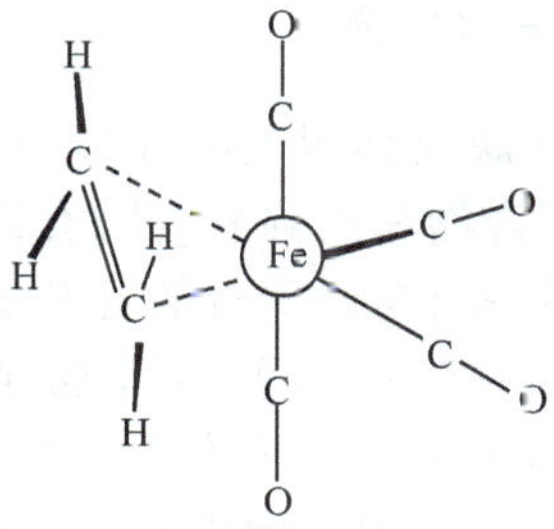

(b)

图 4-15　$Ni(PPh_3)_2(C_2H_4)$分子核心部分(a)和 $Fe(CO)_4(C_2H_4)$分子(b)的结构

其中,C_2H_4 配体的 C═C 键接近在三角形或水平方向的平面内。例如,在$Ni(PPh_3)_2(C_2H_4)$中,P—Ni—P 和 C—Ni—C 的两面角为 5.0°,而在类似的配合物 $Pt(PPh_3)_2(C_2H_4)$中,相应的两面角仅为 1.6°。

过渡金属配合物中作为配体的乙烯与自由的烯烃在反应中的作用不同,自由的烯烃在反应中是亲电试剂,而配合物中的烯烃由于电子给予了金属原子而变成亲核试剂。如果考虑金属的反馈 π 键对金属烯烃成键的贡献,在研究 d^8 金属离子 Ru(0)、Rh(Ⅰ)和 Pd(Ⅱ)时发现,形成反馈键的能力随 Ru(0)>Rh(Ⅰ)>Pd(Ⅱ)次序降低。某些金属离子的激发能见表 4-7。

表 4-7　某些金属离子的激发能(d^8-d^7p^1)

金属离子	激发能(d^8-d^7p^1)/eV
Ru(0)	2.2
Rh(Ⅰ)	7.2
Pd(Ⅱ)	12.3

就 Pt(Ⅱ)和 Pd(Ⅱ)而言,它们的烯烃配合物可进行一系列亲核作用,亲核试剂包括羟基、乙基、甲氧基、氯离子、醇、胺和酰胺等,其中一些是重要的催化反应。亲电反应则反之,虽然游离烯烃很容易发生亲电作用,但 Pt(Ⅱ)和 Pd(Ⅱ)的配位亲电作用尚无确切报道。

除乙烯外,其他的烯烃或含 C═C 双键的不饱和分子也能和过渡金属形成配合物,如图 4-16中的例子。

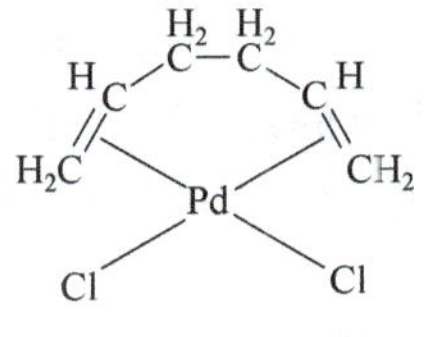

(a) $PdCl_2(H_2C═CH—CH_2—CH_2—CH═CH_2)$

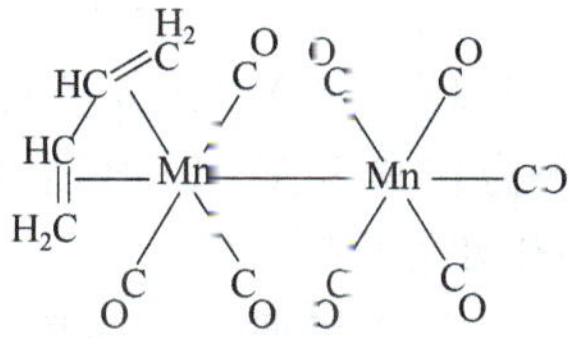

(b) $Mn(CO)_8(H_2C═CH—CH═CH_2)$

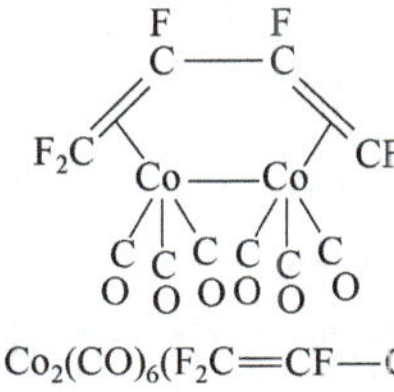

(c) $Co_2(CO)_6(F_2C═CF—CF═CF_2)$

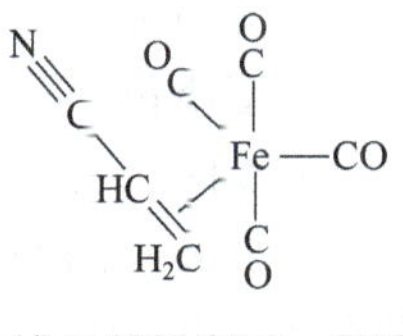

(d) $Fe(CO)_4(H_2C═CHCN)$

图 4-16　若干含 C═C 双键配体的有机金属化合物

4.4.2 金属炔烃配合物

含$C\equiv C$的乙炔及其衍生物($RC\equiv CR$)和过渡金属形成的配合物,可作为金属炔烃配合物的代表。乙炔配合物和乙烯配合物有许多类似之处,从化学键来看,可用类似的模型描述,只不过乙炔还有另一组与之垂直的 π 和 π* 轨道。这一组 π 和 π* 轨道也能够和对称性匹配的金属 d 轨道之间有一定的重叠,因而加强了乙炔-金属之间的相互作用。从结构来看,在炔烃配合物中,$R—C\equiv C—R$配体也发生扭曲,致使$C\equiv C—R$偏离线形一定的角度。不过,一般说来$C\equiv C$距离的增长比乙烯配体中 $C=C$ 距离的增长少。

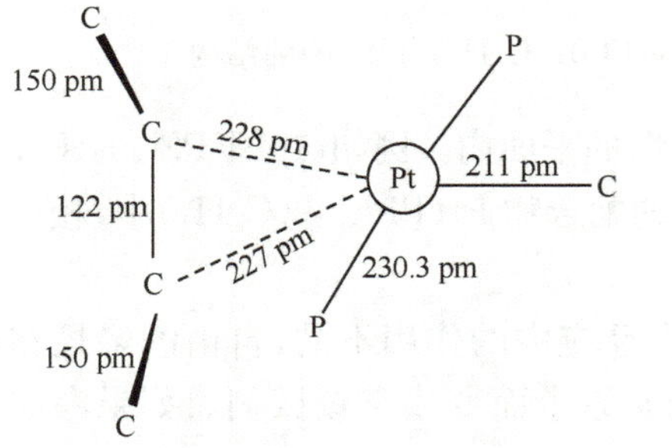

图 4-17 [$PtMe(PMe_2Ph)_2(MeC\equiv CMe)]^+$
中心部分的结构

图 4-17 表示[$PtMe(PMe_2Ph)_2(MeC\equiv CMe)$][$PF_6$]的结构。若把$MeC\equiv CMe$看作单齿配体,则铂(Ⅱ)的内界配位层接近平面四方形,而$C\equiv C$键几乎与该平面垂直(86.5°)。在配合物中,两个 Pt—C(炔烃中$C\equiv C$的碳原子)距离相等,分别为 228 pm 和 227 pm。$C\equiv C$键长为 122 pm,与$MeC\equiv CMe$分子中的 121 pm 没有明显的差别,此外,$C=C—Me$ 偏离线形约 12°。

图 4-18 表示 $Ni(Me_3CNC)_2(PhC\equiv CPh)$的中心部分的结构。在其晶体中存在着两种结构类似的分子,图 4-18 中仅表示出其中一种分子的结构数据。若把$PhC\equiv CPh$看作单齿配体,则镍(0)原子为三角形配位,内界配位层基本上呈现平面型,Ni—C(1)—C(2)和 Ni—C(3)—C(4)的两面角为 2.4°。$PhC\equiv CPh$配体的$C\equiv C$键长 129.1 pm,比固态自由$PhC\equiv CPh$分子的 119 pm 长,且配体中的苯基环远离中心镍原子向后弯折,相对于$C\equiv C$键轴约弯折 31°。

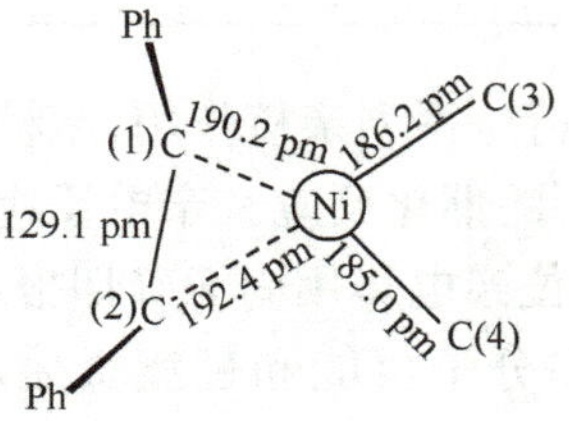

图 4-18 $Ni(Me_3CNC)_2(PhC\equiv CPh)$
分子中心部分的结构

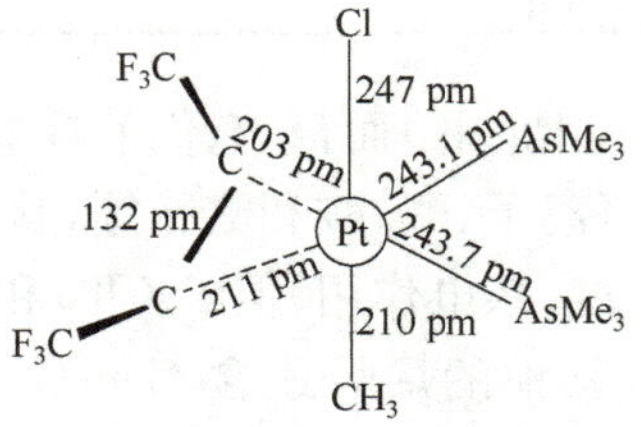

图 4-19 $PtClMe(AsMe_3)_2(F_3C—C\equiv C—CF_3)$
分子的结构

图 4-19 表示 $PtClMe(AsMe_3)_2(F_3C—C\equiv C—CF_3)$的结构,其中 Pt(Ⅱ)为三角锥配体,$C\equiv C$键占据水平方向的位置,$C\equiv C$距离为 132 pm,比自由$F_3C—C\equiv C—CF_3$分子的 122 pm 长,同时 CF_3 基团向后弯折。

除 Ni 和 Pt 外,其他过渡金属也能和乙炔及其衍生物生成一系列配合物:

$(C_5H_5)_2Ti(RC\equiv CR)$ ($R=Ph$、$SiMe_3$)

$(C_5Me_5)_2Ti(RC\equiv CR)$ (R=烷基、Ph、$SiMe_3$)

$(C_5Me_5)_2Zr(RC\equiv CR)$ ($R=Ph$)

$(C_5H_5)_2Zr(RC\equiv CR)L$ ($R=SiMe_3$;L=THF、py)

$Ru(CO)_4(RC\equiv CR)$ ($R=CF_3$)

在双核或多核的金属炔烃配合物中,乙炔也能以桥基的形式出现,类似于乙烯。例如,$Os(CO)_5$和乙炔在低温下通过光解反应,产生单核的配合物 $Os(CO)_4(HC\equiv CH)$(白色,蜡状固体)。产物进一步和 $Os(CO)_5$ 在一定条件下反应,产生双核的 $Os_2(CO)_8(\mu\text{-}HC\equiv CH)$(无色至浅黄色固体),该化合物含乙炔桥。由于乙炔桥的化学位移均在乙烯的范围内,因此,乙炔桥中 C—C

键可用双键表示。反应式和结构式如下：

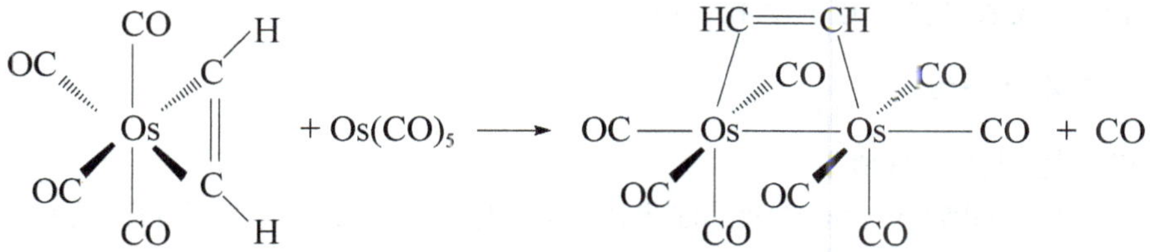

炔烃不仅能与金属形成配合物，它的许多重要反应，特别是和金属羰基化合物的反应，能使炔烃成环，产生许多新的有机配体与金属配位。例如：

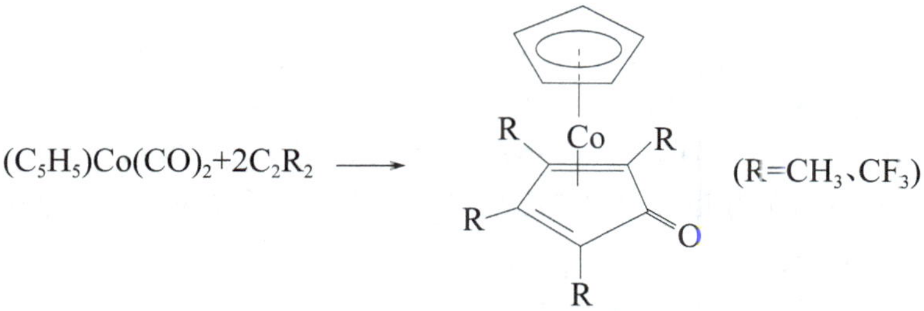

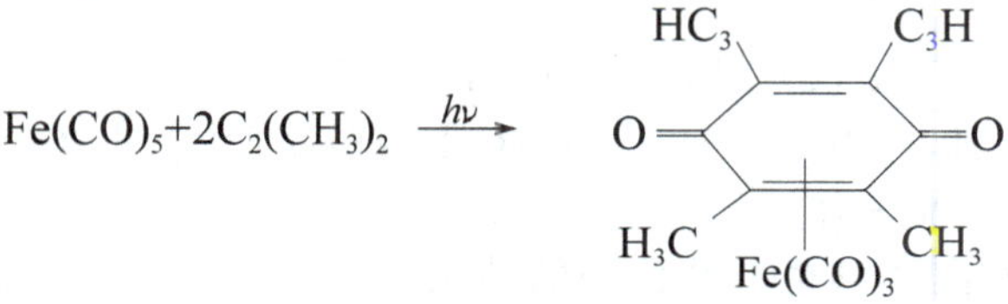

4.4.3 金属环多烯配合物

环多烯含电子的离域轨道也能和金属的 d 轨道作用，形成相应的金属环多烯配合物。二茂铁就属于这类化合物，其中 6 电子体系的环戊二烯基和金属 Fe(Ⅱ)原子形成化学键。其他具有 2π、6π 和 10π 电子体系的环多烯也能形成类似的化合物。图 4-20 列举了具有 2π、6π 和 10π 电子体系的环多烯。

金属环多烯配合物为数众多。图 4-21 表示若干实例。这些化合物均含有两个相互平行的环多烯环，它们或是相同的或是不相同的环多烯，这类化合物俗称夹心型化合物。

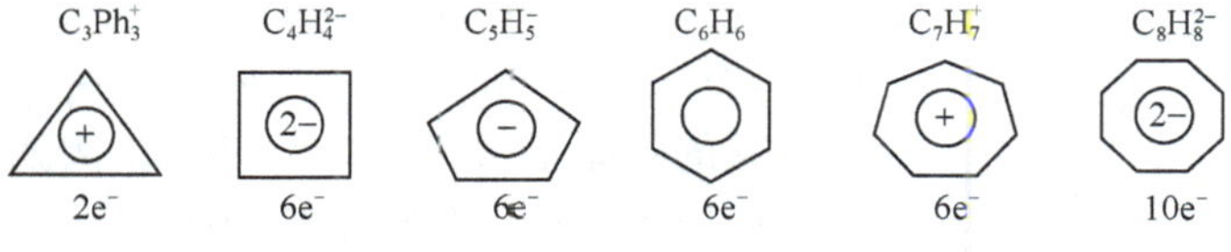

图 4-20　具有 2π、6π 和 10π 电子体系的环多烯

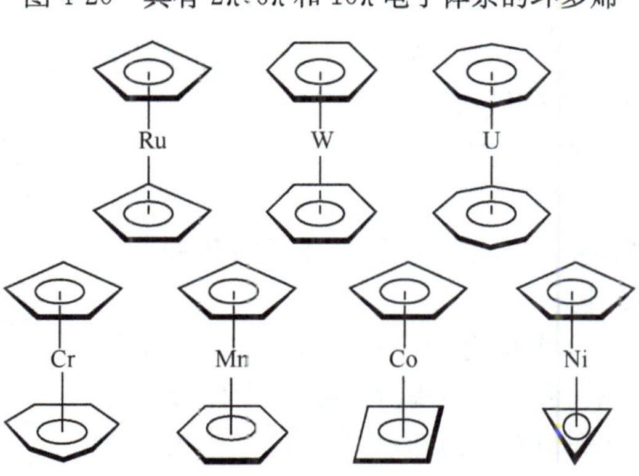

图 4-21　若干金属环多烯夹心化合物

在金属环多烯配合物中，数目最多、最重要的是金属环戊二烯配合物。因此，本节将以环戊二烯配合物为代表来介绍这一类化合物。

1. 环戊二烯配合物

1）环戊二烯配合物的制备

环戊二烯作为弱酸（$pK_a \approx 20$）能和强碱作用产生含环戊二烯离子 $C_5H_5^-$ 的盐。主要的制备方法如下：

（1）首先，在四氢呋喃溶液里通过钠或氢化钠和环戊二烯作用生成钠盐，然后和金属卤化物或羰基化物反应，这是最常用的方法。例如：

$$2C_5H_6 + 2Na \xrightarrow{THF} 2C_5H_5Na + H_2 \quad （主要反应）$$

$$2C_5H_5Na + FeCl_2 \longrightarrow (C_5H_5)_2Fe + 2NaCl$$

$$C_5H_5Na + W(CO)_6 \longrightarrow Na[(C_5H_5)W(CO)_3] + 3CO$$

（2）利用强有机碱，最好是过量的二乙基胺，与反应产生的盐酸作用。例如：

$$2C_5H_6 + CoCl_2 + 2Et_2NH \xrightarrow{THF} (C_5H_5)_2Co + 2Et_2NH_2Cl$$

（3）直接通过环戊二烯或双环戊二烯和金属或金属羰基化合物反应。例如：

$$2C_5H_6(g) + Mg \xrightarrow{\triangle} (C_5H_5)_2Mg + H_2$$

$$C_{10}H_{12} + 2Fe(CO)_5 \longrightarrow [(C_5H_5)Fe(CO)_2]_2 + 6CO + H_2$$

2）环戊二烯配合物的立体结构

金属环戊二烯配合物有离子型也有共价型的结构。ⅠA 族较重的金属盐具有离子型的结构，例如：

$$C_5H_5M \quad (M = K、Rb、Cs)$$

较轻的金属盐在 THF 溶液中存在着离子对，在固态时，金属阳离子和环戊二烯阴离子间存在少量的共价成分，例如：

$$C_5H_5M' \quad (M' = Li、Na)$$

ⅡA 族的 $(C_5H_5)_2Sr$ 和 $(C_5H_5)_2Ba$ 也具有离子型结构，$(C_5H_5)_2Mg$ 具有一定的共价成分，而 $(C_5H_5)_2Be$ 和 $(C_5H_5)_2Ca$ 则为共价型结构。对于第一系列过渡金属的环戊二烯配合物，只有 $(C_5H_5)_2Mn$ 的物理和化学性质基本上和离子型结构一致，其他则大都为共价型结构。

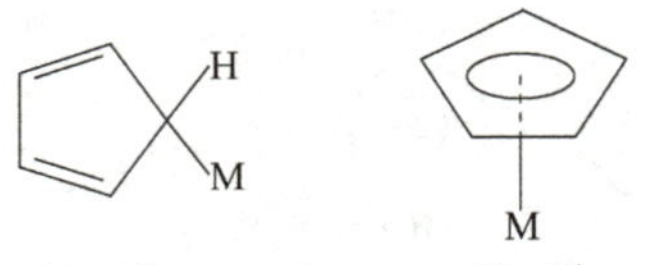

(a) σ型　　(b) π型

图 4-22　η^1-$C_5H_5^-$（a）和 η^5-$C_5H_5^-$（b）

对于共价型环戊二烯配合物，通常使用词头“hapto”（希腊语，意即“拴紧”，符号 η 或 h，此处用 η^n 来表示和金属原子相联系的碳原子数，或称齿合度）。例如，η^1（monohapto）表示金属原子仅和 1 个碳原子相连，因此，具有 σ 型化学键，如图 4-22(a)；η^5（pentahapto）表示金属原子和具有离域 π 键的五元碳环的 5 个碳原子均相连接，齿合度为 5，因此具有 π 型化学键，如图 4-22(b)。例如，二茂铁可用 $(\eta^5$-$C_5H_5)_2Fe$ 表示，二苯铬可用 $(\eta^6$-$C_6H_6)_2Cr$ 表示等。

此外，环戊二烯离子也常用缩写符号 Cp（cyclopentadienyl）表示，这样二茂铁也常写作 Cp_2Fe。

环戊二烯配合物有多种结构，比较典型的有下面几种。

（1）$(C_5H_5)_2M$ 型化合物。

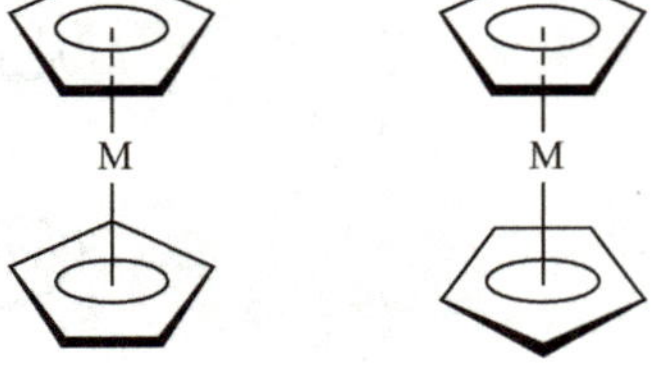

大多数 $(C_5H_5)_2M$ 型化合物具有两个平行的环戊二烯环。在理想的情况下，这两个平行的五元碳环或者具有覆盖式（eclipsed）结构，或者具有交错式（staggered）结构（其中的一个环相对转动了 36°），见右图。

以过渡元素为例，第一系列从钒到镍相应的金属茂(metallocene)均已制得。在它们的结构中，虽然都存在两个相互平行的 Cp 环，不过情况相当复杂。例如，根据电子衍射对二茂铁气态分子结构的测定，它在气相的平衡构型是覆盖式而不是交错式构型。同时，C—H 键朝着金属原子的方向和五元碳环的平面间有 3.7°的弯折(图 4-23)。实验结果还表明，在$(C_5H_5)_2Fe$分子内，Cp 环的转动势垒很低，估计为(3.8±1.3) kJ·mol^{-1}，远远低于它的升华热 68.16 kJ·mol^{-1}。因此，在气相仍有相当一部分分子是或接近交错式的结构。除$(C_5H_5)_2Fe$之外，气相电子衍射实验的测定表明，$(C_5H_5)_2V$、$(C_5H_5)_2Cr$、$(C_5H_5)_2Co$和$(C_5H_5)_2Ni$等在气态都具有类似的覆盖构型，同时，也不排除交错构型分子的存在。

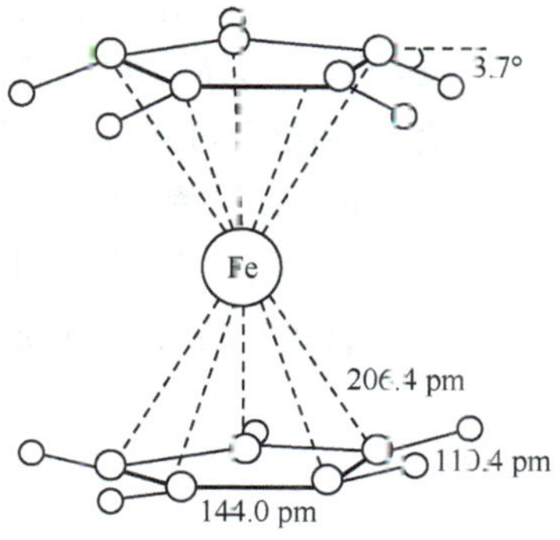

图 4-23　二茂铁气相的分子结构

关于$(C_5H_5)_2Fe$的晶体结构，早期通过 X 射线衍射的研究建立了夹心的结构，同时指出两个 Cp 环应该是交错的，因为铁原子位于对称中心。C—C 和 Fe—C 距离也通过三维 X 射线分析确定了，它们分别是 140.3 pm 和 204.5 pm。但是，以后的一系列实验表明，在室温下$(C_5H_5)_2Fe$的晶体结构实际上是不规则的，特别是热容数据揭示了在 164 K 存在一个相转变点，它和 Cp 环开始发生不规则的转动联系在一起。相转变点以下的晶体结构是规整的，X 射线测定结果表明，两个 Cp 环从覆盖的位置相对转动了约 9°。换句话说，它既不是覆盖式，也不是交错式，但比较接近覆盖式构型。

中子衍射和 X 射线衍射对二茂铁晶体结构的进一步研究证实，在室温下 Cp 环确实是不规则的。因此，单个$(C_5H_5)_2Fe$分子必为交错构型的假设就不复存在了，何况铁原子处于对称中心也可能是不同方向分子叠合的结果，因而认为在室温下二茂铁分子属于交错构型的结论需要加以修正。此外，中子衍射的研究还表明，在二茂铁的晶体结构中，C—H 键也朝着铁原子倾斜一定的角度，如在 173 K，(C_5CH)角为 1.6°。

大多数$(C_5H_5)_2M$型化合物中两个 Cp 环是相互平行的，但气相电子衍射测定的结果表明，在$(C_5H_5)_2Pb$中，两个 Cp 环是不平行的(图 4-24)。$(C_5H_5)Sn$和$(C_5H_5)Ge$的晶体结构也类似。

在$(C_5H_5)_2M$型化合物的结构中，比较特殊的是$(C_5H_5)_2Be$。它在气相是不对称的夹心结构，即铍原子和 2 个平行又互相交错的 η^5-$C_5H_5^-$ 环不等距，分别为 147.2 pm 和 190.3 pm[图 4-25(a)]。在固相(−120 ℃)，2 个 Cp 环发生“滑动”，其中之一仍保持 η^5-$C_5H_5^-$，而另一则转变为 η^1-$C_5H_5^-$。

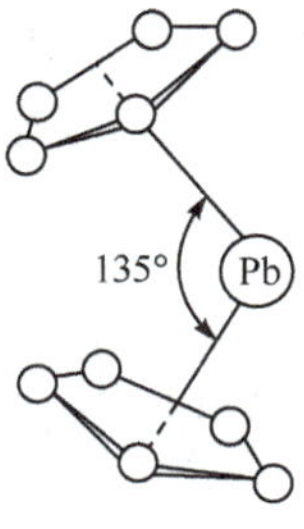

图 4-24　$(\eta^5$-$C_5H_5)_2Pb$的分子结构

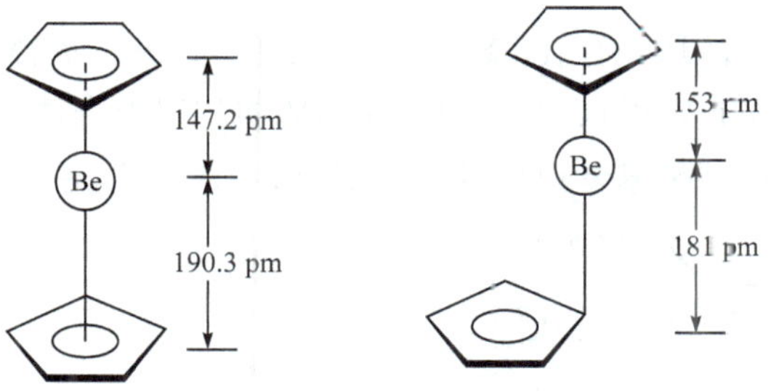

(a) $(\eta^5$-$C_5H_5)_2Be$ (g)　(b) $(\eta^5$-$C_5H_5)(\eta^1$-$C_5H_5)Be$ (s)

图 4-25　$(C_5H_5)_2Be$的结构

同时，铍原子和 Cp 环之间的距离也不相等，分别为 153 pm 和 181 pm[图 4-25(b)]。室温下，仍保持这种“滑动”的结构，只不过 Cp 环的方位介于交错和覆盖两种极端的构型之间。

(2) $(C_5H_5)_4M$ 型化合物。

钛、锆和铪等过渡金属能形成$(C_5H_5)_4M$型的化合物。其中钛和铪的化合物结构类似，它们均含 2 个 η^5-$C_5H_5^-$ 和 2 个 η^1-$C_5H_5^-$ 环，可表示为$(\eta^5$-$C_5H_5)_2(\eta^1$-$C_5H_5)_2M$(M=Ti、Hf)。锆盐含 3 个 η^5-$C_5H_5^-$ 和 1 个 η^1-$C_5H_5^-$ 环，因而可用 $(\eta^5$-$C_5H_5)_3(\eta^1$-$C_5H_5)Zr$ 表示。图 4-26 表示了$(\eta^5$-$C_5H_5)_4Hf$ 的结构，其中 η^1 环有两种可能的位置，图中分别用粗线和细线加以区分。

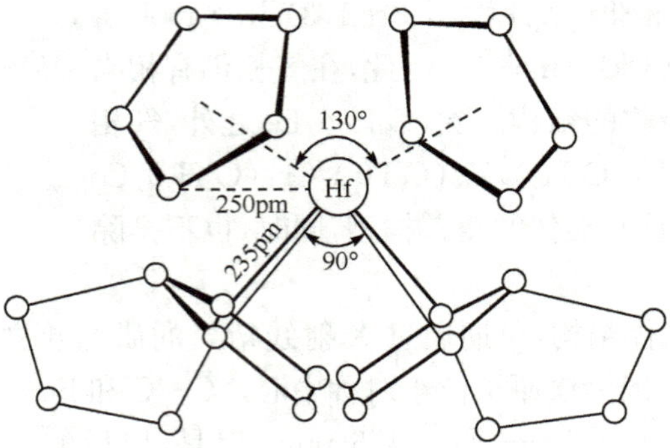

图 4-26 $(\eta^5$-$C_5H_5)_4(\eta^1$-$C_5H_5)_2Hf$ 的结构

(3) $(C_5H_5)_xML_y$ 型化合物。

大量的环戊二烯配合物具有混合配体。除含一个或两个茂环外，少数较大的中心金属离子，如锕系元素的 Th 和 U 等，甚至可形成含 3 个茂环的配合物，如$(C_5Me_5)_3$ ThH 和$(C_5Me_5)_3UX$ (X=F、Cl)。茂环还可与 C_{60} 等较大的配体形成混合型配合物，如$(\eta^5$-$C_5Me_5)_2Ru_2C_{60}(\mu$-$Cl)_2$ 和$(\eta^5$-$C_5H_5)Co(C_{64}H_4)$等，如图 4-27 所示。

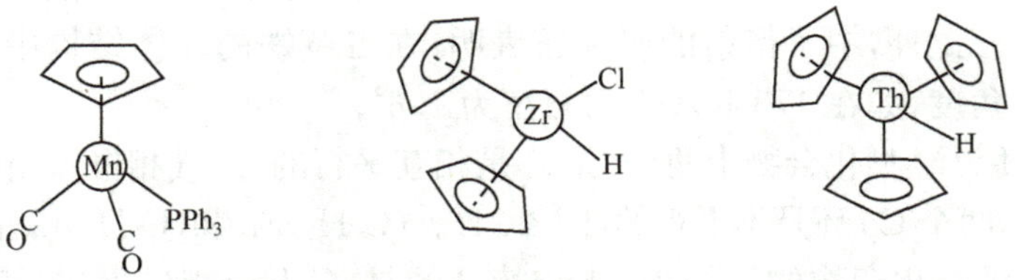

(a) $(\eta^5$-$C_5H_5)Mn(CO)_2(PPh_3)$ (b) $(\eta^5$-$C_5H_5)_2ZrClH$ (c) $(\eta^5$-$C_5Me_5)_3ThH$

图 4-27 几种含混合配体的环戊二烯配合物

(4) 聚合物。

环戊二烯化合物还可以聚合体的形式存在于晶体中。例如，$[(C_5H_5)(C_5H_4)NbH]_2$ 以二聚体的形式存在[图 4-28(a)]。C_5H_5In 在晶体中构成无限长链[图 4-28(b)]。在气相中以单分子存在的$(C_5H_5)_2Pb$，在晶体中却以聚合体的形式出现[图 4-28(c)]等。在这些聚合体中，环戊二烯基常以桥基的形式存在，表示为 μ-$(\eta^5:\eta^5$-$C_5H_5)$或 μ-$(\eta^1:\eta^5$-$C_5H_4)$等。

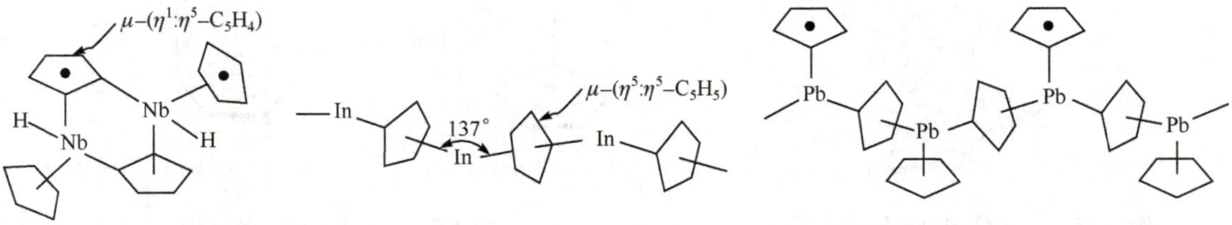

(a) $[(C_5H_5)(C_5H_4)NbH]_2$ (b) $(C_5H_5In)_n$ (c) $[(C_5H_5)_2Pb]_n$

图 4-28 几种环戊二烯配合物的聚合物

3）环戊二烯配合物的电子结构和化学键

以二茂铁为例介绍环戊二烯配合物的电子结构和化学键。二茂铁是利用环戊二烯的 π 分子轨道和金属原子的 s、p、d 轨道重叠成键的。其具体成键方式介绍如下：

(1) 把 $C_5H_5^-$ 环中 5 个碳的 p_π 轨道线性组合成 5 个非定域的分子轨道。其分子轨道按能级及对称性可分为 3 类，如图 4-29 所示。第一类是一个能级最低、没有节面的 a 轨道，称为 σ 轨道；第二类是一个节面的一组二重简并能级稍高的 e_1 轨道，称为 π 轨道；第三类是有两个节面的一组二重简并的 e_2 轨道，称为 δ 轨道。

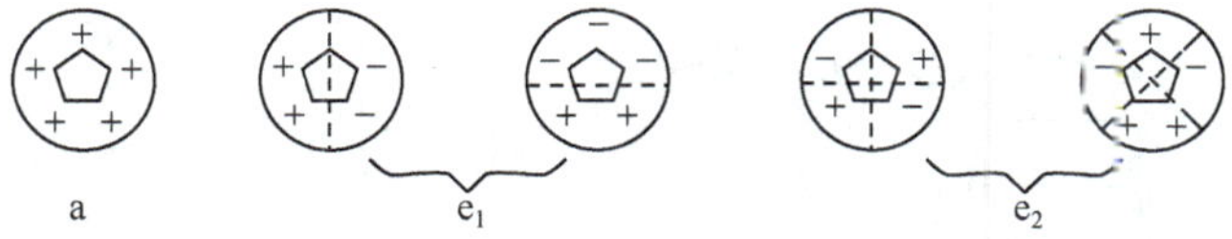

图 4-29　$C_5H_5^-$ 环的分子轨道示意图

(2) 把两个 $C_5H_5^-$ 环上的 5 个非定域的分子轨道按对称性匹配组成 10 个配体群轨道。例如，两个茂环中的 σ(环Ⅰ)轨道和 σ(环Ⅱ)轨道对称性匹配，可经线性组合成 a_{1g} 成键轨道和 a_{2u} 反键轨道，如图 4-30 所示。同理可以得到其他 8 个配体群轨道，即 e_{1g}、e_{1u}、e_{2g}、e_{2u} 等轨道。

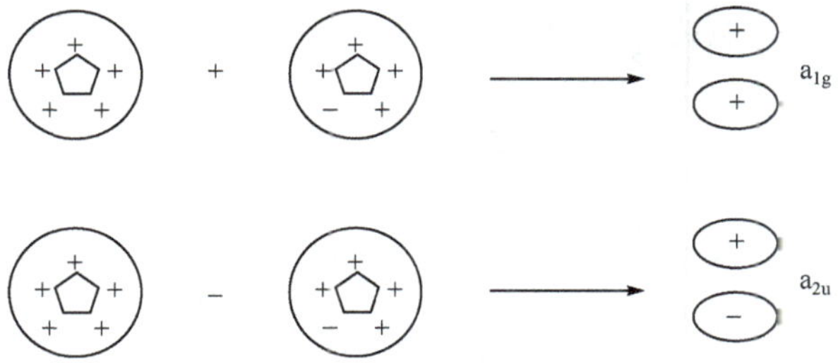

图 4-30　成键轨道和反键轨道

(3) 配体群轨道和铁原子轨道按能量近似和对称性匹配组合成二茂铁的分子轨道，见图 4-31。配体群轨道的 a_{1g} 可与 Fe 原子的 4s、$3d_{z^2}$ 重叠形成 σ 键，但因两者能级相差太大，只能形成弱的 σ 键。同理 a_{2u} 与 Fe 原子的 $4p_z$ 的能量相差太大，而为非键轨道。e_{1g} 与铁原子的 $3d_{yz}$、$3d_{xz}$ 对称性匹配，能级也最接近，重叠成两个强的 π 键，这就是二茂铁得以稳定存在的主要原因，e_{1u} 与 Fe 原子的 $4p_x$、$4p_y$，也因能级相差大，只能形成两个弱 π 键。e_{2g} 与 Fe 原子的 $3d_{x^2-y^2}$ 重叠形成 δ 键，同样由于两者能级相差大只能形成弱的 δ 键。Fe 原子轨道中无 e_{2u} 对称性的轨道，所以 e_{2u} 仍保持原来配体轨道的能级，为非键轨道。图 4-32 为二茂铁的分子轨道能级图。二茂铁的 18 个电子分别按能级高低填入 a_{1g}、a_{2u}、e_{1g}、e_{1u}、e_{2g} 等成键和非键分子轨道中，所以二茂铁是稳定的。因分子轨道中无单电子存在，故是反磁性的。

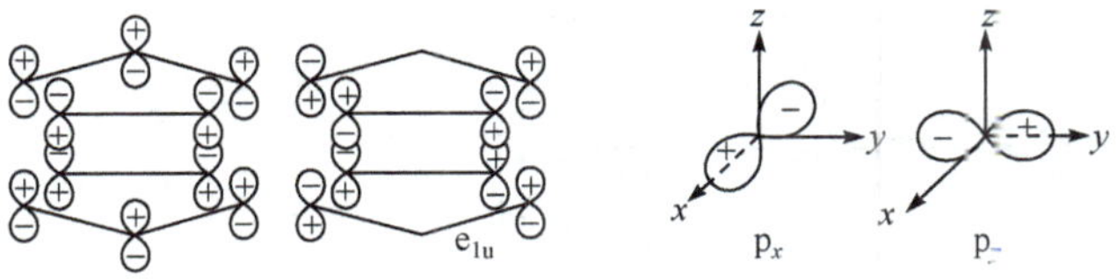

图 4-31　二茂铁中对称性匹配的配体群轨道和金属原子轨道

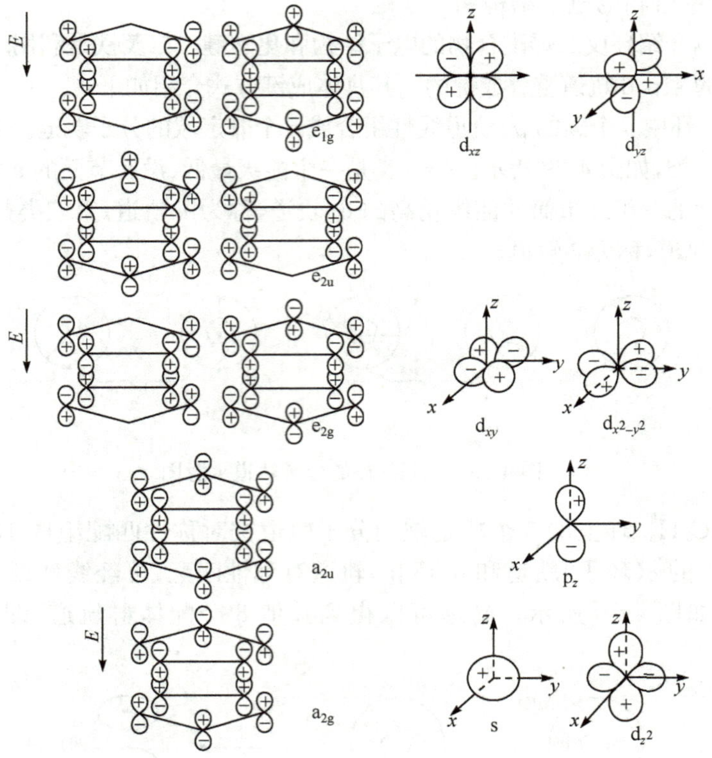

图 4-31 （续）

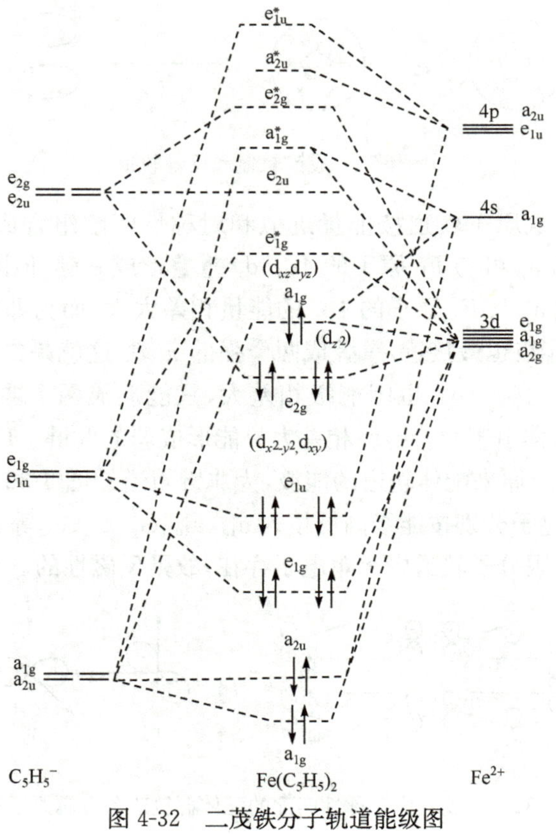

图 4-32 二茂铁分子轨道能级图

类似的化合物$(C_5H_5)_2Co$为19电子体系，$(C_5H_5)_2Ni$为20电子体系，必然有一个或者两个电子进入能量较高的反键分子轨道。它们的化学性质也反映了这种电子结构上的特征。例如，紫黑色的$(C_5H_5)_2Co$固体很容易氧化成黄色的$[(C_5H_5)_2Co]^+$，后者和$(C_5H_5)_2Fe$等电子，在空气中稳定。

二茂铁具有丰富的有机化学反应性，典型的反应有傅-克(Friedel-Crafts)酰基化反应、丁基锂金属化及磺化反应等。例如二茂铁的酰化反应提供了桥联两个茂环的方法：

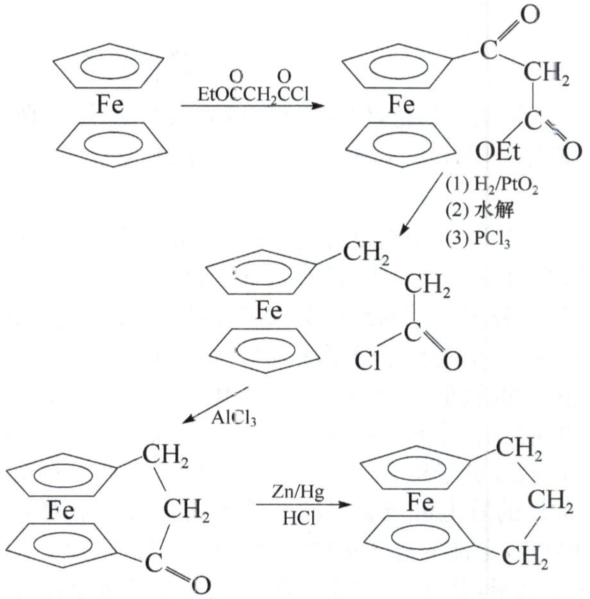

二茂铁还能发生金属化反应。例如，同苯生成苯基锂的反应，这些单取代或双取代的锂的化合物可作为中间体合成二茂铁的其他衍生物。

2. 二苯铬

苯也能与过渡金属形成对称夹心型配合物，如二苯铬、二苯钒、二苯钼以及取代的二苯基金属化合物，一些苯夹心配合物的性质列于表4-8。

表4-8　一些苯夹心配合物的性质

配合物	颜　色	熔点/℃	实验磁矩/(B. M.)	性　质
$(\eta^6\text{-}C_6H_6)_2V$	黑色	227	1.68±0.08	在空气中迅速氧化为红棕色的$[(\eta^6\text{-}C_6H_6)_2V]^+$
$(\eta^6\text{-}C_6H_5F)_2V$	红色	—	0	易升华，对空气敏感
$(\eta^6\text{-}C_6H_6)_2Cr$	棕黑色	284	0	易氧化为黄色$[(\eta^6\text{-}C_6H_6)_2Cr]^+$
$(\eta^6\text{-}C_6H_5Cl)_2Cr$	橄榄绿色	80～90	0	易升华，在空气中稳定
$(\eta^6\text{-}C_6H_5F)_2Cr$	黄色	96～98	0	易升华，在空气中稳定
$(\eta^6\text{-}C_6H_6)_2Mo$	绿色	115	0	对空气很敏感
$(\eta^6\text{-}C_6H_6)_2W$	黄绿色	160(分解)	0	在空气中稳定性比二苯钼大
$[\eta^6\text{-}C_6(CH_3)_6]_2Mn^+$	粉白色	—	0	—
$[\eta^6\text{-}C_6(CH_3)_6]_2Fe^{2+}$	橙色	—	1.89	可被连二亚硫酸盐还原成深紫色Fe^+配合物和对空气极敏感的黑色Fe(0)配合物
$[\eta^6\text{-}C_6(CH_3)_6]_2Co^+$	黄色	—	2 95±0.08	—

在这些苯夹心配合物中以二苯铬为最重要，最初它是用Ficher-Hafnet法合成的，即将$CrCl_3$与苯在还原剂存在下作用生成$[(C_6H_6)_2Cr]^+$，再用$Na_2S_2O_4$还原为零价金属配合物：

$$3CrCl_3 + 2Al + AlCl_3 + 6C_6H_6 \longrightarrow 3[(\eta^6\text{-}C_6H_6)_2Cr][AlCl_4]$$

$$2[(\eta^6\text{-}C_6H_6)_2Cr]^+ + S_2O_4^{2-} + 4OH^- \longrightarrow 2(\eta^6\text{-}C_6H_6)_2Cr + 2SO_3^{2-} + 2H_2O$$

但此法不适用于制备苯环上含卤素或碱性取代基的苯夹心配合物，制备这类配合物可用金属原子蒸气共聚合法：

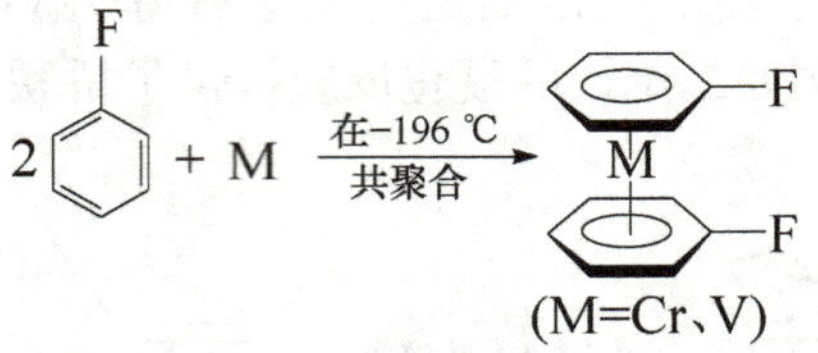

二苯铬虽然早在 1919 年就已制备，但 1950 年以后通过 X 射线研究才确定它是夹心型结构，Cr 夹在两个平行的苯环中间，Cr—C 键长都相等，为 215 pm，C—C 键长 142 pm，比苯环中稍长，如图 4-33。

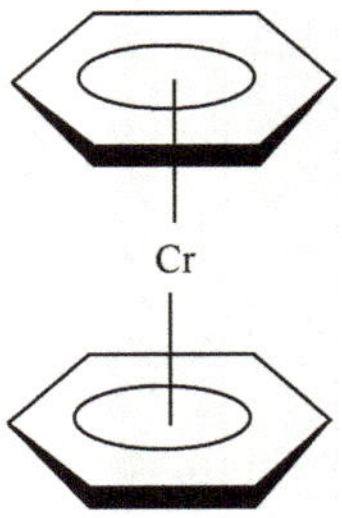

图 4-33　二苯铬

二苯铬与二茂铁是等电子的（18 电子体系），但二苯铬对空气比二茂铁敏感，易氧化为$[(\eta^6\text{-}C_6H_6)_2Cr]^+$，这与金属原子的有效核电荷 Z^* 有关。二苯铬的分子轨道的组成类似二茂铁，首先组成苯分子的 π 分子轨道（每个碳原子有一个垂直于分子平面的 p 轨道参加），然后将两个苯环的分子轨道组成配体群轨道，再与 Cr 的原子轨道组成分子轨道。

苯的 π 分子轨道按对称性可以分成 a、b、e_1 和 e_2 四组，在二苯铬中，两个平行的苯分子组合成 12 个中心对称（g）和中心反对称（u）的配体群轨道。u 对称性的轨道可与金属的 p 轨道结合，g 对称性的轨道可与金属的 s 和 d 轨道结合，定性的分子道能级图如图 4-34 所示。苯作为 6 电子给体，Cr 也有 6 个电子，共计 18 个电子填入成键分子轨道，因此该配合物是抗磁性的。

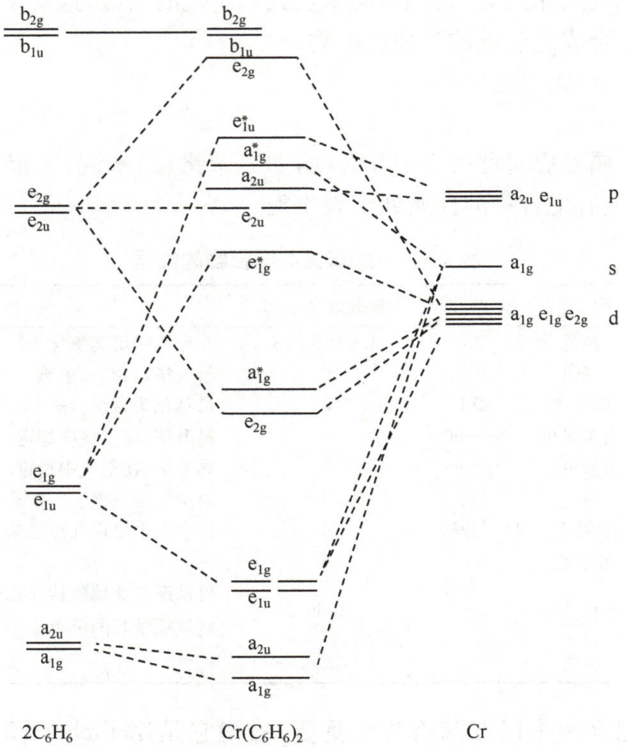

图 4-34　二苯铬的分子轨道能级图

二苯铬的分子轨道能级图与二茂铁定性相似，但是 Cr 的原子轨道(3d，4s，4p)能量比 Fe 相应的轨道高，而苯分子的分子轨道能量比茂基低，因此二苯铬中 a_{1g} 轨道对成键的贡献比二茂铁中更少，e_{1g} 为更重要的成键轨道，而在二茂铁中认为是非键的 e_{2g} 轨道在二苯铬中成为成键轨道。

$(C_5H_5)_2V$ 正好相反，为 15 电子体系，$(C_5H_5)_2Cr$ 为 16 电子体系，它们都是缺电子体系。在这种情况下，HOMO a_{1g} 和 e_{2g} 轨道(图 4-32)只是部分充满。由于这两组轨道的能量比较接近，对于某些金属甚至可能出现颠倒的现象，二茂铬即为一例。^{1}H、^{2}H 及 ^{13}C 固态 MAS-NMR 的测定结果均表明 Cp_2Cr 为顺磁性分子，具有两个未成对的电子，验证了上述观点。

从另一个角度来看，为了尽可能满足 18 电子构型，它们容易进一步结合其他的配体，因为后者能提供电子。当发生这种配位作用时，Cp 环向后倾斜，不再保持平行，如图 4-27(b)所示。

3. 环辛四烯铀

以上讨论了二茂铁、二苯铬的分子轨道，它们的特点是成键作用主要发生在金属 d 轨道和环烯烃的分子轨道(e_{1g})之间。镧系和锕系元素与环戊二烯不能像过渡金属那样形成共价性强的 π 配合物，只能形成离子型的化合物，如 $LnCp_2$、$AcCp_2$ 等(Ln、Ac 为镧系和锕系的总称)，但是镧系和锕系有 f 轨道(尤其锕系的 5f 轨道较扩展)，应有利于共价键形成。近年来合成的环辛四烯为配体的共价性有机金属化合物，如 $U(COT)_2$、$Np(COT)_2$、$Pu(COT)_2$ 等(COT 为环辛四烯的缩写)证明 f 轨道参加了成键。由于 f 轨道与其他轨道之间的交错十分复杂，目前对这些化合物的键性质了解得还不多。

环辛四烯本身是非芳性的，在活泼金属(K 或 Na)作用下产生平面形二价负离子：

$$2K + COT \longrightarrow 2K^+ + COT^{2-}$$

COT^{2-} 有 10 个 π 电子，符合 $4n+2$ 规则因而具有芳香性，当它与 UCl_4 作用时产生 $U(COT)_2$：

$$U^{4+} + 2COT^{2-} \xrightarrow[THF]{0\ ℃} U(COT)_2$$

$U(COT)_2$ 是一种绿色晶体，1968 年合成后经 X 射线分析确定环辛四烯具有平面结构，C—C 键长相等，平均 139.2 pm，U^{4+} 与两个环辛四烯平面距离相等，整个分子具有对称夹心结构，如图 4-35 所示。

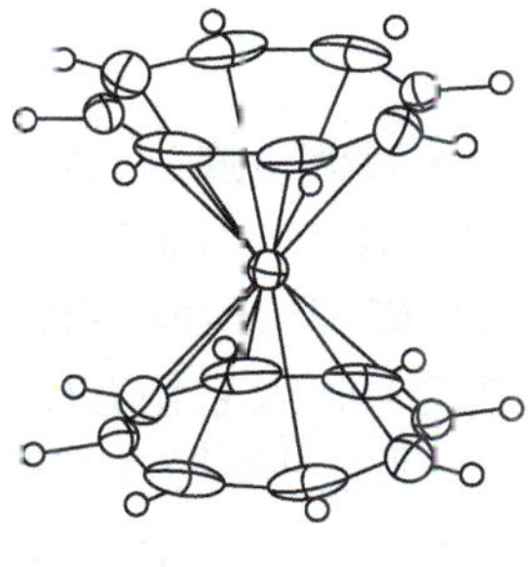

图 4-35　二环辛四烯铀的结构

测定该配合物的磁化率为 2.43 B.M.，相应于两个未成对电子，因此中心 U 离子为+4 价。环辛四烯铀是一种相当稳定的化合物，在 200 ℃以上不会分解，不被 H_2 还原，即使在高温下也不发生配体交换反应，但它对空气敏感，容易失去两个电子形成 U^{6+}，该配合物不溶于水，虽在水中不分解，但在它的四氢呋喃溶液中加入 KOH 水溶液立即分解，这说明配合物中有最低空轨道(无疑是金属的 5f 轨道)可以接受电子。该配合物与亲电试剂发生反应时往往分解，说明最高占有分子轨道中的电子是金属的 5f 电子，如它与溴或碘在二氯甲烷中得到无定形褐色固体，产物可能是电荷转移配合物。

根据以上实验事实，已对 $U(COT)_2$ 的成键作用提出一种简单的分子轨道理论。U^{4+} 的电子组态为[Rn]$5f^2$，根据光谱、热力学数据以及自洽场计算，认为 U^{4+} 的 7s、7p 和 6d 轨道对于与环辛四烯组成共价键能量太高，因而中心离子只有 5f 轨道参加成键。

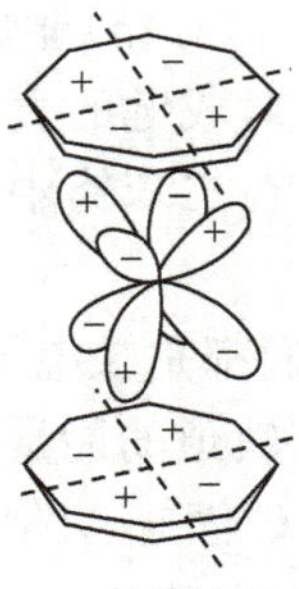

图 4-36　e_{2u}成键轨道示意图

$U(COT)_2$ 分子中的两个配体 $C_8H_8^{2-}$ 彼此平行，组成 16 个配体群轨道，其中一半具有中心反对称，另一半具有中心对称，其能量次序为 $a_{2u} \sim a_{1g} < e_{1u} \sim e_{1g} < e_{2u} \sim e_{2g} < e_{3u} \sim e_{3g} < b_{1u} \sim b_{2g}$。

7 个 f 轨道也是中心反对称的，但与中心离子能够有效作用(能量相匹配)的配体轨道只有 e_{2u}，该轨道有两个节面，它与 U^{4+} 的 e_{2u}对称性的 f_{xyz} 和 $f_{z(x^2-y^2)}$ 轨道作用的示意图如图4-36所示。

此外，为避免在金属 f 轨道积累负电荷，假定金属 f 轨道在配体 e_2 和 e_3 能级之间，即有以下能量次序：e_{2u}(配体)＜5f(金属)＜e_{3u}(配体)，在此基础上提出了环辛四烯铀的定性分子轨道能级图(图 4-37)。

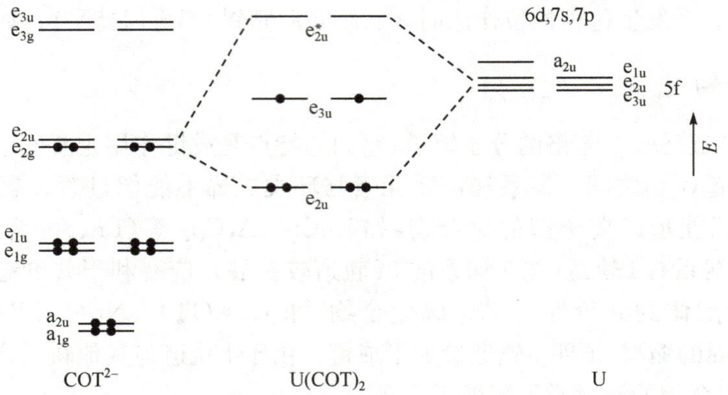

图 4-37　$U(COT)_2$ 定性的分子轨道图

环辛四烯铀中共有 22 个价电子(每个 $C_8H_8^{2-}$ 提供 10 个，U^{4+} 提供 2 个 f 电子)，成键后有 16 个电子占据 a_{1g}、a_{2u}、e_{1g}、e_{1u}、e_{2g}配体群轨道，4 个电子在 e_{2u}成键轨道，2 个电子仍在 e_{3u}非键轨道(主要成分是金属 f 轨道)，成键作用使电荷从金属部分转移到配体。其他锕系和镧系的环辛四烯配合物也有类似的成键方式 。

4.5　有机金属化合物的催化

许多过渡金属的有机金属化合物具有显著的催化活性，目前已成为有机合成中的一类重要的催化剂。有机金属化合物之所以具有催化活性，主要是因为有机分子和金属间的键合较弱，金属-碳键的形成和断裂较容易，此外过渡金属离子在反应中有各种可利用的价轨道(s、p 和 d 轨道)，以及它们有较高的配位数。通常有两种途径可降低有机金属化合物催化反应的活化能：一是通过烯烃或其他不饱和分子在金属离子上的配位，使亲核基对它们的进攻更容易；二是两种反应物在金属离子的相邻位置配位而有利于反应的进行。

4.5.1　基本反应类型

在有机金属化合物的催化反应中主要涉及以下几类基本反应。

1. 解离和加合

有许多过渡金属化合物中心金属原子的价层只有 16 或 14 个电子，具有配位不饱和结构。它们可进一步加合配体形成配位饱和的 18 电子化合物，而且生成的这些化合物又可重新解离形成配位不饱和的化合物。这两种类型的化合物在催化反应过程中常涉及。典型的例子是一些 d^8 金属化合物通过得到或失去配体可逆地在四配位和五配位之间转变：

$$L_4M + :X \rightleftharpoons L_4MX$$

这里 X 可以是 CO、烯烃或卤素离子，这些配体能提供一对孤对电子给金属原子。

2. 氧化加成和还原消去

氧化加成一般是指中性分子 XY 加成到具有配位空位的过渡金属化合物上，形式上中性分子被还原解离成两个负离子配体 X^- 和 Y^-，与此同时金属被氧化。典型的例子是 H_2 在平面四方形 Ir 化合物上的氧化加成反应：

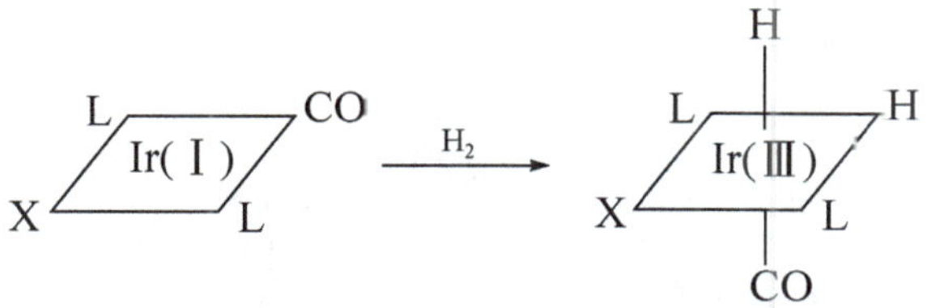

H 与 Ir 键合形成两个 σ 共价键，Ir 的氧化数由 Ⅰ 变成 Ⅲ。氧化加成的特征是金属氧化数的增加伴随着配位数的增加。氧化加成常发生在平面四方形的 d^8 化合物中，因其通过氧化加成增加了两个配体，使金属达到 18 电子结构。中性分子在过渡金属上的氧化加成，促进中性分子进一步参加反应，起着使分子活化的作用，因此氧化加成常是催化反应机理中的关键一步。

氧化加成的逆反应即还原消去反应，它通常发生在氧化加成的一个配体（如上述的 H）经过进一步反应（如烯烃插入）以后。

3. 插入反应

插入反应包含在大多数催化反应中。这类反应涉及键合在中心金属上的配体 R（通常是烷基或 H）与配位在同一金属上的基质分子如烯烃或 CO 的反应，反应过程中基质分子插入金属和 R 之间。可用下式表示：

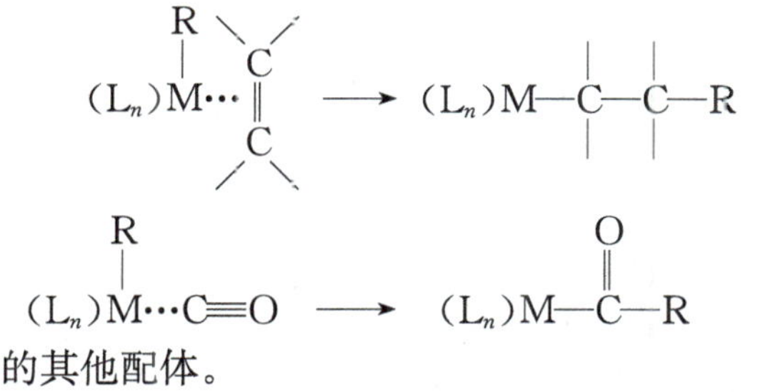

式中，L 表示在化合物中的其他配体。

4. β-氢转移（β-消去）

在含有有机配体的过渡金属化合物中，键合在 β-碳上的氢有通过断裂 C—H 键而转移到金属上，形成金属氢化物的倾向。例如在下列反应中：

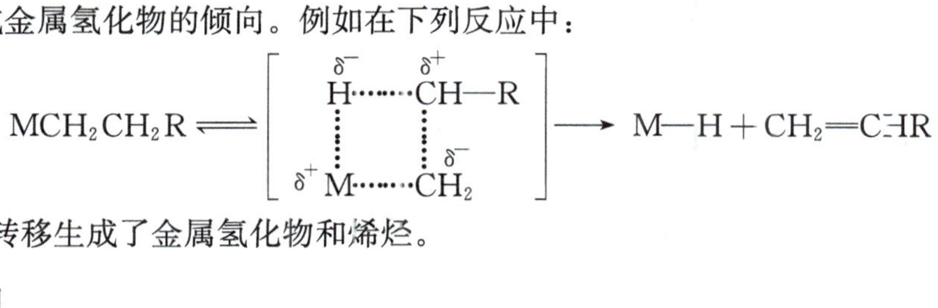

经由 β-氢的转移生成了金属氢化物和烯烃。

4.5.2 实例

下面介绍有机金属化合物催化的一些反应，并对反应中涉及的上述四类重要的反应作进一步的阐明。

1. 烯烃加氢反应

烯烃在低价有机金属化合物存在下可加氢生成烷烃。在这些催化反应中金属的作用有以下三种：①金属为 H_2 提供了一条 H—H 键裂解的低能量途径；②烯烃配位到金属上，从而削弱了烯烃碳原子间的结合力；③金属提供了一种把两个 H 原子传递到烯烃碳原子上从而得到烷烃的途径。例如，乙烯在 $Rh(PPh_3)_3Cl$（称为 Wilkinson 催化剂）存在下可与氢分子反应生成乙烷。反应先是催化剂解离掉一个配体 PPh_3，生成 $Rh(PPh_3)_2Cl$，接着发生 H_2 的氧化加成，生成两个 Rh—H 键，然后乙烯配位，再经插入反应，生成烷基金属化合物，最后还原消去得乙烷。其过程如图 4-38 所示。

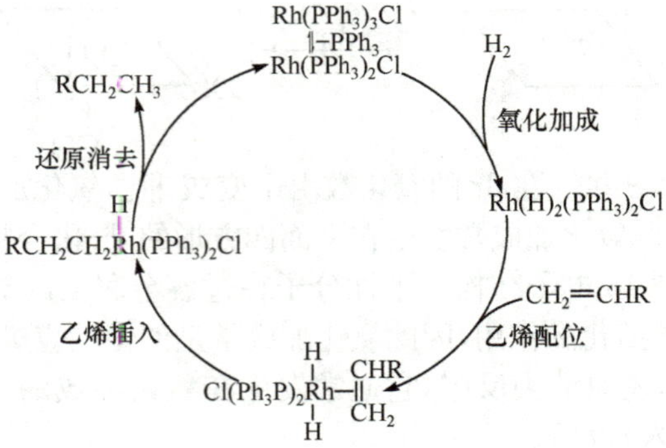

图 4-38　乙烯加氢的催化循环

2. 烯烃醛基化

在 Co 或 Rh 催化剂的作用下，烯烃与 CO 和 H_2 反应而生成醛的反应称为烯烃的醛基化（也称为加氢甲酰化）。例如反应：

$$RHC{=}CH_2+CO+H_2 \xrightarrow{Co_2(CO)_8} RH_2C{-}CH_2\overset{\overset{\displaystyle O}{\|}}{C}{-}H$$

反应温度为 150～180 ℃，压力为 20～40 MPa。在反应条件下，$Co_2(CO)_8$ 转变成 $HCo(CO)_4$，且是活性物种。

$$Co_2(CO)_8+H_2 \rightleftharpoons 2HCo(CO)_4$$

动力学研究表明醛基化反应的速率与 CO 分压成反比，与烯烃是一级反应，与 Co 的量为近似一级的反应。因此，反应机理如图 4-39 所示。

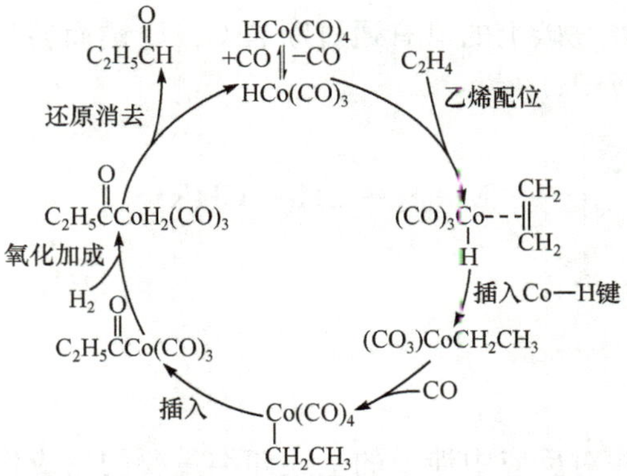

图 4-39　乙烯的醛基化催化循环

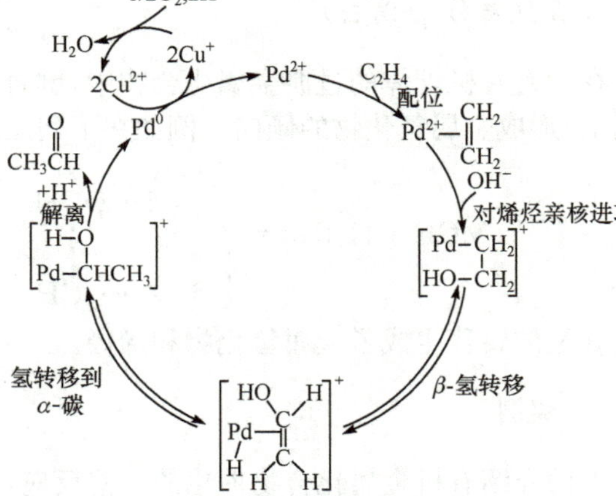

图 4-40　乙醛制备的催化循环

3. 烯烃氧化成醛

最典型的例子是乙烯通入 Pd^{2+} 和 Cu^{2+} 盐溶液，在 O_2 的存在下制得乙醛。整个过程可用方程和图 4-40 表示。

$$CH_2{=}CH_2+\frac{1}{2}O_2\xrightarrow[PdCl_2,CuCl_2]{120\ ^\circ C,0.4\ MPa}CH_3\overset{\overset{\displaystyle O}{\|}}{C}H$$

首先 C_2H_4 和 H_2O 相继取代$[PdCl_4]^{2-}$中的 Cl^- 配体，与 Pd^{2+} 配位生成 $PdCl_2(C_2H_4)(H_2O)$，接着配位 H_2O 解离一个 H^+，生成的 OH^- 对配位的 C_2H_4 亲核进攻，而且它的配位位置重新被溶剂水分子配位而生成$[PdCl_2(CH_2CH_2OH)(H_2O)]^-$，然后 β-氢转移，配位水分子被 H 代替，形成$[PdCl_2H(CH_2CHOH)]^-$，最后键合在 Pd^{2+} 上的氢转移到 α-碳上，配位的 CH_3CHOH 中的 OH 基上的 H 还原 Pd^{2+}，生成产物乙醛。

4. 烯烃异构化

烯烃的异构化包括双键的迁移和顺反异构反应。许多过渡金属配合物可作为烯烃异构化的催化剂。双键迁移的一个例子是 1-丁烯在 $Ni[P(OEt)_3]_4$ 和 H_2SO_4 的存在下转变成顺式和反式的 2-丁烯，反应机理首先是 Ni 催化剂加 H^+ 和配体解离：

$$NiL_4\xrightarrow{H^+}HNiL_4^+\xrightarrow{-L}HNiL_3^+$$

然后是丁烯配位，可以两种方式进行：一种是按马氏配位，马氏规则(Markownikoff 规则)指出在 H^+X^- 加成到不对称取代烯烃时，负离子会键合带有较少 H 原子的不饱和碳上。因此，丁烯按下列方式与 Ni 配位：

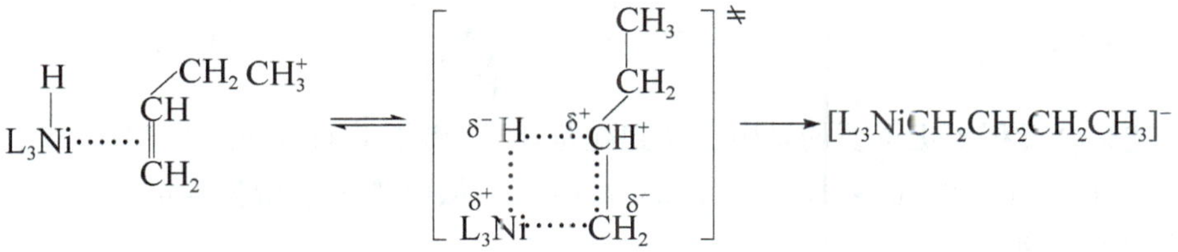

形成烯烃的端碳与 Ni 相键合、β-碳与带负电的 H 相键合的过渡态，接着 H 由 Ni 原子转移到 β-碳上，其逆反应必定重新生成 1-丁烯，没有异构发生。另一种按反马氏(*anti*-Markownikoff)配位：

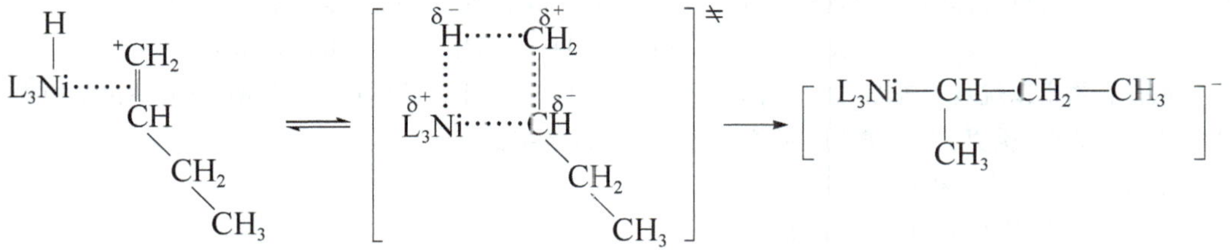

这是由于 Ni^{2+} 具有较多的 d 电子可与丁烯的 π 反键轨道形成 π 反馈键，使烯烃双键上的电荷分布出现相反的情况。这样，其逆反应假如 H 原子从 β-甲基转移，则仍生成 1-丁烯，假如 H 原子从 β-亚甲基(—CH_2—)转移，就得到 2-丁烯，而且可有顺式和反式两种异构体。

烯烃的顺反异构化可用过渡金属氢化物作催化剂，烯烃配位和插入金属-氢键，生成烷基金属化合物，然后 β-氢转移，生成顺式和反式异构体。

5. 聚合反应

以上讨论的催化反应都是在溶液中进行的均相催化，下面介绍一个多相催化的例子。最著名的是使用有机铝-钛化合物作催化剂（称为 Ziegler-Natta 催化剂），使丙烯聚合生成聚丙烯的反应。典型的 Ziegler-Natta 催化剂是用 $Al(C_2H_5)_3$ 和 $TiCl_4$ 或 $TiCl_3$ 制备的，反应生成部分烷基化纤维状的物质。若用 $TiCl_4$，第一步反应是 Ti(Ⅳ)还原成 Ti(Ⅲ)，在 $TiCl_3$ 晶体中 Ti 原子上留有配位空位（或为溶剂分子占有）。

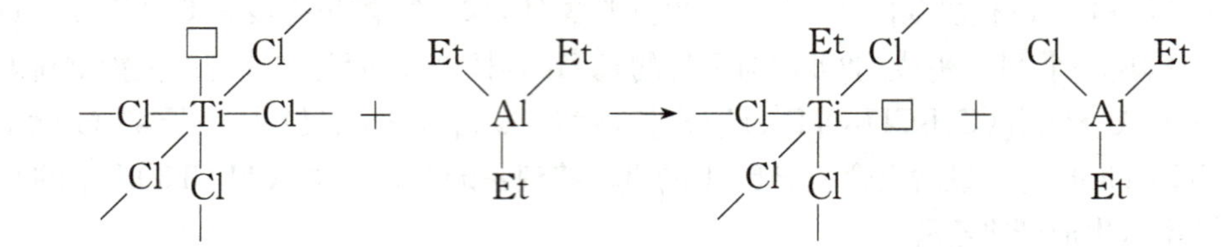

□＝配位空位

丙烯分子在空位配位，且经插入反应，形成四中心的过渡态，使烷基迁移到丙烯上，得到一个新的 Ti-烷基配合物。在 Ti 离子重新出现的空位上重新被丙烯分子配位，接着发生烷基的迁移，此过程连续不断，最后得到聚丙烯，用方程式表示为

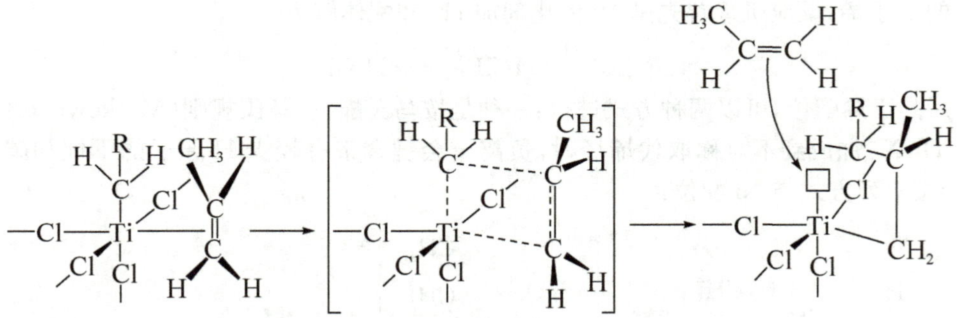

在上述聚合过程中更重要的是由于受到配位在 Ti 离子上的 R 和 Cl^- 配体空间位阻的影响，丙烯的配位和烷基的迁移只能以一定的方式进行，从而规定了增长碳链的空间构型，得到立体构象的聚合物。

习　题

1. 说明 π 配体和 π 酸配体的成键特征及不同。指出下列配体中，哪些是 π 配体，哪些是 π 酸配体。

CO, $C_5H_5^-$, N_2, CN^-, PR_3, C_6H_6, C_2H_4, C_4H_6, bipy, phen

2. 有机铝化合物常以烷基为桥形成二聚体，而 2,4,6-三甲苯基铝则以单体存在。说明原因，写出结构式。
3. 以四乙基铅为例，说明主族元素的有机金属化合物的成键特征。
4. 根据已有的化学知识分析：
   (1) $Si(CH_3)_4$ 和 $Pb(CH_3)_4$ 热分解的难易
   (2) $Li_4(CH_3)_4$、$B(CH_3)_3$、$Si(CH_3)_4$ 和 $Si(CH_3)Cl_3$ 的相对 Lewis 酸性
   (3) $N(CH_3)_3$ 和 $As(CH_3)_3$ 的相对 Lewis 碱性
5. 如何制备下列金属羰基化合物？分别给出它们的物理特性。
   (1) 从铁粉制备 $Fe(CO)_5$
   (2) 从水合 $CoSO_4$ 制备 $CO_2(CO)_8$
   (3) 从水合 $CrCl_3$ 制备 $Cr(CO)_6$
   (4) 从水合 $MnCl_2$ 制备 $Mn_2(CO)_{10}$

(5) 从 $Fe(CO)_5$ 制备 $Fe_3(CO)_{12}$

6. 指出下列化合物中 M—C 化学键的性质。

(1) $Fe(CO)_4(C_2H_4)$　(2) $(\eta^6\text{-}C_6H_6)_2Cr$　(3) $(\eta^1\text{-}C_5H_5)(\eta^5\text{-}C_5H_5)_3Zr$

7. 预测下列反应中包含过渡金属化合物的产物。

(1) $[Mn(CO)_5]^- + CH_2{=}CH{-}CH_2Cl \longrightarrow$ 起始产物 $\longrightarrow$ 最终产物

(2) *trans*-$Ir(CO)Cl(PPh_3)_2 + CH_3I \longrightarrow$

(3) $Ir(PPh_3)_3Cl \xrightarrow{\triangle}$

(4) $(\eta^5\text{-}C_5H_5)Fe(CO)_2(CH_3) + PPh_3 \longrightarrow$

(5) $(\eta^5\text{-}C_5H_5)Mo(CO)_3[C({=}O)CH_3] \xrightarrow{\triangle}$

(6) $H_3C{-}Mn(CO)_5 + SO_2$　(无气体放出)

8. 完成下列反应方程式，并写出金属的主要产物的结构示意图。

(1) $Ru(CO)_3(PPh_3)_2 + HBF_4 \longrightarrow$

(2) $CH_3Mn(CO)_5 + PPh_3 \longrightarrow$

(3) $CH_3Mn(CO)_5 + CO \longrightarrow$

(4) $Pt(PPh_3)_4 + (CF_3)_2CO \longrightarrow$

9. 一中性分子，含一个铁原子、两个环戊二烯基及几个 CO 配体。写出最可能的结构式。

10. 绘出 $(\eta^4\text{-}C_6H_6)(\eta^6\text{-}C_6H_6)Ru$ 的结构式。说明为何苯环在该化合物中具有不同的齿合度。若将 Ru 换成 Os，并保持一个苯为 η^6-的齿合度，写出可能的结构式。

11. 计算下列化合物的价电子数，指出哪些符合 18 电子规则。

(1) $CpTa(CO)_4$　(2) $Cp_2Ru_2(CO)_4$

(3) $[PtCl_3(C_2H_4)]^-$　(4) $[CpFe(CO)_2(C_2H_4)]^+$

(5) $Pt(PPh_3)_2(C_2Ph_2)$　(6) $(\eta^4\text{-}C_7H_8)Fe(CO)_3$　(C_7H_8 为降冰片烯)

(7) $(CO)_5W{=}CMe(OMe)$　(8) $Cp_2(Me)Ta{=}CH_2$

12. 绘出下列化合物的结构式，计算其价电子数。

(1) $(\eta^3\text{-}C_7H_7)(\eta^5\text{-}C_5H_5)Fe(CO)$

(2) $(\eta^1\text{-}C_5H_5)(\eta^5\text{-}C_5H_5)_2Be$

(3) $(\eta^1\text{-}C_5H_5)_2(\eta^5\text{-}C_5H_5)_2Ti$

(4) $(\eta^3\text{-}C_3H_5)(\eta^5\text{-}C_5H_5)Mo(CO)_2$

(5) $(CO)_5Mo{-}CH(OH)$

(6) $(PMe_3)(CO)_3ClCr{-}CMe$

13. 完成下列反应式。

(1) $FeCl_2 + (\eta^1\text{-}C_5H_5)MgBr \longrightarrow$

(2) $Mo(CO)_6 \xrightarrow[(2)Et_3O+BF_4]{(1)Li(SiPh_3)}$

(3) $[Cp(CO)_2Mn{\equiv}CPh]^+ + Cl \longrightarrow$

14. 用类似茂铁的分子轨道图解释下列金属茂化合物的磁性。

分子式	$V(C_5H_5)_2$	$Cr(C_5H_5)_2$	$Mn(C_5H_5)_2$	$Fe(C_5H_5)_2$	$Co(C_5H_5)_2$	$Ni(C_5H_5)_2$
磁矩/(B. M.)	3.84	3.20	5.86	抗磁性	1.73	2.86

(提示：根据实验磁矩算出金属离子未成对 d 电子数，确定它们的排布。)

15. 解释下列事实。

(1) 在空气中二苯铬比二茂铁容易被氧化。

(2) 二苯铬中的一个苯被 3 个羰基取代后生成的化合物在固态时不易氧化为$[C_6H_6Cr(CO)_3]^+$。

(3) 通常 Ni 不容易氧化为 Ni^{3+}，但 $Ni(C_5H_5)_2$ 中的 Ni^{2+} 容易氧化为 Ni^{3+}。假定它的分子轨道类似茂铁。

16. 用类似环辛四烯铀的分子轨道能级图预测 $Np(COT)_2$、$Pu(COT)_2$ 的磁矩及电子排布。

17. 什么叫作氧化加成反应？这样的反应必须符合哪些条件？

18. $IrCl(CO)(PR_3)_2$ 和 H_2、CH_3I、C_6H_5NCS、CF_3CN、$(CF_3)_2CO$、O_2 加成反应的产物各是什么？

19. 给出 Ziegle-Natta 聚合反应的主要机理。

20. 写出以 CO 和 H_2 为原料合成乙酸的全部反应，并绘出由甲醇制备乙酸的催化循环反应过程。

21. 绘出用 $RhH(CO)_2(PPh_3)_2$ 作催化剂，把 $CH_3CH=CH_2$ 加氢甲酰化生成 $CH_3CH_2CH_2CHO$ 的催化循环反应过程。

参 考 文 献

陈慧兰. 2006. 高等无机化学. 北京:高等教育出版社

高本辉，崔素言. 1983. 真空物理. 北京:科学出版社

哈特利 F R. 1982. 金属有机化学基础. 王从厚译. 北京:化学工业出版社

何仁，陶晓春，张兆国. 2007. 金属有机化学. 上海:华东理工大学出版社

刘武祖. 1999. 现代无机合成. 北京:化学工业出版社

项斯芬，姚光庆. 2006. 中级无机化学. 北京:北京大学出版社

徐志固，等. 1987. 现代配位化学. 北京:化学工业出版社

张祥麟，王曾隽. 1992. 应用无机化学. 北京:高等教育出版社

郑化桂，倪小敏. 2006. 高等无机化学. 合肥:中国科学技术大学出版社

朱文祥，刘鲁美. 1993. 中级无机化学. 北京:北京师范大学出版社

Basolo F, Pearson R G. 1967. Mechanisms of Inorganic Reaction. 2nd ed. NewYork: Wiley

Cotton F A, et al. 1980. Advanced Inorganic Chemistry. Chapter28. 4th ed. New York: Wiley

Katakis D, Gordon G. 1987. Inorganic Reaction Mechanisms. New York: Wiley

Moorre W M, et al. 1961. Mechanism of Photoreactions in Solutions Reduction of Benzophenone by Benzhydrol. J Am Chem Soc, 8(83):78

Sharpe A G. 1992. Inorganic Chemistry. Chapter 23. 3rd ed. New York: Wiley

Wentorf Jr R H. 1957. Cubin form nitride. J Chem Phys, 10(26):956

Zhao H, Feng S H. 1999. Hydrothermal synthesis and oxygen ionic conductivity of co-doped nanocrystalline $Ce_{1-x}MBi_{0.4}O_{2.6-x}$, M=Ca, Sr, Ba. Chem Mater, 11(4):958-964

第 5 章　重过渡元素

重过渡元素是指第二、三过渡系的过渡元素。在过渡元素中，重过渡元素具有不少特殊性质，如同族元素的原子半径接近、高氧化态稳定、低氧化态易形成金属原子簇化合物、配合物多为低自旋及旋轨偶合明显等。在现代无机化学的发展及化学工业中，重过渡元素起到越来越重要的作用。本章讨论重过渡元素，是在“元素化学”基础上的拓宽和加深。

5.1　重过渡元素概述

5.1.1　电子构型

重过渡元素的电子构型(表 5-1)随原子序数的增加而变化的不规则性大。这是由于外层 s 轨道的能级与次外层 d 轨道的能级接近。第二过渡系中 Nb、Mo、Ru、Rh、Pd 与第三过渡系中 Pt 具有特殊的电子构型。

表 5-1　重过渡元素的原子序数、电子构型、金属半径($\times 10^2$ pm)和原子化焓($kJ \cdot mol^{-1}$)

Sc	Ti	V	Cr	Mn	Fe	Co	Ni	Cu	Zn
21	22	23	24	25	26	27	28	29	30
$3d^1 4s^2$	$3d^2 4s^2$	$3d^3 4s^2$	$3d^5 4s^1$	$3d^5 4s^2$	$3d^6 4s^2$	$3d^7 4s^2$	$3d^8 4s^2$	$3d^{10} 4s^1$	$3d^{10} 4s^2$
1.64	1.47	1.35	1.29	1.37	1.26	1.25	1.25	1.28	1.37
376	473	515	397	281	416	425	430	339	126
Y	**Zr**	**Nb**	**Mo**	**Tc**	**Ru**	**Rh**	**Pd**	**Ag**	**Cd**
39	40	41	42	43	44	45	46	47	48
$4d^1 5s^2$	$4d^2 5s^2$	$4d^4 5s^1$	$4d^5 5s^1$	$4d^5 5s^2$	$4d^7 5s^1$	$4d^8 5s^1$	$4d^{10}$	$4d^{10} 5s^1$	$4d^{10} 5s^2$
1.82	1.60	1.47	1.40	1.35	1.34	1.34	1.37	1.44	1.52
410	611	724	659	649	650	577	381	286	112
La	**Hf**	**Ta**	**W**	**Re**	**Os**	**Ir**	**Pt**	**Au**	**Hg**
57	72	73	74	75	76	77	78	79	80
$5d^1 6s^2$	$5d^2 6s^2$	$5d^3 6s^2$	$5d^4 6s^2$	$5d^5 6s^2$	$5d^6 6s^2$	$5d^7 4s^2$	$5d^9 6s^1$	$5d^{10} 6s^1$	$5d^{10} 6s^2$
1.87	1.59	1.47	1.41	1.37	1.35	1.36	1.39	1.44	—
435	618	781	837	791	790	690	566	368	61

由于 ns 和 $(n-1)d$ 轨道能级接近，重过渡元素的电离能出现特殊性：同族元素原子的第 1、2 电离能与第一过渡系相差不大，但第 3、4 电离能比第一过渡系低(表 5-2)，因而重过渡元素不像第一过渡系元素那样 M^{2+}、M^{3+} 显得重要，单原子离子也很少见。

表 5-2　重过渡元素的第 1、2、3 电离能(eV，从上到下排列)

Sc	Ti	V	Cr	Mn	Fe	Co	Ni	Cu	Zn
6.540	6.82	6.74	6.766	7.435	7.870	7.86	7.635	7.726	9.394
12.80	13.58	14.65	16.50	15.64	16.18	17.06	18.17	20.29	17.96

续表

Sc	Ti	V	Cr	Mn	Fe	Co	Ni	Cu	Zn
24.76	27.49	29.31	30.96	33.67	30.65	33.50	35.17	36.83	39.72
Y	Zr	Nb	Mo	Tc	Ru	Rh	Pd	Ag	Cd
6.38	6.84	6.88	7.099	7.28	7.37	7.46	8.34	7.576	8.993
12.24	13.13	14.32	16.15	15.26	16.76	18.08	19.43	21.49	16.91
20.52	22.99	25.04	27.16	29.54	28.47	31.06	32.93	34.83	37.48
La	Hf	Ta	W	Re	Os	Ir	Pt	Au	Hg
5.577	7.0	7.89	7.98	7.88	8.7	9.1	9.0	9.225	10.44
11.06	14.49	16.2	17.7	16.6	17	17	18.56	20.5	18.76
19.18									34.2

5.1.2 原子及离子半径

由于镧系收缩，除ⅢB的重过渡元素外，同族中的原子半径(金属半径)接近，其中以 Zr 和 Hf、Nb 和 Ta、Mo 和 W 为甚。这种相似性也体现在离子半径和共价半径上。例如，ZrO_2 和 HfO_2、$Mo(CO)_6$ 和 $W(CO)_6$ 的核间距仅差 1 pm。同族中原子及离子半径的相似也影响到其他性质，如晶格能、溶剂化能及配合物的稳定常数很接近，从而使这些成对元素如 Zr 与 Hf、Nb 和 Ta 在自然界共生并难于分离。

重过渡元素的原子半径、离子半径比第一过渡系元素大，使其呈现高配位数的倾向，这在重过渡的前半部分尤为明显，配位数为 7、8 及 9 的很常见。

5.1.3 成键特点

由表 5-1 可知，重过渡元素的原子化焓(由标准态单质生成 1 mol 气态原子的焓变)比第一过渡系大，表明单质中金属键强。这是由于随主量子数增大，d 电子云的空间伸展性增大。这种特性不仅表现在单质中，在化合物中也很明显。在重过渡元素化合物中，金属-金属键比第一过渡系更常见，金属原子簇合物显得很重要。在形成配合物时，往往生成多核配合物。同时，价层电子多呈低自旋态。

重过渡元素也有一些单核配合物。在同族的八面体型配合物中，分裂能 Δ_0 从第一到第三过渡系大致按 1∶1.5∶2 的比例升高。例如 Co^{3+}、Rh^{3+}、Ir^{3+} 的氨合物：

$[M(NH_3)_6]^{3+}$	M=	Co	Rh	Ir
Δ_0/cm^{-1}		23000	34000	41000

分裂能的增大是由于价层 d 电子间的排斥力减小，成键效应增强。

由于金属-金属键中的电子配对及强的成键效应，重过渡元素配合物往往处于低自旋态，顺磁性配合物很少。但与第一过渡系元素相比，影响分子磁矩的因素要复杂些。前者主要是电子自旋的贡献，而后者除自旋磁矩外，旋轨偶合常数大得多，磁矩的计算需用如下公式：

$$\mu=\sqrt{4S(S+1)+L(L+1)}$$

重过渡元素配合物由于存在金属-金属相互作用，几何构型复杂，旋轨偶合常数大，其光谱也难于解析，因此应用简单晶体场理论常遇到困难。本章不仅很少用晶体场理论来讨论问题，也不常用电极电势、稳定常数及溶度积等，因为在溶液中重过渡元素的简单离子很少见，对应的电极很少可逆，所得到的热力学数据也很不全。

5.1.4 重过渡元素的氧化值

第二、三过渡元素的氧化值列于表 5-3，其中常见的氧化值用黑体字表示。

表 5-3 第二、三过渡系元素的氧化值

Y	Zr	Nb	Mo	Tc	Ru	Rh	Pd	Ag	Cd
			0	0	0	0	0		
				1		1		**1**	
			2	2	2	2	**2**	2	**2**
3	3	3	3	3	**3**	**3**		3	
	4	4	**4**	**4**	**4**	4	**4**	4	
		5	**5**	5	5	5			
			6	6	**6**	6	6		
					7	7			
							8		
La	**Hf**	**Ta**	**W**	**Re**	**Os**	**Ir**	**Pt**	**Au**	**Hg**
			0	0	0	0	0		
				1		1		1	**1**
			2	2	2		**2**		2
3	3		3	3	3	**3**		**3**	
	4	4	**4**	**4**	**4**	**4**	**4**		
		5	**5**	**5**	5	5	5	5	
			6	**6**	**6**	6	6		
				7	7				
					8				

对于重过渡元素，讨论各氧化态的相对稳定性比较困难，即使最简单的卤化物也是如此。因为低氧化态趋于形成离子化合物，而高氧化态往往是共价分子或大分子化合物，同时，许多元素的低氧化态又因形成簇合物而使问题复杂化。低氧化态生成簇合物的元素在高氧化态往往生成稳定的单核化合物。一般来说，同族的过渡元素从上到下高氧化态的稳定性增强，氧化性降低。例如，CrO_3 与其他 Cr(Ⅵ)化合物均具有强氧化性，而氧化值为+6 的 Mo 和 W 却很难被还原。第三过渡系元素的高氧化态特别稳定，因为 5d 轨道的重叠比 3d、4d 更有效，容易激发电子到适当的价态。例如，WF_6 和 W—F 键能比 Mo—F 键能大 55 kJ · mol^{-1}，W—F 伸缩振动频率也比 Mo—F 高。Tc 与 Re、Ru 与 Os、Rh 与 Ir 的六氟化物也是如此。

尽管重过渡元素的一般高氧化态化合物稳定，氧化性较弱，但高氧化态氟化物具有相当的氧化性，这种氧化性在非水介质中及气-固反应时往往表现为单纯的电子转移，可作为无机合成中“干净”的氧化剂，例如：

$$\frac{1}{2}I_2 + MoF_6 + 2MeCN \xlongequal{\quad} [I(MeCN)_2]^+[MoF_6]^-$$

$$O_2 + PtF_6 \xlongequal{\quad} [O_2]^+[PtF_6]^-$$

5.2 锆和铪

锆与铪的原子序数相差 32，但由于镧系收缩，其原子、共价及离子半径几乎相等。锆和铪的晶体结构复杂，有关晶体的准确数据很少。尽管如此，锆和铪的结构相同的化合物的空间尺寸相等或接近是无疑的，但与同族的钛的类似化合物相比，原子间距要大些。

锆和铪在自然界共生于锆石（$ZrSiO_4$）和二氧化锆矿中，但其中铪的含量仅占约 2%。金属的制备是基于如下反应：

$$MO_2 \xrightarrow[500\ ^\circ C]{CCl_4} MCl_4 \xrightarrow[1150\ ^\circ C]{\text{Ar 气氛},\ Mg} M$$

或将锆石与碳共热，使之转化为碳化锆，以氯氧化，然后以活泼金属还原：

$$ZrO_2 \xrightarrow[\triangle]{C} ZrC_2 \xrightarrow{Cl_2} ZrCl_4$$

对于一般的用途，如增强钢强度的添加剂，这样得到的含少量铪的金属是令人满意的，不需分离。但若用锆作原子反应堆结构材料时，需分离铪，因为前者的中子吸收截面低，后者的中子吸收截面高，可作中子减速剂。由于锆和铪化合物的晶格能、溶解度及配合物的稳定性几乎相同，两者的分离需用类似于镧系元素分离的手段，如离子交换法、溶剂萃取法等。非常钝的金属可以用区域熔炼或碘化物在热金属丝上的分解得到。

由于铪的稀少及难于与锆分离，因而铪的化学研究少。两种金属都与王水或氢氟酸反应，生成卤合物。与卤素共热、在高温时与氧均发生反应，生成无色的氧化值为 4 的化合物。

ZrO_2 为白色粉末。它具有熔点和沸点高，硬度大，不溶于水，能溶于酸的特性，经高温处理后则除氢氟酸外不与其他酸作用，常温下为绝缘体，而高温下则具有导电性等优良性能。研究发现 ZrO_2 对紫外线和红外线的反射率高于 TiO_2 且密度较大。ZrO_2 是一种耐高温、耐磨损、耐腐蚀的无机非金属材料。ZrO_2 除传统应用于耐火材料和陶瓷颜料外，在电子陶瓷、功能陶瓷和结构陶瓷等高科技领域也有着广泛应用。ZrO_2 在电子陶瓷中的应用主要有压电元件，在功能陶瓷中有气体传感器如氧气分析仪和钢液测氧探头等。

$ZrO_2 \cdot xH_2O$ 有微弱的两性，它的碱性比 $TiO_2 \cdot xH_2O$ 强。它和强碱共熔时生成晶状的偏锆酸盐 $M_2^I ZrO_3$ 和锆酸盐 $M_4^I ZrO_4$。这些盐能水解生成水合二氧化锆。

$ZrCl_4$ 为白色晶体粉末，在 604 K 升华，密度为 2.8 $g \cdot cm^{-3}$，在潮湿空气中产生盐酸烟雾，遇水剧烈水解：

$$ZrCl_4 + 9H_2O = ZrOCl_2 \cdot 8H_2O + 2HCl$$

此反应为部分水解，所得产物是水合氯化锆酰，难溶于冷盐酸中，但能溶于水。从溶液中结晶析出的是四方形晶体或针状晶体的 $ZrOCl_2 \cdot 8H_2O$，这可用于锆的鉴定和提纯。$ZrOCl_2 \cdot 8H_2O$ 可用作纺织品防水剂 、防汗剂和防臭剂。

ZrC 是一种优良的金属陶瓷材料。ZrO_2 用碳热还原法和在氢气气氛中 $ZrCl_4$ 用烃还原的气相沉淀法均可制得 ZrC，后者是制造超细粉的方法之一。

ZrF_4 和 HfF_4 是白色固体，熔点约 900 ℃，在其三维晶格中，金属位于氟原子的四方反棱柱的中心。氯化物的熔点约 450 ℃，易水解，具有基于共边的 MCl_6 八面体的多聚体结构。在酸性水溶液中，锆的化合物以部分水解产物存在，如$[Zr_3(OH)_4]^{8+}$、$[Zr_4(OH)_8]^{8+}$。四氯化物在稀盐酸溶液中的结晶产物通常以 $ZrOCl_2 \cdot 8H_2O$ 表示，含$[Zr_4(OH)_8(H_2O)_{16}]^{8+}$，其结构如图 5-1 所示。

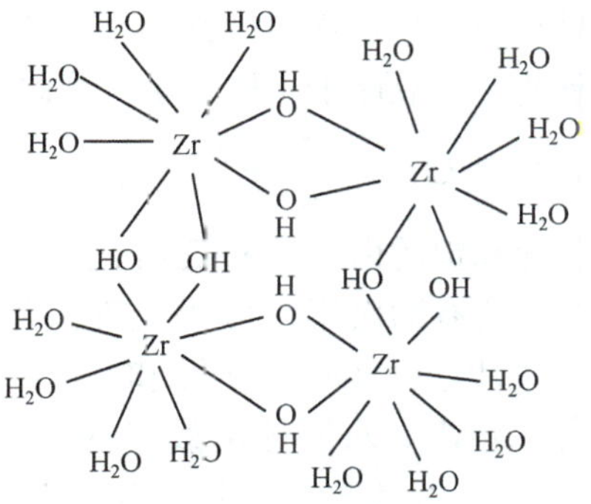

图 5-1 $[Zr_4(OH)_8(H_2O)_{16}]^{8+}$ 的结构式

其中,4 个锆原子大致成平面四方形,每一个锆又位于一个变形的十二面体中心。

锆(Ⅳ)的配合物都具高配位数,几何构型复杂:$[ZrF_8]^{4-}$ 有正十二面体和四方反棱柱两种构型;$[ZrF_7]^{3-}$ 具五角双锥和单帽三棱柱两种构型;$[ZrF_6]^{2-}$ 则是八面体及共边多面体的聚阴离子。仅知的氯配合物含$[ZrCl_6]^{2-}$。其他许多锆配合物为八配位,如 $Zr(NO_3)_4$ 为正十二面体,Zr(acac)$_4$ 为四方反棱柱体,$[Zr(C_2O_4)_4]^{4-}$ 为正十二面体。

与四氧化态相比,低氧化态锆和铪的稳定性差得多。蓝色和黑色的卤化物 ZrX_3、ZrX_2 及 ZrX(X=Cl、Br、I)可用金属或氢还原四卤化物得到。一卤化物是 XMM…XMMX 系列的片状结构,是金属型导体;三卤化物具键状结构,由共面 ZrX_6 八面体及 Zr-Zr 键组成。在水溶液中无 Zr^{+}、Zr^{2+} 及 Zr^{3+}。至今尚未报道过锆及铪的羰合物和氰合物。已知有少量的不稳定的烷基化物,如 $Li_3[ZMe_6]$,它由 LiMe 与 $ZrCl_4$ 在低温下生成;环戊二烯衍生物如 $Zr(C_5H_5)_4$、$Zr(C_5H_5)_2Cl_2$,前者为 $Zr(\eta^1\text{-}C_5H_5)_2(\eta^5\text{-}C_5H_5)_2$,后者为 $Zr(\eta^5\text{-}C_5H_5)_2Cl_2$。

5.3 铌 和 钽

V、Nb、Ta 三者的关系与前一族的 Ti、Zr、Hf 很相似。Nb 和 Ta 两个重过渡金属的性质十分接近,低氧化态的不稳定性不同于钒,也不容易形成简单离子,其 M_2O_5 型氧化物呈惰性。两种金属的低氧化态都易形成簇合物。

铌和钽存在于铌铁矿中。铌铁矿常以化学式 $Fe(NbO_3)_2$ 表示,实际上它是混合氧化物,较准确的化学式应为(Fe,Mn)(Nb,Ta)$_2$O$_6$。铌铁矿同碱共熔得到聚铌酸盐和聚钽酸盐,再以稀酸处理得到白色 Nb_2O_5 和 Ta_2O_5。铌和钽的分离基于 Nb_2O_5 及 Ta_2O_5 的两性偏碱性及氟配合物的稳定性。控制 HF 及 KF 水溶液的浓度,用以处理铌和钽的五氧化物,分别转变为 $K_2[NbOF_5]$和 $K_2[TaF_7]$,前者比后者更易溶而彼此分离;现代的分离法是用甲基异丁基酮从氢氟酸水溶液中分级萃取。

用钠或铝等活泼金属还原铌和钽的五氧化物可得到相应的金属,也可以用电解氟配合物方法制得金属。铌的熔点为 2470 ℃,是硬质合金的添加成分。钽的熔点是 3000 ℃,用于制造耐腐蚀设备。在高温时两者均同氧和卤素反应,但对非含氧酸呈惰性。

铌和钽主要的氧化物是五氧化物,它们是结构很复杂的多聚体,不溶于除氢氟酸外的其他酸,但与熔融碱反应。将产物溶于水,接着缓慢浓缩,得到 $K_8[Nb_6O_{19}]\cdot 16H_2O$ 及相应的钽化合物。六铌酸根$[Nb_6O_{19}]^{8-}$是简单的重过渡金属聚阴离子,其结构如图 5-2 所示,整个阴离子是一个正八面体,该正八面体又由 6 个 NbO_6 正八面体单元构成。每个 NbO_6 中,4 个氧原

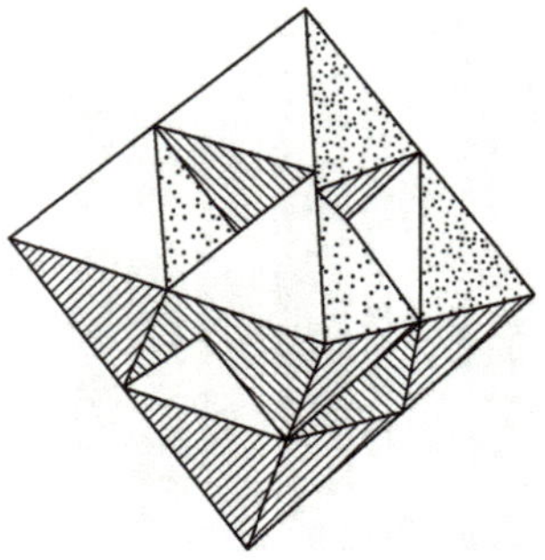

图 5-2 $[Nb_6O_{19}]^{8-}$的结构

子只与另 1 个正八面体共享，1 个氧原子与另 5 个正八面体共享，剩下的 1 个氧原子未被共享。因此，总的组成为

$$Nb : O = 1 : \left[1 + \left(4\times\frac{1}{2}\right) + \left(1\times\frac{1}{6}\right)\right] = 1 : 3\frac{1}{6} = 6 : 19$$

铌和钽的卤化物有五卤化物和四卤化物两种。在加热时，铌和钽与所有的卤素反应生成五卤化物，五氟化物是具挥发性的白色固体，熔点分别为 80 ℃和 95 ℃。五氟化物含 M_4F_{20} 的分子单元，其中 MF_6 八面体由线形 M—F—M 桥联，如图 5-3 所示。在 Nb_4F_{20} 中，端基 Nb—F 键长为 177 pm，桥联 M—F 键长为 206 pm，表明桥键弱得多。五氟化物可由五氧化物制得：

$$M_2O_5 + F_2 \longrightarrow MF_5$$

$$M_2O_5 \xrightarrow[300\ ℃]{CCl_4} M_2Cl_{10} \xrightarrow{HF} (MF_5)_4$$

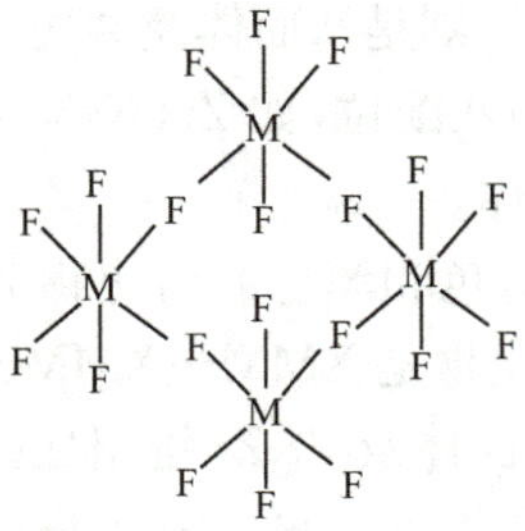

图 5-3 $(MF_5)_4$ 的结构

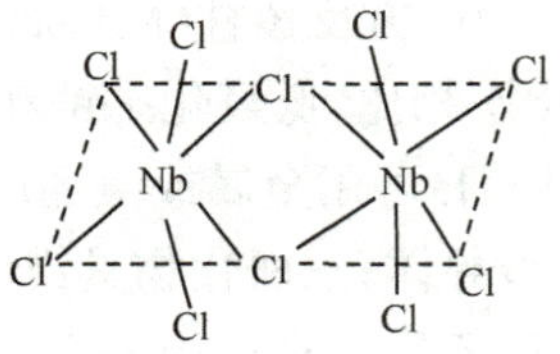

图 5-4 Nb_2Cl_{10}的结构

淡黄色的五氯化物也是挥发性固体，但比五氟化物更易水解。五氯化铌为二聚分子 Nb_2Cl_{10}，其结构如图 5-4 所示，其中端、桥 Nb—Cl 键长分别为 225 pm 和 256 pm。

铌和钽的五氟化物都可生成许多氟配合物，它们可以从不同浓度的氢氟酸水溶液中分离出来：

$$MF_5 + F^- = [MF_6]^-$$

$$MF_5 + 2F^- = [MF_7]^{2-}$$

$$MF_5 + 3F^- = [MF_8]^{3-}$$

这是典型的加合反应，因而配合物的组成依赖于溶液中的 F^- 浓度。在乙腈这样的极性非水溶剂中，五氟化物与金属氟化物的加合也可生成氟配合物。有代表性的配合物是 $Cs[NbF_6]$和 $K[TaF_6]$，含单个八面体阴离子；$K_2[NbF_7]$和 $K_2[NbF_7]$，含帽式三角棱柱阴离子；$Na_3[TaF_8]$，含四方反棱柱阴离子。TaF_5 和 HF 的混合物是超强酸溶剂(像 SbF_5/HF)，用于芳烃重排催化剂。

铌和钽的低氧化态化合物不多，也不重要，但低氧化态卤化物的结构对于了解金属簇合物很有帮助。除钽的四氟化物尚未制得外，其余的四卤化物均为黑色，可由金属在 300～400 ℃还原对应的五卤化物而得到。四氟化铌是顺磁性的，为层状晶体，它由 NbF_6 八面体共 4 个角构成一无限的平面结构[图 5-5(a)]。其他的四卤化物都是抗磁性的，由 MX_6 八面体共角而呈链状结构。但链内有两种不同的金属间距，如 $NbCl_4$[图 5-5(b)]是由 306 pm 和 383 pm 金属间距交替构成，表明链内金属因电子配对形成金属-金属键。此外，链内还有卤桥键，M—X 桥键及端键的键长也不同。其他在较高温度得到的低氧化态卤化物有 Nb_6I_{11}、Nb_6Cl_{14}、$[Nb_6I_8]I_3$及$[Nb_6Cl_{12}]Cl_2$，阳离子均含由 Nb 原子构成的八面体，在$[Nb_6I_8]^{3+}$中的碘原子位于每个面中心的上方，$[Nb_6Cl_{12}]^{2+}$的氯原子位于八面体每个边中心的外面(图 5-6)。$[Nb_6Cl_{12}]^{2+}$可被电化学氧化成$[Nb_6Cl_{12}]^{3+}$及$[Nb_6Cl_{12}]^{4+}$而不改变其结构。钽的簇合物数量也不少，但研究得不多。

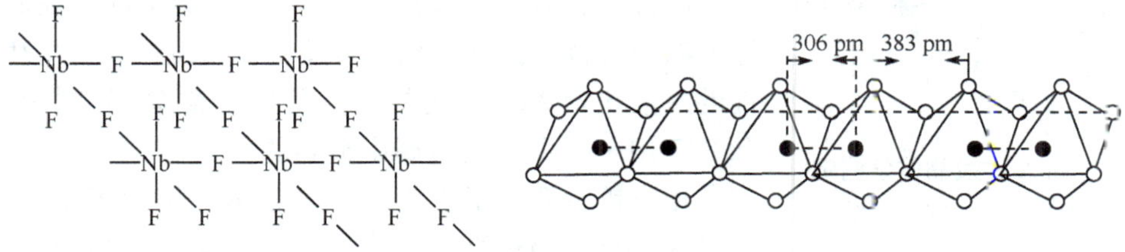

(a) $(NbF_4)_x$　　(b) $(NbCl_4)_x$ (NbI_4结构相似)

图 5-5　四卤化铌的多聚体结构

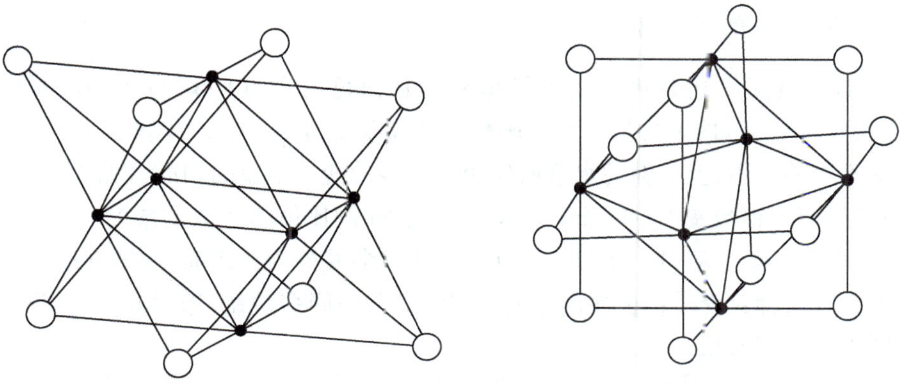

(a)　　(b)

图 5-6　$[Nb_6I_8]^{3+}$(a)和$[Nb_6I_{12}]^{2+}$(b)的结构

铌和钽的羰合物尚未制得，但最近已成功地由如下反应得到了不稳定的五甲基化物：

$$TaCl_5 \xrightarrow{Zn(CH_3)_2} (CH_3)_3TaCl_2 \xrightarrow{LiCH_3} Ta(CH_3)_5$$

两种金属的η^5-C_5C_5化合物如$[\eta^5\text{-}C_5H_5]_2MH_3$已有报道，氰合物$K_4[Nb(CN)_8]\cdot 2H_2O$也由$NbCl_5$的还原性甲醇溶液中加入 KCN 而成功合成。

5.4　钼　和　钨

钼和钨具有 0、2、3、4、5 及 6 多种氧化态，但并非每种氧化态都有简单的单核配合物。尽管同族的 Cr(Ⅲ)、Cr(Ⅱ)化合物很多，并被广泛深入地研究过，但钼、钨的这种低氧化态化合物极少见，常见的是 M(Ⅵ)化合物。与 Cr(Ⅵ)化合物比较，钼和钨的正六价氧化态的氧化性很弱。由于无W^{3+}(aq)存在，因而也无 W(Ⅵ)/W(Ⅲ)的电极电势，H_2MoO_4/Mo^{3+}的标准电极电势仅为 0.1 V。

虽然钼和钨的对应化合物一般具有相同的晶型和几何构型，但在自然界是分开存在的。钼以辉钼矿(MoS_2)存在，钨则以钨锰铁矿$[(Fe,Mn)WO_4]$和白钨矿($CaWO_4$)存在。提炼过程如下：

$$MoS_2 \xrightarrow[600\ ^\circ C]{\text{空气中}} MoO_3 \xrightarrow[\text{纯化}]{NH_3\cdot H_2O} (NH_4)_2MoO_4 \xrightarrow{\triangle} MoO_3 \xrightarrow[600\ ^\circ C]{H_2} Mo$$

$$(Fe,Mn)WO_4 \xrightarrow[\text{熔融}]{Na_2CO_3} \underset{(\text{不溶})}{(Fe,Mn)_2O_3} + \underset{(\text{可溶})}{Na_2WO_4} \xrightarrow{\text{水浸分离}} Na_2WO_4\ \text{溶液} \xrightarrow[\text{酸化}]{HCl}$$

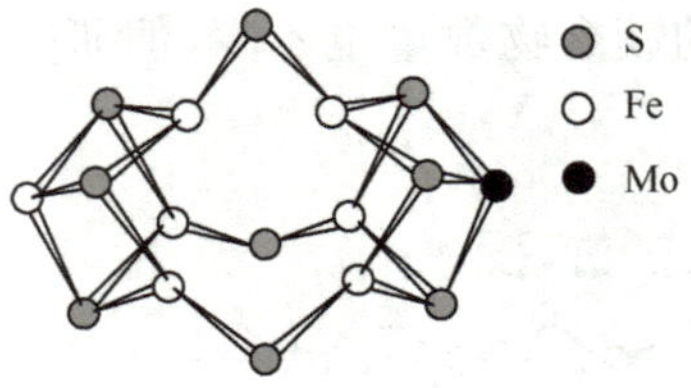

图 5-7　由 X 射线晶体学测定的固氮酶的 FeMo-辅酶的结构

$$WO_3 \cdot nH_2O \xrightarrow{\triangle} WO_3 \xrightarrow[600\ ℃]{H_2} W$$

两种金属对大多数酸呈惰性，但在氧化剂存在时溶于熔融的碱中，高温时也同氧、卤素反应。室温同氟反应生成挥发性的六氟化物 MF_6。钨的熔点及原子化焓（分别为 3420 ℃和 837 kJ · mol^{-1}）是金属中最高的。

钼与钨主要用于冶炼特种合金钢。钼钢用于制炮身、坦克、轮船甲板、涡轮机等。钨多用于冶炼高速切削钢。它们还用于电灯丝和其他无线电器材。钼是生命必需的微量元素，固氮酶是含钼酶的一种（图 5-7）。许多钼的化合物用作催化剂。

5.4.1　氧化值为＋6 的钼和钨

两种金属的最高氧化态化合物中最重要的是白色的 MoO_3（熔点为 800 ℃）和黄色的 WO_3（熔点为 1200 ℃），两者均是氧原子配位于以金属为中心的八面体的 6 个顶点上。这两种氧化物均不与酸作用，但与碱的水溶液作用生成多种盐。生成的钼酸盐如 MoO_4^{2-}、$Mo_7O_{24}^{6-}$（存在于通常所谓的钼酸铵中）和 $Mo_8O_{26}^{4-}$，其 O 与 M 的比值随溶液的酸度升高而降低；钨酸盐如 WO_4^{2-}、$H_2W_6O_{22}^{6-}$、$W_7O_{24}^{6-}$ 及 $H_2W_{12}O_{42}^{10-}$。这些多酸根的结构都是以 MO_6 八面体共用氧原子为基础的。这种只含一种金属离子的多聚酸盐称为同多酸盐，像$PMo_{12}O_{42}^{3-}$ 及 $TeMo_6O_{24}^{6-}$ 阴离子盐则称为杂多酸盐。

许多金属（Ge、Ti、Zr、Fe、Co、Mn）和非金属（B、Si、P、As、Te）原子都可以和 Mo 或 W 的 MO_6 八面体一起形成杂多酸。酸化含有所需的简单阴离子的溶液，或者先酸化钼酸盐或钨酸盐后再引入杂原子都可得到杂多酸根阴离子：

$$H_2PO_4^- + MoO_4^{2-} \xrightarrow[25\ ℃]{H^+} [PMo_{12}O_{40}]^{3-}$$

$$WO_4^{2-} \xrightarrow[pH=6]{H^+} \xrightarrow[100\ ℃]{Co^{2+}} [Co_2W_{11}O_{40}H_2]^{3-}$$

许多杂多酸阴离子在过量酸中质子化而生成杂多酸，它们既可存在于溶液中，也可以水合物的形式得到晶体。杂多酸及其盐是很大的一类化合物。有关同多酸和杂多酸的许多理论和结构问题还远没有得到很好解决，要在纸上描绘它们的结构很难得到满意的结果。最简单的杂多酸根 $TeMo_6O_{24}^{6-}$ 的结构见图 5-8。一些同多酸和杂多酸具有优异的催化性能，是近年来令人关注的新型固体酸催化剂。此外杂多酸及盐的空间网状结构使之具有分子筛功能，在离子交换及金属离子分离上有重要应用前景。总之，多酸化学是无机化学中一个方兴未艾的研究领域。

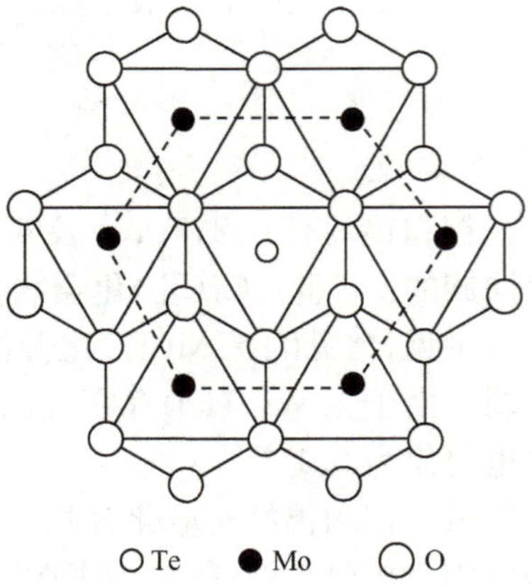

图 5-8　$TeMo_6O_{24}^{6-}$ 的结构

六氟化钼及六氟化钨均是白色挥发性固体，钨的六溴化物及六氯化物是蓝色的固体，容易水解。钼的六氯化物及六溴化物是否存在还不清楚。氧卤化物如 MoO_2F_2（由 MoO_2Cl_2 与 HF 反应制得）、MoO_2Cl_2（由 MoO_2 同 Cl_2 反应制得）、WO_2Cl_2（由 WO_3 与 PCl_5 反应制备）都是共价型分子或氧桥联式分子，与氯铬酰类似，在水中均水解。

六卤化物的非水溶剂化学近来引人注目。WF_6 及 MoF_6 在乙腈(MeCN)中可氧化许多过渡及过渡后金属，生成溶剂化金属离子盐。例如：

$$Cu+2MoF_6+5MeCN \longrightarrow [Cu(MeCN)_5][MoF_6]_2$$

$$Tl+WF_6+2MeCN \longrightarrow [Tl(MeCN)_2][WF_6]$$

$$Tl+3MoF_6+6MeCN \longrightarrow [Tl(MeCN)_6][MoF_6]_3$$

这些反应均是简单的电子转移反应。WF_6 仅能将 Tl 氧化成 Tl(Ⅰ)，而 MoF_6 可将 Tl 氧化成 Tl(Ⅲ)，表明 MoF_6 的氧化性大于 WF_6。由循环伏安法测出的 MoF_6/MoF_6^- 电对的电势约 1 V。在周期表中，无溶剂或非水溶剂(如 HF、MeCN)条件下，六氟化物的氧化性有从左到右增强、从上到下降低的趋势，已知的六氟化物氧化性顺序如 D. W. A. Sharp 等报道的：

$$WF \leqslant Cu^{2+} < NO^+ < MoF_6 < UF_6 \sim OsF_6 < PuF_6 < RuF_6$$

Mo、U、Os、Ir 及 Pt 的六氟化物均能氧化石墨，得到插入六氟合金属阴离子的层间化合物。

5.4.2 氧化值为+5 的钼和钨

典型的正五价氧化态化合物是五氟化物和五氯化物，前者由对应的金属还原六氟化物得到，后者分别由钼和氯反应直接合成及六氯化钨在一定条件下的热分解制得。这些化合物都是顺磁性的，分别与 Nb_4F_{20} 和 Nb_2Cl_{10} 结构相同。

当加热三氧化物时，两种氧化物均生成 MO_3 和 MO_2 之间的一系列氧化物，其中含M(Ⅴ)氧化物。在氢气氛中加热钨酸钠，或者在 850 ℃加热钨酸钠、三氧化钨和金属钨的混合物，得到惰性的、具金属外观的固体，其化学式为 $Na_xWO_3(0<x<1)$，称钨青铜：

$$\frac{x}{2}Na_2WO_4+\frac{3-2x}{3}WO_3+\frac{x}{6}W \longrightarrow Na_xWO_3$$

当 $x\sim0.3$，产物为紫色；$x\sim0.6$，为红色；$x\sim0.9$，为金黄色；当 $x>0.25$ 时，钨青铜具有金属样的导电性，即电导随温度升高而降低；当 $x<0.25$ 时为半导体，电导随温度升高而升高。这些物质因具有金属光泽，并常用于生产“青铜”涂料而得名。上述钨青铜中的钠可被其他碱金属或碱土金属以及镧系金属原子取代，W 的氧化值在+5 和+6 之间，属于非计量化合物，晶体中存在很多缺陷，正是这些缺陷使这类固体具有导电性能。碱金属的钼青铜需在高压下才能生成，也不如钨青铜稳定，因而不为人熟知。

5.4.3 氧化值为+4 的钼和钨

具代表性的二元化合物是四卤化物，可由对应的三氧化物或六卤化物还原制得：

$$MoO_3 \xrightarrow[450\ ℃]{H_2} MoO_2 \xrightarrow[250\ ℃]{CCl_4} MoCl_4$$

$$WCl_6 \xrightarrow[C_6H_5Cl\text{中回流}]{W(CO)_6} WCl_4$$

四氟化物的结构尚不清楚，四氯化物的结构与 NbI_4 相同，含成对的金属-金属键。但在 250 ℃时 $MoCl_4$ 转变为环状的六聚体，由正常的 $MoCl_6$ 八面体构成，不含 Mo—Mo 键。两种氧化物均像 NbO_2，具 M—M 键的变形金红石结构。两种氧化物均不溶于非氧化性酸。但正四价氧化态的配合物是存在的，其中令人感兴趣的是氰合物 $K_4[M(CN)_8]$，由 K_2MO_4、KCN 和 KBH_4 在乙酸中反应制得。$[Mo(CN)_8]^{4-}$ 和$[W(CN)_8]^{4-}$ 都是取代惰性的，但可被迅速氧化[如以 Ce(Ⅳ)或 MnO_4^- 作氧化剂]为$[Mo(CN)_8]^{3-}$ 和$[W(CN)_8]^{3-}$。多数八氰合物阴离子具有正十二面体或四方反棱柱结构，由生成条件而定。

5.4.4 低氧化态化合物

从第二过渡系到第三过渡系，低氧化态生成簇状化合物的倾向增强。在钼和钨中，仅钼有低氧化态的单核配合物存在。红色的$[MoCl_6]^{3-}$由MoO_3在浓盐酸中电解还原制得，具有顺磁性。该离子迅速地水合而成黄色的、取代惰性的$[Mo(H_2O)_6]^{3+}$。$[Mo_2Cl_9]^{3-}$、$[W_2Cl_9]^{3-}$与$[Cr_2Cl_9]^{3-}$相似，阴离子均是由两个共面MCl_6八面体构成，由M—M间距(从Cr→W分别为312 pm、267 pm、245 pm)及磁性($[Cr_2Cl_9]^{3-}$为顺磁性，另二者为抗磁性)表明钼和钨的二聚氯化物含M—M键。

正氧化态的单核化合物极少，具有化学式MCl_2的黄色氯化物由高氧化态氯化物分解制得，均为$[M_6Cl_8]Cl_4$型的簇合物，具有抗磁性。含两个金属原子的钼配合物可由下述反应制得：

$$2Mo(CO)_6 \xrightarrow{CH_3COOH} Mo_2(CH_3COO)_4 \xrightarrow{HCl} [Mo_2Cl_8]^{4-}$$

$$Mo_2(CH_3COO)_4 \xrightarrow[\text{乙醚}]{LiCH_3} Li_4[Mo_2(CH_3)_8] \cdot 4(C_2H_5)_2O$$

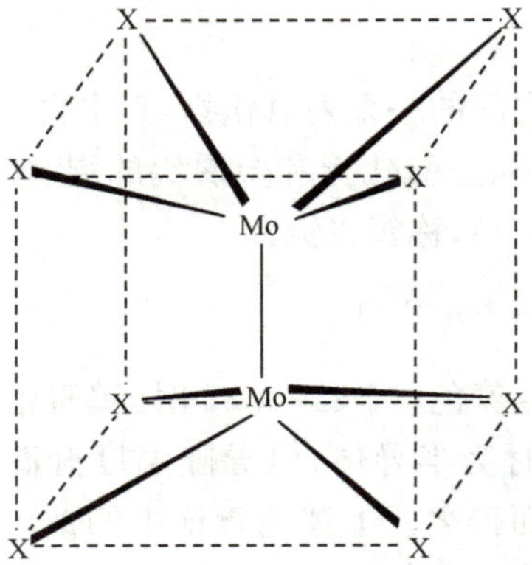

图 5-9 $[Mo_2X_8]^{4-}$的结构(X=Cl 或 Me)

$[Mo_2X_8]^{4-}$的结构如图5-9所示，采取MoX_4单元的重叠构型。尽管配体间有排斥力，但钼原子间的四重键有利于这种构型。钼原子的成键可这样解释：外层空轨道$4d_{x^2-y^2}$ · 5s及$5p_x$ · $5p_y$杂化(dsp^2杂化)分别与配体形成σ键，剩下的含单电子的4个d轨道为d_{z^2}、d_{xz}、d_{yz}及d_{xy}，其中d_{z^2}与另一个钼原子的d_{z^2}重叠形成σ键。d_{xz}、d_{yz}则分别形成两个π健，因空间因素，d_{xy}只能彼此面对面重叠形成δ键。四重键Mo≣Mo的形成使钼原子间距仅209～218 pm，4对成键电子的排斥力使dsp^2杂化轨道变形为压扁的四面体。由于W(Ⅱ)的还原性强，含W≣W的化合物很难制备。已制备出的含四重键的W(Ⅱ)配合物有$[W_2Cl_8]^{4-}$和$W_2(C_2H_5COO)_4$，但键长比钼的四重键约长10 pm，因钨核间排斥力增大。

氧化值为0的钼和钨主要生成羰合物及金属有机化合物，如$Mo(CO)_6$、$W(CO)_6$及$Mo(C_6H_6)_2$。

5.4.5 钼、钨的同多酸和杂多酸及其盐

钼、钨及许多其他元素不仅形成简单含氧酸，而且在一定条件下还能缩水形成同多酸及杂多酸。这是钼、钨化学的一个突出特点。

由两个或多个同种简单含氧酸分子缩合而成的酸称为同多酸。能够形成同多酸的元素有V、Cr、Mo、W、Nd、Ta、U、B、Si、P等。

同多酸根阴离子的形成和溶液的pH有密切关系，一般pH越小，缩合度越大。将三氧化钼的氨水溶液酸化，降低pH，当pH降到大约为6时，生成$[Mo_7O_{24}]^{6-}$

$$7[MoO_4]^{2-} + 8H^+ \longrightarrow [Mo_7O_{24}]^{6-} + 4H_2O$$

可以得到仲钼酸铵$[(NH_4)_6Mo_7O_{24} \cdot 4H_2O]$，它是实验室里常用的试剂，也是一种微量

元素肥料。将溶液稍微酸化，则形成八钼酸根离子$[Mo_8O_{26}]^{4-}$。

多钨酸阴离子中较重要的有$[HW_6O_{21}]^{5-}$和$[W_{12}O_{41}]^{10-}$。

由两种不同含氧酸分子缩合而成的酸称为杂多酸，将含有钼酸盐（或钨酸盐）的溶液和另一种含氧酸盐溶液混合，酸化并加热，可制得钼（或钨）的杂多酸盐。例如，将$(NH_4)_2MoO_4$溶液用硝酸酸化并加热至 323 K 左右，加入Na_2HPO_4溶液，可生成 12-钼磷酸铵的黄色晶状沉淀：

$$12[MoO_4]^{2-}+3NH_4^++HPO_4^{2-}+23H^+ \longrightarrow (NH_4)_3[P(Mo_3O_{10})_4]\cdot 6H_2O\downarrow +6H_2O$$

这一反应常用来检验溶液中是否存在$[MoO_4]^{2-}$或PO_4^{3-}。

钼、钨的杂多酸根阴离子的基本结构单元是八面体形的MoO_6和WO_6（如图 5-10）。其结构特点是以八面体MoO_6（或WO_6）为基础，以共点、共棱或共面的形式构成多聚体，其连接的公共点均为氧原子。图 5-10 是通式为$[X^{n-}M_{12}O_{40}]^{(8-n)-}$的 12-钼或 12-钨杂多酸根阴离子的结构。根据 X 射线分析结果得知，以杂原子 X 为中心的四面体XO_4是整个杂多酸配合阴离子的中心，它被MoO_6（或WO_6）八面体所围绕。每三个八面体共用三个边构成一组，每一组MoO_6（或WO_6）八面体含有 $3\times(1/3+4\times1/2+1)=10$ 个氧原子，故成为Mo_3O_{10}。每一组的共用角和四面体的一个角连接起来，因此共有 12 个八面体。每一组中的每个八面体与其他组中相邻的八面体还共用一个角顶氧原子。在 12-钼或 12-钨杂多酸根阴离子中有较大的空隙可以夹杂水分子和阳离子，因此，它们常形成水合物，它们的难溶盐是很好的阳离子交换剂。

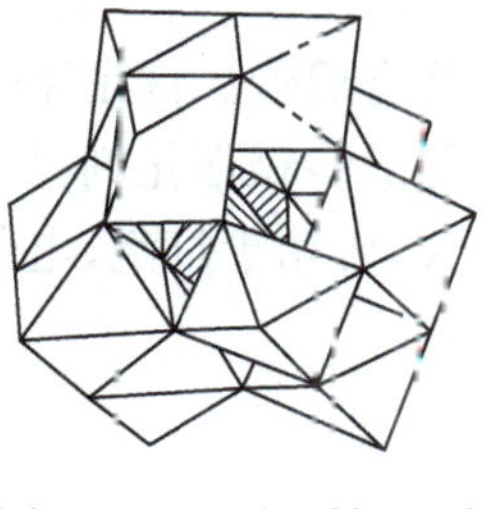

图 5-10　12-钼（钨）杂多酸根阴离子的结构

钼磷杂多酸和一些还原剂（如$SnCl_2$、Zn）作用，杂多酸中部分 Mo(Ⅵ)被还原为 Mo(Ⅴ)，生成特征蓝色化合物，标为“钼磷蓝”。它的可能组成是$H_3PO_4\cdot 10MoO_3\cdot Mo_2O_5$。它属于杂多蓝[杂多酸（盐）的还原产物]，是一类混合价态化合物。钢铁、土壤、农作物中的含磷量常用生成钼磷蓝的比色法测定。

目前，关于多酸化合物功能特性（如光、电、磁、催化、液晶及抗病毒等方面）的研究方兴未艾。特别是多酸化合物作为抗艾滋病毒（HIV-1）、抗肿瘤、抗病毒的无机药物的研究开发备受瞩目，已申请专利的、可作为抗 HIV-1 药物的杂多酸化合物有杂多酸盐$K_7PW_{10}Ti_2O_{40}$、$[SiW_{12}O_{40}]^{4-}$、$[BW_{12}O_{40}]^{5-}$、$[W_{10}O_{32}]^{4-}$和杂多阴离子的盐类或酸、钨锑杂多酸化合物及含铌的杂多酸化合物等。具有抗肿瘤活性且无细胞毒性的同多和杂多酸化合物有$[Mo_7O_{24}]^{6-}$、$[XMo_6O_{24}]^{n-}$（X=I、Pt、Co、Cr…）等。

5.5 锝与铼

锝和铼属ⅦB 族元素，它们的电子构型分别为$4d^55s^2$和$5d^56s^2$。它们的(Ⅶ)氧化态比锰(Ⅶ)要稳定得多，如Tc_2O_7和Re_2O_7比Mn_2O_7更稳定，表现出温和的氧化性；而低氧化态的简单化合物不稳定，只存在于配合物中。

锝和铼的块状金属在空气中较稳定，海绵状或粉状的金属则比较活泼。在高温下，它们能与活泼的非金属反应，如与氧气反应生成M_2O_7。它们溶于氧化性的酸中（如浓或稀硝酸、浓硫酸、王水及溴水），生成相应的HMO_4。当$HReO_4$与 KCl 反应可得到$KReO_4$。铼具有生成高配位数化合物的倾向，如$K_2[ReH_9]$是用钾在乙二胺溶液中还原$KReO_4$而制得的，为无色抗磁性化合物。铼的低氧化态易形成含有 M—M 键的二聚或多聚（簇状）化合物，如Re_3X_9、$[Re_2X_8]^{2-}$（X=Cl、Br）等。

早期制备$[Re_2Cl_8]^{2-}$的方法是在盐酸溶液中还原K_2ReO_4。

$$2K_2ReO_4+2NaH_2PO_2+8HCl \xlongequal{高压} K_2Re_2Cl_8+2NaH_2PO_4+4H_2O$$

$$2K_2ReO_4+4H_2+8HCl(浓) \xlongequal{熔融} K_2Re_2Cl_8+8H_2O$$

目前较常用的方法是使Re_3Cl_9与过量的熔融Et_2NH_2Cl反应：

$$2Re_3Cl_9+6Et_2NH_2Cl(过量) \xlongequal{} 3(Et_2NH_2)_2Re_2Cl_8$$

冷却后溶于HCl(6 mol·L^{-1})便得$[Re_2Cl_8]^{2-}$。

锝是用"人工制造"的方法发现的第一种"人工合成"的放射性元素，主要应用于核医疗中的器官成像。铼是用通常的物理学和化学方法最晚发现的一种稳定的化学元素，主要用作双金属的多相催化剂，如铼铂的合金用作石油重整的催化剂。由于铼的熔点高、蒸气压低、电阻率大，可用于灯泡、电子管、闪光灯的加热丝及热电偶等，此外还用于核技术的辐射屏蔽等尖端材料。

5.6 铂系金属

5.6.1 概述

钌(Ru)、锇(Os)、铑(Rh)、铱(Ir)、钯(Pd)及铂(Pt)一般称铂系金属。在自然界它们以单质存在或与铜、镍的硫化物矿共生。因此，在电解精炼Cu和Ni之后，铂系金属及Ag、Au常以"阳极泥"的形式存在于电解槽中。进一步的分离往往基于不同金属、不同氧化态的相对稳定性的差异。铂系金属均是稀有金属，在地壳中的丰度如表5-4所示。

表5-4 铂系金属在地壳中的丰度

Ru	Rh	Pd
$5\times10^{-7}\%$	$1\times10^{-7}\%$	$1\times10^{-6}\%$
Os	Ir	Pt
$5\times10^{-6}\%$	$1\times10^{-7}\%$	$5\times10^{-7}\%$

铂系金属虽是周期系中的第八族元素，但与同族的Fe、Co、Ni性质相去甚远，而彼此却很相似：

(1)铂系金属均具相当的惰性，能以单质形态存在于自然界中，它们的多数化合物均可受热分解得到金属。常温下在空气中稳定，不失光泽，也不同其他非金属作用，但在加热时能同O_2、S、F_2及Cl_2反应，例如：

$$Os+O_2 \xrightarrow{200\ ℃} OsO_4(黄色，易挥发)$$

$$Ru+O_2 \xrightarrow{500\ ℃} RuO_2(黑色)$$

$$Rh+O_2 \xrightarrow{600\ ℃} Rh_2O_3$$

Pt和Pd不与O_2反应，但在高温下易与S、P、Cl_2反应。块状的Ru、Os、Rh及Ir不溶于任何酸，乃至于王水。Pd及Pt能缓慢溶于王水中，也能溶于熔融态碱中。钯是铂系金属中最活泼的，溶于浓硝酸生成$Pd(NO_3)_4$。

(2) 铂系金属的化学主要是配位化学，简单的水合离子很少见。

(3) 铂系金属单质均是很重要的非均相催化剂，特别是铂和钯。钯是氢化和脱氢催化剂；铂的催化作用包括：氨的氧化、SO_2的催化氧化、烃的转化、汽车排放气中有害有机物的完全燃烧等。

(4) 铂系金属离子是富 d 电子离子，易形成反馈 π 键，因此可用 π 酸配体如 CO、NO、CN^-、PMe_3 及 PPh_3 等形成配合物，并容易生成金属有机化合物。

(5) 铂系金属都是高熔点金属(Ru，2310 ℃；Os，3059 ℃；Rh，1960 ℃，Ir，2443 ℃；Pd，1552 ℃；Pt，1769 ℃)，均为银白色，可用于制造抗腐蚀化学器皿、坩埚、热电偶等。

(6) 铂系元素的另一个显著特点是催化活性很高。大多数铂系金属能吸收气体，特别是氢气。Pd 吸收氢气的能力最强，常温下，Pd 溶解 H_2 的体积比为 1∶700；而 Pt 较易吸收氧气，其溶解 O_2 的体积比为 1∶70。铂系金属吸收气体并使其活化(通常认为 H_2 溶解于 Pd 时有原子氢生成)的特性与它们的高催化性能密切相关。

铂系金属常见的氧化态：Ru，3，4；Os，4，6，8；Rh，3；Ir，3，4；Pd，2，4；Pt，2，4。铂系金属之间性质的差异主要在不同氧化态的相对稳定性。此外，同族中元素的相似性仍然存在，为方便将 Ru 和 Os、Rh 和 Ir、Pd 和 Pt 分开讨论。

5.6.2 钌和锇

1. 高氧化态化合物

两种金属都能生成黄色的挥发性四氧化物(RuO_4，m. p. 25 ℃，b. p. 40 ℃；OsO_4，m. p. 40 ℃，b. p. 101 ℃)，但 OsO_4 比 RuO_4 更稳定。由金属粉末在氧气中加热或与硝酸反应，可得到 OsO_4；RuO_4 的制备须在硫酸中用溴酸盐或高锰酸盐氧化。两种氧化物都有臭氧似的刺激性气味，难溶于水，分子具正四面体构型，可用四氯化碳将其从水中萃取分离出来。

RuO_4 在 180 ℃以上爆炸，生成二氧化物和氧，因而是很强的氧化剂，与有机化合物的反应剧烈。OsO_4 是有机化学中很有用的氧化剂(如将烯烃氧化为顺二醇)，也用于生物着色，在这两个过程中都被还原为金属。将 OsO_4 与金属锇共热，生成 OsO_2，由于 OsO_4 易被还原及具挥发性，对眼睛是十分危险的，操作时需特别小心。

RuO_4 溶于碱的水溶液，放出氧并生成 RuO_4^- 及 RuO_4^{2-}。K_2RuO_4 也可由金属和 KNO_3、KOH 在熔融态反应得到。OsO_4 同碱反应生成高锇酸盐或反式锇(Ⅷ)酸盐$[OsO_4(OH)_2]^{2-}$，它可被乙醇还原为锇(Ⅵ)酸盐反式-$[OsO_2(OH)_2]^{2-}$。高锇酸盐同氨反应生成次氮基配合物$[OsO_3N]^-$，可以钾盐的形式分离出来，其红外光谱中有 871 cm^{-1}、897 cm^{-1}及 1021 cm^{-1} 3 个特征峰，前两个吸收峰归属于 Os═O 伸缩振动，后者为 Os═N 伸缩振动。

钌的最高氧化态氟化物是 RuF_6，由金属钌在加热下通入一定压力的氟气而得到 RuF_6 蒸气，然后在冷却中收集纯化。通常条件下的氟化产物是 RuF_5，其结构类似 Nb_4F_{20} 的四聚分子，但 Ru—F—Ru 桥键是非线型的。在温和还原剂的作用下，RuF_5 转变为 RuF_4 和 RuF_3。最高氧化态氯化物是 $RuCl_3$，但 RuO_4 与盐酸反应可得到如下几种配合物：$[Ru_2^{IV}OCl_{10}]^{4-}$、$[Ru_5Cl_5(H_2O)]^{2-}$及$[RuCl_6]^{3-}$，由氯氧化$[RuCl_6]^{3-}$可得到$[RuCl_6]^{2-}$。长期以来人们认为锇可以形成八氟化物，但金属锇氟化的最终产物是 OsF_7。在氟不过量的条件下，OsF_7 分解成 OsF_6。锇可形成稳定的四氯化物，OsO_4 被盐酸还原时只生成反式$[Os^{IV}O_2Cl_4]^{2-}$、$[Os_2^{IV}OCl_{10}]^{4-}$及$[OsCl_6]^{2-}$。

$K_2[RuCl_6]$的室温磁矩 2.8μ_B，相当于低自旋 d^4 八面体配合物的自旋磁矩；$K_2[OsCl_6]$的磁矩为 1.5μ_B，表明其自旋轨道偶合常数大。

2. 低氧化态化合物

前面已经提到 $RuCl_3$、$[RuCl_6]^{3-}$及$[RuCl_5(H_2O)]^{2-}$。通常 Ru(Ⅲ)配合物的取代反应很

慢，因而有大量水合物及卤合物。浓盐酸同 RuO_4 反应得到的产物组成主要是 $RuCl_3 \cdot 3H_2O$，在溶液中长期水合最终得到$[Ru(H_2O)_6]^{3+}$，它可被还原为$[Ru(H_2O)_6]^{2+}$：

$$[Ru(H_2O)_6]^{3+} + e^- \longrightarrow [Ru(H_2O)_6]^{2+} \quad E^\ominus = +0.23\ V$$

在浓氨水中以锌粉与 $RuCl_3 \cdot 3H_2O$ 作用，得到$[Ru(NH_3)_6]^{2+}$，在空气中可被氧化为$[Ru(NH_3)_6]^{3+}$：

$$[Ru(NH_3)_6]^{3+} + e^- \longrightarrow [Ru(NH_3)_6]^{2+} \quad E^\ominus = +0.24\ V$$

$[Ru(NH_3)_6]^{3+}$及$[Ru(NH_3)_6]^{2+}$都是取代惰性的，但这两种低自旋配合物间的电子转移很快，其二级速率常数为 $10^8\ L \cdot mol^{-1} \cdot s^{-1}$。用肼还原 $RuCl_3 \cdot 3H_2O$ 生成二氮配合物$[Ru(NH_3)_5 \cdot N_2]^{2+}$。二氮配合物中的 Ru—N═N 基是线型，Ru—$N_2$ 键长比 Ru—NH_3 键长短 20 pm，表明 Ru—N_2 间 π 键的存在。钌的亚硝基配合物如$[Ru(NH_3)_5NO]^{3+}$，由亚硝酸同$[Ru(NH_3)_6]^{2+}$反应制得，其种类多而稳定。许多亚硝基配合物溶于有机溶剂，可用于核废料中回收铀及钚。

钌的联吡啶配合物的光化学活性令人十分感兴趣，$[Ru(bipy)_3]^{2+}$广泛地用作光敏剂。在光化学激发$[Ru(bipy)_3]^{2+}$时，一个电子从金属转移到配体的 π^* 轨道，产物可看成 Ru(Ⅲ)、bipy 及 bipy 的衍生物。激发后的配合物既是好的氧化剂，又是好的还原剂，即可用光诱导其歧化。其关系如下图所示：

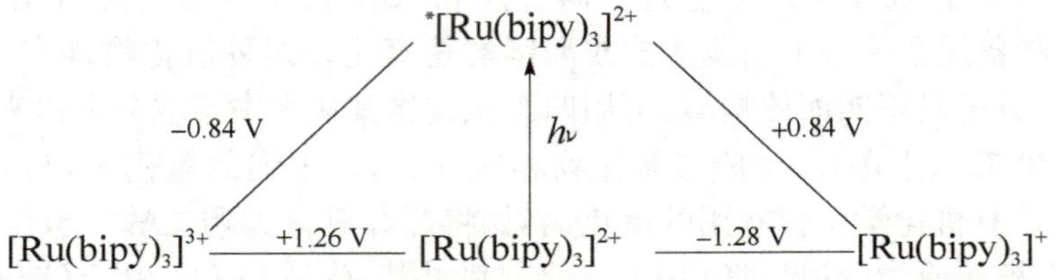

由于吸收光的波长在可见光范围，因此可以利用此体系及太阳光分解水制氢：

$$4[Ru(bipy)_3]^{2+} \xrightarrow{h\nu} 4^*[Ru(bipy)_3]^{2+}$$

$$4^*[Ru(bipy)_2]^{2+} \longrightarrow 2[Ru(bipy)_3]^{3+} + 2[Ru(bipy)_3]^{+}$$

$$2[Ru(bipy)_3]^{3+} + H_2O \longrightarrow 2[Ru(bipy)_3]^{2+} + 2H^+ + \frac{1}{2}O_2$$

$$2[Ru(bipy)_3]^{+} + 2H^+ \longrightarrow 2[Ru(bipy)]^{2+} + H_2$$

该体系实际应用的最大问题是 H_2 和 O_2 不能分开释放，两者可重新结合。

只涉及 σ 配体的锇低氧化态配合物很少，但 Os(Ⅱ)和 Os(Ⅲ)的氨合物是人们熟知的。Ru 及 Os 的低氧化态均有许多三苯基膦配合物，如 $RuCl_2(PPh_3)_3$ 可由 $RuCl_3 \cdot 3H_2O$ 与过量的三苯膦甲醇溶液反应得到，它很容易转变为 $Ru(H)(Cl)(PPh_3)_3$，这是一种通用的氧化催化剂。

5.6.3 铑和铱

重过渡金属高氧化态的稳定对铑和铱仍然存在，但其数量及稳定性均不如 Ru 和 Os。所有的 Rh(Ⅲ)、Ir(Ⅲ)配合物，包括$[RhF_6]^{3-}$(除$[IrF_6]^{3-}$外)都是抗磁性的。与 Co(Ⅲ)一样，低自旋的 d^6 配合物都是取代惰性的，因而有大量 Rh(Ⅲ)、Ir(Ⅲ)配合物的几何及光学异构体存在。

Rh(Ⅵ)及 Ir(Ⅵ)仅出现在不稳定的六氟合物中，它们由对应的金属和一定压力的氟气加热反应，再通过淬冷挥发性的产物制得。通常在 300～400 ℃时，金属氟化的产物是五氟化物的四聚体 M_4F_{20}，其结构与 Ru_4F_{20} 和 Os_4F_{20} 相同。$Cs[MF_6]$式的氟配合物可在氟卤化物溶剂中制得，再以水处理就放出氟及 M(Ⅳ)化合物。

Rh(Ⅳ)也是不稳定的氧化态。在碱溶液中氧化 Rh(Ⅲ)可得 RhO_2，BrF_3 与 $RhCl_3$ 作用可得 RhF_4。$[RhF_6]^{2-}$ 及 $[RhCl_6]^{2-}$ 的碱金属盐可由下列反应制得：

$$2KCl + RhCl_3 \xrightarrow{BrF_3} K_2[RhF_6]$$

$$RhCl_6^{3-} + CsCl \xrightarrow[aq]{Cl_2} Cs_2[RhCl_6]$$

两者均在过量水存在时水解为 RhO_2。Ir(Ⅳ)比较稳定，IrO_2 是氧化铱的一般产物，$Na_2[IrCl_6]$ 由铱粉和氯化钠的混合物氯化制得，是铱最常见的化合物之一。在碱性溶液中，$[IrCl_6]^{2-}$ 分解放出氧，但在强酸性介质中反应逆转，因为下列两个反应：

$$[IrCl_6]^{2-} + e^- \rightleftharpoons [IrCl_6]^{3-} \qquad E^\ominus = 1.02\ V$$

$$\frac{1}{2}O_2 + 2H^+ + 2e^- \rightleftharpoons H_2O \qquad E^\ominus = 1.23\ V$$

的电极电势较接近。

与铱相似，碱金属氯化物存在时，磨细的铑粉与氯反应生成红色 $Na_3[RhCl_6] \cdot 12H_2O$，这是最常见的铑化合物，$[RhCl_6]^{3-}$ 在水溶液中的反应如下：

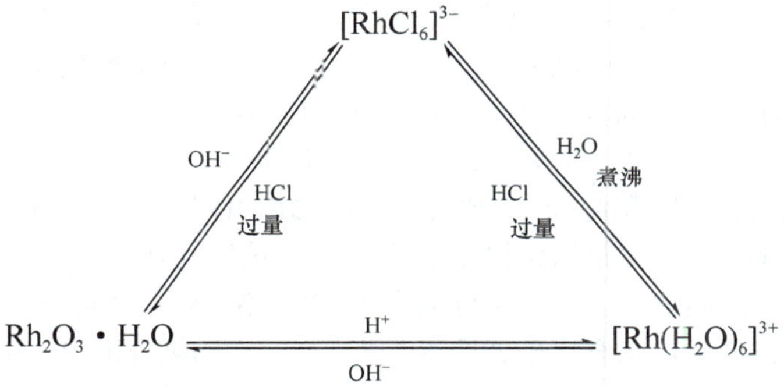

黄色的 $[Rh(H_2O)_6]^{3+}$ 结构与 $[Co(H_2O)_6]^{3+}$ 相似，但比后者稳定得多。当 $Rh_2O_3 \cdot H_2O$ 溶于限量的盐酸中时，生成 $RhCl_3 \cdot 3H_2O$；当锌存在时与过量的氨作用生成 $[RhH(NH_3)_5]^{2+}$。六氯合铱(Ⅲ)酸盐常由 SO_2 还原 Ir(Ⅳ)配合物制得；由 Ir(Ⅲ)氯合物通过很慢的配体取代反应可制得其他 Ir(Ⅲ)配合物。$[Ir(H_2O)_6]^{3+}$ 可由制备 $[Rh(H_2O)_6]^{3+}$ 类似的方法制得，但很易被氧化，Rh(Ⅲ)及 Ir(Ⅲ)配合物的取代反应常由还原剂催化，可能是生成了 Rh(Ⅰ)及 Ir(Ⅰ)中间体之故。

除铑的羰合物如 $Rh_4(CO)_{12}$ 及 $Rh_6(CO)_{16}$ 含金属-金属键外，二聚乙酸铑(Ⅱ)中也涉及金属-金属键，具抗磁性，加热 $RhCl_3 \cdot 3H_2O$ 和 NaAc 的甲醇溶液可得到 $Rh_2(Ac)_4$，Rh—Rh 间距 239 pm，相当于单键。Rh_2^{4+} 比 Mo_2^{4+} 多 6 个电子，它们占据了 π^* 及 δ^* 轨道，因此不像 Mo_2^{4+} 那样有四重键。至今尚不知有对应的铱化合物存在。

5.6.4 钯和铂

钯和铂是铂系金属中最后一对，彼此化学性质的差异也最明显。钯最稳定的氧化态是 +2，铂最稳定的氧化态为 +4。然而，相同氧化态的同类化合物都很相似。Pd(Ⅱ)、Pt(Ⅱ)与平面低自旋 Ni(Ⅱ)的结构很相似，但 Ni(Ⅱ)有许多八面体及四面体的高自旋构型，钯却很少，而铂则没有。

1. “0”氧化态

最简单的 M(0)化合物是四面体构型的三氟代膦配合物 $M(PF_3)_4$ 及羰合物 $M(CO)_4$，但均不稳定。三苯基膦配合物 $Pt(PPh_3)_4$ 在有机溶剂中很易解离成 $Pt(PPh_3)_3$，此化合物中铂的配位很接近平面型，它可进行一系列的氧化加成反成，有时进一步消去三苯基膦，例如：

$$Pt(PPh_3)_3 + HCl \longrightarrow Pt(H)(Cl)(PPh_3)_2 + PPh_3$$

钯的类似化合物性质相似，但解离稳定性差得多，它们在均相催化中非常重要。

2.“+2”氧化态

二氟化钯是目前唯一确定的高自旋 Pd(Ⅱ)配合物，由 SeF_4 还原 PdF_3 制得，为紫色固体，具金红石结构。单质钯与氯反应生成唯一的二元氯化物 $PdCl_2$，它有两种晶型：α 型在 550 ℃以下得到，具平面链状结构

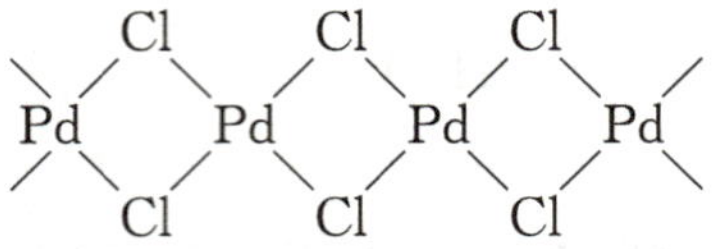

β-$PdCl_2$ 在 550 ℃以上得到，化学式为 Pd_6Cl_{12}，具八面体构型，在钯原子的八面体每一边外有 1 个氯原子，但这仅以原子位置而言，与 α 型一样，并不存在 Pd-Pd 键。红色的二氯化物易溶于水，与氯离子形成红棕色平面四方形配合物$[PdCl_4]^{2-}$，与溴离子生成更稳定的$[PdBr_4]^{2-}$，与过量的氨形成$[Pd(NH_3)_4]^{2+}$。在强碱中沉淀出 PdO，该沉淀溶于高氯酸生成$[Pd(H_2O)_4](ClO_4)_2$，阳离子是抗磁性的，因而可以认为是平面构型，其半反应为：

$$Pd^{2+}(aq) + 2e^- = Pd \quad E^\ominus = +0.98\ V$$

铂(Ⅱ)化合物与钯(Ⅱ)类似，但无 PtF_2。二氯化铂由四氯化铂在 350 ℃分解制得，与二氯化钯类似有两种晶型。在过量氯化物存在时，二氯化铂生成$[PtCl_4]^{2-}$。也可用草酸盐或羟胺还原$[PtCl_6]^{2-}$得到$[PtCl_4]^{2-}$，再与高氯酸银水溶液作用得到$[Pt(H_2O)_4]^{2+}$，与$[Pd(H_2O)_4]^{2+}$相比，铂(Ⅱ)水合离子更具动力学惰性。由四氯合铂(Ⅱ)酸根离子可制得两种非常有趣的化合物：Zeise 盐 $K[PtCl_3(C_2H_4)]$和 Magnus 绿盐$[Pt(NH_3)_4][PtCl_4]$。Magnus 绿盐是由无色的$[Pt(NH_3)_4]Cl_2$ 和粉红色的$[PtCl_4]^{2-}$溶液沉淀而得，它是由交替的阴离子和阳离子组成的链，链中 Pt—Pt 距离为 324 pm，表明铂-铂相互作用由沿链的 d_{z^2} 轨道重叠引起，从颜色变为绿色可认为与此相互作用有关。此外，还有顺式及反式$[Pt(NH_3)_2Cl_2]$，多核 Pt(Ⅱ)的氨-氯配合物如：

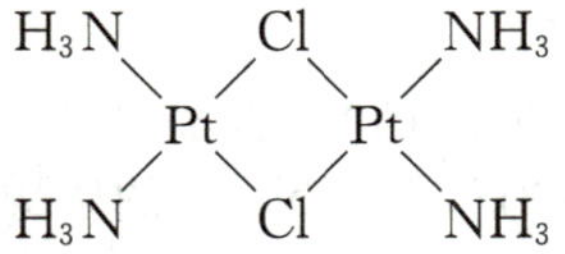

二氯二氨合铂$[PtCl_2(NH_3)_2]$为反磁性物质，其结构为平面四方形，这有两种几何异构体——顺式和反式结构。现将其性质对比如下(表 5-5)。

表 5-5　二氯二氨合铂的两种异构体比较

异构体	$PtCl_2(NH_3)_2$(反式)	$PtCl_2(NH_3)_2$(顺式)
颜色	淡黄色	棕黄色
溶解度/$[g\cdot(100\ g\ H_2O)]^{-1}$	0.0366	0.2577
偶极矩	$\mu=0$	$\mu\neq0$
几何构型	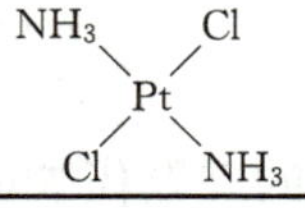	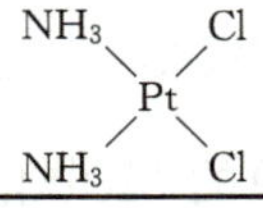

顺式和反式异构体的鉴别，除利用它们的颜色、溶解度和偶极矩的差别以外，还可以用硫脲[$SC(NH_2)_2$]进行区分，顺式生成黄色针状晶体氯化四硫脲合铂(Ⅱ)，反式则生成无色晶体氯化二氯二硫脲合铂(Ⅱ)，也可通过它们的红外光谱来鉴定。顺式 $PtCl_2(NH_3)_2$(也称顺铂)具有抗癌性能，用作治癌药物；反式无抗癌作用。顺铂的合成路线有多种，现选其中一种用化学方程式表示如下：

$$2K_2PtCl_6 + N_2H_2 \cdot 2HCl \xrightleftharpoons{50\sim60\ ℃} 2K_2PtCl_4 + N_2\uparrow + 6HCl$$

红色　　　　　　　　　　　　　　黄色

$$K_2PtCl_4 + 2NH_4Ac \xrightleftharpoons[pH\approx7.4\sim7.8]{\triangle,KCl} cis\text{-}[PtCl_2(NH_3)_2] + 2HAc + 2KCl$$

一般认为顺铂的抗癌机理是，顺铂攻击的主要靶分子是DNA，顺铂穿过细胞膜进入细胞内，首先发生水解反应(水解作用的进程与 Cl^- 浓度及 pH 有关)。

$$[Pt(NH_3)_2Cl_2] + 2H_2O \rightleftharpoons [Pt(NH_3)_2(H_2O)_2]^{2+} + 2Cl^-$$

顺铂水解后主要存在三种形式：$[Pt(NH_3)_2(H_2O)_2]^{2+}$、$[Pt(OH)(NH_3)_2(H_2O)]^+$、$[PtCl(OH)(NH_3)_2]$，然后与肿瘤细胞中的 DNA 碱基的氮原子配位，形成链内交联的 Pt-DNA 配合物(图 5-11)，从而抑制 DNA 的复制。由于顺铂与 DNA 的特异性相互作用，最终导致癌细胞死亡。

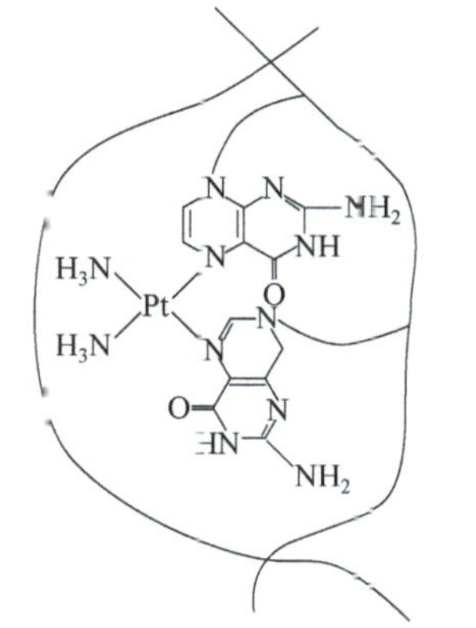

图 5-11　顺铂与 DNA 两个鸟嘌呤 N_7 链内交联的示意图

钯及铂都有很稳定的平面四氰合物。铂的四氰合物有时仅含单个的$[Pt(CN)_4]^{2-}$，如无色的 $K_2[Pt(CN)_4]\cdot 3H_2O$。然而，许多情况下$[Pt(CN)_4]^{2-}$交错堆积成链状(如图 5-12 所示)，键中的 Pt—Pt 相互作用与 Magnus 绿盐中相似。黄绿色的 $Ba[Pt(CN)_4]\cdot 4H_2O$ 及紫色的 $Sr[Pt(CN)_4]\cdot 3H_2O$ 也属这种情况，其 Pt—Pt 间距分别为 332 pm 和 309 pm，可见光吸收频率随 Pt—Pt 间距缩短而增大。当四氰合铂(Ⅱ)酸钾被氯或溴部分氧化时，得到青铜色的配合物，其化学式为 $K_2[Pt(CN)_4]X_{0.3}\cdot 2.5H_2O$。此配合物链中含交错堆积的$[Pt(CN)_4]^{2-}$和单个的卤离子，Pt—Pt 间距为 288 pm，比金属铂仅大 10 pm。此化合物是优良的一维导体，像聚硫氮化合物一样，导电性是沿链正电荷的离域性所致{1 mol $K_2[Pt(CN)_4]$ 含 0.3 mol X^-，必有 15%的铂是+4 氧化态}。在此配合物中的 CN^- 可被草酸根取代，K^+ 可被其他阳离子取代，部分氧化可产生阳离子缺陷，导致金属式的导电性。

3. 高氧化态

钯四卤化物仅有 PdF_4，由单质于 300 ℃反应制得。顺磁性 PdF_3 实际上是 $Pd^{Ⅱ}[Pd^{Ⅳ}F_6]$，阳离子中含有两个未成对电子，而阴离子是抗磁性的。氯可氧化$[PdCl_4]^{2-}$成$[PdCl_6]^{2-}$，但在水溶液中加热六氯合钯(Ⅳ)酸盐可逆转该反应。铂的四卤合物都存在，$PtCl_4$ 是氯化单质铂的正常产物，$[PtCl_6]^{2-}$在水溶液中稳定，其阳离子盐 $M_2[PtCl_6]$($M=K^+$、NH_4^+、Rb^+或Cs^+)可从其水溶液中沉淀出来。$[PtCl_6]^{2-}$与碱作用生成 PtO_2，产物溶于过量碱生成$[Pt(OH)_6]^{2-}$。几乎所有的正四价氧化态化合物都含八面体配位的金属离子。在此，铂化合物较大的动力学惰性仍须注意：$[PdF_6]^{2-}$及$[PtF_6]^{2-}$的异构体相对于水解都是热力学不稳定的，$K_2[PdF_6]$能被潮湿的空气分解，而 $K_2[PtF_6]$可从沸水中结晶出来。

更高的氧化态仅限于氟化物。五氟化铂可由二氯化铂的高温氟化制得，为四聚分子$(PtF_5)_4$，其结构与 Ru_4F_{20} 相似。

六氟化铂 PtF_6 是一种红色固体，具很强的氧化性。它是由单质在 600 ℃高温直接氟化，

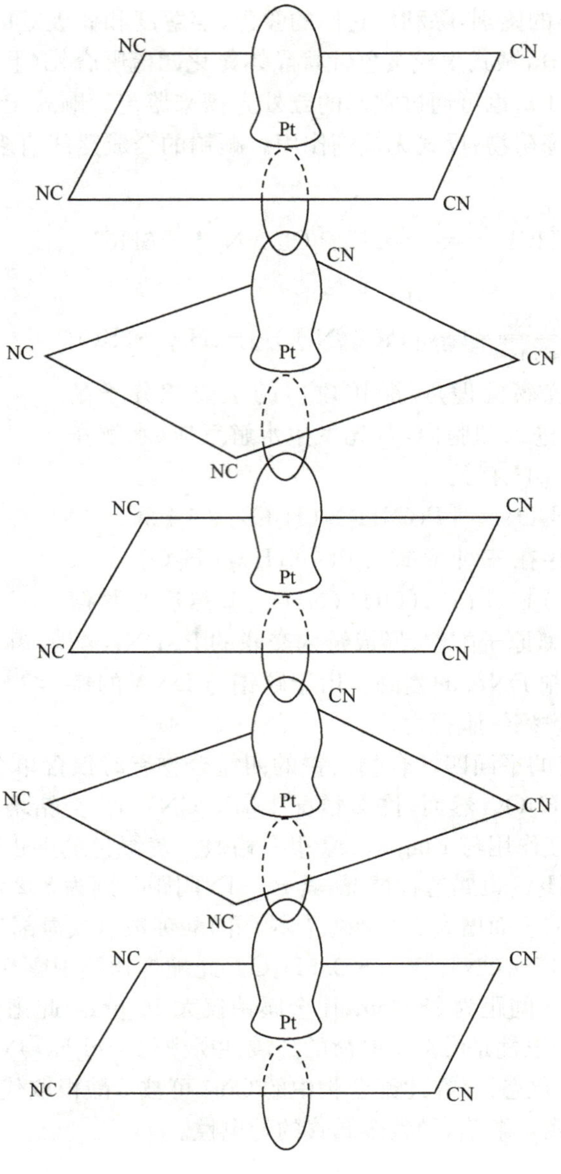

图 5-12 $[Pt(CN)_4]^{2-}$ 的交错堆积链状结构

然后将气态物淬冷而得。这是一种不稳定的固体，其强氧化性可从氧化空气中氧分子的反应看出：

$$O_2 + PtF_6 \longrightarrow O_2^+[PtF_6]^- \qquad (橙)$$

1962 年，英国青年化学工作者巴特勒通过对该反应的考查，联想氙(Xe)的电离能与 O_2 接近，推测应该存在 $XePtF_6$，并依据玻恩-哈伯循环及晶格能进行考查，成功合成了第一个稀有气体化合物：

$$Xe + PtF_6 \longrightarrow Xe^+[PtF]^-$$

钯的六氟化物与六氟化铂类似，由氟同粉末状钯作用而制得。

5.6.5 铂系金属与富勒烯配合物

铂系金属与富勒烯形成的配合物其中心金属常呈现低氧化态，这就使得金属-富勒烯配位

键上可能有较多的 π 电子，光照下电子容易流动，有可能如金属酞菁或金属卟啉那样具有优良的光电转换性能，成为有实用价值的光电材料。

结构分析表明：当金属与富勒烯通过直接键合方式组成配合物后，与金属键合的碳碳双键端点稍微被拉离富勒烯表面，而且碳碳双键的键长也拉长了一些，其拉长的程度因化合物不同而异。例如，在(η^2-C_{60})Rh(Me_2Py)$_2$(acac)中碳碳双键的键长从原来的 0.1400 nm 拉长至 0.1503 nm，而在(η^2-C_{60})[Pt(Et_3P)$_2$]$_6$ 中则拉长至 0.1497 nm，与此同时，也影响邻近的键被拉长。

富勒烯中含有多个 C═C 键，可看作 π 酸配体。研究发现，富勒烯具有球面的芳香性，与缺电子烯烃有某些类似的反应活性，可通过其骨架上的双键，以 η^2 的形式与低氧化物过渡金属配位，如 Pt、Pd、Ir、Rh、Ru、Ni、Cr、Mo、W 等键合，构成配合物。这类配合物种类繁多，结构新颖，常具有某些特殊性能，开发利用的潜力很大。

富勒烯金属配合物对氧气是敏感的，合成必须在惰性气氛中进行。以富勒烯取代金属有机配合物中的烯烃，以形成 η^2 配合物是常见的合成方法。合成反应的基本思路是：将铂系金属的盐类先还原为低氧化态，再与相关配体组成金属有机化合物，最后富勒烯以多个配位位置与金属有机化合物构成富勒烯金属配合物。由于受空间位阻及富勒烯所能承受的各金属原子反馈电荷值的影响，它所能键合的金属有机化合物的数目必然受到限制。

厦门大学化学系无机化学教研室在富勒烯金属配合物的合成和表征方面做了许多开创性的工作，取得了可喜的成果。以下简要介绍 Pt、Rh 富勒烯配合物的合成路线。

(1)$C_{60}[Pt(PPh_3)_2]_n$(n=1,3,4,6,8)的合成。

合成路线：$K_2PtCl_6 \longrightarrow K_2PtCl_4 \longrightarrow Pt(PPh_3)_4 \longrightarrow C_{60}[Pt(PPh_3)_2]_n$

反应式：
$$K_2PtCl_6 + (COOK)_2 \longrightarrow K_2PtCl_4 + 2KCl + 2CO_2\uparrow$$
$$K_2PtCl_4 + 4PPh_3 + 2KOH + C_2H_5OH \longrightarrow Pt(PPh_3)_4 + 4KCl + CH_3CHO + 2H_2O$$
$$nPt(PPh_3)_4 + C_{60} \xrightarrow[N_2]{\text{甲苯}} C_{60}[Pt(PPh_3)_2]_n + 2nPPh_3$$

(2)$C_{60}[RuHCl(CO)(PPh_3)]_3$ 的合成。

合成按下列反应进行：
$$RuCl_2 + 3PPh_3 + HCHO \longrightarrow RuHCl(CO)(PPh_3)_3$$
$$RuHCl(CO)(PPh_3)_3 + C_{60} \longrightarrow C_{60}[RuHCl(CO)(PPh_3)]_3$$

5.7 银　和　金

第一副族的铜、银及金，虽然中性原子的(n-1)d 轨道已充满(d^{10})，但充满的 d 电子可一定程度失去而呈 M(Ⅱ)、M(Ⅲ)等氧化态，其许多性质与 d 区过渡金属接近。ⅡB 的锌、镉及汞无论是中性原子或 M(Ⅱ)氧化态，其(n-1)d 都具 d^{10} 封闭壳层，一般不作过渡元素处理，因此不在本章讨论。

5.7.1 银和金的氧化态

ⅠB 中的铜在化合物中主要是+1 及+2 氧化态，在溶液中 Cu(Ⅰ)易歧化为 Cu(0)和 Cu(Ⅱ)。银的稳定氧化态只有 Ag(Ⅰ)，一般不歧化。Ag(Ⅰ)只有在大环多胺存在时才在溶液中歧化为 Ag(0)及 Ag(Ⅱ)。已知的 Ag(Ⅱ)、Ag(Ⅲ)、Ag(Ⅳ)及 Ag(Ⅴ)的化合物极少，并具强氧化性。金的稳定氧化态有 Au(Ⅲ)、Au(Ⅰ)，几乎在任何条件下均易歧化为 Au(0)和

Au(Ⅲ),Au(Ⅴ)存在于五氟化物及配合物中。金有负氧化态,是将其溶入碱金属的氨溶液而生成溶剂化的 Au^-,固态为绝缘体,熔融态为导体。

与其他重过渡元素不同,Ag(Ⅰ)的热力学数据较齐全,而金在溶液中主要是配位化合物,其标准电极电势强烈依赖于配体:

$$E^\ominus/V \qquad Cu^{2+}\xrightarrow{0.153}Cu^+\xrightarrow{0.52}Cu$$

$$Ag^{2+}\xrightarrow{1.98}Ag^+\xrightarrow{0.799}Ag$$

$$[Ag(CN)_2]^-\xrightarrow{-0.31}Ag$$

$$[Au(CN)_4]^-\xrightarrow{-0.61}Au$$

$$[AuCl_4]^-\xrightarrow{1.00}Au$$

虽然由这些数据难于将金同银比较,但是金属的化学惰性从铜到金增大是肯定的,这可以从表 5-2 中的第 1 电离能数据看出。

5.7.2 存在和提取

银和金在自然界中都可以单质形式存在,银则有辉银矿 Ag_2S、角银矿 AgCl 及深红银矿 Ag_3SbS_3。它们的提取方法很相似,即将矿物先经浮选,富集后以氰化法提取,再用锌还原为单质:

$$4Ag+8NaCN+2H_2O+O_2 \longrightarrow 4Na[Ag(CN)_2]+4NaOH$$

$$Ag_2S+4NaCN \longrightarrow 2Na[Ag(CN)_2]+Na_2S$$

$$2[Ag(CN)_2]^-+Zn \longrightarrow 2Ag+[Zn(CN)_4]^{2-}$$

$$4Au+8KCN+2H_2O+O_2 \longrightarrow 4K[Au(CN)_2]+4KOH$$

$$2[Ag(CN)_2]^-+Zn \longrightarrow 2Au+[Zn(CN)_4]^{2-}$$

得到的粗金属可用电解法提纯。由于氰化物的剧毒性,氰化法冶炼银金可能造成的环境污染早就令人关注,因此非氰化法提取银和金的研究成了热门的课题。虽然至今报道的方法不少,但还未达到真正取代氰化法。

5.7.3 银和金的性质及用途

银是白色、有金属光泽、质地柔软的金属,熔点为 961 ℃,具良好的延展性,在金属中具有最高的导电性和导热性。银不被空气氧化,但硫和硫化氢可使银表面变暗(因生成 Ag_2S)。室温下银与卤素的反应较慢,但在高温下反应较快。银可溶于硝酸及浓硫酸中。

金是黄色的柔软金属,熔点为 1063 ℃,密度为 19.3 g · cm^{-3},仅次于 Re、Pt、Ir 及 Os。金是延展性最好的金属,也是电和热的良导体。金不被氧氧化,也不受硫侵蚀,但与卤素的反应与银相似。金不溶于硝酸和浓硫酸,溶于王水。Ag^+ 在水中可以水合离子形式存在,而 Au(Ⅲ)在水溶液中以 $[Ag(OH)_4]^-$ 形式存在。

银和金都是贵金属,常用作装饰品和货币,在电子工业中作导电材料,在化学实验室作特殊耐酸器皿。纯金因很软而难单独使用,常用的试剂几乎都是无结晶水的。银盐除 AgF、$AgClO_4$、$AgNO_3$ 外都是难溶于水的。银盐还广泛用于感光材料中。Au(Ⅰ)的叔膦及硫醇配合物用于治疗类风湿关节炎。

5.7.4 银和金的化合物

1. 卤化物

AgF 可由 Ag_2O 溶于氢氟酸中制得,AgCl(白)、AgBr(浅黄)及 AgI(黄)均可由沉淀反应制得。所有卤化银都对光敏感，尤以溴化银为甚。AgF 较易溶于水，其余难溶于水，且溶度积随 Cl→I 降低。将 Au 与 BrF_3 温和加热到 300 ℃，可得到 AuF_3，这是一种猛烈的氟化剂。用氯气同金在 197 ℃反应可得到 $AuCl_3$。将 $AuCl_3$ 加热到 157 ℃可得到 AuCl。无论在固态或气态，$AuCl_3$ 都是二聚体，含平面的 Au_2Cl_6 分子，其中两个氯处于桥位，与 Al_2Cl_6 类似。

2. 简单配合物

银(Ⅰ)的卤合物有$[AgX_{n+1}]^{n-}$和$[Ag_{n+1}X]^{n+}$两种，其稳定性顺序为 Cl<Br<I。金的氯合物有$[AuCl_2]^-$和$[AuCl_4]^-$两种，如化学式为 $CsAuCl_3$ 的化合物实际为 $Cs_2[AuCl_2][AuCl_4]$。金的卤合物中以 Au(Ⅲ)配合物特别稳定。$[AuBr_4]^-$和$[AuF_4]^-$往往具平面四方形结构。

氧化值为+1 的银和金都可形成直线型的氨合物 $M(NH_3)_2^+$，也可形成类似的有机胺和吡啶配合物，但与膦/膦的衍生物及胂生成的配合物不太稳定。Ag(Ⅰ)能同硫脲生成配位数为 1、2、3 及 4 的各种配合物，其他含给体硫的 Ag(Ⅰ)、Au(Ⅰ)配合物也不少，但氧给体配合物很少。Ag(Ⅰ)和 Au(Ⅰ)都可形成$[M(CN)_2]^-$型的配合物。

尽管 Ag(Ⅱ)在简单化合物中极不稳定，但配合物很多。它们可以在配体存在时用过二硫酸盐氧化 Ag^+ 溶液制得，如$[Ag(py)_4]^{2+}$、$[Ag(bipy)_2]^{2+}$及$[Ag(phen)_2]^{2+}$等结晶阳离子配合物。Ag(Ⅱ)配合物的磁矩为 1.75～2.2μ_B，与 d^9 电子组态相符，其电子光谱与平面四方配位结构相符。

Au(Ⅲ)的配合物较多，因其具 d^8 电子组态，在结构上很多方面同 Pt(Ⅱ)配合物相似。Au(Ⅲ)能形成多种配阴离子，如$[AuX_4]^-$、$[Au(CN)_4]^-$、$[Au(SO_3F)_4]^-$、$[Au(NO_3)_4]^-$等。除四配位外，Au(Ⅲ)也可形成五及六配位的配合物，如$[Au(diars)_2I]^{2+}$为三角双锥结构，配位数为 5，$[Au(diars)_2I_2]^+$为正八面体，配位数为 6。

3. 簇合物

以 $NaBH_4$ 还原 $AuXPR_3$ 可制得金的原子簇合物。例如在乙醇中以 $NaBH_4$ 还原 $Au(NO_3)\{P(p\text{-}C_6H_4Me)_3\}$可制得 $Au_9(NO_3)\{P(p\text{-}C_6H_4Me)_3\}_8$，其结构如图 5-13(a)所示，1 个中心 Au 原子与 8 个 $AuPR_3$ 基配位结合。$\{Au_6[P(p\text{-}C_6H_4Me)_3]_6\}^{2+}$是黄色原子簇合物，其 6 个金原子构成 1 个八面体。$Au_{11}I_3\{P(p\text{-}FC_6H_4)_3\}_7$ 的结构如图 5-13(b)所示，中心金原子与 10 个 Au-X 基团[X 代表 I 或 $P(p\text{-}FC_6H_4)_3$]配位结合。

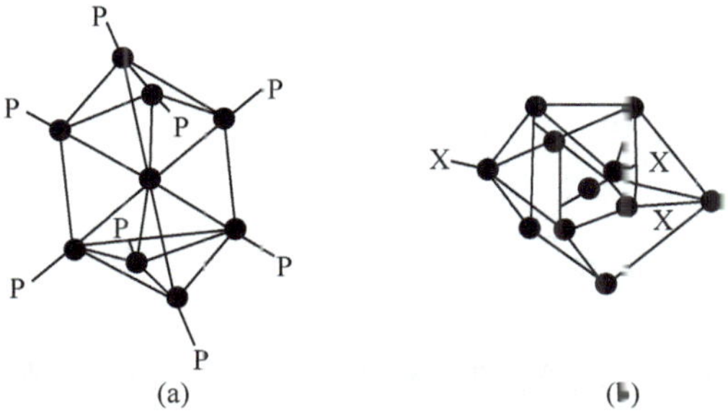

图 5-13 $Au_9(NO_3)\{P(p\text{-}C_6H_4Me)_3\}_8$(a)和
$Au_{11}I_3\{P(p\text{-}FC_6H_4)_3\}_7$(b)的结构("X"表示"I"的位置)

4. 金属有机化合物

有机银化合物都是Ag(Ⅰ)化合物。用常用的烷基化试剂能制备σ型烷基化物及芳基化物，它们都不稳定，如CH_3Ag在-30 ℃以上即迅速分解。但如下反应制得的氟代烷基化物比较稳定：

$$AgF + CF_3CF{=}CF_2 \xrightarrow{MeCN} (CF_3)_2CFAg(MeCN)$$

当烯烃同$AgNO_3$或$AgBF_4$的水溶液一起反应时，能生成银的不饱和烃化合物，并在许多情况下可得到晶体。这些晶体不饱和烃Ag(Ⅰ)配合物的形成可提供一个简单的提纯或分离特殊烯烃的方法，例如利用稳定性的差异分离1,3-、1,4-和1,5-环辛二烯或α-和β-蒎烯的光学异构体。Ag(Ⅰ)的炔基化合物与Cu(Ⅰ)相似，乙炔同Ag^+溶液相互作用产生一种黄色的炔化物沉淀：

$$C_2H_2 + 2Ag^+ \longrightarrow AgC{\equiv}CAg + 2H^+$$

但取代炔烃的Ag(Ⅰ)化合物是白色沉淀$[RC{\equiv}CAg]_n$，可能此时炔烃同Ag^+间产生了π配位而聚合。

金易形成大量的σ型烷基化物。$AuCl_3$和$AuBr_3$同格氏试剂反应可制得无色的R_2AuX固体：

$$AuBr_3 + 2RMgBr \longrightarrow R_2AuBr + 2MgBr_2$$

这些化合物不溶于水，但溶于有机溶剂，其分子是以卤桥键相连的二聚体。金的芳基化物不能用格氏试剂制备，但将$AuCl_3$溶于芳烃中可制得黄色的$ArAuCl_2$固体：

$$AuCl_3 + C_6H_6 \longrightarrow C_6H_5AuCl_2 + HCl$$

习　　题

1. 解释下列现象。
   (1) 重过渡元素在低氧化态时特别容易形成金属原子簇化合物。
   (2) $K_3[Cr_2Cl_9]$是顺磁性的，而$K_3[W_2Cl_9]$是抗磁性的。
   (3) 在抗磁性阴离子$[Re_2Cl_8]^{2-}$中，两个$ReCl_4$单元采用重叠构型；而在$[Os_2Cl_8]^{2-}$中，两个$OsCl_4$单元为交错构型。
2. 完成并配平下列反应。
   (1) $Mo + F_2 \longrightarrow$
   (2) $W + F_2 \longrightarrow$
   (3) $Mo + Cl_2 \longrightarrow$
   (4) $W + Cl_2 \longrightarrow$
   (5) 溶解金属钼
   (6) 溶解WO_3
3. 说明钼和锝的"三卤化物"的真实结构。
4. 如何制备RuO_4和OsO_4？
5. 氰化铂(Ⅱ)与氨水反应所得产物的化学式为$[Pt(CN)_2(NH_3)_2]$，画出3种可能的几何结构，试确定其中一个为正确的结构。
6. 如何从含有铝的水溶液中沉淀出锆？
7. 在游离的$CH_3CH{=}CH_2$中$\nu_{C=C}$为1625 cm^{-1}，但在配合物$K[PtCl_3(CH_3CH{=}CH_2)]$中位移为1505 cm^{-1}，试解释之。
8. 写出并配平下列反应。
   (1) $AgI + NaCN$。

(2) 过量吡啶存在下 $AgNO_3$ 水溶液同 $K_2S_2O_8$ 反应。

(3) 在氧气存在下以 CN^- 沥取金属金。

(4) $AgBr+Na_2S_2O_3$。

9. 试回答和解释下列事实。

(1) $PdCl_2 \cdot 2PF_3$ 比 $PdCl_2 \cdot 2NH_3$ 稳定,而 $BF_3 \cdot NH_3$ 比 $BF_3 \cdot PF_3$ 稳定得多,为什么?

(2)相应的化学式为 $PtCl_2(NH_3)_2$ 的固体有两种异构体(顺,反),它们的颜色不同,一种是棕黄色,另一种是淡黄色。它们在水中的溶解度也有差别,其中溶解度较大的应是哪一种?为什么?

(3) 钌和锇的四氧化物都是低熔点的固体(RuO_4 为 298 K,OsO_4 为 314 K)。

(4) ZrO_2 的碱性比 TiO_2 强,为什么?

(5) Nb 和 Ta 的原子半径几乎相同,为什么?

10. $Pt(NH_3)_2(NO_3)_2$ 有 α 和 β 两种构型。α 型与草酸反应生成 $Pt(NH_3)_2C_2O_4$,但 β 型与草酸反应得到的反应产物是 $Pt(NH_3)_2(C_2O_4H)_2$。用什么物理方法区分 α 型和 β 型?请画出这两种配合物的结构式。

11. Zr 和 Hf 有何宝贵的特征?基于这些特性有哪些主要用途?

12. 锌汞齐能将钒酸盐中的钒(Ⅴ)还原至钒(Ⅱ),将铌酸盐中的铌(Ⅴ)还原至铌(Ⅳ),但不能使钽酸盐还原,此实验结果说明了什么规律性?

13. Re_3Cl_9 溶于含 PPh_3 的溶剂中形成化合物 $Re_3Cl_9(PPh_3)_3$,试画出其结构式。

14. 举例说明什么是多酸(同多酸和杂多酸)以及它们的主要用途。

15. 试指出铂制器皿中能否进行下述各试剂参与的化学反应。

(1) HF (2) 王水 (3) $NaOH+Na_2O_2$ (4) Na_2CO_3

参考文献

成都科技大学无机化学教研室.1992. 无机化学.2 版,成都:成都科技大学出版社

格林伍德 N N,厄恩肖 A. 1996. 元素化学.下册.王曾隽译.北京:高等教育出版社

刘新锦,朱亚先,高飞.2010. 无机元素化学.2 版.北京:科学出版社

王世华,等.2000. 无机化学教程.北京:科学出版社

朱文祥,刘鲁美.1993. 中级无机化学.北京:北京师范大学出版社

Cotton F A,et al. 1980. Advanced Inorganic Chemisty. Chapter28. 4th ed. New York:Wiley

Porterfield W W. 1984. Inorganic Chemistry,A Unified Approach. New York:Addison-Wesley Publishing Company

Sharpe A G. 1992. Inorganic Chemistry. 3rd ed. New York:Wiley&Sons Inc

第 6 章　内过渡元素

内过渡元素(inner transition elements)指镧系及锕系元素,按周期表内元素的分区属 f 区,也属于过渡元素,为与 d 区过渡元素区别,称之为内过渡元素。这些元素在周期表中属于Ⅲ B族,位于另立的两个横排中:镧系包括镧(La)与其后 14 个填充 4f 轨道的元素$_{58}$Ce(铈)→$_{71}$Lu(镥),锕系包括$_{89}$Ac(锕)→$_{103}$Lr(铹)等 15 个元素。镧系元素(常用 Ln 表示)与同族的钪(Sc)和钇(Y)在化学性质上相似,总称为稀土元素,常用 RE 表示。锕系元素常用 An 表示。

内过渡金属和它们的化合物已成为发展现代高新科学技术不可缺少的特殊材料。世界各国对内过渡元素的研究都十分重视。我国是稀土丰产国,深入系统地研究稀土元素化学对国民经济的发展具有重要意义。本章重点讨论稀土元素化学,对其他元素只作概括介绍。

6.1　内过渡元素概述

6.1.1　内过渡元素在自然界中的分布和存在状态

稀土元素在自然界中广泛存在,虽然在矿物中稀土元素含量并不高,但在地壳中的储藏量约占地壳的 0.016%,它们的丰度至少和许多常见元素差不多,其中丰度最大的是铈,在地壳中占 0.0046%,比锡的丰度还高。其次是钇、钕、镧,钇的丰度比铅高。锕系元素中钍和铀在自然界的丰度较大,钍在地壳中占 0.001%～0.002%,铀在地壳中占 4.0×10^{-4}%,其中有 2.0×10^{-7}%含于海水中。锕、镤、镎、钚在自然界中含量极微。稀土元素的分布不均匀,一般原子序数为偶数的元素丰度较邻近的奇数元素的丰度大。

稀土元素由于性质相似,因而它们在自然界紧密结合并共生于相同矿物中。稀土矿如独居石、氟碳铈矿是稀土的重要来源。独居石是三价稀土元素正磷酸盐的混合物并含有高达 30%的磷酸钍,可用化学式$(ThRE)(PO_4)_2$ 表示。其余则是以分散状态存在于磷灰石、钛铀矿、黏土矿及云母等矿物中。钍也出现为硅酸钍矿,铀的主要来源是沥青铀矿(U_3O_8)。从这些矿物中曾分离出少量的锕、镤、镎和钚。

在稀土矿物中稀土元素以化合物状态存在,主要有氟化物、磷酸盐、碳酸盐、硅酸盐及氧化物等。从经济观点看,最主要的是碳酸盐和磷酸盐矿物。碳酸盐矿床主要分布在美国、南非和我国的内蒙古,磷酸盐矿床主要出现在澳大利亚、巴西、南非和美国等。

我国是富有稀土元素的国家,稀土元素储量占世界首位,现已探明工业储量超过世界各国的工业储量的总和。我国的稀土矿分布广,类型多,矿种全,综合利用价值高。内蒙古的白云鄂博矿是世界上罕见的铁与稀土元素的大型矿床,南方有我国特有的离子吸附型的稀土矿和独居石。我国的稀土矿物除含有稀土元素外,还含 Nb、Ta、Ti、Th、U 等稀有元素,具有较高的综合利用价值。除了我国外,世界的稀土资源将近一半分布在美国,其次在印度、巴西等国。

6.1.2　电子层结构及氧化态

内过渡元素除镧、锕和钍无 f 电子外,其余均有 f 电子。其气态原子的价电子层结构的通式为

镧系	锕系
$4f^{0\sim14}5d^{0\sim1}6s^2$	$5f^{0\sim14}6d^{0\sim2}7s^2$

由通式可知，d 与 f 电子有变化。这是由于$(n-2)$f 与$(n-1)$d 轨道的能量很接近，个别元素的 f 电子进入 d 轨道，或 d 电子进入 f 轨道。例如从铈到镥，仅铈、钆和镥有 1 个 5d 电子。多数锕系元素无 6d 电子，而钍有两个 6d 电子且无 5f 电子(参见表 6-1、表 6-2)。镧系元素的电子组态有个特点，即许多在固态时的电子排布与气态时不同，固态时除铕和镱外均有 1 个 5d 电子。

表 6-1 镧系元素的一些性质

原子序数	名称	符号	价电子层结构	主要氧化态	原子半径(金属半径)/pm	Ln^{3+}离子半径/pm	Ln^{3+}外电子层构型	$E^{\ominus}_{Ln^{3+}/Ln}$/V
57	镧	La	$5d^16s^2$	+3	187.7	106.1	[Xe]	−2.37
58	铈	Ce	$4f^15d^16s^2$	+3、+4	182.4	103.4	$4f^1$	−2.34
59	镨	Pr	$4f^36s^2$	+3、+4	182.8	101.3	$4f^2$	−2.35
60	钕	Nd	$4f^46s^2$	+3	182.1	99.5	$4f^3$	−2.32
61	钷	Pm	$4f^56s^2$	+3	(181.0)	97.9	$4f^4$	−2.29
62	钐	Sm	$4f^66s^2$	+2、+3	180.2	96.4	$4f^5$	−2.30
63	铕	Eu	$4f^76s^2$	+2、+3	199	95.0	$4f^6$	−1.99
64	钆	Gd	$4f^75d^16s^2$	+3	180.2	93.8	$4f^7$	−2.29
65	铽	Tb	$4f^96s^2$	+3、+4	178.2	92.3	$4f^8$	−2.30
66	镝	Dy	$4f^{10}6s^2$	+3、+4	177.3	90.8	$4f^9$	−2.29
67	钬	Ho	$4f^{11}6s^2$	+3	176.6	89.4	$4f^{10}$	−2.33
68	铒	Er	$4f^{12}6s^2$	+3	175.7	88.1	$4f^{11}$	−2.31
69	铥	Tm	$4f^{13}6s^2$	+2、+3	174.6	86.9	$4f^{12}$	−2.31
70	镱	Yb	$4f^{14}6s^2$	+2、+3	194.0	85.8	$4f^{13}$	−2.22
71	镥	Lu	$4f^{14}5d^16s^2$	+3	173.4	84.8	$4f^{14}$	−2.30

表 6-2 锕系元素原子的价电子层结构、氧化态和离子半径

元素	价电子层结构	最稳定氧化态	离子半径/pm		$E^{\ominus}_{M^{3+}/M}$/V
			M^{3+}	M^{4+}	
锕(Ac)	$6d^17s^2$	+3	111		
钍(Th)	$6d^27s^2$	+4	108	99	
镤(Pa)	$5f^26d^17s^2$	+4、+5	105	96	−1.80
铀(U)	$5f^36d^17s^2$	+4、+6	103	93	−1.83
镎(Np)	$5f^46d^17s^2$	+4、+5	101	92	−2.03
钚(Pu)	$5f^67s^2$	+4	100	90	−2.05
镅(Am)	$5f^77s^2$	+3、+4	99	89	
锔(Cm)	$5f^76d^17s^2$	+3、+4	98.6	88	
锫(Bk)	$5f^97s^2$	+3	98.1	87	
锎(Cf)	$5f^{10}7s^2$	+3	97.6	86	
锿(Es)	$5f^{11}7s^2$	+3	97	—	
镄(Fm)	$5f^{12}7s^2$	+3	97	—	
钔(Md)	$5f^{13}7s^2$	+3	96	—	
锘(No)	$5f^{14}7s^2$	+3	95	—	
铹(Lr)	$5f^{14}6d^17s^2$	+3	94	—	

内过渡元素的特征氧化态均为+3，但均易出现变价，而且锕系比镧系更易出现变价。

镧系元素形成化合物时，失去最外层的2个s电子、次外层的1个d电子和倒数第3层中1个4f电子。一般都能形成稳定的+3氧化态，所以+3氧化态是所有镧系元素在固体化合物中和在水溶液中的特征。此外，某些镧系元素还能形成其他氧化态的化合物。例如铈、镨、铽可以形成氧化态为+4的化合物，钐、铕和镱可以形成氧化态为+2的化合物，但没有+3氧化态稳定，如铈(Ⅳ)能存在于溶液中，是很强的氧化剂，Sm^{2+}、Eu^{2+}、Yb^{2+}能存在于溶液中，是强还原剂。

La、Gd和Lu具有$5d^1 6s^2$电子层结构，失去3个电子后，各电子层都成为较稳定的构型(4f全空或半充满或全充满)，所以它们只能生成氧化值为+3的稳定化合物。在化学变化中，镧系元素的原子都有达到La^{3+}、Gd^{3+}、Lu^{3+}离子稳定构型的趋向，也就是说，比这些稳定构型的电子数稍多的电子容易失去。因此，比La多1个电子的Ce能给出4个电子而呈+4氧化态。但是随着核电荷数的增加，核对电子的吸引力加强，不容易进一步失去电子，故Pr^{4+}($4f^1$)不稳定。63号Eu($4f^7 5d^0 6s^2$)的4f亚层为半充满稳定结构，所以呈现较稳定的+2氧化态。62号元素Sm($4f^6 5d^0 6s^2$)的+2氧化态不稳定。其余如65号元素Tb($4f^9 5d^0 6s^2$)呈现+4氧化态和70号元素Yb($4f^{14} 5d^0 4s^2$)呈现+2氧化态的原因亦可同样解释。但是，氧化态的问题不能只从电子层结构来考虑，其他如热力学因素(电离能、升华能、水合能)和动力学因素也在起作用。

锕系元素除+3氧化态外，还有+2、+4、+5、+6、+7等氧化态。以锔Cm(f^7)为(与Gd对应)中点，前一半容易出现大于+3的高氧化态，即从Ac到U最稳定的价态依次为+3、+4、+5、+6(递增)，从U到Am依次为+6、+5、+4、+3(递减)。从Am开始，后一半最稳定的氧化态均为+3，且从Cf→No出现不稳定的+2氧化态。这是由于和镧系相比，锕系的前一半元素从5f→6d的激发能较小，而后一半的激发能较大。

6.1.3 原子半径及离子半径

由表6-1、表6-2中所列的原子和离子半径数据可知，随原子序数的增加，镧系和锕系的原子、离子半径都逐渐减少，这种现象称镧系收缩和锕系收缩。这是由于依次填充$(n-2)$f电子时，其屏蔽常数σ可能略小于1.00，对核电荷的屏蔽不够完全，使有效核电荷Z^*递增，外层电子均因引力增大而更靠近核之故。

由于镧系收缩的影响，不仅镧系元素本身在自然界共生，制备和分离单一稀土元素非常困难，而且第二、三过渡系的Zr和Hf、Nb和Ta、Mo与W三对元素的半径相近，性质相似，分离困难，甚至在Au后面的元素Hg、Tl、Pb及Bi等元素出现惰性电子对效应，也有人认为是4f电子屏蔽不全的余波所及。因此，镧系收缩是无机化学中的一个重要现象。

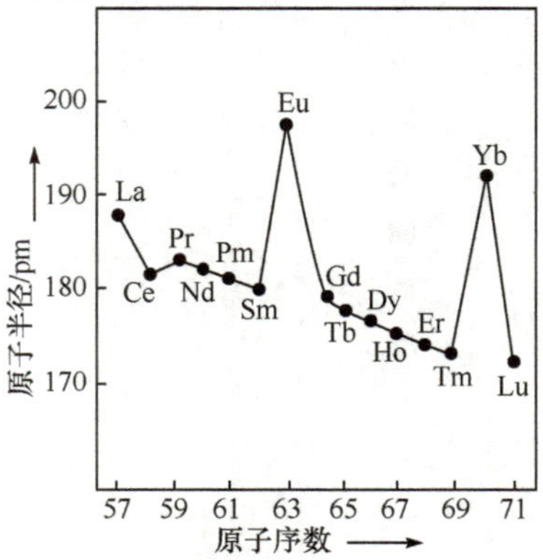

图6-1 镧系元素原子半径随原子序数的变化

镧系元素的原子半径随原子序数的变化如图6-1所示。图中原子半径不是单调地减小，而是出现两峰一谷的曲线。这可以认为是在Eu(f^7)和Yb(f^{14})处只用6s的两个电子形成金属键，键较弱而核间距较大，故在Eu和Yb处出现两个峰值。Ce的半径(182.4 pm)略小于Pr的半径(182.8 pm)，故在Ce处微凹成一小谷，可认为是Ce以$f^1d^1s^2$4个电子成键，键较强而半径较小。其余元素均以3个电子(d^1s^2)成键，故随原子序数的增加而均匀地减小。

从 $La^{3+}(f^0)$到 $Lu^{3+}(f^{14})$的电子组态与原子不同，是依次增加 4f 电子。随原子序数的增加，Lu^{3+}离子半径单调地减少，无峰谷现象，且收缩的程度比原子半径大，平均每相邻两元素之间缩小约 1.5 pm，而原子半径平均缩小约 1 pm。由于 RE^{3+}的构型十分相似，离子所带电荷相同，而离子半径相差不大，RE^{3+}在水溶液中的性质极为相似，因而其离子化合物的溶解度、氢氧化物的酸碱性、电极电势、配位化合物的稳定常数、离子晶体的晶格能、生成热、熔点等彼此都很接近，造成分离上的困难。稀土元素在矿物中一般以离子化合物形式存在而且是共生的。

6.1.4 离子颜色

内过渡元素离子除$(n-2)$f 电子全空(f^0)、半满(f^7)和全满(f^{14})外，多数都是有色的。显色的原因主要是 f→f 跃迁，周围环境的影响也很重要。因$(n-1)$d 和$(n-2)$f 能量接近，因此 f→d 的跃迁概率是很大的。诸多因素造成 f 区元素的吸收光谱极为复杂，不像 d 区元素离子的吸收光谱那样容易解释。例如，有人总结出镧系正三价离子颜色的规律：f^0、f^7、f^{14}及接近这些组态的离子无色；具有 f^n 和 $f^{14-n}$$(n=0,1,\cdots,7)$组态的 Ln^{3+}颜色基本相同。解释这种规律是困难的。因为无色，有可能电子跃迁能量对应于紫外或红外光；颜色相同的，吸收光谱却相差显著。不过，这两条经验规律可以帮助读者记忆 f 区元素三价离子的颜色。内过渡元素离子的颜色列于表 6-3、表 6-4 中。

表 6-3 RE^{3+}的颜色

离子	未成对电子	颜色	离子	未成对电子
La^{3+}	$0(4f^0)$	无色	Lu^{3+}	$0(4f^{14})$
Ce^{3+}	$1(4f^1)$	无色	Yb^{3+}	$1(4f^{13})$
Pr^{3+}	$2(4f^2)$	绿色	Tm^{3+}	$2(4f^{12})$
Nd^{3+}	$3(4f^3)$	淡紫	Er^{3+}	$3(4f^{11})$
Pm^{3+}	$4(4f^4)$	粉红、黄	Ho^{3+}	$4(4f^{10})$
Sm^{3+}	$5(4f^5)$	黄色	Dy^{3+}	$5(4f^9)$
En^{3+}	$6(4f^6)$	浅粉红	Tb^{3+}	$6(4f^8)$
Gd^{3+}	$7(4f^7)$	无色	Gd^{3+}	$7(4f^7)$

表 6-4 锕系离子在水溶液中的颜色

	M^{3+}	M^{4+}	MO_2^+	MO_2^{2+}
Ac	无色	—	—	—
Th	—	无色	—	—
Pa	—	无色	无色	—
U	浅红	绿	—	黄
Np	紫	黄绿	绿	粉红
Pu	蓝	黄褐	红紫	黄橙
Am	粉红	粉红	黄	浅棕
Cm	无色	—	—	—

6.1.5 化学活泼性

内过渡元素都是化学性质活泼的金属。由表 6-1、表 6-2 $E^{\ominus}_{M^{3+}/M}$电对的标准电极电势数据

可知，这些金属的还原能力仅次于碱金属和碱土金属。

由于内过渡元素的化学性质很活泼，从它们的化合物制取金属时，通常采用熔盐电解或用更活泼的金属如钠、钙、镁等还原无水卤化物。工业生产的稀土金属主要是混合金属，由于彼此性质很接近，分离提纯单一的稀土金属是困难的。

6.2 稀土元素的重要化合物

稀土元素都能形成氧化值为+3的化合物，其中某些元素也能形成氧化值为+2或+4的化合物，但以氧化值为+3的化合物最重要。

6.2.1 氧化物和氢氧化物

除Ce、Pr、Tb元素外的稀土元素单质与氧直接反应，或将其氢氧化物、草酸盐、碳酸盐、硝酸盐在空气中灼烧，都能得到RE_2O_3型的氧化物。Ce、Pr、Tb分别得到淡黄色的CeO_2、黑棕色的Pr_6O_{16}（相当于$Pr_2O_3 \cdot 4PrO_2$）和暗棕色的Tb_4O_7（相当于$Tb_2O_3 \cdot 2TbO_2$）。将这些氧化物还原，可得到+3价氧化态的氧化物。

稀土元素的RE_2O_3型氧化物的颜色基本上和相应的RE^{3+}的颜色一致。由于都为离子型化合物，其熔点相当高，都在2450 K以上（表6-5），因此它们都是很好的耐火材料。氧化铽用于原子反应堆中作中子吸收材料；钕、钐等的氧化物用来制造荧光粉。

表6-5 RE_2O_3的一些性质

氧化物	颜　色	实测磁矩/μ_B	熔点/K	沸点/K
Sc_2O_3	白	0.00	2676±20	
Y_2O_3	白	0.00	2649	
La_2O_3	白	0.00	2529	3893
Ce_2O_3	白	2.56	2483±10	4003
Pr_2O_3	黄绿	3.55	2456	4033
Nd_2O_3	淡蓝	3.66	2.506	4033
Pm_2O_3		2.83	2593	
Sm_2O_3	淡黄	1.45	2542	4053
Eu_2O_3	玫瑰	3.51	2564	4063
Gd_2O_3	白	7.90	2612	4173
Tb_2O_3	白	9.63	2576	
Dy_2O_3	白	10.5	2501	4173
Ho_2O_3	棕	10.5	2603	4173
Er_2O_3	玫瑰	9.5	2617	4193
Tm_2O_3	淡绿	7.39	2614	4218
Yb_2O_3	白	4.34	2.628	4320
Lu_2O_3	白	0.00	2700	4253

RE_2O_3是碱性氧化物，随着离子半径的缩小，即由La到Lu，其碱性递减。它们均难溶于

水和碱溶液，易溶于除 HF 及 H_3PO_4 以外的无机酸而生成盐。将氧化物与水蒸气一起加热，可得到 $RE(OH)_3$ 和 REO(OH)。RE_2O_3 能从空气中吸收 CO_2 生成碱式碳酸盐。

在 RE(Ⅲ)盐溶液中加入 NaOH，都可以得到 $RE(OH)_3$ 沉淀。它们都为离子型碱性氢氧化物，其碱性由 $La(OH)_3$ 到 $Lu(OH)_3$ 递减。总的来说，碱性比 $Ca(OH)_2$ 弱，但比 $Al(OH)_3$ 强，容易与酸发生反应生成相应的盐。绝大多数不溶于过量的 NaOH 中，但 $Yb(OH)_3$ 和 $Lu(OH)_3$ 在高压釜中同浓 NaOH 一起加热可转变为 $Na_3[Yb(OH)_6]$ 和 $Na_3[Lu(OH)_6]$。$RE(OH)_3$ 的溶度积很小，以致在 NH_4Cl 存在的情况下 RE(Ⅲ)盐溶液中加氨水可沉淀出 $RE(OH)_3$。$RE(OH)_3$ 的溶度积也是从 $La(OH)_3$ 到 $Lu(OH)_3$ 逐渐减小，并且溶解度随温度的升高而降低。表 6-6 列出 $RE(OH)_3$ 的颜色、溶度积常数和开始沉淀的 pH。

表 6-6　$RE(OH)_3$ 的颜色、溶度积常数和开始沉淀的 pH

氢氧化物	颜　色	开始沉淀的 pH①(0.1 $mol\cdot L^{-1}$ 溶液中)				$RE(OH)_3$ 溶度积 298 K
		硝酸盐	氯化物	硫酸盐	乙酸盐	
$Sc(OH)_3$	白	4.9	4.9	—	6.1	4×10^{-30}
$Y(OH)_3$	白	6.95	6.78	6.83	6.83	1.6×10^{-23}
$La(OH)_3$	白	7.82	8.03	7.41	7.93	1.0×10^{-19}
$Ce(OH)_3$	白	7.60	7.41	7.35	7.77	1.5×10^{-20}
$Pr(OH)_3$	浅绿	7.35	7.05	7.17	7.66	2.7×10^{-20}
$Nd(OH)_3$	紫红	7.31	7.02	6.95	7.59	1.9×10^{-21}
$Sm(OH)_3$	黄	6.92	6.83	6.70	7.40	6.8×10^{-22}
$Eu(OH)_3$	白	6.82	—	6.68	7.18	3.4×10^{-22}
$Gd(OH)_3$	白	6.83	—	6.75	7.10	2.1×10^{-22}
$Tb(OH)_3$	白	—	—	—	—	2.0×10^{-22}
$Dy(OH)_3$	黄	—	—	—	—	1.4×10^{-22}
$Ho(OH)_3$	黄	—	—	—	—	5.0×10^{-23}
$Er(OH)_3$	浅红	6.75	—	6.50	6.50	1.3×10^{-23}
$Tm(OH)_3$	绿	6.40	—	6.21	6.53	2.3×10^{-24}
$Yb(OH)_3$	白	6.30	—	6.18	6.50	2.9×10^{-24}
$Lu(OH)_3$	白	6.30	—	6.18	6.46	2.5×10^{-24}

① 相应的数据为实验值。

二氧化铈 CeO_2 为白色或淡黄色固体，可由 $Ce(OH)_3$、$Ce(NO_3)_3$、$Ce_2(CO_3)_3$ 或 $Ce_2(C_2O_4)_3$ 在空气中加热而制得。CeO_2 是惰性物质，不与强酸或强碱作用，当有还原剂存在时，可溶于酸并得到 Ce(Ⅲ)溶液。在 Ce(Ⅳ)盐溶液中加入 NaOH，可析出黄色凝胶状水合二氧化铈 $CeO_2\cdot xH_2O$ 沉淀。$Ce(OH)_3$ 在空气中也可被氧化为 $CeO_2\cdot xH_2O$。$CeO_2\cdot xH_2O$ 溶于盐酸得到 $CeCl_3$ 和氯气，溶于硫酸得到 Ce(Ⅳ)和 Ce(Ⅲ)硫酸盐的混合物，同时有氧气放出。

6.2.2　盐类

1. 卤化物

RE(Ⅲ)盐溶液与 F^- 或 HF 反应即可沉淀出 REF_3。REF_3 极难溶于水，利用其难溶性在定性分析中检验镧系元素。

$RECl_3$:无水氯化物可由金属与氯气一起受热或加热氧化物和 NH_4Cl 固体的混合物而得:

$$RE_2O_3+6NH_4Cl \xlongequal{573\ K} 2RECl_3+6NH_3+3H_2O$$

无水 $RECl_3$ 是石油工业常用的催化剂,也是制取镧系金属的主要原料。无水 $RECl_3$ 易潮解并易溶于水,从水溶液结晶时可得水合氯化物,除 La、Ce、Pr 为七水合物外,其余都为六水合物。

水合氯化物在高温下脱水,得到的最后产物是碱式盐,因为在脱水过程中同时发生水解作用:

$$RECl_3 \cdot 6H_2O \xlongequal{\triangle} REOCl+5H_2O+HCl$$

水合氯化物是冶炼稀土的中间产物。

2. 硫酸盐

将稀土元素的氧化物、氢氧化物或碳酸盐溶于硫酸,从溶液中可结晶出八水合物 $RE_2(SO_4)_3 \cdot 8H_2O$(Ce 还有九水合物)。无水硫酸盐的溶解度比水合硫酸盐小,由于溶解是放热过程,所以溶解度随温度升高而降低。

稀土元素可形成硫酸复盐 $M_2^I SO_4 \cdot RE_2(SO_4)_3 \cdot xH_2O$($M^I = K^+$、$Na^+$、$NH_4^+$)。它们的溶解度由 La 到 Lu 依次增大,且复盐的溶解度按 $NH_4^+ \rightarrow Na^+ \rightarrow K^+$ 的顺序而降低。复盐的溶解度还随温度的升高而降低。

按照复盐的溶解度大小不同,可将其分为 3 组:

铈组(或轻稀土组):包括 La^{3+}、Ce^{3+}、Pr^{3+}、Nd^{3+}、Pm^{3+}、Sm^{3+}

铽组(中、重稀土组):包括 Eu^{3+}、Gd^{3+}、Tb^{3+}、Dy^{3+}

钇组(重稀土组):包括 Y^{3+}、Ho^{+3}、Er^{3+}、Tm^{3+}、Yb^{3+}、Lu^{3+}

铈组硫酸复盐的溶解度最小,在过量(约 5%)的碱金属或铵的硫酸盐存在下加热近沸,几乎可完全沉淀。钇组硫酸复盐溶解度较大,甚至在饱和碱金属或铵的硫酸盐中仍有较大的溶解度。硫酸复盐这种溶解度的差别,常用于稀土元素的粗分离(分组分离)。铈组在冷溶液中先析出,滤液加热后,铽组析出,而钇组仍留在溶液中。

$Ce(SO_4)_2 \cdot 2H_2O$ 是常见的、最稳定的铈(Ⅳ)盐。它在酸性溶液中是强氧化剂。$E^\ominus$ 值随阴离子种类不同变化很大:

$E^\ominus/V$	1.28	1.44	1.61	1.74
介质	HCl ($1\ mol \cdot L^{-1}$)	H_2SO_4 ($0.5\ mol \cdot L^{-1}$)	HNO_3 ($0.5\ mol \cdot L^{-1}$)	$HClO_4$ ($1\ mol \cdot L^{-1}$)

这是因为$[Ce(H_2O)_n]^{4+}$仅存在于强酸 $HClO_4$ 溶液中,而在其他酸中都不同程度地形成配离子。硫酸铈(Ⅳ)在容量分析中常用作氧化剂,其特点是反应快速、直接、容易达到定量反应。

3. 硝酸盐

将稀土元素的氧化物溶于硝酸蒸发浓缩,可析出水合硝酸盐,稀土元素的水合硝酸盐一般都带有 6 个结晶水(Yb 和 Lu 为 5 个结晶水),它们极易溶于水,也能溶于乙醚、乙醇、丙酮等许多有机溶剂中。在稀土元素的溶剂分离过程中,通常用稀土的硝酸盐。

稀土元素的硝酸盐可与 K^+、Na^+、NH_4^+、Mg^{2+} 等的硝酸盐形成复盐(钇组几乎不形成硝酸复盐），例如 $RE(NO_3)_2 \cdot 2NH_4NO_3 \cdot 4H_2O$ 和 $3Mg(NO_3)_2 \cdot 2RE(NO_3)_3 \cdot 24H_2O$。硝酸复盐的溶解度随原子序数的增大而增大，并随温度升高而急剧增大。根据铈组硝酸复盐溶解度小，而钇组几乎不形成硝酸复盐来分离铈组元素。

4. 草酸盐

RE(Ⅲ)盐溶液中加入草酸即可析出草酸盐 $RE_2(C_2O_4)_3 \cdot nH_2O$ 沉淀，反应如下：

$$2RE(NO_3)_3 + 3H_2C_2O_4 + nH_2O \longrightarrow RE_2(C_2O_4)_3 \cdot nH_2O + 6HNO_3$$

一般 $n=10$，但也有 $n=6$、7、9 和 11 的盐，由于草酸盐在酸性溶液中也难溶，利用这种性质可把镧系元素离子以草酸盐形式析出而和其他许多金属离子分离出来。RE(Ⅲ)草酸盐也不溶于过量的草酸中，但是钇组草酸盐能溶于 $(NH_4)_2C_2O_4$ 和 $K_2C_2O_4$ 中，形成 $[RE(C_2O_4)_3]^{3-}$ 配离子，而铈组则不能，因此在进行草酸盐沉淀时，多在中性或微酸性溶液中用草酸来进行，而不用草酸盐或在碱性溶液中进行。

工业生产稀土化合物多是通过沉淀成草酸盐，然后经烘干灼烧得到氧化物，这就是草酸盐之所以重要的原因。稀土元素盐类的某些性质列于表 6-7。

表 6-7　稀土元素盐类的某些性质

类　别	水合晶体通式	溶解情况	生成复盐情况
氯化物	$RECl_3 \cdot nH_2O$ $n=7$(La、Pr) $n=6$(其余元素)	溶于水 升温则水合盐更易溶	
硝酸盐	$RE(NO_3)_3 \cdot nH_2O$ $n=8$(一般) $n=5$(Yb、Lu)	易溶于水，无水物可潮解，易溶于乙醇、丙酮等，可用磷酸三丁酯萃取	铈组元素硝酸盐易与硝酸钠（或钾、铵、镁的硝酸盐）生成复盐，钇组元素硝酸盐几乎不生成这种复盐
硫酸盐	$RE_2(SO_4)_3 \cdot nH_2O$ $n=11$(Yb) $n=9$(La) $n=8$(Pr、Nd、Sm、Gd、Dy、Ho、Er、Y)	无水盐易吸水，溶于水是放热过程，升温则溶解度降低	与钾、钠、铵的硫酸盐生成复盐。铈组元素的硫酸复盐难溶于水，钇组元素的硫酸复盐易溶于水
草酸盐	$RE_2(C_2O_4)_3 \cdot nH_2O$ $n=10$	难溶于水及稀酸 不溶于过量草酸	钇组元素草酸盐易与碱金属草酸盐生成 $RE(C_2O_4)_n^{3-2n}$ 配离子而溶解
碳酸盐	$RE_2(CO_3)_3 \cdot nH_2O$ $n=8$(Nd、Pr) $n=5$(Ce)	难溶于水，可溶于稀酸	与碱金属碳酸盐生成复盐
磷酸盐	$REPO_4 \cdot nH_2O$ $n=0.5\sim4$	难溶于水及稀酸	与碱金属磷酸盐生成复盐
氟化物	$REF_3 \cdot nH_2O$ $n=1$	难溶于水及稀酸，可溶于浓盐酸中	与碱金属氟化物易生成氟合配离子（钇组元素较易）

6.2.3　氢化物

稀土元素氢化物可以由金属与氢(H_2)直接反应制备，产物常为 REH_2，多数稀土金属还

可生成 REH_3，并生成非整比氢化物 REH_x，x 为 1.8～3.0。

$$2RE+xH_2 \longrightarrow 2REH_x \quad x=1.8\sim3.0$$

除了 YbH_2 和 EuH_2 外，缺氢的 REH_x（$x=1.8\sim1.9$）导电性能比对应的金属要好，这些氢化物的电阻小于金属。YbH_2 及 EuH_2 与碱土金属氢化物相似，它们是半导体或绝缘体。接近于三氢化物的氢化物由导体变成半导体，在 REH_x 中 x 大于 2.8 后，表现出典型的半导体行为。

镧系金属与过渡金属或碱金属生成的合金（金属间化合物）能生成氢化物，而且具有吸氢能力，其中研究得最多是 $LaNi_5$。在 294 K 时 $LaNi_5$ 生成的氢化物组成接近于 $LaNi_5H_6$，分解压力约为 2.533×10^5 Pa，在高压下还能继续吸收氢，例如在 296 K，131.72×10^5 Pa 时，氢化物的组成为 $LaNi_5H_{7.8}$。这类氢化物作为储氢材料已有广泛研究。$LaNi_5$ 是常用的储氢材料，储氢能力大于 190～200 $cm^3\cdot(gLaNi_5)^{-1}$。$LaNi_5$ 吸氢、放氢迅速，可以反复使用。镧系元素与 Fe、Co、Ni、Li 及 Mg 的合金，特别是 La、Ce、Pr 和 Nd 与这些金属的合金有好的吸氢性能，都可能是好的储氢材料。

6.3 稀土元素的配合物

稀土元素的配位化学已日益引起人们的兴趣，显然与 20 世纪 50 年代以来人们对高效发光化合物、激光材料、核工业材料、生物化学及放射性废料处理等研究密切相关。例如，稀土元素的 β-二酮类配体的固体配合物（具高效发光性质），酶、氨基酸、冠醚、卟啉类的含氮大环配合物，铀酰配合物等，都在 20 世纪 60 年代后迅速发展起来。

在水溶液中，稀土元素离子可以和许多无机配体（如 OH^-、卤离子、NO_3^-、PO_4^{3-}、SO_4^{2-} 及 NCS^- 等）及有机配体（如羧酸、羟基羧酸、β-二酮、醇、亚砜、冠醚、环多胺、氨基多羧酸及邻二氮菲等）生成配合物。稀土元素离子还可形成许多有机金属配合物。

6.3.1 稀土离子配合物的特点

除镧和镥外，三价镧系元素离子均含有 4f 电子。由于 4f 亚层被较难变形的 $5s^25p^6$ 电子在外面屏蔽着，不易受到周围配体的影响，从光谱计算的晶体场稳定化能约 4 $kJ\cdot mol^{-1}$，故不易形成稳定的共价配合物，易与 F、O、N 等原子配位，以静电引力结合，形成配合物的能力像 Ca^{2+}、Sr^{2+}、Ba^{2+} 等碱土金属离子，只有与螯合剂配位才能形成稳定的配合物。从而可知，RE^{3+} 属于硬酸。比较而言，稀土配合物在种类和数量上都比 d 区过渡金属配合物少得多。

由于稀土离子为硬酸，所以它们易与含氧、氮等配位原子的硬碱配位，难与 CO、CN^-、PR_3 等软碱配位。因而 RE^{3+} 和各种配位原子配位能力大小次序是 $O>N>S$，$F>Cl>Br>I$。

RE^{3+} 配合物中的配位键主要是静电引力，共价成分较少，其烃基金属化合物的 M—C 键也具较大的离子性，因此，稀土配合物在溶液中多为活性配合物，易于发生取代反应。

由于 RE^{3+} 离子半径比较大，其配位数都较大，一般在 6 和 6 以上，最高可达 12，其几何构型也复杂（表 6-8）。Y^{3+} 离子半径在 Er^{3+}、Tm^{3+} 之间，当离子半径成为影响配合的主要因素时，其配合物与镧系元素配合物相似；但当与 f 轨道有关的性质成为配合物的主要影响因素时，钇的配合物与镧系配合物在性质上有较大差异。Sc^{3+} 离子半径较小，其配合物与 d 区离子配合物更相似，与镧系元素配合物有明显的差异，如特征配位数为 6、d 轨道参与成键、配位键有较大的共价性等。

表 6-8　一些稀土元素配合物的配位数和几何构型

氧化态	配位数	配合物	几何构型
+3	3	$Ln[N(SiMe_3)_2]_3$	三角锥体
	4	$La[N(SiMe_3)_2]_3OPPh_3$	畸变四面体
	6	$[Er(NCS)_6]^{3-}$、$[Sc(NCS)_2bipy_2]^+$	八面体
	7	$[Y(acac)_3 \cdot H_2O]$	单帽三棱柱体
		$[Y(PhCOC_6H_4COMe)_3 \cdot H_2O]$	单帽畸变八面体
	8	$Y(acac)_3 \cdot 3H_2O$、$[La(acac)_3 \cdot (H_2O)_2]$	畸变的四方反棱柱体
		$Cs[Y(CF_3COCHCOCF_3)_4]$	十二面体
	9	$[Nd(H_2O)_9](BrO_3)_3$、$K[La(edta)(H_2O)_4] \cdot 4H_2O$	三帽畸变三棱柱体
	10	$[Ce(NO_3)_5]^{2-}$	双帽十二面体
	11	$[La(NO_3)_3(H_2O)_5] \cdot H_2O$	复杂构型
	12	$[Ce(NO_3)_6]^{3-}$、$[Pr(1,8\text{-naphthyridine})_6]^{3+}$	畸变的二十面体
+4	6	Cs_2CeCl_6	八面体
	8	$Ce(acac)_4$	四方反棱柱体
	8	$(NH_4)_2CeF_6$	畸变的四方反棱柱体
	10	$Ce(NO_3)_4(OPPh_3)_2$	复杂构型
	12	$(NH_4)_2[Ce(NO_3)_6]$	畸变的二十面体

6.3.2　稀土离子配合物的主要类型

按配位原子分类，稀土离子配合物可分为卤合物、氧配位配合物、氮配位配合物、碳配位配合物（金属有机化合物）及混配配合物。

1. 卤合物

卤离子对 RE^{3+} 的配位作用很弱，尤其是 I^-，但在非水溶液中，能分离出$[REX_6]^{3-}$类型的配阴离子，且异乎寻常地采取六配位，具八面体构型。

2. 氧配位配合物

以氧为配位原子的稀土离子配合物很多，其中最常见的是水合物，镧系离子在水溶液中一般形成九配位的水合离子$[RE(H_2O)_9]^{3+}$，而 Y^{3+} 仍如许多 d 区金属离子一样为六配位。一些水合氯化物实际上是混配的，如 $GdCl_3 \cdot 6H_2O$ 和 $NdCl_3 \cdot 6H_2O$，实际是$[GdCl_2(H_2O)_6]Cl$和$[NdCl_2 \cdot (H_2O)_6]Cl$；$Pr(NO_3)_3 \cdot 6H_2O$ 的 3 个 NO_3^- 均处内界，有两个水分子在外界，配位数为 10。在稀土离子配合物的制备过程中，为了避免水竞争配位，可选用极性有机溶剂，如乙醇、丙酮或乙腈等。

NO_3^- 作为无机配体，在稀土离子配合物中以能够生成高配位数而引人注目。例如$[Ce(NO_3)_5]^{2-}$为十配位，具双冠十二面体构型；$[Ce(NO_3)_6]^{3-}$为二十面体，配位数为十二。许多有机酸盐是稀土离子很好的螯合剂，如乙二酸盐、柠檬酸盐和酒石酸盐，在稀土元素分离中常使用这些有机配体。稀土离子的 β-二酮配合物得到了系统而深入的研究。β-二酮能与 RE^{3+} 生成很稳定的螯合物，常见类型为$[REL_4]^-$和$[REL_3X]$（其中 L＝RCOCHCOR，X＝

H_2O、py 等），配位数分别为 7 和 8。在真空条件下后者脱水而成[REL_3]，当烷基 R 很大时，配合物最易挥发，对热很稳定，可溶于非极性溶剂，用作核磁共振位移（NMR shift）剂受到格外关注。

近年来，稀土元素的冠醚配合物的研究令人瞩目。所谓冠醚是大环多元醚的俗称，因其骨架结构类似王冠而得名。1967 年 C. J. Pedersen 发表了关于冠醚及其配合物的论文后，这个领域的研究迅速地扩大和深化。冠醚作为环状多齿氧给体配体，对硬酸离子具很强的配位能力，不仅能同 Ca^{2+}、Mg^{2+} 等离子生成大环配合物，而且同 Na^+、K^+ 等离子也能生成稳定配合物。大环配体与金属离子生成的配合物，其稳定性比对应的线型配体配合物更稳定，这就是所谓的“大环效应”。此外，冠醚具有不同的环穴直径和不同数目的给体原子，因而对不同大小和电子组态的金属离子，除具有给体原子选择性外，还具有特殊的环穴选择性，因而对硬酸离子的稀土金属离子大环化合物的研究具有重要的学术意义及应用前景。最常见的冠醚之一是 1,4,7,10,13,16-六氧杂环十八烷，按 Pdersen 的简化命名法，称之为 18-冠-6，其中 18 指组成冠醚环的原子总数，氧原子数(6)放在最后，其结构简式如下：

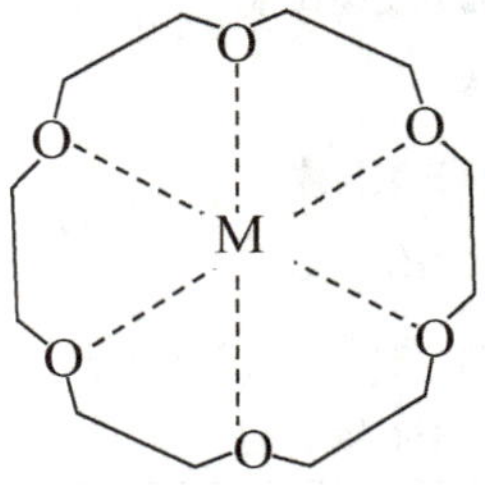

18-冠-6配合物

18-冠-6 同镧系硝酸盐的配合物研究表明，配位数对阳离子半径和环穴直径存在依赖关系。La→Gd，最具热稳定性的产物是 RE：冠醚＝4：3，但较大的镧系元素如 La、Ce、Pr 及 Nd 也生成 1：1 型配合物。其中，硝酸根处于配合物的内界，因此，4：3 型配合物可能是[$RE(NO_3)_2L$]$_3$[$RE(NO_3)_6$]，其余更小的镧系元素（Tb→Ln）在冠醚环穴太大时生成[$RE(NO_3)_3(H_2O)_3$]·L，冠醚并未配位。因而，利用冠醚的给体原子数及环穴大小而生成不同配合物的性质差异，为稀土元素的分离提供了一个新的途径。

3. 氮配位配合物

RE^{3+} 能同氮给体配位形成稳定的配合物，常见的为多胺配合物，如联吡啶、三联吡啶、邻菲咯啉及大环多胺等配合物：[$RE(bipy)_2(NO_3)_3$]（十配位）、[$RE(tepy)_3$]$(CeO_4)_3$（九配位）、[$RE(phen)_4$]$(CeO_4)_3$（八配位）。硫氰酸根配合物是以氮原子作配位原子键合的，如[$RE(NCS)_6$]$^{3-}$。在水溶液中，硫氰酸根配合物有很大的生成常数，故 NCS^- 能用作离子交换的淋洗剂。

与冠醚类似的氮给体大环配体（大环多胺）能同稀土离子生成稳定的配合物。例如，18-冠-6 的配合物在水中即刻解离，但对应的大环六胺的配合物足够稳定，可保持不变。因此，稀土离子的大环配合物以同时含氧和氮两种配位原子的配合物在分离方面更具实际意义。

4. 稀土元素混配型配合物

稀土离子混配型配合物以氧氮配位型最多。EDTA 与 RE^{3+} 形成的螯合物非常稳定，其中 H[$La(H_2O)_4EDTA$]的配位数为 10，K[$La(H_2O)_3EDTA$]的配位数为 9。其他还有如环多胺羧酸盐、氮杂冠醚、磷酸三丁酯和水杨酸根[$RE(tbp)(sal)_3$]、邻菲咯啉和硝酸根[$RE(phen)_2(NO_3)_3$]等配合物。

在化学分析中，常利用生成混配型配合物对稀土元素进行鉴定和定量分析。利用生成混配型配合物进行协同萃取，可提高萃取效率。例如 La^{3+} 同 Htta（噻吩甲酰三氟丙酮）的配合物含两个配位水，亲水性较大，用有机溶剂萃取时不仅分配比很低，而且达分配平衡的时间长达 6 h。当在上述体系中加入邻菲咯啉或联吡啶时，生成[$La(tta)_3L$]混配型配合物，其疏水性增强，因协同效应而使分配比高达 10^6，萃取平衡时间也缩短到 1 min。

5. 金属有机化合物

稀土元素不能形成反馈 π 键，因而其金属有机化合物的种类并不太多，两种主要类型的金属有机化合物是 σ 键合的烷基和芳基化合物，以离子性为主的环戊二烯基化合物。

烷基与芳基化合物是在四氢呋喃或者乙醚溶液中由稀土氯化物同碱金属烷基或芳基化物通过复分解反应制备的：

$$RECl_3 + 3LiR \xrightarrow{THF} RER_3 + 3LiCl$$

$$RECl_3 + 4LiR \xrightarrow{THF} Li[RER_4] + 3LiCl$$

与环戊二烯基的配合物可通过如下反应制备：

$$3C_5H_5M + RECl_3 \xrightarrow{THF} RE(C_5H_5)_3 + 3MCl$$

(M＝Na、K；RE＝Y、La、Ce、Pr、Nd、Sm、Gd、Er、Yb)

$$2C_5H_5M + RECl_3 \xrightarrow{THF} (C_5H_5)_2RECl + 2MCl$$

(RE＝Sm、Gd、Dy、Ho、Er、Yb、Lu)

上述化合物易挥发，热稳定性高，但易水解或被 $FeCl_2$ 分解：

$$La(C_5H_5)_3 + 3H_2O \longrightarrow La(OH)_3 + 3C_5H_6$$

$$(C_5H_5)_2SmCl + 3H_2O \longrightarrow Sm(OH)_3 + 2C_5H_6 + HCl$$

$$2La(C_5H_5)_3 + 3FeCl_2 \longrightarrow 3Fe(C_5H_5)_2 + 2LaCl_3$$

在这些化合物中，稀土金属离子表现出了一种增加它们的配位数的明显倾向：迅速生成溶剂化物和其他加合物。这些固体的结构相当复杂。例如，在橙色的 $[Sm(C_5H_5)_3]$ 中，每个 $C_5H_5^-$ 的 5 个配位原子都向着金属原子，有些环戊二烯基通过顶点（η^1）或边缘（η^2）向着邻近的金属离子，起到桥的作用，从而产生链式结构，这与碱土金属的环戊二烯化合物类似。这类化合物的特征是化学键的静电本性或离子性。

环辛四烯根配合物可以由类似的方法制备。较轻（半径较大）的 RE(Ⅲ)离子生成 $K[RE(\eta^8\text{-}C_8H_8)_2]$，其中 Ce(Ⅲ)具有夹心型结构，与双环辛四烯合铀类似。

6.4 稀土元素的分离及应用

6.4.1 稀土元素的分离

稀土元素的矿物以独居石较为常见和重要，独居石又称磷铈镧矿(Ce，La…)PO_4，它除含稀土元素外，还含有钍。提炼稀土元素时，可用碱液或硫酸分解独居石精矿，先经过除钍，然后将稀土元素分组富集，各组再进一步分离。现以酸法分解为例进行讨论。

先将独居石用浓硫酸处理，反应如下：

$$2REPO_4 + 3H_2SO_4 \xrightarrow{523\ K} RE_2(SO_4)_3 + 2H_3PO_4$$

$$ThSiO_2 + 2H_2SO_4 \xrightarrow{523\ K} Th(SO_4)_2 + SiO_2 + 2H_2O$$

分解产物用冷水浸取 $RE_2(SO_4)_3$ 及 $Th(SO_4)_2$，浸取液中还含有 H_3PO_4 及过剩的 H_2SO_4，小心中和浸取液，使钍沉淀为焦磷酸钍而分离掉，然后用草酸使稀土元素沉淀为草酸盐，再将沉淀灼烧得氧化物。将氧化物溶于硫酸得硫酸盐，在硫酸盐中加入固体硫酸钠，使铈组沉淀为硫酸复盐 $Na_2SO_4 \cdot RE_2(SO_4)_3 \cdot xH_2O$，钇组元素仍留在溶液中。

由于稀土元素都是典型的三价且半径大小几乎相等，化学性质也几乎相同，要把它们作进一步的分离是一项极为困难的工作，这也是最初稀土金属的应用限于混合稀土的原因。但是，随着科学技术的发展，现在已有不少的分离方法，只不过这些分离方法不像一般金属的分离那样简单。

稀土元素的分离方法有：分级结晶法（利用稀土盐类溶解度的差异，通过多次溶解、蒸发结晶而实现分离），分级沉淀法（选择合适的沉淀剂，利用稀土化合物溶解度差异而实现分离），选择性氧化还原法（对易被氧化或易被还原的＋3 价稀土离子，如铈、铕，用氧化剂或还原剂改变其价态，使其形成性质与其他＋3 价离子有明显区别的化合物，从而实现分离），离子交换法和溶剂萃取法。目前最常用的为离子交换法和溶剂萃取法，下面简要介绍这两种分离法。

1. 离子交换法

离子交换反应是在固相和液相中进行，首先使稀土离子吸附在阳离子交换树脂上，然后用配位剂依次淋洗出稀土离子。

溶液中的离子交换能力随离子的水合半径增大而减小，即水合离子半径越大，交换能力越小。稀土离子水合半径大小顺序如出：

$$Sc^{3+} > Y^{3+} > Lu^{3+} > Eu^{3+} > Sm^{3+} > Nd^{3+} > Pr^{3+} > Ce^{3+} > La^{3+}$$

因此，水合的 La^{3+} 和树脂结合得最紧，水合的 Lu^{3+} 和树脂结合得最松，而稀土离子和配位剂生成配阴离子的稳定常数一般随原子序数的增加而增大，所以当用配位剂淋洗时，Lu^{3+} 首先被配位剂淋洗出来，淋洗出来的顺序是从 Lu^{3+} 到 La^{3+}。现以铵式磺酸型树脂分离 Pr^{3+} 和 Nd^{3+} 为例来说明。首先两种离子被交换到树脂上：

$$3RNH_4 + Pr^{3+} \longrightarrow R_3Pr + 3NH_4^+$$

$$3RNH_4 + Nd^{3+} \longrightarrow R_3Nd + 3NH_4^+$$

然后用 pH＝2.6 的 5％柠檬酸铵与柠檬酸的混合液淋洗交换柱，由于 Nd^{3+} 与柠檬酸铵生成的配合物 $H_3[Nd(C_6HO_7)_2]$ 比 Pr^{3+} 与柠檬酸铵生成的配合物更加稳定，因此 Nd^{3+} 先随淋洗剂洗出：

$$Nd^{3+} + (NH_4)_3(C_6H_5O_7) + H_3C_6H_5O_7 \longrightarrow H_3[Nd(C_6H_5O_7)_2] + 3NH_4^+$$

淋洗剂不断流入，生成的配位酸在 pH＝2.6 时随即分解：

$$[Nd(C_8H_5O_7)_2]^{3-} \longrightarrow Nd^{3+} + 2C_8H_6O_7^{3-}$$

分解出来的 Nd^{3+} 又与交换柱下部树脂上的 NH_4^+ 交换，使 Nd^{3+} 重新吸附在树脂上，从而使 Pr^{3+} 吸附在交换柱的上端，Nd^{3+} 在交换柱的下端。用淋洗剂连续淋洗时，上端的 Pr^{3+} 被配位解吸，当流过下端吸附有 Nd^{3+} 的树脂层时，由于 Nd^{3+} 的配合物比 Pr^{3+} 的配合物稳定，Pr^{3+} 又可以与 Nd^{3+} 进行交换，而重新吸附在树脂上，这样的吸附与解吸交替进行，结果 Nd^{3+} 先从交换柱中流出，Pr^{3+} 留在后面，而达到分离的目的。

离子交换法是一种有效的分离稀土离子的方法。控制合适的条件，利用一根较长的柱子，可以将单一稀土离子提纯到 99.9％的纯度。但是离子交换法存在生产周期长、产量低和成本高等缺点，因此部分单一稀土的生产工艺已为萃取法所取代。

2. 溶剂萃取法

所谓萃取法是利用一种溶剂（常用有机溶剂）提取另一种溶剂（常用水）中某一溶质的方法。要使分离效果好，被分离的元素在萃取剂中的溶解度应有明显的差别。近年来，稀土元素的萃取分离常用二(2-乙基己基)磷酸（我国的商品名为 P204）为萃取剂。萃取过程表明稀土离子与萃取剂生成螯合物而进入有机相。随稀土元素原子序数的增加，其分离系数 β 增大，相邻两个稀土元素的分离系数为 2.5。经多次萃取可以达到较好的分离效果。

常用的萃取剂有甲基异丁基酮(mibk)、环烷酸(naphthenic acid)、磷酸三丁酯(tbp)、甲基磷酸二甲庚酯(P350)、二(2-乙基己基)磷酸(P204，国外商品名为 D_2EHPA 或 HDEHP)、2-乙基己基磷酸(P507)、氯化三烷基甲铵(N263，国外称 MTC)及 2-噻吩甲酰三氟丙酮(tta)。其中，上海有机化学研究所合成的新萃取剂 P507 用于分离单一稀土的生产工艺达到了世界先进水平，用一种介质连接可得 7 种 99.00%～99.99%的高纯单一稀土产品。此外，应用大环化合物(王冠醚、大环多胺或含氧及氮等多种配位原子的大环配体)作萃取剂或用液膜分离技术来分离稀土的研究也有许多报道，其前景令人关注。

6.4.2 稀土元素的应用简介

1. 在高新技术领域中的应用

1) 激光及发光材料

激光材料(激光是一种受激辐射光量子放电现象)是用来制造激光器(莱塞)的材料。镨、钕、钐、铽、镝、钬、铒、铥、镱等可作为激光材料的基体或激活物质。例如，掺钕的激光玻璃、掺钕的钇铝石榴石单晶($Y_3AlO_{12}:Nd^{3+}$)是制作固体激光器的激光材料。硫氧钇铕($Y_2O_2S:Eu^{3+}$，其中铕起激活作用)在电子激发下可产生鲜艳的红色荧光，用于彩色电视机中，使彩屏亮度提高一倍(彩色电视机荧光屏需要三种基本的阴极射线发光体：红色发光体 $Y_2O_2S:Eu^{3+}$，蓝色发光体 $ZnS:Ag^+$ 和绿色发光体 $ZnS:Cu^+$)。用于制造三基色荧光灯荧光粉的原料是纯度大于99.99%的氧化钇、氧化铕、氧化铽和氧化铈等。氧化镧、氧化铈、氧化钆等是制造 X 射线增减屏的荧光材料。

2) 永磁材料

利用稀土特殊的磁性能，可制造各类超级永磁体，迄今已发展了三代：第一代为 1∶5 型钐钴磁体 $Sm:Co_5$；第二代为 2∶17 型钐钴磁体 Sm_2Co_{17} 及其延伸产品；第三代为稀土铁系永磁体，最典型为钕铁硼 $Nd_2Fe_{14}B$ 永磁体。由于稀土永磁材料的磁性能远高于传统磁体，故被称为超级磁体和当代永磁之王，用于各类电机、核磁共振成像装置、磁悬浮列车及其他光电子等高技术领域中。

制造永磁体的稀土元素主要是钕、钐、镨、镝、铈等。

3) 储氢材料

$LaNi_5$ 是稀土系储氢材料的典型代表，最引人注目的优点是储氢量大、易活化、吸附和脱附均极快，反应是可逆的，并具有抗杂质气体中毒的特性。储氢材料主要应用于氢气的储运、氢气的净化、氢气的分离与回收、高纯度氢气的制备、氢能汽车、金属氢化物电池以及加氢反应催化剂等领域。

目前研究的已投入使用的储氢合金主要有稀土系(稀土元素有 La、Nd、Ce、Sm、Y、Gd 等)、钛系、镁系及锆系等。

4) 超导材料

1986 年德国和瑞士科学家用共沉淀法制得转变温度为 35 K(约－238 ℃)的含有稀土的陶瓷高温超导材料(Ba-La-Cu-O)，为此，他们获得了 1987 年的诺贝尔物理学奖。1987 年美籍华裔物理学家朱经武和我国科学家赵忠贤分别独立制得转变温度超过 100 K(－173 ℃)的钇钡铜氧化物($YBa_2Cu_3O_7$)超导体，这是第一个不用液氦冷却，而用液氮冷却就获得电阻为零的超导体，使超导材料由研究阶段进入实用阶段。

利用超导材料的零电阻特性，超导电缆在理论上可以达到无损耗地输送电能。超导材料在交通工业上的应用是制造超导列车等，这种车辆在电机牵引下无摩擦地前进，时速可达500 km。

2. 石油、化工领域中的应用

稀土元素化合物广泛用作催化剂。目前世界上90%的炼油裂化装置都使用含稀土金属的催化剂。用于石油工业作石油裂解的催化剂，如稀土分子筛催化剂活性高、选择性好，可提高汽油收率、降低炼油成本。此外，稀土金属还用作汽车尾气的净化催化剂、油漆催干剂、塑料热稳定剂等。

3. 在玻璃、陶瓷工业中的应用

在玻璃中添加稀土金属的化合物可制得特种玻璃，如含氧化镧的特种玻璃，具有高折射率、化学稳定性好的特点，常用以制造照相机和潜望镜的镜头；在熔融的玻璃中，每吨玻璃加入100～200 g CeO_2，可除去Fe(Ⅱ)造成的绿色[利用CeO_2的氧化性将Fe(Ⅱ)氧化为Fe(Ⅲ)]，得到透明度高的无色优质玻璃。

陶瓷材料的最大缺点是有脆性、不耐高温，但在制陶配料中加入混合稀土的氧化物，形成稀土陶瓷就具有高强度和耐高温的优良性能，用以制作切削刀具、发动机的活塞等部件。

稀土氧化物还可作为陶瓷釉彩的着色剂，如稀土颜料有镨黄、钐红、铈蓝、钕黑等。

4. 在其他方面的应用

在农业上，稀土硝酸盐等化合物可作为微量元素肥料，使小麦、棉花等农作物增产幅度达10%～15%。

在医药上，氯化铈及氯化钠配成的膏剂对治疗皮肤病有良好效果。在纺织工业中，用轻稀土氯化物处理的纺织品有防蛀、防酸等性能。

总之，稀土元素及其化合物在国民经济中的许多领域中有广泛的用途，随着高科技的发展，稀土金属的真正价值才能明显体现出来。

6.5 锕系元素

6.5.1 制备

锕系元素都具有放射性。除了钍、铀在自然界中有矿物存在外，其余都是铀衰变的次生元素和人工合成元素。

自然界中重要的钍矿有钍石($ThO_2 \cdot SlO_2$)、方钍石($ThO_2 \cdot UO_2$)和独居石；重要的铀矿是沥青铀矿(主要成分为U_3O_8或$2UO_3 \cdot UO_2$)。由于钍石和方钍石在自然界中稀少，钍主要靠从独居石中提取：用浓碱处理独居石，得镧系及钍的氢氧化物，然后将氢氧化物溶于酸，再以磷酸三丁酯萃取分离，得到$ThO_2 \cdot nH_2O$。金属钍的制备步骤是在高温(600 ℃)的HF气氛中将ThO_2转化为ThF_4，再用金属钙还原得到金属钍和氟化钙。

以硫酸或$Na_2CO_3/NaHCO_3$溶液作溶剂，在加热并鼓入压缩空气条件下处理沥青铀矿，得到的溶液含UO_2^{2+}。然后用离子交换法或溶剂萃取法进一步提纯，最后得到过氧化物($UO_4 \cdot 2H_2O$)或氢氧化物[$UO_2(OH)_2 \cdot H_2O$]沉淀，加热分解沉淀得到纯化的UO_3或

U_3O_8，然后按下述步骤制备金属铀：

$$UO_3 \xrightarrow[600\ ℃]{H_2} UO_2 \xrightarrow[500\ ℃]{HF(g)} UF_4 \xrightarrow[700\ ℃]{Ca} U + CaF_2$$

镤(^{231}Pa)主要来自铀的裂变产物，虽然铀衰变可产生镤和锕，但目前锕主要靠人工合成制得。其余的锕系元素也均来源于人工合成。制备锕系元素单质的方法很多，但到目前为止能制得的金属只有：Ac、Th、Pa、U、Np、Pu、Am、Cm、Bk、Cf 10 种，Cf 以后的元素的半衰期很短，具有很强的放射性，不易制备。

锕系金属均是有银白色光泽、熔点高的活泼金属。由于诸多因素，锕系元素化学不如镧系那样广泛，许多细节知识主要集中在铀，其次是钍和钚。

6.5.2 放射性元素及核反应

锕系元素都是放射性元素，镧系$_{61}Pm$是人工放射性元素，La、Ce、Nd、Sm 及 Eu 等有天然放射性，但因半衰期均在 10^{10} a 以上，故一般均当作稳定元素看待。元素的放射性(radioactivity)是由于原子核发生变化(称为核反应)而引起的。核反应与化学反应不同，往往导致一种元素变为另一种元素，而且伴随的能量效应比化学反应大得多。同种元素的同位素化学性质相同，但不同质量的同位素的核反应可以完全不同。此外，元素的核反应不受其状态的限制，即无论是单质或化合物，一定放射性同位素的核反应性都一样。以下结合这些特点介绍核反应的一些基本知识。

1. 放射性衰变

核反应过程遵守电荷数与质量数守恒定律，因而原子核放射出一个很小的粒子后可能变成另一种原子核，即在周期表的位置发生位移。天然放射系(铀系、钍系、锕系及镎系)元素经过若干次衰变后都变为稳定的元素铅。放射性衰变(disintegration)类型有 α、β、γ、$β^+$ 衰变及电子俘获 5 种，有关性质及变化规律参见表 6-9。

表 6-9　放射性衰变类型

衰变类型	核电荷变化	质量数变化	位移规律	举例
α	−2	−4	左移二格	$^{238}_{92}U \longrightarrow {}^{234}_{90}Th + {}^{4}_{2}He$
β	+1	不变	右移一格	$^{234}_{90}Th \longrightarrow {}^{234}_{91}Th + {}^{0}_{-1}e$
γ	不变	不变	不移动	
$β^+$	−1	不变	左移一格	$^{11}_{6}C \longrightarrow {}^{11}_{5}B + {}^{0}_{1}e$
电子俘获	−1	不变	右移一格	$^{7}_{4}Be + {}^{0}_{-1}e \longrightarrow {}^{7}_{3}Li$

实验表明，衰变反应是一级反应，满足所谓衰变定律：

$$N = N_0 e^{-\frac{0.693}{T} \times t}$$

式中，N_0 和 N 分别表示计量时间 $t=0$ 及 t 时放射性原子数；T 即半衰期，表示放射性核衰变到原来数量的一半所需要的时间。因此，半衰期越长，说明核越稳定；半衰期越短，核越不稳定。

2. 人工核反应

人工核反应是指用人工方法进行的非自发核反应。人工核反应有如下 3 类：

(1) 粒子轰击原子核。用高速的粒子轰击一种原子核，可以引起核反应而使之变为另一种核。轰击靶核的入射粒子(炮弹)有带电的 α 粒子、质子、氘核、电子及不带电的中子、γ 射线。例如用 α 粒子轰击氮核得到氧核并发射质子，即卢塞福第一次发现人工核反应的实验：

$$^{14}_{7}N + ^{4}_{2}He \longrightarrow ^{17}_{8}O + ^{1}_{1}P$$

(2) 核裂变反应。核裂变反应指原子核被轰击后破裂成较轻的裂块和较重的裂块，同时放出中子的反应。例如用中子轰击铀-235：

$$^{235}_{92}U + ^{1}_{0}n = [^{236}_{92}U] \longrightarrow \text{轻裂块} + \text{重裂块} + \text{中子}$$

反应第一步生成不稳定的铀-236，然后分裂成两个大小相差不多的裂块，同时放出大量的热能。由 $^{235}_{92}U$ 裂变而得到的裂块，其原子序数一般在 30～60，其质量数在 72～160。在核分裂的同时又放出中子，而且产出的中子数目比原来进入原子核的数目多(进入 1 个，平均放出 2～3个)，这一反应一经开始便可继续下去，由于中子数目逐渐增多，反应越来越快，形成链锁反应。原子弹的爆炸原理就是基于铀-235 的核裂变反应，1 kg $^{235}_{92}U$ 裂变所产生的能量大约是燃烧1 kg煤所产生能量的 250 万倍。

(3) 核聚变反应。轻原子核在极高的温度(2000 万摄氏度)下相遇时聚合为较重的原子核并放出巨大能量的过程称为核聚变反应，又称热核反应。例如氢弹爆炸时所进行的反应是氘和氚核聚合为氦核的核聚变反应：

$$^{2}_{1}H + ^{3}_{1}H \longrightarrow ^{4}_{2}He + ^{0}_{1}n$$

所需的高温是 $^{235}_{92}U$ 或 $^{239}_{94}Pu$ 在核裂变时发生的爆炸所产生的，用它来引发氢弹的聚变反应，目前认为太阳内部就进行着这一类型的核反应而放出大量的能量。

6.5.3 锕系元素的化合物

1. 氧化物和复合金属氧化物

锕系元素(通常以 An 表示)具有多种氧化态，因而有多种形式的氧化物，从 Th 到 Cf 的锕系元素都有二氧化物，其余较多的是 AnO、An_2O_3 型氧化物。Pa、U 及 Np 具有氧化值为＋5 乃至＋6 的氧化物。常见锕系元素最稳定的氧化物如下：

ThO_2	Pa_2O_5	U_3O_8	NpO_2	PuO_2	AmO_2	Cm_2O_3	BkO_2	Cf_2O_3	Es_2O_3
白色	白色	暗绿色	棕绿色	黄棕色	暗棕色	白色	棕色	浅绿色	/

锕系元素的氧化物是难熔材料，其中 ThO_2 的熔点最高(3390 ℃)，因其作为核材料而显得重要，并被广泛研究。唯一的三氧化物 UO_3 是用 $UO_2(NO_3)_2 \cdot 6H_2O$(硝酸铀酰)在空气中加热到 400 ℃而制得。铀的任何氧化物加热到 800～900 ℃都生成 U_3O_8。U_3O_8 含有五角双锥形的 UO_7 单元，用于铀的重量分析。

二氧化物具有面心立方的萤石结构，金属原子的配位数为 8。在空气中灼烧适当的草酸盐或氢氧化物可得到二氧化物，但 CmO_2 及 CfO_2 需在纯氧中灼烧。PaO_2 和 UO_2 则由较高氧化值的氧化物还原制得。

从 Pu 以后，An_2O_3 型氧化物越来越稳定，但 Bk 例外，BkO_2 比 Bk_2O_3 稳定，可能是因为 Bk(Ⅳ)的 f^7 构型稳定之故。锕系金属的表面氧化层往往是一氧化物，具有 NaCl 型的面心立方结构，一氧化物是有光泽的半金属物质。

锕系金属氧化物具有碱性，其反应活性受制备方法的影响，如灼烧过的氧化物惰性大得多。所有铀的氧化物都溶于浓硝酸或浓高氯酸，生成 UO_2^{2+} 盐。但锕系元素氧化物与碱金属或碱土金属氧化物共热生成复合金属氧化物，例如：

$$5Li_2O + AnO_2 \xrightarrow[400\sim420\ ℃]{O_2} Li_5AnO_6 \quad (An=Np、Pu)$$

这是将 Np(Ⅶ)及 Pu(Ⅶ)以$[AnO_6]^{5-}$八面体形式稳定化的方法。

UO_3 具有两性，溶于酸生成 UO_2^{2+}，溶于碱生成重铀酸盐：

$$UO_3 + 2H^+ \longrightarrow UO_2^{2+} + H_2O$$

$$2UO_3 + 2OH^- \longrightarrow U_2O_7^{2-} + H_2O$$

铀有多种类型的复合氧化物或铀酸盐：$M_2^{I}U_2O_7$、$M_2^{I}UO_4$、$M_4^{I}UO_5$ 及 $M_3^{II}UO_6$，其中 U 原子都与 6 个氧配位。这些铀酸盐有些像铬的含氧酸盐，因此，过去曾将铀列入铬分族。

铀的高氧化态氧化物溶于酸生成酰根离子 UO_2^{2+} 及 UO_2^{+}，但后者不如前者稳定，易歧化，这可从如下电势图看出：

$$E_A^{\ominus}/V \qquad UO_2^{2+} \xrightarrow{+0.063} UO_2^{+} \xrightarrow{+0.58} U^{4+} \xrightarrow{-0.631} U^{3+} \xrightarrow{-1.80} U \qquad (UO_2^{2+} \xrightarrow{+0.32} U^{4+})$$

由电势图可知，U(Ⅵ)和 U^{4+} 在水溶液中是稳定的，但可被 Cr(Ⅵ)、Ce(Ⅳ)或 Mn(Ⅶ)等氧化为 UO_2^{2+}。U^{3+} 是强还原剂，可以还原水放出氢。

2. 卤化物

锕系元素具有从 AnX_2 到 AnX_6 型的卤化物。六卤化物仅限于 U、Np 和 Pu 的六氟化物及铀的六氯化物：

	UF_6	NpF_6	PuF_6	UCl_6
颜色	白	橙	棕	暗绿
熔点/℃	64	547	52	177
分子构型	八面体	八面体	八面体	八面体

六氟化物都是易挥发的固体。因此，UF_6 用于气相热扩散法分离铀的同位素。六卤化物都是强氧化剂，并对湿气极为敏感。

$$Cu + 5MeCN + 2UF_6 \xrightarrow{MeCN} [Cu(MeCN)_5][UF_6]_2$$

$$AnX_6 + 2H_2O \longrightarrow AnO_2X_2 + 4HX$$

五卤化物中仅 Np 以前的 U、Pa 有报道，且有 4 种五卤化物。所有的五氟化物及 $PaCl_5$ 都是聚合的，并通过金属原子间的双卤桥键达七配位，呈链状结构，UCl_5、$PaBr_5$ 为卤桥连接的二聚体 An_2X_{10}，如 $Cl_4U(\mu\text{-}Cl)_2UCl_4$。五卤化物都对水敏感，$UX_5$ 水解还伴随歧化反应而变得复杂。

四卤化物较广泛，其中从 Th 到 Cf 都存在四氟化物。Th→Pu 的四氟化物由 HF 中加热 AnO_2 制得；从 Am 到 Cf 的四氟化物由相应的三氟化物与 F_2 共热而制得。四溴化物及四碘化物往往由单质制备。由锕系元素的四卤化物为基础可衍生出大量的配位化合物，UCl_4 是研究 U(Ⅳ)化学时最常用的起始物。

锕系元素有近于完整的三卤化物，一般可用 An_2O_3 与 HX 加热反应而制得，但较轻的锕系元素的三卤化物需在还原条件下制备，UF_3 则由金属铀或铝还原 UF_4 制备。AnX_3 与 REX_3 相似，为离子型化合物，熔点高。三氟化物均难溶于水。

6.5.4 锕系元素的配合物

锕系元素的配位化学主要是与水溶液有关的配位化学，这是因为溶剂萃取、离子交

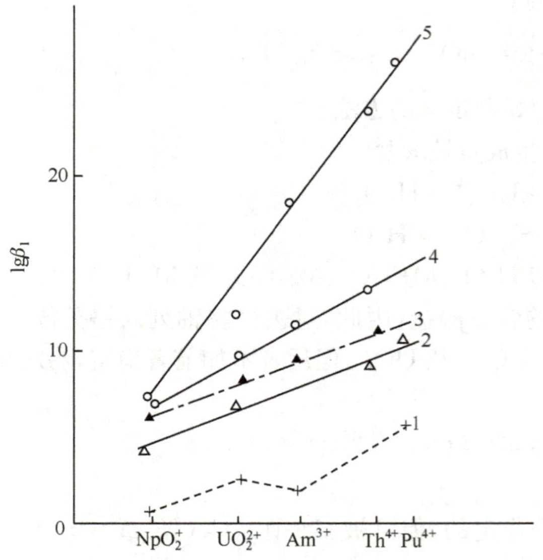

图 6-2　锕系元素配合物的稳定常数

1-乙酸根；2-乙酰丙酮根；3-*N*-羟乙基亚氨基二乙酸根；4-次氮基三乙酸根；5-乙二胺四乙酸根

换与沉淀过程在技术上的重要性所致。锕系元素形成配合物的能力比镧系元素强得多，它们可与卤离子 X^-、CN^-、SCN^- 及许多含氧酸根等形成配合物，也与醚、醇、酮、酯、羧酸、胺等许多有机分子或离子形成配合物。

在溶液中锕系元素离子形成配合物的趋势是

$$An^{4+} > An^{3+} > An_2O_2^{2+} > AnO_2^+$$

但对某些有机配体如草酸根、乙酸根，配合物的稳定性为 $An_2O_2^{2+} > An^{3+}$（图 6-2）。

锕酰根 $An_2O_2^{2+}$ 很像二价的半径较小的金属离子，因此它容易与 F^- 及氧给体生成配合物。但与金属离子不同的是，锕酰根是直线型结构 O═An═O，因而配位一般限于赤道平面，可有赤道内的四、五及六配位而呈八面体、五角双锥及六角双锥构型，轴向的 O—An 键很强，往往比赤道的键更短些（图 6-3）。

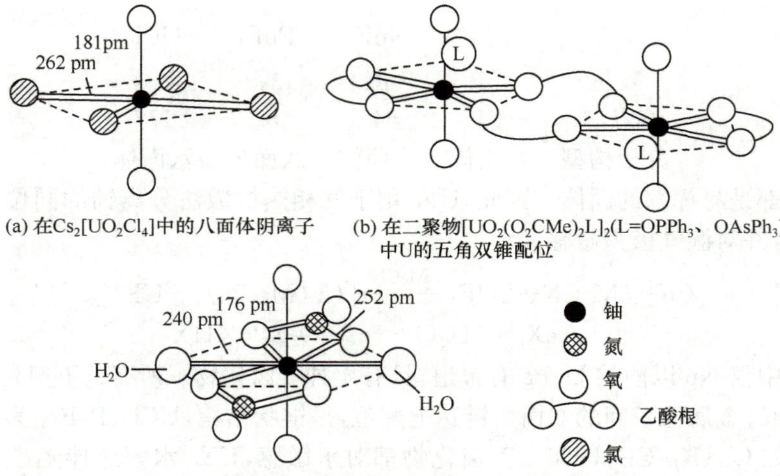

(a) 在 $Cs_2[UO_2Cl_4]$ 中的八面体阴离子　(b) 在二聚物 $[UO_2(O_2CMe)_2L]_2$(L=$OPPh_3$、$OAsPh_3$) 中U的五角双锥配位

(c) 在硝酸铀酰 $UO_2(NO_3)_2 \cdot 6H_2O$ 中的六角双锥配位

图 6-3　一些锕系元素配合物的结构示意图

例如 UO_2^{2+} 中 U—O 键的键级大于 2，键距仅 180 pm，通常认为 U 以 sp 杂化与两个氧原子的 p 轨道形成 σ 键，氧原子的另外两个 p 轨道与铀生成两个 π 键，即 O$\equiv$U$\equiv$O。AnO_2^+ 电荷低，不能生成稳定的配合物。

An^{4+} 是 Th 唯一重要的氧化态，也是 U 在水中稳定的两种氧化态之一。在水溶液中的水合离子是八或九配位的。因离子电荷高，挤出质子的倾向大，所以起强酸作用，而本身形成羟桥聚合物。

UX_4 能与多种中性配位体如 R_3PO、Me_2SO、CH_3CONMe_2、吡啶等形成配合物，其组成为 $UX_4 \cdot nL$，n=1～7。

铀(Ⅳ)也能形成多种配阴离子,如 UX_6^{2-} (X=F、Cl、Br、I)、UF_7^{3-}、UF_8^{4-} 和 $U(NCS)_8^{4-}$ 等。此外,铀(Ⅳ)还能形成多种螯合物,最熟悉的例子有 $U(EDTA)(H_2O)_2$ 和 $[U(acac)_4]$ 等。

Th^{4+} 能形成多种卤素配合物。例如组成比较简单的氟配合物有 Na_2ThF_6、Na_3ThF_7、Na_4ThF_8 和 $KThF_5$、K_2ThF_6、K_3ThF_7 等;比较复杂的有 $Na_7Th_6F_{31}$ 等。氯、溴、碘配合物的例子有 $RbThCl_5$、$Rb_2ThCl_6(C_5H_5NH)_2ThBr_6$ 和 $(Nbu_4)_2ThI_6$ 等。

在丙酮中,以 KNCS 处理四氯化钍可得 Th 硫氰酸盐配合物,如 $Rb_4[Th(NCS)_8]\cdot 2H_2O$、$Rb[Th(NCS)_5(H_2O)_3]$、$[Th(NCS)_4(Ph_3PO)_4]$ 及 $[Th(NCS)_4(CH_3CONMe_2)_4]$ 等,其中 Th^{4+} 通常是八配位的,Th^{4+} 与 β-二酮可形成稳定的配合物。例如,在水溶液中就可以很容易制备 $Th(acac)_4$,它具有八配位的四方反棱柱体结构,熔点是 171 ℃,较易挥发,易溶于苯等有机溶剂中。

其他的重要配合物还有 $K_4Th(C_2O_4)_4(H_2O)_4$ (Th^{4+} 是十配位的)和 $[Th(NO_3)_6]^{6-}$ (Th 是十二配位的)等。

其他元素的 An^{4+} 配合物就不一一列举了。总之,锕系元素+4 氧化态的配合物比其他任何氧化态的多且范围广,这些配合物也表现出锕系配合物的一般特征,即配位数高及几何构型多样化。其中,以卤离子配位及氧给体配合物特别多。

氧化值为+3 的锕系元素具有还原性,其抗氧化能力随原子序数增大而增强,因而对 Am 及以后的元素+3 成为其最稳定的氧化态。Am 前面的 Am^{3+} 不仅对氧、酸不稳定,对纯水也不稳定,因而其配合物须在非水介质中制备。

6.5.5 金属有机化合物

锕系元素的金属有机化合物研究与镧系元素一样都是近年来开展的。20 世纪 40 年代人们曾试图制备铀的挥发性羰合物及烷基化物用于同位素分离,但未成功,后来才集中于环戊二烯及环辛四烯化合物上。这些化合物一般对热稳定,是能升华的固体,但是对空气和水敏感。与镧系金属有机化合物相比,它们是具有较大共价成分的离子型化合物,可能是 5f 轨道伸展程度比镧系原子的 4f 轨道大,与配体轨道有较大重叠之故。

环戊二烯化合物主要有 3 种:$[An(C_5H_5)_3]$、$[An(\eta^5\text{-}C_5H_5)_4]$ 和 $[An(\eta^5\text{-}C_5H_5)_3X]$,此处 X 代表卤素原子、烷基、烷氧基或 BH_4。它们都可用相应的卤化物与 s 区金属的环戊二烯化合物的复分解反应制得:

$2AnCl_3+3Be(C_5H_5)_2 \xrightarrow{65\ ℃} 2An(C_5H_5)_3+3BeCl_2$ (An=U→Cf,但为 U 时,用 KC_5H_5)

$AnCl_4+4K(C_5H_5) \xrightarrow[\text{回流}]{\text{在苯中}} [An(C_5H_5)_4]+4KCl$ [An=Th→Np,但 An 为 Pa 时用 $Be(C_5H_5)_2$]

$AnX_4+3M(C_5H_5) \longrightarrow [An(C_5H_5)_3X]+3MX$ (An=Th、U、Np,M 为碱金属原子)

$[U(\eta^5\text{-}C_5H_5)_4]$ 含 4 个等同的 η^5-环,围绕金属原子成四面体排布(图 6-4)。$[U(C_5H_5)_3Cl]$ 是在 1956 年由 G. Wilkinson 等首次报道的,该物质为浅绿色,在 $FeCl_2$ 作用下并不生成二茂铁,这也表明 C_5H_5 与 U(Ⅳ)的化学键比它对应的 Ln(Ⅲ)具有更大程度的共价性。

环辛四烯(COT)的配合物 $[An(\eta^8\text{-}C_8H_8)_2]$ (An=Th→Pu)由下述反应制备:

$$AnCl_4+2K_2C_8H_8 \xrightarrow{THF} [An(C_8H_8)_2]^- +4KCl\ (An=Th\rightarrow Np)$$

$$[Net_4]_2[PuCl_6]+2K_2C_8H_8 \xrightarrow{THF} [Pu(C_8H_8)_2]+4KCl+2[Net_4]Cl$$

然后在真空中升华提纯。它们是夹心分子,两环平行而且重叠,与二茂铁类似。U 的环辛四烯化合物 $(COT)_2U$ 又称"二苯铀",为绿色晶体,对热稳定,可在 4 Pa、180 ℃下升华,稍溶于有机溶剂，对水、乙酸及氢氧化钠溶液稳定，暴露于空气中可自燃。二苯铀的成键与二茂铁相似，但U以e_{2u}对称性的$5f_{xyz}$或$5f_{z(x^2-y^2)}$空轨道与COT^{2-}的e_{2u}对称的大π轨道重叠成键。$(COT)_2U$的夹心结构及成键情况见图6-5及图6-6。

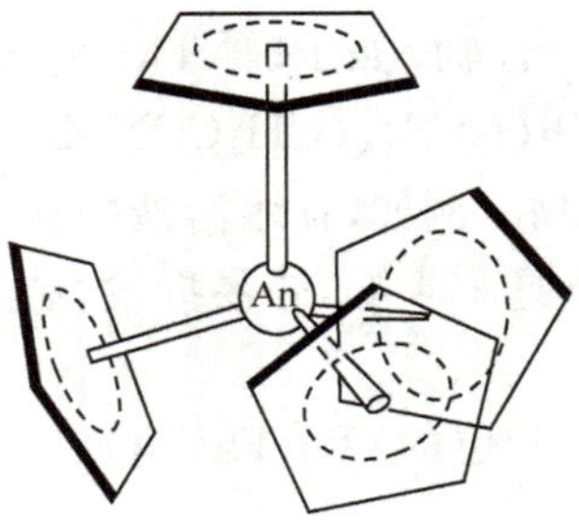

图6-4 $[An(\eta^5\text{-}C_5H_5)_4]$的结构
4个η^5-环环绕金属原子成四面体排布

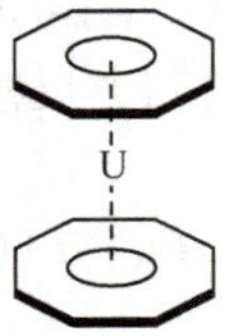

图6-5 $(COT)_2U$
的夹心结构

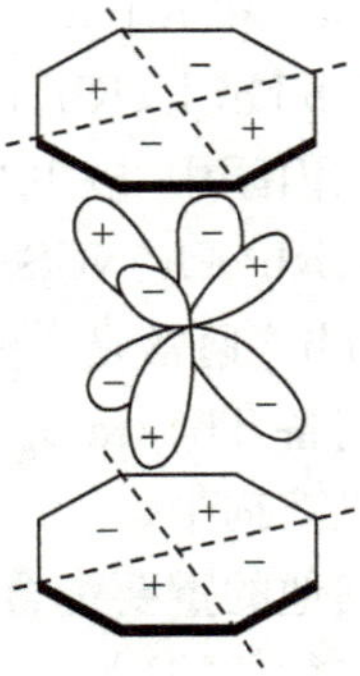

图6-6 U^{4+}与COT^{2-}
之间的成键示意图

除$(COT)_2U$外，其他锕系金属的环辛四烯化合物都易被水分解。

6.6 超重元素及周期系展望

109号元素以后的元素称超重元素。至今已合成及鉴定了若干103号元素以后的元素，它们是Rf、Ha、106、107、108、109、110、111及112号元素。人们正期待着合成更多的新元素。有人根据已知每周期的元素个数，总结出一个公式：

$$X=\frac{[2n+3+(-1)^n]^2}{8}$$

式中：X为第n周期元素的个数，由此可算出各周期元素的个数。

周期数：	一	二	三	四	五	六	七	八	九
元素个数：	2	8	8	18	18	32	32	50	50

由原子的电子构型推算，内过渡元素（镧系和锕系）是电子填充到倒数第3层的f轨道，第八、九周期应出现电子填充到倒数第4层的g轨道……。按理论的推算似乎周期系可无限延续下去。但计算表明，8s、5g、6f、7d及8p能级非常接近，似乎不宜推论5g和6f亚层的分立存在。此外，已知的100号以后的元素都是短命的人工合成元素，例如1982年发现的109号元素的寿命仅0.2 ms，要得到以后的超重元素似乎不可能了。然而，稳定岛理论证明超重元素可能稳定存在。

科学家们从核结合能、四极矩和中子俘获截面等实验数据发现，具有质子数为2、8、20、28、50、82、(114)和(164)或中子数为2、8、20、28、50、82、126、(184)、(196)、(228)和(318)的核特别稳定（在括号内的数字为科学家们理论推算的数），这些奇异的数字被称为幻数（magic number）。例如，$_{50}Sn$的稳定同位素比任何其他元素都多；$_{82}Pb$是最重的且具有很多非放射性同位素的元素；而一些具有双幻数的核如$^{16}_{8}O$、$^{4}_{2}He$等是自然界中最稳定的核素。

如果以中子数为横坐标，质子数为纵坐标，第三个坐标的相对高度代表同位素的相对稳定性，将目前已知的109种元素的核素（约1900多种）定标在这个立体坐标图内（图6-7），则所有已知核素形成一个形似高出“不稳定海洋”的狭长“半岛”。最稳定的核素位于半岛的“山顶”上（具有幻数的核，如$_{28}Ni$、$_{50}Sn$、$_{82}Pb$等）；较稳定的核素位于“山坡”上；不稳定的核素位于陆地之外的“海洋”里。而且根据核壳层模型理论推算，在半岛之外，还可能存在两个“稳定岛”（也叫“超重岛”）。第一个岛包括从 110 到 126 号元素，顶峰是$^{294}_{114}$114 号元素；第二个岛包括以$^{482}_{164}$164 号为中心的若干元素，它们的中子数大约在 184～318。据此人们预料，离 109 号元素最近的下一个具有特殊稳定性的双幻数核应该是$^{298}_{114}$114。据估计它的自发裂变半衰期可达 10^{16} a，α 衰变半衰期为 10^{10} a，化学性质类似于铅。但是，由于计算采用单粒子能级图以及计算模型等因素，超重元素半衰期预测值的不确定因子达 $10^{\pm7}$～$10^{\pm10}$。例如，1986 年德国核化学家 P. Moller 等以他们修正的壳模型，应用一个半经验关系式计算超重核的 α 衰变，半衰期仅1～2 s。理论上的困境只有等待实验事实的验证。

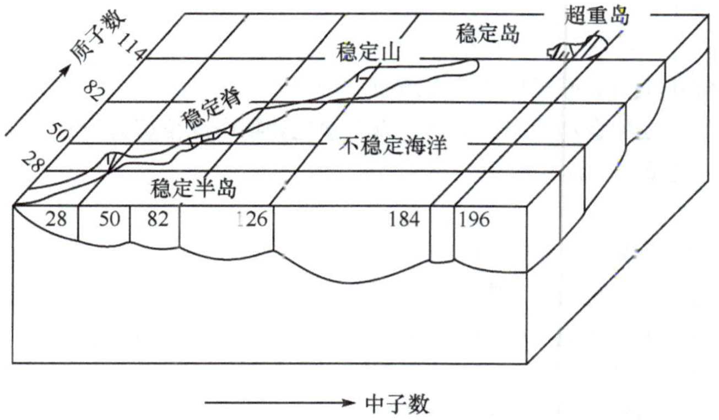

图 6-7 “稳定半岛”和“超重岛”示意图

在 1999 年初，俄罗斯和美国的科学家宣布发现了 114 号元素，新元素的质量为 289，其寿命达30 s以上，是迄今为止寿命最长的超重元素。这是两国科学家合作，在美国加利福尼亚州的 Lawrence Livermore 国家实验室以稀贵的同位素钙-48 轰击钚-244 而得到的。这是一项极为重要的实验，它证明超重元素中的稳定岛确实存在。这个发现振奋了为超重核稳定岛打攻坚战的科学家们。1999 年 6 月，美国《科学新闻》又报道了美国劳伦斯·伯克利国家实验室 Victor Ninov 领导的研究小组以氪离子轰击铅靶得到 118 号元素，其后衰变为 116、114 和其他元素。116 及 118 号元素的同位素分别只存在了 1.2 ms 和 200 μs。1999 年 7 月 15 日，英国 *Nature* 杂志报道了俄罗斯科学家又发现了 114 号元素的另一同位素，其质量数为 287，半衰期为 5 s 左右。现将已发现的超重元素的半衰期列于下：

元素号	110	111	112	114	116	118
发现年	1994	1994	1996	1999	1999	1999
半衰期	8.6 ms	1.5 ms	280 μs	>30 μs	1.2 ms	200 μs

由以上数据可知，现发现的 114 号元素的同位素的寿命是最长的，已接近稳定岛边缘了。只要中子数达幻数，114 号元素便可登上稳定岛。此外，稳定岛元素的存在为周期系的发展展现出美好的前景。因为 118 号元素是第七周期的最后一个元素，因此有望发现第八周期的稳定岛元素，与镧系和锕系对应，会出现超锕系及新超锕系元素。但处于“海洋”中的短寿命超重元素是很难再发现的，处于稳定岛上的原子序数更大的新元素还会发现，因而第七、八周期可能会是不完整的周期。

习　题

1. 简述稀土元素分离方法所依据的原理。
2. 镧系元素原子和 RE^{3+} 的电子结构各的特点？

3. 比较镧系金属与碱土金属 Ca 在化学性质上的异同。

4. 为什么 Eu、Yb 的原子半径比左右相邻元素都大？

5. 如何制备 RE_2O_3 和无水 $RECl_3$？

6. 分别列举几个 RE^{3+} 与氧、氮及氧-氮配位的配合物的例子，并说明与 d 区离子形成的相应配合物的差异。

7. 锕系元素在哪些方面类似于镧系元素？哪些方面类似于 d 区过渡元素？

8. 5f 轨道与 4f 轨道成键有何差异？

9. 如何从沥青铀矿中提取铀？

10. 比较钍和铈在化学性质上的相似性和差异性。

11. 114 号元素的发现有什么意义？

12. 周期系的发展前景如何？

13. 讨论下列性质。

(1) $Ln(OH)_3$ 的碱强度随 Ln 原子序数的提高而降低。

(2) 为什么镧系元素形成配合物的能力很弱？镧元素配合物中配位键为什么主要是离子性的？

(3) Ln^{3+} 大部分是有色的、顺磁性的。

14. 回答下列问题。

(1) 钇在矿物中与镧系元素共生的原因何在？

(2) 从混合稀土中提取单一稀土的主要方法有哪些？

(3) 根据镧系元素的标准电极电势，判断它们在通常条件下和水及酸的反应能力。镧系金属的还原能力与哪个金属的还原能力相近？

(4) 镧系收缩的结果造成哪三对元素在分离上困难？

(5) 镧系+3 价离子的配合物只有 La^{3+}、Gd^{3+} 和 Lu^{3+}，具有与纯自旋公式所得一致的磁矩，为什么？

15. $Ln^{3+}(aq) + EDTA(aq) \longrightarrow Ln(EDTA)(aq)$

上述生成配合物的反应中，随镧系元素原子序数的增加，配合物的稳定性将发生怎样的递变？为什么？

16. 试述 ^{238}U 和 ^{235}U 的分离方法和原理。

参 考 文 献

成都科技大学无机化学教研室 . 1992. 无机化学 . 2 版 . 成都：成都科技大学出版社

格林伍德 N N，厄恩肖 A. 1996. 元素化学 . 下册 . 王曾隽译 . 北京：高等教育出版社

刘新锦，朱亚先，高飞 . 2010. 无机元素化学 . 2 版 . 北京：科学出版社

王世华，等 . 2000. 无机化学教程 . 北京：科学出版社

张祥麟，王曾隽 . 1992. 应用无机化学 . 北京：高等教育出版社

朱文祥，刘鲁美 . 1993. 中级无机化学 . 北京：北京师范大学出版社

第 7 章　生物无机化学

生物无机化学(bioinorganic chemistry)或无机生物化学(inorganic biochemistry)是介于生物化学与无机化学之间的内容广泛的前沿学科。广义地说,生物无机化学是在分子水平上研究生物体内与无机元素(包括生命金属与大部分生命非金属及其化合物)有关的各种相互作用的学科。生物无机化学揭示了无机元素在生命过程中的重要性,它应用现代无机化学的概念、理论和技术,在分子水平上研究无机元素及其化合物与生物体的相互作用,重点是研究金属离子与生物分子特别是生物大分子(蛋白质、核酸、多糖等)的作用规律以及它们所形成的生物功能分子的结构—性质—生物活性之间的关系(structure-property-activity relationship,SPAR)。

众所周知,构成生物体的主要成分是有机物,但各种无机成分特别是水合金属离子是生命活动过程所不可缺少的。随着近代物理测试技术和痕量分析技术的发展和完善,有机体内含量低于万分之几的微量元素的测定成为可能,从而发现生物体中除熟知的一些常量元素外还存在着许多鲜为人知的微量元素,这些微量元素在生命活动中起着开关、调节、控制、传递的重要作用,研究它们在生物体(尤其是人体)中的存在形式、作用机理、生理功能及在各组织器官中的分布和代谢机制是十分重要的。无机元素的生物学效应是在生物体内环境中通过与生物分子的作用而显示出来的,因此,研究无机元素及其化合物在生物体内化学反应的独特性和规律性亦是生物无机化学的重要任务之一。

7.1　生命元素和生物配体

7.1.1　生命元素

在生物体中能维持生命活动的必需元素称为生命元素。迄今为止人们认为生命元素有 27 种,除硼(B)外,皆为人体必需元素。其中宏(常)量元素占人体总量的 99.95%以上,微量元素含量一般低于 0.01%。它们在周期表中的分布见表 7-1。

表 7-1　生命必需元素

	ⅠA	ⅡA	ⅢB	ⅣB	ⅤB	ⅥB	ⅦB	Ⅷ	Ⅷ	Ⅷ	ⅠB	ⅡB	ⅢA	ⅣA	ⅤA	ⅥA	ⅦA	0
1	H*																	He
2	Li	Be											B	C*	N*	O*	F	Ne
3	Na*	Mg*											Al	Si	P*	S*	Cl*	Ar
4	K*	Ca*	Sc	Ti	V	Cr	Mn	Fe	Co	Ni	Cu	Zn	Ga	Ge	As	Se	Br	Kr
5	Rb	Sr	Y	Zr	Nb	Mo	Tc	Ru	Rh	Pd	Ag	Cd	In	Sn	Sb	Te	I	Xe
6	Cs	Ba	La	Hf	Ta	W	Re	Os	Ir	Pt	Au	Hg	Tl	Pb	Bi	Po	At	Rn
7	Fr	Ra	Ac															

* 宏量元素;加下划线者为微量元素;框内为生命元素密集区。

在生命元素中,13 种非金属(H、C、N、O、P、S、F、Cl、Br、I、Si、Se、B)除 H 外集中在 p 区右上角,14 种生物金属在周期表中有两个主要密集区:一是ⅠA、ⅡA 族的四金属"岛"(K、Na、Ca、Mg),它们是宏量元素;二是第一过渡系,它们是微量元素,是生物体中金属蛋白和金属酶的重要结构成分。1970 年国际辐射防护委员会(ICRP)公布了标准人的化学组成,见表 7-2。

表 7-2 标准人* 的化学组成

元素	体内含量/g	质量分数/%	元素	体内含量/g	质量分数/%
O**	43000	61	Pb	0.12	0.00017
C**	16000	23	Cu**	0.072	0.00010
H**	7000	10	Al	0.061	0.00009
N**	1800	2.6	Cd	0.050	0.00007
Ca**	1000	1.4	B	<0.048	0.00007
P**	720	1.0	Ba	0.022	0.00003
S**	140	0.20	Sn**	<0.017	0.00002
K**	140	0.20	Mn**	0.012	0.00002
Na**	100	0.14	Ni**	0.010	0.00001
Cl**	95	0.12	Au	<0.010	0.00001
Mg**	19	0.027	Mo**	<0.0093	0.00001
Si**	18	0.026	Cr**	<0.0066	0.000009
Fe**	4.2	0.006	Cs	0.0015	0.000002
F**	2.6	0.0037	Co**	0.0015	0.000002
Zn**	2.3	0.0033	V**	0.0007	0.000001
Rb	0.32	0.00046	Be	0.000036	
Sr	0.32	0.00046	Ra	3.1×10^{-11}	
Br	0.20	0.00029			

* 标准人是指假定体重为 70 kg 的男子。

** 表示生命必需元素。表中未包括生命必需元素碘与硒,溴为必需元素的看法尚不一致。

无机元素在生物体内的化学形态是复杂的,大体上有以下几类:无机结构物质如 Ca、P、Si、F 等,它们是生物体内某一器官或组织的结构成分;简单自由离子如 Na^+、K^+、Ca^{2+}、Mg^{2+} 等,它们常具有特定的电化学功能和信息传递功能;生物小分子化合物如金属卟啉、维生素 B_{12} 和其他一些以小分子形态存在的生物分子;生物大分子配合物如金属蛋白、金属酶等。同一元素可能以多种不同的化学形态存在以完成不同的生理功能。揭示某一生命必需元素在生物体内某一特定环境中的具体化学形态是生物无机化学的重要基础研究内容。

7.1.2 生物配体

许多生物微量金属元素如 Fe、Cu、Zn 等,当它们以自由离子存在时并不表现生物活性或活性不强,只有当它们与特定结构的配体结合在一起,以配位化合物的形式存在时才能表现出生物活性来。这些在生物体内与金属配位并具有生物功能的配位体称为生物配体(biological ligand)。

视相对分子质量的大小,生物配体可分为小分子配体和大分子配体。一些有机分子和无机离子如氨基酸、卟啉、核苷酸、HCO_3^-、HPO_4^{2-} 等是小分子配体。蛋白质、核酸等是大分子配体,其相对分子质量可达几百万、几千万。生命活动中的许多反应,大分子配体起主要作用。生物配体与金属结合一般遵循软硬酸碱规则。

对一些大分子配体及其生物活性配合物的研究表明,虽然它们各有特点,但有明显的共性。主要表现为：

(1) 生物大分子是刚性与柔性相结合的分子。分子的刚性指成键两原子间有固定的键长与键角，难变形，只有微小的相对振动，没有大幅度的运动。柔性是刚性部位局部延伸导致链的折叠卷曲(图 7-1)，以及由此而引起的种种现象。小分子只有刚性没有柔性。分子越长，柔性越大。柔性部分易变形，易运动。对大分子(如蛋白质)而言，两原子间的连接(一级结构)是刚性的，一旦形成链后微小的触发作用就可以使它们运动、变形，从一种构象变成另一种构象，并以其合适的构象接近、包围所选定的底物，调整分子的反应能力。柔性是动态的基础，生物大分子配体则是以刚柔相济、动静结合的特点完成其独特的生物功能作用的。

图 7-1　大分子长链的折叠卷曲

(2) 生物大分子内和大分子间存在着有键的和非键的多种相互作用，它们是：

(i) 共价相互作用。两原子间共用电子对形成共价键，强度高，定向性强。

(ii) 静电相互作用。分子内正电荷部位与负电荷部位的相互吸引与排斥，这种静电作用往往是区域性的。

(iii) 氢键。本质上属于静电相互作用的结果，氢键属于线性定向，强度与原子间距离有关。

(iv) 色散力。任何两个非键原子都存在色散力，其本质仍是静电引力，一般忽略其方向性。

(v) 疏水力。大分子中有些侧链是疏水的。在水中，疏水侧链将尽量避免与水分子接触，形成疏水区。疏水区周围水分子排列有序，能量升高。当一个分子内的两个疏水部分或不同分子的疏水部分靠近时，把一部分有序排列的水分子挤出，这些水分子离开疏水区后变成无序状态，体系熵值增加，自由能降低，从而使两疏水部分的“结合”稳定化。这种结合又称为疏水键，实际上是非键相互作用。

从分子结构来看，共价相互作用是大分子一级结构的基础，其他的一些相互作用往往构成分子的次级键，在发生构象变化或分子变形时，这些次级键易断裂破坏，使分子运动有较大的自由度。大分子内各种作用力示意如图 7-2 所示。

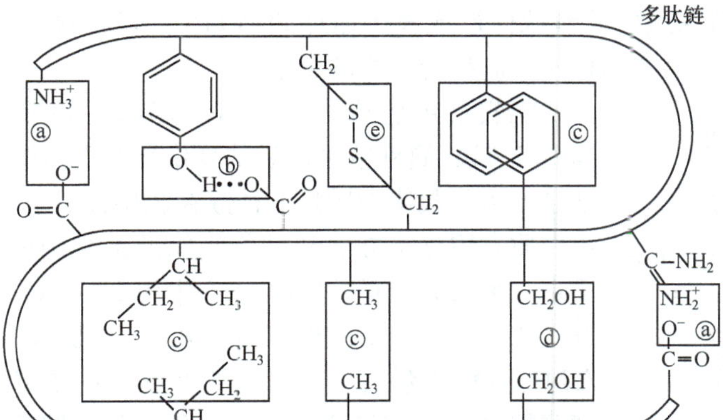

图 7-2　生物大分子中各种作用力

ⓐ静电引力；ⓑ氢键；ⓒ疏水力；ⓓ偶极-偶极相互作用；ⓔ共价键

(3) 配位竞争。生物大分子中包含有许多能给予或接受孤对电子的基团，因此 1 个大分子配体可以有多个不同的结合点，当其与金属离子配合时会出现：①几个结合点同时争夺一种金属离子或几种金属离子同时争夺某一配位点而产生配位选择性，例如人血清蛋白虽有几个配位点，但与 Cu^{2+} 结合时只有 1 个强结合配位；②同一金属离子在不同条件下可以和不同配位点结合，例如纤维蛋白有 3 个 Mg^{2+} 的强结合点，当 pH 降低时，其中某些配位点的结合能力会减弱，减弱的部位在竞争中失利，使 Mg^{2+} 的结合部位发生变化。

生物体内存在着多种金属离子和多种生物配体，相互间存在着配位竞争，若金属 M 和两种不同配体 A 或 B 都能形成二元配合物，则有下列竞争平衡：

$$MA_n + mB \rightleftharpoons MB_m + nA$$

不是形成 MA_n 就是形成 MB_m。其竞争趋势可用竞争常数来表示：

$$K_{竞} = \frac{\beta_{MB_m}}{\beta_{MA_n}}$$

$K_{竞}=1$，两者势均力敌。$K_{竞}>1$，MB_m 在竞争中占优势。$K_{竞}<1$，MA_n 在竞争中占优势。

(4) 大分子配体具有特殊的溶解性。其极性基团能携带金属离子溶于极性溶剂中，其非极性基团又能使整个分子表现出脂溶性，从而适应生物体内不同微环境的要求。

(5) 大分子配体都是多齿配体。除能形成开链式的配合物外，还能形成螯合物和大环配合物是大分子配体的特征。这一特征表现了生物体系中配位化学的特殊性和丰富多彩。

7.2 生物无机化学的几种基本反应

7.2.1 生物离子泵反应

周期表中ⅠA、ⅡA 族金属元素钠、钾、镁、钙在生物体中常以自由离子(Na^+、K^+、Mg^{2+}、Ca^{2+})形式存在于体液中，完成其特殊的生理功能。例如，维持渗透压和膜电位，与 Cl^-、HCO_3^-、PO_4^{3-} 等一起维持体液和细胞的电荷平衡；参与肌肉收缩、神经传递等多种高级生理过程。这些离子在细胞内外的分布不是随机而是高度有序的，以神经和肌肉细胞为例，在正常情况下，细胞膜内 K^+ 浓度约为膜外的 30 倍，而细胞膜外 Na^+ 浓度约为膜内的 12 倍。要形成并维持这样大的浓度差，必须依靠细胞膜的选择性通透，使低浓度区的带电荷离子穿过脂质性细胞膜，主动输送(活性输送)到高浓度区。这种逆浓度梯度的跨膜运转自由能大，不能自发进行，需要由膜上的特殊蛋白质作载体形成离子通道和 ATP(三磷酸腺苷)水解提供能量来完成。细胞膜内外离子的主动输送机制称为生物离子泵。

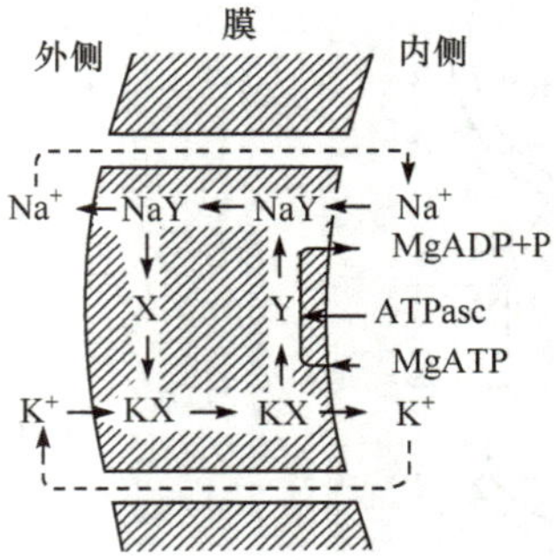

图 7-3 钠和钾通过细胞膜主动输送的假定机理
引自 Guyton(1971)

能实现细胞内外 Na^+/K^+ 双向主动输送的生物离子泵为 Na^+/K^+ 泵，简称钠泵。对钠泵化学本质和作用原理的研究发现，钠泵的离子载体物质是一种嵌在膜中的具有 ATP 酶活性的特殊蛋白质。用化学方法从动物组织的细胞膜中分离出的钠泵蛋白质是一种大分子磷蛋白(图 7-3 中用 X 表示)，相对分子质量在 25 万左右，分子中有 α 和 β 两种亚基，α 亚基有催化活性，能催化 ATP 水解，该蛋白质的酶活性可被 Na^+ 或 K^+ 激活并受 Mg^{2+} 浓度调控，故称为 K^+-Na^+-ATP 酶。分子结构中还含有一个可被磷酸化和脱磷酸化的反应点。在钠泵工作时，载体 X 对 K^+ 的亲和力强而对 Na^+ 的亲和力弱，细胞膜外侧的 K^+ 优先与载体 X 结合形成 KX 化合物，当脂溶性的 KX 穿过细胞膜而进入膜内侧时，就和细胞浆内的 ATP 发生磷酸化作用，X 转变成载体 Y，ATP 转变成 ADP。反应为：

$$KX + ATP \longrightarrow Y + ADP + K^+$$

磷酸化后的载体 Y 对 K^+ 的亲和力减弱而对 Na^+ 的亲和力增强，从而释放出 K^+ 而结合 Na^+，形成 NaY 化合物并将 Na^+ 输送到膜外侧，在这里脱磷酸化后释放出 Na^+ 并恢复成载体 X。

又开始了一个新的循环。钠泵实现 K^+、Na^+ 双向主动输送的反应机制示意如下：

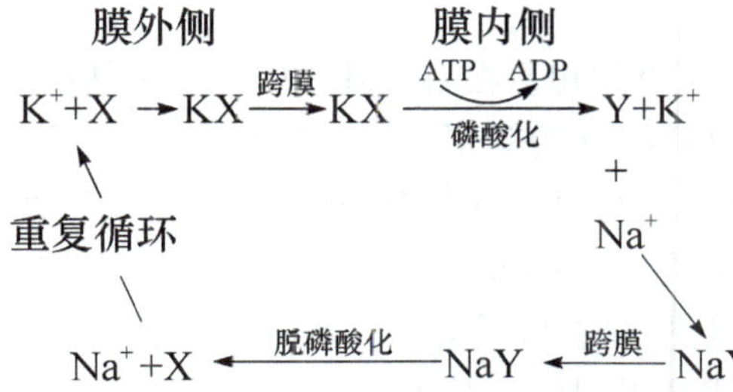

钠泵主动输送 K^+、Na^+ 所需能量由 ATP 在 Na^+-Na^+-ATP 酶作用下水解为 ADP 放出的能量供给。

$$ATP + H_2O \xrightarrow{\text{ATP 酶}} ADP + H_3PO_4 + \text{能量}$$

在 ATP 分子中含有不稳定的高能磷酸键。在 pH＝7.0、温度为 298 K 条件下，1 mol ATP 水解时放出的能量约为 30.5 kJ。在每次循环中，1 mol ATP 水解可输送 3 mol Na^+ 到细胞外，输入 2 mol K^+ 到细胞内。这样不等量扩散在膜内外产生了一个电荷梯度，从而形成了膜电位①。多数细胞的膜电位为 50～70 mV。

钠泵的反应机制表现了碱金属离子与蛋白质大分子(离子载体)的特殊结合形式。从对许多天然离子载体的结构研究发现，它们都是双亲分子，分子内有多个配位原子，在与金属离子配合时，可以形成一个包围金属离子的配位腔。腔内配位原子与金属离子以离子-偶极静电引力结合，腔径大小影响与金属离子的选择性匹配。当其与金属离子结合后，发生构象变化，分子中疏水基团向外，使配合物外侧被疏水基包围而呈脂溶性，能有选择性地携带金属离子穿过脂溶性的细胞膜而构成膜上特殊的离子通道。

除钠泵外，肌细胞内的肌质网膜上存在“钙泵”，甲状腺细胞膜上存在着“碘泵”等。各种生物离子泵的反应机制是研究生物无机反应的重要内容。

7.2.2 生物矿化

生物体内的硬组织(骨、牙、壳等)称为生物矿物。它们与自然界的矿物不同，是介于无机物与有机物之间的特殊材料，在生物体内特定的条件下形成，并具有特殊的结构和组装方式。

生物矿物中最有代表性的无机物成分是钙的磷酸盐类。生物体从环境中不断摄取钙和磷。在体内细胞外不断积累着 Ca^{2+} 和 PO_4^{3-}，达到一定浓度后，与 H^+、OH^- 和 H_2O 结合，可形成以下几种类型的磷酸盐：

羟磷灰石(OHA)	$Ca_{10}(PO_4)_6(OH)_2$	pK_{sp}＝117.2
欠缺羟磷灰石	$Ca_9(HPO_4)(PO_4)_5(OH)$	pK_{sp}＝85.1
磷酸八钙(OCP)	$Ca_8(HPO_4)_2(PO_4)_4 \cdot 5H_2O$	pK_{sp}＝68.8
无定形磷酸钙(ACP)	$Ca_{10}(HPO_4)(PO_4)_6$	pK_{sp}＝81.7
二水磷酸氢钙	$CaHPO_4 \cdot 2H_2O$	pK_{sp}＝6.59
磷酸氢钙	$CaHPO_4$	pK_{sp}＝6.90

这些不同的磷酸钙盐形成后可互相转化。从热力学上看，羟磷灰石的 K_{sp} 最小，最稳定。从结晶动力学上看，如果溶液对几种盐都呈过饱和，首先析出的应是结晶形成速率最快的。在 37 ℃，pH≈7.0 的生理条件下，溶液中首先形成 ACP，几分钟后可转化成 OCP，最后转化成热

① 膜电位是由于横跨膜的可通透离子和化学位不同而产生的非平衡电位。

力学上最稳定的 OHA。因此，羟磷灰石 OHA 是生物矿物中最主要的磷酸盐成分，称为生物磷灰石。

生物矿物中的无机盐被有序地包裹在有机基质中。有机基质由两种蛋白质组成：

(1) 胶原蛋白：是一类呈纤维状的糖蛋白。胶原蛋白上的糖羟基可与 Ca^{2+} 结合，这种结合引起胶原蛋白的构象变化及胶原纤维间的交联而呈水不溶性，成为硬组织的支撑骨架。

(2) 磷蛋白：分子中含磷酸基，对 Ca^{2+} 有特殊的亲和力。每个磷蛋白分子可结合几百个 Ca^{2+}，使这些钙离子在分子上按磷酸基而定位。磷酸基结合 Ca^{2+}，提供了 OHA 晶核的成核点，即提供了无机盐在体内形成结晶的生长点。

如果把生物矿物的 OHA 微晶作为分散相，有机基质则是分散介质。微晶分散沉积在基质中形成特殊的生物复合材料。

人体中 90%以上的 Ca、P 存在于骨骼中，与血液间存在着钙化与脱钙的动态平衡：

$$\underset{\text{(血液中)}}{10Ca^{2+}+6PO_4^{3-}+2OH^-}\underset{\text{脱钙}}{\overset{\text{钙化}}{\rightleftharpoons}}\underset{\text{(骨骼中)}}{Ca_{10}(PO_4)_6(OH)_2(s)}$$

这一平衡维持着人体钙、磷的正常代谢，一旦失控将会引起许多疾病。例如，过量氟进入机体能与钙结合形成 CaF_2，沉积在骨组织中，局部改变羟磷灰石为氟磷灰石，破坏钙化和脱钙平衡，引起氟骨症(骨硬化和骨质疏松)，血钙减少，使甲状旁腺功能增强，抑制肾小管对磷的吸收，磷从尿中大量丢失，造成钙、磷代谢紊乱。

7.2.3 金属离子与生物分子的配位反应

生物体是一个多金属、多配体组成的复杂水体系。金属离子与生物分子在生物体系中发生的配位反应有一般水溶液中配位反应的共性，更有其特殊性。

1. 金属离子与大分子的配位作用

生物无机化学最基本的反应是大分子配体(蛋白质、核酸)与金属离子的配位结合。大分子配体刚柔相济、动静结合的特点及双亲(亲水、亲脂)基团共存的结构特殊赋予了反应诸多新的内容，也是无机离子在生命过程中能发挥重要作用的根本原因。

蛋白质是生命的基本物质。蛋白质分子是许多氨基酸依次缩合而成的生物大分子。在蛋白质分子中有很多氨基酸残基，存在着多个能与金属离子配位的基团，这些基团必须有较强的配位能力，并处在有利的配位位置上，对金属离子的配位反应才能发生。例如在羧肽酶 A 中有 300 个氨基酸残基和 1 个 Zn(Ⅱ)，只有位于 61 和 196 位上组氨酸(His)中的咪唑基 N 和 72 位上谷氨酸(Glu)中的羟基 O 处于有利条件，才能与 Zn(Ⅱ)配位结合。

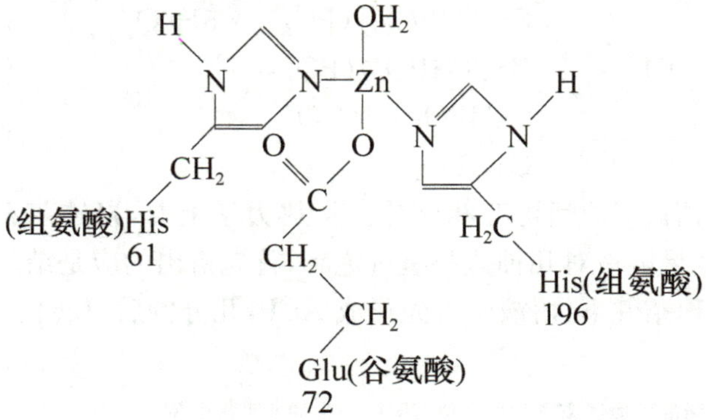

蛋白质大分子的柔性决定了它的动态性质，当其与金属离子靠近时可以运动、旋转，发生构象变化，调整自身的反应能力。分子链越长，柔性越大。一个分子中还可出现若干配位腔，同时与多个金属离子配位。例如，牛脑钙调蛋白 CaM 由 148 肽的多肽链组成，分子内有 4 个 Ca^{2+} 结合位腔，可结合 1～4 个 Ca^{2+}。每结合 1 个 Ca^{2+} 后都能发生构象变化，由结合 Ca^{2+} 的数目不同而表现出不同的生理活性。

核酸（RNA、DNA）是由为数很多的单核苷酸组成的链状高分子化合物。无论是 RNA 或 DNA 都是由一个单核苷酸中戊糖 C_5 上的磷酸残基与另一个单核苷酸中戊糖 C_3 上的羟基以 3′,5′-磷酸二酯键连接而成。RNA 一级结构片断见图 7-4。

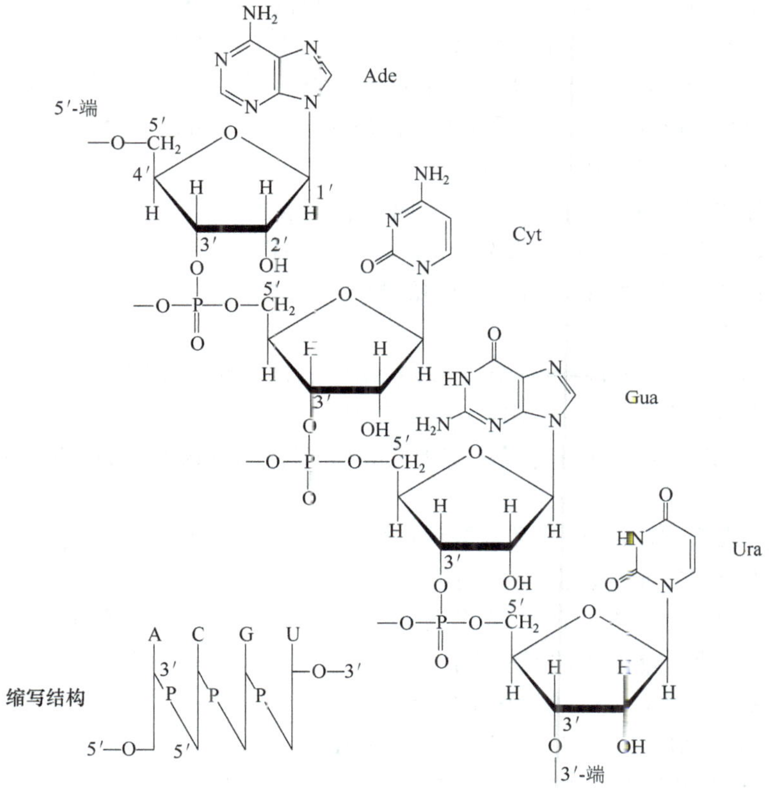

图 7-4　RNA 结构片断

在核酸分子中有许多磷酸基、碱基和戊糖，它们都可以是金属离子的配位基团，其中以碱基配位能力最强，磷酸基居中，戊糖的羟基最弱。与核酸作用的金属离子主要有 Ca^{2+}、Mg^{2+}、Cu^{2+}、Mn^{2+}、Ni^{2+} 和 Zn^{2+} 等。Ca^{2+}、Mg^{2+} 是硬酸，易与硬碱性磷酸基的 O 配位，而过渡金属离子与磷酸基和软碱性的含 N 杂环皆可配位。

某些金属离子如 Mg^{2+}、Mn^{2+}、Zn^{2+}、Ni^{2+} 等对核酸的结构有稳定作用。例如，加入 Mg^{2+} 与 DNA 分子上磷酸基结合后可抵消一部分磷酸基所带负电荷，使静电斥力减少，有利于双螺旋结构稳定而使 DNA 熔点升高。又如加入 Zn^{2+}，Zn(Ⅱ)可与双螺旋两条链的碱基连接，使 DNA 受热熔解时两条链发生变形而不解离，在缓慢冷却时双螺旋结构又可复原重卷。

近年来研究发现，在 DNA 与蛋白质的结合上 Zn(Ⅱ)起了特殊的结构作用。蛋白质中的半胱氨酸(Cys)和组氨酸(His)是 Zn(Ⅱ)的最常见配体，Cys 的 S 和 His 的 N 与 Zn(Ⅱ)配位形成四面体结构，形如指状称为“锌指结构”。在核蛋白中这些锌指结构域是DNA和蛋白质结合的位点。锌指结构是深入研究蛋白质和DNA结合的基本模型之一。

2. 三元混配配合物的形成

一种中心离子与两种配体配合形成的具有三组分的配合物称为三元混配配合物。生物体内的许多微量金属元素往往处于浓度较高的多种生物配体的环境中，易形成三元(或多元)混配配合物而发挥生物功能作用。在酶催化作用中E—M—S就是金属离子M与酶(E)和底物(S)形成三元混配配合物的通用模式。

三元混配配合物的中心离子M^{n+}，一般氧化值较高，且具有较高的配位数。由于中心离子对配体吸引力较强，而较多的配体对这些金属离子都有一定的配位能力。当一种配体与金属离子结合时，一般不容易达到最高配位数而出现配位不饱和状态，使第二种配体能进入内界直接与中心离子配位形成混配。三元混配配合物的形成可通过以下途径：

(1) 生成反应：$M+A+B \rightleftharpoons MAB$

A、B两种配体配位能力相同，同时与金属离子M配位。

(2) 加和反应：$MA+B \rightleftharpoons MAB$ 或 $MB+A \rightleftharpoons MBA$

在已形成的二元配合物中，还有不饱和的配位位置和剩余空间，另一配体可与原母体二元配合物进一步加和。

(3) 取代反应：$MA_2+B \rightleftharpoons MAB+A$ 或 $MB_2+A \rightleftharpoons MAB+B$

(4) 重配(歧化)反应：$MA_2+MB_2 \rightleftharpoons 2MAB$

在M、A、B体系中采取哪种途径决定于反应物的性质、配体浓度、反应的具体条件和反应环境等。

从统计观点来看，若溶液中存在着两种对同一金属离子配位能力相同的配体，则形成三元配合物的概率比形成二元配合物的概率高。

设金属离子为M，配体A、B与M形成1∶1配合物MA和MB的机会相等，若A、B再与MA(或MB)配合，则可能发生的反应有：

① $MA+A \rightleftharpoons MA_2$　　② $MB+B \rightleftharpoons MB_2$

③ $MA+B \rightleftharpoons MAB$　　④ $MB+A \rightleftharpoons MAB$

可见，形成二元配合物MA_2、MB_2的机会分别出现1次，而形成三元配合物MAB的机会出现2次。

对MA_aB_b型三元配合物，其统计因子S的数学表示式为$S=\dfrac{(a+b)!}{a!\ b!}=\dfrac{n!}{a!\ b!}$，$S$表示三元配合物比二元配合物多出现的概率。若为MAB，则$S=\dfrac{(1+1)!}{1\times 1}=2$，说明平衡时三元配合物的浓度大2倍；若为$MA_2B$(或$MAB_2$)，则$S=\dfrac{(2+1)!}{2!\times 1!}=\dfrac{6}{2}=3$，说明平衡时三元配合物的浓度大3倍。

三元混配配合物的形成对生物体系十分重要。例如血液中的Fe^{3+}是与铁传递蛋白(Tf)结合后输入骨髓以合成红血球的，而脱铁传递蛋白(H_6Tf)与Fe^{3+}配合时若有HCO_3^-存在因形成三元配合物而稳定性增强。反应如下：

$$2Fe^{3+}+H_6Tf+2HCO_3^- \rightleftharpoons [(Fe)_2Tf(HCO_3)_2]^{2-}+6H^+$$

该反应由酸碱平衡控制，在酸性环境中，可将Fe^{3+}部分或全部解离出来。又如血浆中Cu(Ⅱ)-

氨基酸配合物可进一步形成清蛋白-Cu(Ⅱ)-氨基酸三元配合物，再转化成 Cu(Ⅱ)-清蛋白而实现 Cu^{2+} 的载体交换。

生物体内许多化学反应都是在酶催化下进行的。在酶分子中由金属离子作辅基的称为金属酶。

金属酶＝酶蛋白＋金属离子

金属离子是酶活性中心，在催化过程中，金属离子又与底物结合形成三元混配配合物，使底物分子活化，键断裂。例如羧肽酶 A(CPA)可催化蛋白质肽键 C-末端氨基酸水解：

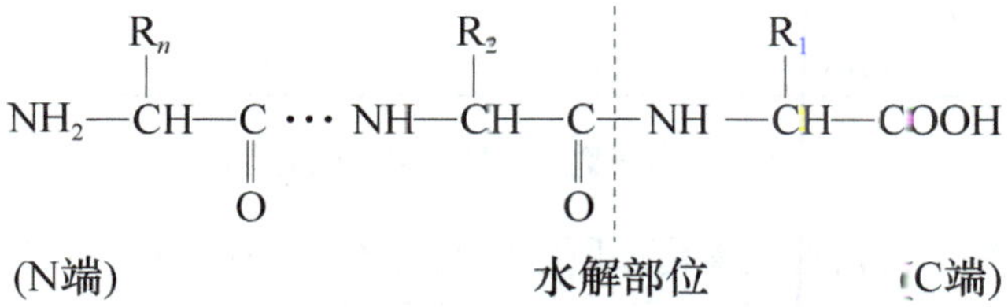

CPA 分子中 Zn(Ⅱ)是酶活性中心，四配位(如图 7-5)。起催化作用时，底物被水解部位的羧基 O 与 Zn(Ⅱ)配位，形成酶蛋白-Zn-底物三元配合物。Zn(Ⅱ)起 Lewis 酸作用，它可极化羧基使 C 原子显正电性而接受 OH，并使 N 接受酪氨酸 248 的羟基提供的质子而完成水解。Zn(Ⅱ)与酶蛋白分子和底物的配位情况如图 7-5。

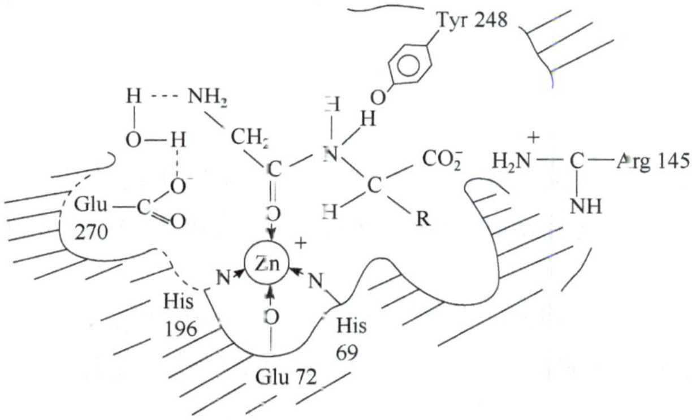

图 7-5 CPA 的活性位置及侧链和底物的相互作用

7.2.4 生物活性配合物参与的电子转移反应

生物体内许多氧化还原反应都与过渡金属元素可呈现多种氧化态有关，如 Fe(Ⅱ，Ⅲ)、Cu(Ⅰ，Ⅱ)、Mn(Ⅱ，Ⅲ，Ⅳ)、Mo(Ⅳ，Ⅴ，Ⅵ)等。金属离子与大分子配体结合后，电对的氧化还原电位发生变化，配体对氧化还原电位的微调作用使生成的活性配合物具有各自不同的电位值，从而实现按特定要求的电子传递作用。

需要注意的是，生物体中氧化还原电位 $E^{\ominus}{}'$ 是以 pH＝7.0 为标准的，因为在 pH＝0 即 $c(H^+)=1.0\ mol\cdot L^{-1}$ 时溶液为强酸性，酶在此条件下无活性。

氧化还原反应是生物体内的重要反应，呼吸作用、光合作用、固氮作用以及生物体内的代谢过程都与氧化还原反应有关。一般说来，在多种氧化还原电对组成的体系中，氧化还原反应的顺序是：电位表中最邻近的物质先发生反应，即 $E^{\ominus}{}'$ 较大的电对的氧化型并不氧化离它较远的 $E^{\ominus}{}'$ 值较小的电对的还原型。例如，细胞色素 $a+a_3$ 的 $E^{\ominus}{}'=0.29$ V，邻近的细胞色素 c 的 $E^{\ominus}{}'=0.25$ V，细胞色素 c_1 的 $E^{\ominus}{}'=0.22$ V，可判断细胞色素 $a+a_3$ 的氧化型应氧化细胞色素 c 的还原型而不是细胞色素 c_1 的还原型。呼吸链中细胞色素电子传递示意如图 7-6。

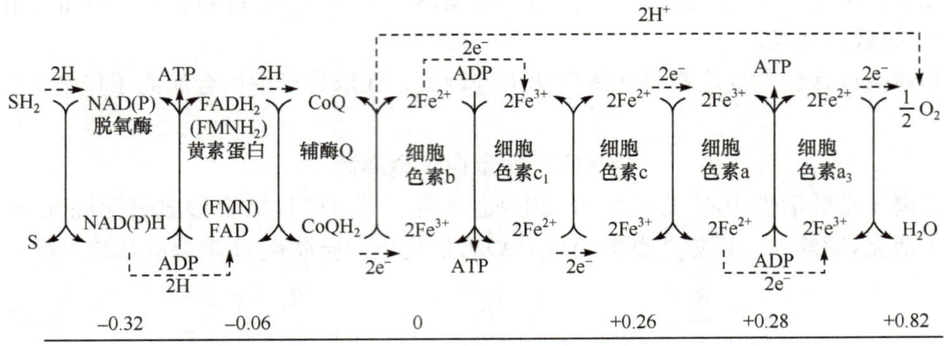

图 7-6　呼吸链中 H^+ 和电子传递链

在呼吸链中，各物质严格地按氧化还原电位能力的大小顺序进行反应，电子依次在一连串从低电位到高电位的电子载体间传递，最后把电子传递给分子氧而形成最终产物 H_2O，在细胞色素分子中 Fe(Ⅲ)、Fe(Ⅱ)就是电子传递中心，如图 7-6。

7.2.5　生物无机反应的特殊性

生物体系的特殊性和复杂性决定了生物无机化学反应与一般反应有不同之处，除前面已涉及之外，侧重强调以下几点。

1. 生物介质效应

生物体是水体系，但生物溶液与一般水溶液不同，在生物溶液中进行的化学反应，其反应介质除 pH、离子强度外，还包括胶束、微囊、液晶、分子筛等，生物介质效应比通常化学研究的介质效应复杂得多。

在生物体内，临界胶束浓度以上的生物表面活性剂能形成胶束介质。例如，在胆汁中结石的形成过程是 Ca^{2+} 与胆红素阴离子(B^{2-})反应生成难溶电解质胆红素钙的聚积过程：

$$Ca^{2+}+B^{2-}\rightleftharpoons CaB(s)$$

根据溶度积规则，$c(Ca^{2+})c(B^{2-})>K_{sp}(CaB)$就能产生沉淀，但这一简单的沉淀与聚积反应受介质的影响与控制。胆汁中的胆汁酸盐(表面活性剂)形成的胶束和黏蛋白(多聚电解质)形成的溶胶协同影响胆红素钙盐的沉淀。在这种胶束介质中，胶束态离子的有效浓度、扩散速率、电荷分布、反应能力及结晶行为都与普通离子不同，因此描述反应的热力学性质、反应机理、生成物的结构与形态等都与这一特殊介质有关。胶束态离子比普通离子反应慢，有诱导期，最终沉淀粒度小、量少。实验表明，胆汁中还有钙-胆红素-胆汁酸盐三元配合物存在。

另外，生物介质也有固体介质。例如一些生物硬组织就是由羟磷灰石经过特殊组装形成的类分子筛结构。这种有组织的固体介质内部存在离子反应通道，不断进行着脱矿与矿化，即溶解与再结晶的反应，明显不同于自然界中进行的矿化与脱矿过程。

2. 反应的定位、定向及有序性

在多金属、多配体的生物系统中，金属离子与配体及其他反应物间的作用不是随机的。有些反应物上的反应基团如组装起来的蛋白质和核酸分子上的反应点是定位的，与其起作用的物质的进攻、传质是定向的。反应的定位定向性决定了生物体系中反应的有序性，以及反应间的配合和反应结果的有序性。

自然界一切生命现象都与酶的活性有关，生物体的代谢反应都是在酶催化下进行，酶对底物具有高度的专一性（选择性），一种酶只能催化一种（或一类）反应，例如过氧化氢酶只催化过氧化氢分解。酶作用的专一性保证了生物代谢过程高度有序地进行。又如线粒体内膜上电子传递系统各组分都是依照氧化还原电位的高低顺序定位的，这样的有序定位形成的呼吸链（图7-6）保证了电子流动方向和能量输出位置。

由生物体内大量的各种化学反应组合起来的生命运动是时间有序、自组织和定向的运动，它不遵从热力学第二定律。在化学与生物学的结合点上研究开放的、非平衡态的生命体系如何由服从热力学第二定律的化学运动，质变到不服从热力学第二定律的生命运动，深入揭示生命现象的本质也是近代热力学的重要内容。

3. 超分子结构

研究生物无机化学反应的"构～效"关系时，必须考虑结构的第二层次——超分子结构。超分子与一般分子和配合物不同，它是由主体和客体在满足能量匹配和几何匹配等条件下，通过分子间非共价键力的作用，缔合形成的具有特定功能和性质的超级分子（或分子基团）。以磷脂为例，单一的磷脂分子处于无序的可自由运动的分立状态，它自身的结构特征决定了它的基本理化性质。若由磷脂化合物与蛋白质等组装成生物膜时，大量的磷脂分子的亲水基团和疏水基团定向有序地排列形成双分子层，极性基处于膜两侧表面，疏水基指向膜中央，使膜呈脂质性，蛋白质分子嵌在膜上。这种组装起来的超分子膜结构就具有了特殊的性质和功能。当金属离子与其作用时，既表现了各组分单一分子的性质，又表现出整体性。例如，它能使Ca^{2+}、Mg^{2+}等离子在组织化表面磷酸基上定位结合，一些膜上蛋白质还能携带金属离子（如K^+、Na^+等）穿过脂质膜，构成膜上特殊的离子通道。在超分子内，分子间非共价结合力（静电力、范德华力、氢键、疏水力等）为弱相互作用，在金属离子进攻时某些结构部分还可发生构象变化和电荷变化而表现出多种反应性。可见，当单一分子转化成有组织的分子集团——超分子体系时，其结构和性质的关系都有了新的内容。

总之，深入研究生物无机化学反应必须重视发生反应的生物背景。

7.3 氧 载 体

7.3.1 金属卟啉和血红素

卟啉是重要的小分子生物配体，是卟吩（图7-7）的衍生物。当卟吩环上编号位置的氢原子被一些基团取代后，便生成卟啉。根据取代基的位置和基团不同，卟啉也不同，所以卟啉是一类化合物的名称。卟啉具有和许多金属离子如Fe^{2+}、Fe^{3+}、Co^{2+}、Cu^{2+}、Mg^{2+}等形成配合物的能力。由金属离子和卟啉配体形成的配合物统称为金属卟啉（图7-8）。

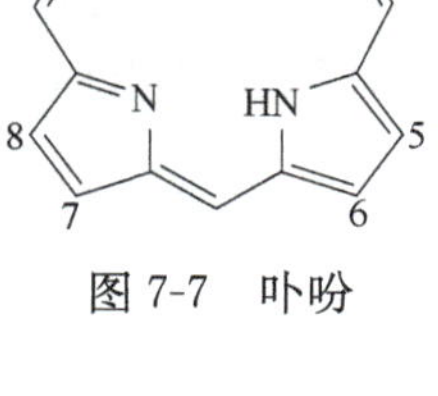

图7-7 卟吩

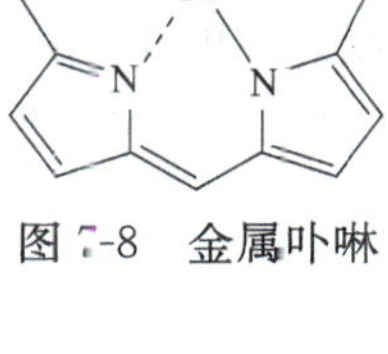

图7-8 金属卟啉

卟啉环是由 11 个共轭双键组成的高度共轭体系，结构稳定并有一定刚性。

图 7-9 为卟啉环骨架的结构参数。从吡咯氮到环中心的距离为 0.204 nm。卟啉与不同的金属离子配位以后，吡咯氮原子与中心金属离子的距离各有不同，如高铁卟啉为 0.210 nm，镍卟啉为 0.195 nm。

由于金属离子大小不同，卟啉环骨架又具有一定程度刚性，因此中心金属离子不一定位于卟啉环平面上。如果金属离子大小合适，它会与 4 个吡咯氮形成严格的平面四方形结构，如次卟啉镍(Ⅱ)、四苯基卟啉锡(Ⅳ)。某些中心金属离子则位于卟啉环平面的上方，如图 7-10 所示。Zn(Ⅱ)卟啉衍生物中，Zn 与卟啉平面的距离 d 估计为 0.033 nm。高自旋 Fe(Ⅲ)卟啉中 d 接近 0.045 nm；高自旋 Fe(Ⅱ)卟啉中 d 高达 0.075 nm，如脱氧血红蛋白中的高自旋 Fe(Ⅱ)卟啉中 d 为 0.075 nm。但低自旋铁卟啉，无论是 Fe(Ⅱ)还是 Fe(Ⅲ)，都位于卟啉平面上。如果中心金属离子半径较小，甚至还可能使 4 个吡咯氮原子形成的平面变形。

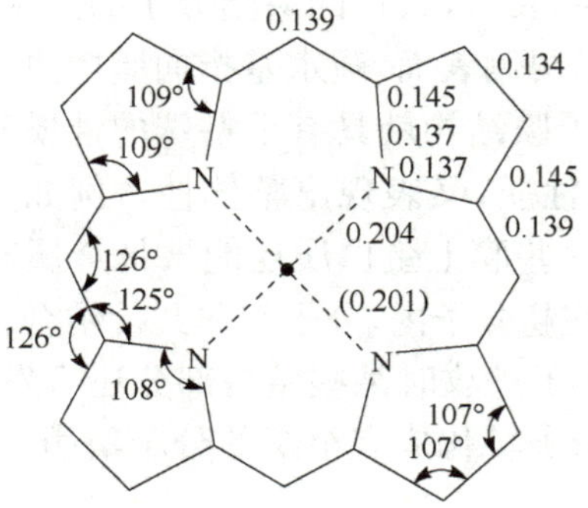

图 7-9 卟啉环骨架的结构参数

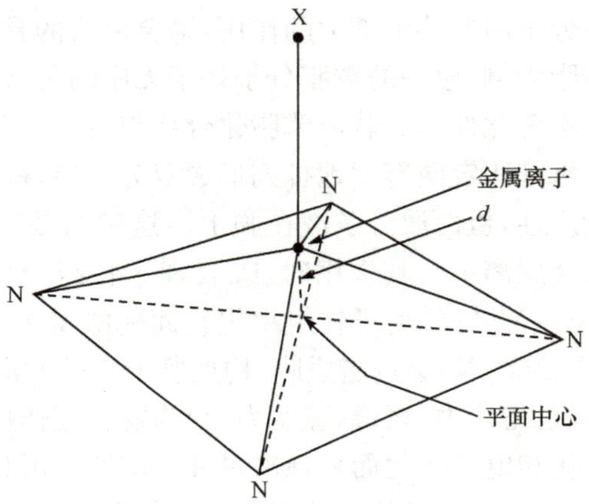

图 7-10 金属与卟啉平面的相对位置

生物体系中最重要的两种金属卟啉是镁卟啉和铁卟啉。绿色植物的叶绿素中含镁卟啉，使光合作用得以进行；哺乳动物体内的铁元素大部分以铁卟啉结合于许多生物分子中，发挥不同的生物功能作用。

卟啉配合物的电子光谱主要是配体的 $\pi\rightarrow\pi^*$ 跃迁光谱和配体的离域 π 电子向中心离子跃迁的荷移光谱，而 $\pi\rightarrow\pi^*$ 跃迁光谱是最为特征的，由长波到短波依次有 α、β、γ 3 条谱带，α 和 β 谱带的最大吸收峰在可见光区 500～600 nm 处，γ 谱带的最大吸收峰在紫外区 400 nm 附近，又称为 Soret 谱带，它是金属卟啉配合物最特征、吸收峰最强的谱带(图 7-11)。

血红素是铁卟啉一类配合物的总称，根据卟啉取代基的不同，天然血红素有 a、b、c 3 种类型。细胞色素氧化酶(细胞色素 $a+a_3$)中含血红素 a，细胞色素 c 中含血红素 c，而血红素 b 则广泛存在于血红蛋白、肌红蛋白、细胞色素 b、过氧化氢酶、过氧化物酶等蛋白质和酶分子中，其结构见图 7-12。血红素中铁的氧化态和卟啉环上取代基不同，血红素的性质和功能则不同。以血红素为辅基的蛋白质称为血红素蛋白。血红蛋白(Hb)和肌红蛋白(Mb)是以亚铁 Fe(Ⅱ)原卟啉(血红素 b)为辅基的血红素蛋白。

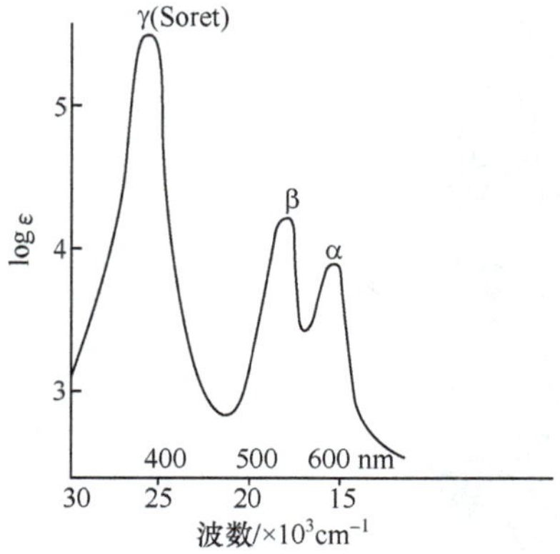

图 7-11 金属卟啉配合物的 $\pi \rightarrow \pi^*$ 跃迁光谱

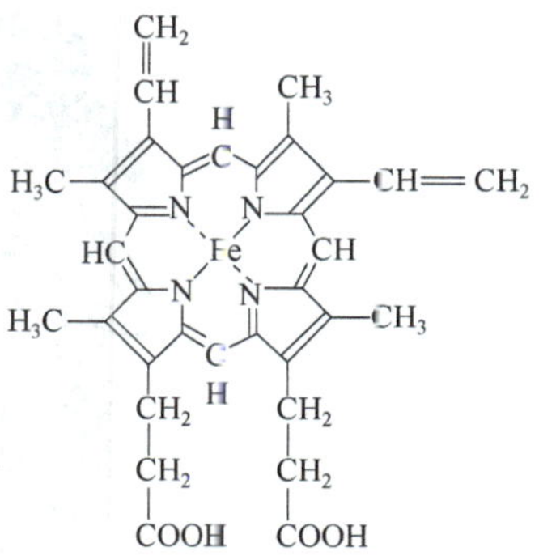

图 7-12 血红素 b(亚铁原卟啉)

7.3.2 天然氧载体——血红蛋白和肌红蛋白

1. 氧载体

生物体需要大量氧(O_2)以维持生命必需的各种氧化作用。O_2 是非极性分子,在水中溶解度极小,298 K 和标准压力下,1 L 水中溶解 6.59 mL O_2,得到浓度为 3×10^{-4} mol·L^{-1}的溶液,因此通过体内循环输送 O_2 的量受到限制,不能满足正常生理活动的需要。血液输送氧是借助于氧载体进行的。凡能与 O_2 可逆结合,本身又不会被不可逆氧化的物质称为氧载体,生物体内的氧载体称为天然氧载体。天然氧载体的存在可以使血液中氧含量比水中增大约 30 倍。

2. 血红蛋白和肌红蛋白

血红蛋白和肌红蛋白都是以血红素 b 为辅基的结合蛋白质。

肌红蛋白由一条含 153 个氨基酸组成的多肽链(珠蛋白)和一个血红素分子结合而成,相对分子质量为 17500。肽链上组氨酸残基中的咪唑基和血红素中 Fe(Ⅱ)配位,使二者结合在一起。肌红蛋白的三级结构见图 7-13。血红蛋白可以看成是四个肌红蛋白的聚集体,即一个血红蛋白分子中有 4 个亚基(4 条多肽链),分别结合 4 个血红素 b,其中两个 α 亚基和两个 β 亚基。血红蛋白的四级结构见图 7-14。血红蛋白和肌红蛋白分子排列紧密,肽链折叠成球形,血红素基团被包埋在蛋白质疏水侧链中。脱辅基后肌红蛋白与血红蛋白的亚单位在氨基酸序列上有明显的同源性。

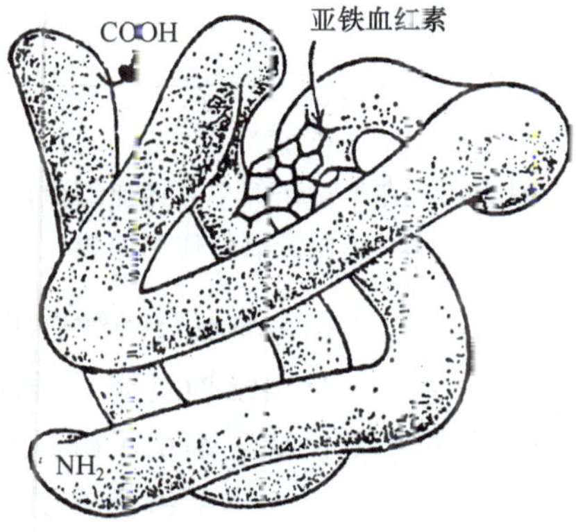

图 7-13 肌红蛋白

血红蛋白和肌红蛋白都是人体中的天然氧载体。血红蛋白存在于血液(红细胞)中,是输送 O_2 的工具,肌红蛋白存在于肌肉组织细胞中,承担 O_2 的储存并能运送 O_2 穿过细胞膜。它们与 O_2 的可逆结合表示为:

$$\underset{\text{脱氧型血红蛋白}}{Hb} + O_2 \rightleftharpoons \underset{\text{氧合型血红蛋白}}{HbO_2} \qquad \underset{\text{脱氧型肌红蛋白}}{Mb} + O_2 \rightleftharpoons \underset{\text{氧合型肌红蛋白}}{MbO_2}$$

血红蛋白和肌红蛋白与 O_2 的结合是松弛的、可逆的,特点是既能迅速结合,又能迅速解离,

图 7-14　血红蛋白

其结合与解离取决于 O_2 的分压大小。当血液经肺部时，肺泡中氧分压大于静脉血的氧分压，氧合血红蛋白形成。当血液流经组织时，肌肉组织的氧分压较低，O_2 从 HbO_2 中解离出来与肌肉组织中的 Mb 结合形成氧合肌红蛋白，把 O_2 储存起来（Mb 结合 O_2 的能力比 Hb 强），以便在 O_2 供应不足时释放出 O_2，供各种生理氧化反应的需要。在生理条件下，Hb 和 Mb 的氧合作用与氧分压 $p(O_2)$ 之间的关系曲线如图 7-15 所示。从图中看出，Hb 曲线呈 S 形，Mb 曲线的形状是简单的双曲线。在 O_2 分压 $p(O_2)$ 较低的情况下，Mb 对 O_2 的亲和力（饱和度[①]）比 Hb 大。

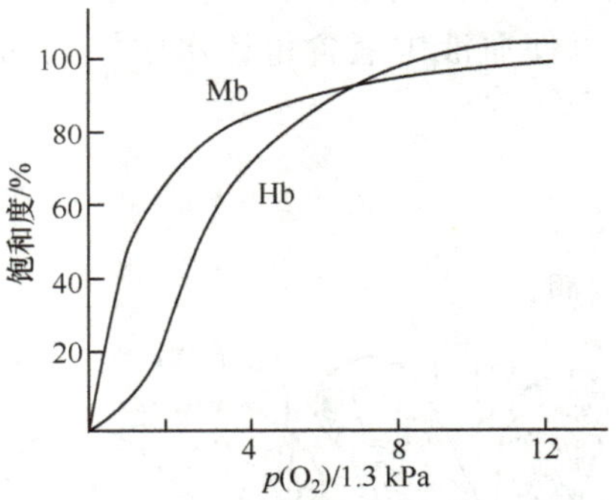

图 7-15　在生理条件下人体血红蛋白和肌红蛋白的氧合作用曲线

血红蛋白的氧合能力受细胞中 pH（氢离子浓度）变化的影响。pH 升高，Hb 氧合能力增强，这一现象称为 Bohr 效应。Bohr 效应在生理上有重要意义，当血液流经组织时，细胞中 CO_2 增加会导致 pH 降低，则 Hb 结合氧的能力减弱，有利于氧从氧合血红蛋白中释放出来。调节 pH 可以调控血红蛋白的氧合、放氧功能。

血红蛋白除载氧功能外还可以运送 CO_2。存在于 Hb 中蛋白链上的自由氨基（$-NH_2$）能与 CO_2 结合生成氨基甲酸血红蛋白，从而将机体组织产生的 CO_2 运送至肺部排除。此反应很迅速，无需酶参与。

$$HbNH_2 + CO_2 \rightleftharpoons HbNHCOOH$$

（1）血红素铁与氧分子键合的几种理论模型。

由于血红蛋白结构复杂，X 射线结构分析的分辨率不高，因此目前对血红蛋白中铁与氧分子键合的本质仍缺乏确切了解。科学家先后提出了多种理论模型，其中以 Pauling、Weiss 和 Perutz 分别提出的模型最为重要：

Pauling 模型以共价键描述血红蛋白中铁与氧分子的键合。认为氧分子邻近铁的氧原子以端基与铁共价结合，形成弯曲的结构，Fe—O—O 键角约 120°。键合的 O_2 被极化，铁保持 +2 价低自旋状态。Fe(Ⅱ) 对 O_2 空的 π 轨道的反馈作用又使 Fe—O 键具有双键性质。

Fe(Ⅱ)(O_2)或 

① 氧饱和度为血红蛋白（或肌红蛋白）的实际结合氧量与完全氧合时的结合氧量之比。

Weiss 模型以离子键描述血红蛋白中铁与氧分子的键合，认为铁的一个电子向氧分子转移形成一个完全扩展的“Fe(Ⅲ)-超氧离子”对。

Fe(Ⅲ)(O_2^-)或 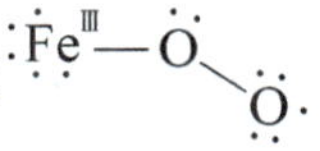

脱氧血红蛋白和氧分子都是顺磁性物质，而氧合血红蛋白具有反磁性。Pauling 模型认为配位后的 O_2 是单重态，Fe(Ⅱ)是低自旋态，都是 $S=0$。而在 Weiss 模型中，O_2^- 处于二重态，Fe(Ⅲ)处于低自旋态，都是 $S=1/2$，有一个不成对电子。Fe(Ⅲ)和 O_2^- 未成对电子的自旋偶合产生反磁性物种，这与观察到的反磁性相一致。

电子光谱数据(表 7-3)显示，HbO_2 与 HbCO 相似，而 HbO_2 与 Hb($Fe^{Ⅲ}$)OH^- 差别较大。HbCO 的 Fe 和 CO 的电子结构和空间结构已经确定，是低自旋 Fe(Ⅱ)和线型结构 $Fe^{Ⅱ}$—C—O。因此 Pauling 模型的 O_2 以端基配位方式与低自旋 Fe(Ⅱ)键合获得支持。

表 7-3　氧合血红蛋白和有关化合物的若干性质

性　质	Hb	HbO_2	HbCO	Hb($Fe^{Ⅲ}$)OH^-
电子光谱 λ/nm(ε)		414(127) 541(14.7) 577(15.6)	418(154) 539(14.7) 570(14.5)	411(71) 540(9.7) 570(8.5)
Mossbauer 谱 δ/(mm·s^{-1}) Q/(mm·s^{-1})	 0.90 0.40	 0.24 1.87～2.24	 0.18 0.36	 0.17 1.65
铁的自旋态	高自旋 $S=2$	低自旋 $S=0$		高、低自旋 混合物

注：ε 为摩尔消光系数×10^3；δ 为同质异能移；Q 为核四极矩。

Weiss 模型也有很多实验结果支持。Mossbauer 谱数据显示 HbO_2 有较高的核四极矩(nuclear quadrupole moment)Q(1.87～2.24)。Q 反映周围电荷的对称性。低自旋 Fe(Ⅱ)的电荷是球形对称的，其 Q 值较小，如 HbCO。而 HbO_2 与 Hb($Fe^{Ⅲ}$)OH^- 的 Q 值相近，因此它们的铁的电子结构相似。HbO_2 和 MbO_2 的红外振动频率 ν_{O-O} 分别是 1107 cm^{-1} 和 1103 cm^{-1}，与 KO_2 的 1145 cm^{-1}很接近。在水溶液中 Cl^- 和 N_3^- 等能与 HbO_2 发生亲核取代反应放出 O_2^-，这又支持了 Weiss 的观点。

Pauling 模型和 Weiss 模型中，O_2 都是以端基配位方式与血红蛋白的铁键合。Pauling 模型中，Fe(Ⅱ)对 O_2 空的 π 轨道的反馈，使 Fe(Ⅱ)的部分电子密度转移到氧分子上。和 Weiss 模型一样，Pauling 模型也可看作超氧化物构型。

M. F. Perutz 从立体化学角度提出了氧合作用机理。Perutz 认为：高自旋的 Fe(Ⅱ)半径为 78 pm，在 Hb 血红素辅基中 Fe—N 键距为 218 pm，比卟啉环平面中心到吡咯 N 原子的距离 204 pm 大，因此 Fe(Ⅱ)不能处于卟啉环平面内，而是处于距卟啉环平面以上平均距离 75 pm 处，此时 Fe(Ⅱ)为五配位，见图 7-16。

当 Hb 中 Fe(Ⅱ)在第六配位位置上结合 O_2 后，由于配位场增强，使 Fe(Ⅱ)由高自旋变成低自旋态，体系能量下降。低自旋 Fe(Ⅱ)比高自旋 Fe(Ⅱ)半径减小 17 pm，Fe—N 键距降低到 201 pm，稍小于卟啉环孔穴半径，随着体系能量下降，Fe(Ⅱ)的位置也下降到卟啉环孔穴中而与其共平面，从而使整个体系更趋于稳定。在 Fe(Ⅱ)下降到孔穴中时，与 Fe(Ⅱ)结合的轴向第五配位位置上组氨酸咪唑基也跟着向卟啉环平面方向移动 75 pm，这就使 Hb 稳定的四级结构的构象发生变化，见图 7-17。

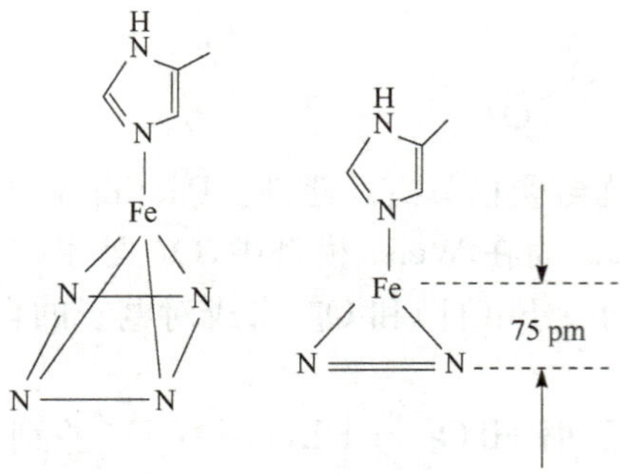

图 7-16　脱氧血红蛋白分子的空间构型

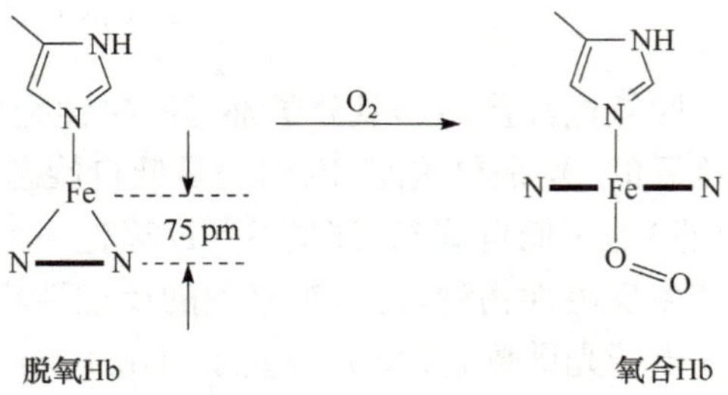

图 7-17　M. F. Perutz 氧合作用机理

从脱氧 Hb 到氧合 Hb，血红素辅基中 Fe(Ⅱ)的氧化态没有改变，这是血红蛋白可逆氧合过程的重要结构特征。血红蛋白与氧分子键合本质还有待进一步深入研究，而现有的大量实验事实和各种模型无疑有助于人们认识的深化。

(2) 血红蛋白结合氧的协同效应。

在 Hb 四级结构的构象下，每个血红素所处的空间位置并不利于 Fe(Ⅱ)与 O_2 结合，因此 Hb 与 O_2 的结合力开始是很弱的，当一个血红素上的Fe(Ⅱ)与 O_2 结合后，引起 Hb 的四级构象发生变化，对 O_2 的结合能力不断增强，这种现象称为血红蛋白结合氧的协同效应。

血红蛋白有 4 条蛋白链(两条 α 链，两条 β 链)和 4 个血红素辅基，可近似地看成肌红蛋白的四聚体，但它的氧合能力并非肌红蛋白的加和。在多肽链两端存在着 α-氨基(N 端)和 α-羧基(C 端)，它们之间相互作用形成盐键($—NH_3^+ \cdots {}^-OOC$)，也称盐桥。血红蛋白充氧时，使两个血红素辅基相互移近 0.1 nm，而另外两个则移开 0.7 nm。氧配位到 Fe(Ⅱ)上，盐键破裂。在破裂前，靠盐键的作用，脱氧 Hb 的肽链是“拉紧”的，在这种拉紧的构象里，Fe(Ⅱ)的第六配位位置向内，并被一个缬氨基阻碍。当 O_2 分子同 1 个或 2 个血红素辅基配位后，引起盐桥的断裂并伴随构象变化，拉紧的四聚体变成松弛的四聚体，其他血红素铁原子的第六配位位置被裸露出来，易于同 O_2 结合，而出现血红素辅基间的协同效应。

在图 7-15 中，Mb 和 Hb 氧合作用曲线的区别也可以说明在 Hb 中各血红素辅基之间的协同作用。

Mb 的氧合平衡为：　$Mb + O_2 \rightleftharpoons MbO_2$

其平衡常数为：　$K = \dfrac{[MbO_2]}{[Mb][O_2]}$

氧饱和度：
$$Y = \frac{[O_2]_{结合}}{[Mb]_{总}} = \frac{[MbO_2]}{[Mb]+[MbO_2]} = \frac{K[Mb][O_2]}{[Mb]+K[Mb][O_2]} = \frac{K[O_2]}{1+K[O_2]}$$
$$= \frac{K'p(O_2)}{1+Kp(O_2)}$$

所以，Mb 的氧合曲线是正交的双曲线形。

在 Hb 中，4 个亚基上的血红素辅基能结合 4 个 O_2 分子。其氧合平衡为：

$$Hb + O_2 \xrightleftharpoons{K_1} Hb(O_2)_1$$
$$Hb(O_2)_1 + O_2 \xrightleftharpoons{K_2} Hb(O_2)_2$$
$$Hb(O_2)_2 + O_2 \xrightleftharpoons{K_3} Hb(O_2)_3$$

$$Hb(O_2)_3 + O_2 \xrightleftharpoons{K_4} Hb(O_2)_4$$

总平衡 $Hb + 4O_2 \xrightleftharpoons{\beta_4} Hb(O_2)_4$，$\beta_4 = K_1 \cdot K_2 \cdot K_3 \cdot K_4$，若 4 个血红素对 O_2 的结合是独立等同的，则 $K_1 = K_2 = K_3 = K_4$，曲线仍应为双曲线形。事实上，Hb 的氧合曲线呈 S 形。氧饱和度为：

$$Y = \frac{\beta_4[O_2]^n}{1+\beta_4[O_2]^n} = \frac{\beta'_4 p(O_2)^n}{1+\beta'_4 p(O_2)^n}$$

式中，n 是在平衡状态时亚基具有的缔合数①，它反映了 4 个血红素亚基的相互协同作用。当 $n=1$ 时，表示 Hb 中血红素间没有相互作用，是独立的；当 $n>1$ 时，表示 Hb 中 4 个血红素的氧合作用是相互协同的。在氧合过程开始时，Hb 氧合能力小，随着氧分压增加，氧的饱和度急剧上升，在第一个血红素和 O_2 结合后，引起亚基间的构象变化，从而有利于其余 3 个血红素基团与 O_2 的结合。在氧分压高的肺中，Hb 有迅速与 O_2 结合的能力。同样，当完全饱和(结合 4 个 O_2)的 Hb 分子达到组织时，就会发生相反过程，每释放 1 个 O_2 分子，Hb 的结构就重排，以增大排出结合 O_2 的倾向，这也是协同效应的表现。

(3) Hb 和 Mb 分子中蛋白质的功能。

从图 7-13 和 7-14 可以看出，Hb 和 Mb 分子中血红素基团被包埋在蛋白链中，蛋白链上很多氨基酸的疏水性 R 基团位于链的内侧，在血红素周围创造了一个疏水性环境，避免了极性水分子或氧化剂进入，从而保护了亚铁血红素不被氧化成高铁血红素，所以在生理条件下，Fe(Ⅱ)血红素在 Hb 和 Mb 中都是稳定的。然而游离的血红素没有由蛋白链形成的疏水环境，在 H_2O 和 O_2 存在下立即被不可逆氧化成羟高铁血红素。羟高铁血红素极易聚合成氧桥二聚体 Fe(Ⅲ)—O—Fe(Ⅲ)而失去可逆运载 O_2 的功能。此外，由于蛋白链的亲水基团向外，Hb 和 Mb 均呈水溶性。

蛋白链的另一重要功能是降低血红素对 CO 的亲和力。游离血红素和 CO 的结合常数比 Hb 和 CO 的结合常数大 100 倍左右。

值得注意的是：CO 是极性分子，C 原子电负性小，易给出电子与 Fe(Ⅱ)配位，而占据 Hb 中 Fe(Ⅱ)第六配位位置。Hb 与 CO 形成的配合物一氧化碳血红蛋白 HbCO 比 HbO_2 稳定，在体温 37 ℃下：

$$HbO_2 + CO \rightleftharpoons HbCO + O_2 \qquad K \approx 200$$

因此，CO 能从 HbO_2 中把 O_2 置换出来。在肺部，即使 CO 的浓度很低，Hb 仍能优先和 CO 分子配合，一旦发生这种情况，通往各组织的氧被中断，组织缺氧，细胞能量代谢障碍造成肌肉麻痹、昏迷、甚至死亡，这就是煤气中毒的原因。加之 HbCO 的解离比 HbO_2 慢得多，从而增加了 CO 中毒的危险性。经测定，空气中 CO 浓度达 0.08%时，人在 2 h 内就会昏迷致死。

7.3.3 人工合成氧载体

直接研究天然氧载体氧合作用规律困难较多，生物无机化学家从配位化学角度出发，合成了一些相对分子质量较小的过渡金属配合物作为模型化合物来模拟天然氧载体的可逆氧合作用。合成及研究氧载体模拟化合物，在理论研究和实际应用上都具有十分重要的意义。它不仅对天然氧载体的模型研究获取信息，还可以满足某些储氧部门的需要。例如，把人工氧载体

---

① n 是一个经验值，又称为协同度。成人体内 Hb 的 $n \approx 2.9$。

供给潜水艇作储氧剂，在潜水艇浮出水面时，利用它吸收空气中的 O_2，潜入水中后，又逐渐把 O_2 放出来以维持艇内人员正常生活的需要，使潜水艇能较长期远离基地作业而不需经常返回基地索取氧源。

1. 氧载体与氧的配合类型

由于氧是强电负性的，成键时至少有一部分电子从过渡金属转移到配位的氧分子上，形成还原态的“双氧”：O_2^- 或 O_2^{2-}，发生如下可逆氧合作用：

$$nM(L)+O_2 \underset{脱氧}{\overset{氧合}{\rightleftharpoons}} [M(L)]_n(O_2) \quad n=1 \text{ 或 } 2$$

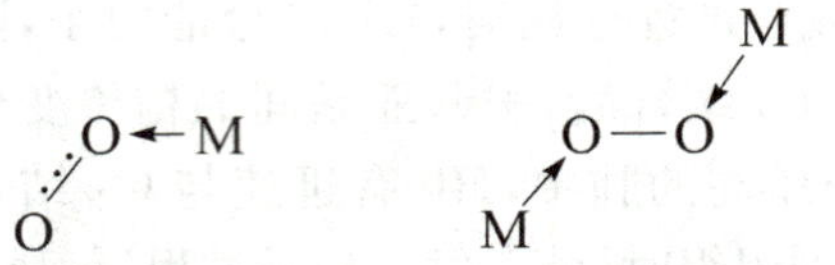

超氧型(n=1)　　过氧型(n=2)

2. 载氧 Co(Ⅱ)配合物

载氧钴配合物的研究开始较早，1938 年在日本合成了几种 Co(Ⅱ)配合物，并证明其能可逆地结合氧，这是合成载氧体模型化合物的开端。继日本之后，美国等不少国家也纷纷开始研究，至今已发现一百多种钴的化合物有载氧能力。钴是人工合成载氧配合物中研究得最多的元素之一，钴配合物与氧的配合主要有以下两类：

(1) 形成(1∶1)超氧配合物：$LCo(Ⅱ)+O_2 \rightleftharpoons LCoO_2$　　(含超氧基)

(2) 形成(2∶1)μ-过氧配合物：$LCo(Ⅱ)+LCoO_2 \rightleftharpoons LCoO_2CoL$　　(含过氧桥)

表 7-4 中过氧型配合物$[(NH_3)_5CoO_2Co(NH_3)_5]^{4+}$的结构和超氧型配合物$[O_2Co(bzacen)(py)]$的结构如图 7-18、图 7-19 所示。

表 7-4　载氧 Co(Ⅱ)配合物

Co(Ⅱ)配合物	载氧方式	类　型
$[Co(NH_3)_5(H_2O)]^{2+}$	$[(NH_3)_5CoO_2Co(NH_3)_5]^{4+}$	过氧型
$[Co(en)_2H_2O]^{2+}$	$[(H_2O)(en)_2CoO_2Co(en)_2(H_2O)]^{4+}$	过氧型
[Co(Salen)(DMSO)]	$[O_2Co(Salen)(DMSO)]$	超氧型
[Co(Salen)(DMF)]	$[(DMF)(Salen)Co]_2O_2$	过氧型
[Co(acscen)(py)]	$[O_2Co(acacen)(py)]$	超氧型
$[Co(F\text{-}Salen)(H_2O)]$	$[(H_2O)(F\text{-}Salen)Co]_2O_2$	过氧型
[Co(bzacen)(py)]	$[O_2Co(bzacen)(py)]$	超氧型
[Co(p)(py)]	$[O_2Co(p)(py)]$	超氧型

注：acacen 为 N,N'-双(乙酰丙酮)乙二胺；bzacen 为 N,N'-双(苯乙酰丙酮)乙二胺；Salen 为 N,N'-双(水杨醛)乙二胺；F-Salen 为 N,N'-双(3-氟水杨醛)乙二胺；en 为乙二胺；py 为吡啶；DMSO 为二甲基亚砜；DMF 为 N,N'-二甲亚酰胺；p 为原卟啉二甲基酯。

Co(Ⅱ)配合物能否载氧及采用哪种载氧方式受许多因素的影响，其中最重要的影响因素是配体的性质、溶剂、氧合反应温度及体系中 O_2 分压等。例如[Co(Salen)]在 DMF、DMSO、py 等溶剂中，于室温下都能和 O_2 反应生成 2∶1 的 μ-过氧配合物，但在低温下全部生成 1∶1 的超氧配合物。这说明温度对 Co(Ⅱ)配合物的载氧方式有显著的影响。如果把

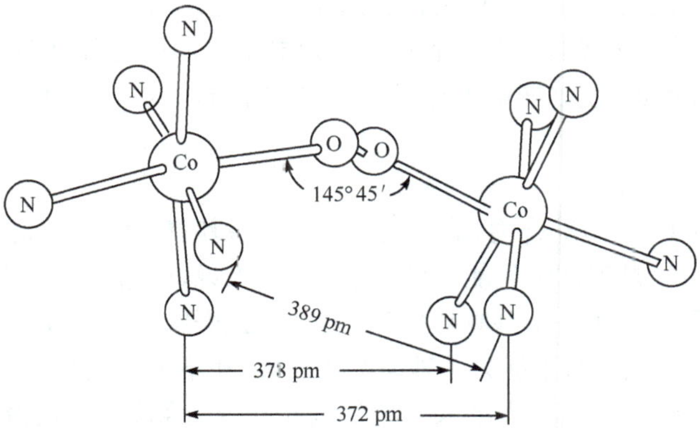

图 7-18　[$(NH_3)_5CoO_2Co(NH_3)_5$]$^{4+}$的结构

溶剂改为甲苯或三氯甲烷，在室温下就不发生载氧作用了。因为前一类溶剂可充当配体，使溶于其中的[Co(Salen)]形成五配位的配合物如[Co(Salen)(py)]而载氧，而后一种溶剂分子不能充作配体，[Co(Salen)]仍以原来的形式存在于溶液中。由此也可看出溶剂的影响也是重要的。

另外，上述在一定条件下形成的载氧钴配合物，当条件改变时将会释放出全部 O_2。例如，低温下形成的超氧配合物[$O_2Co(Salen)(DMF)$]在温度高于 0℃时就把 O_2 释放出来：

$$[O_2Co(Salen)(DMF)] \xrightleftharpoons{>0\ ℃} [Co(Salen)(DMF)] + O_2\uparrow$$

又如，2∶1 的 μ-过氧配合物若加热或改变溶剂也能全部放出氧

$$[(DMSO)(Salen)CoO_2Co(Salen)(DMSO)] \xrightleftharpoons{\triangle} 2[Co(Salen)(DMSO)] + O_2\uparrow$$

溶于三氯甲烷或苯中：

$$[(DMSO)(Salen)CoO_2Co(Salen)(DMSO)] \xrightleftharpoons{CHCl_3} 2[Co(Salen)] + 2DMSO + O_2\uparrow$$

释放出 O_2 后的 Co(Ⅱ)配合物在一定条件下可重新载 O_2，如此放 O_2、载 O_2 作用可循环多次。

Co(Ⅱ)配合物能否载氧及其载氧方式受配体性质、温度、溶剂和体系的氧分压等因素影响。关于温度、溶剂、氧分压的影响已在前面提及，下面着重介绍配体性质对 Co(Ⅱ)配合物载氧反应的影响。

(1) 平面配体的影响。

平面配体对 Co(Ⅱ)配合物键合 O_2 的影响主要有两个方面。一是配位原子的性质，即电负性，形成反馈 π 键的能力等。例如，当配体 acacen 中的氧原子被硫原子取代变成 sacacen 时，Co(Ⅱ)配合物与 O_2 生成的 Co—O 键变得很弱。这是由于 S 原子电子给予能力较弱，也与 Co(Ⅱ)充满电子的 d_{xz} 或 d_{yz} 轨道与 S 原子的外层空的 d 轨道所形成的反馈 π 键有关，使 Co(Ⅱ)的电子密度降低，导致配合物载氧能力下降。二是金属离子的电子密度在整个平面配体的 π 离域性，离域性越大，载氧能力越低。例如，金属卟啉的电子离域程度比 Schiff 碱大，因此它只有在强碱性配体作轴向配体时才能载氧。

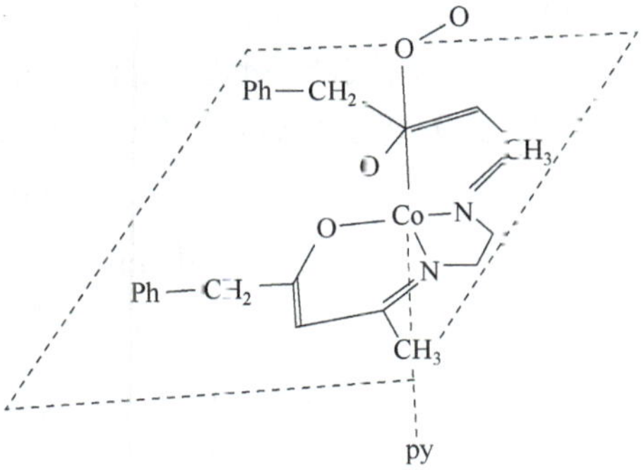

图 7-19　[$O_2Co(bzacen)(py)$]的结构

平面配体中引入给电子或拉电子取代基后，平面配体的取代基效应也对 Co(Ⅱ)配合物键

合 O_2 有一定的影响，但缺乏明显的相关性。这是轴向配体对平面配体的取代基效应制约的结果。例如，当拉电子取代基的引入使平面配体的电子释放能力降低时，轴向配体与 Co(Ⅱ)配合物的键合能力会增加，使轴向配体与 Co(Ⅱ)配合物的 π 效应超过平面配体的 σ 效应而占主导地位。

(2) 轴向配体的影响。

对于平面配体的 Co(Ⅱ)配合物，轴向配体的配位是其氧合的前提条件。

配体共轭酸的 pK_a 是配体配位能力的标志，一般来说，配合物的载氧能力与轴向配体的 pK_a 没有直接的联系。例如，1-甲基咪唑(pK_a=7.25)比哌啶(pK_a=11.3)更能促进配合物的氧合作用。对于具有 π 电子给予能力的轴向配体而言，在不考虑其空间位阻的条件下，配合物的载氧能力随轴向配体 pK_a 增大而增大。因为氧分子与金属配合物的键合是通过生成 σ-π 配键而进行的，氧分子会与轴向配体争夺金属的 π 电子密度。好的 π 电子给予配体通过增加金属的 π 电子密度而促进氧合作用。

(3) 配体空间位阻效应的影响。

无论是平面配体还是轴向配体，配体空间位阻效应都会影响 Co(Ⅱ)配合物键合氧分子。例如，当改变 Schiff 碱中亚胺碳原子上的取代基时，产生的空间位阻会影响轴向配体和氧分子与 Co(Ⅱ)配合物作用。[Co(Salen)]配合物是平面四方形构型，在 DMF、DMSO 或吡啶中在室温下会吸氧生成 μ-过氧配合物。如果 Salen 配体的乙二胺的取代基越多，取代基空间位阻越大，吸氧速率越慢，载氧平衡常数越小，越不利于 μ-过氧配合物生成。

3. Fe(Ⅱ)卟啉配合物载 O_2 模型

1973 年，科尔曼(Collman)等采用空间位阻效应合成著名的“栅栏”型铁卟啉，环平面的一侧有体积庞大的疏水位阻基团，像“栅栏”一样围住卟啉环平面，以使 O_2 分子能自由进出空间，并能与 O_2 可逆结合，又能阻止二聚化作用和不可逆氧化。科尔曼“栅栏”型铁卟啉配合物的典型例子是“中位-四-(α,α,α,α-邻-三甲基乙酰胺苯基)卟啉合铁(Ⅱ)”，结构如图 7-20 所示。在卟啉面一侧有 2-甲基咪唑基占有 Fe(Ⅱ)的轴向配位，使 O_2 只能从上面加入，上面一侧的四个邻-三甲基乙酰胺苯基形成“栅栏”，可防止分子间的聚合作用。此“栅栏”型铁卟啉在苯中可于室温下与 O_2 可逆结合，是良好的合成载体。

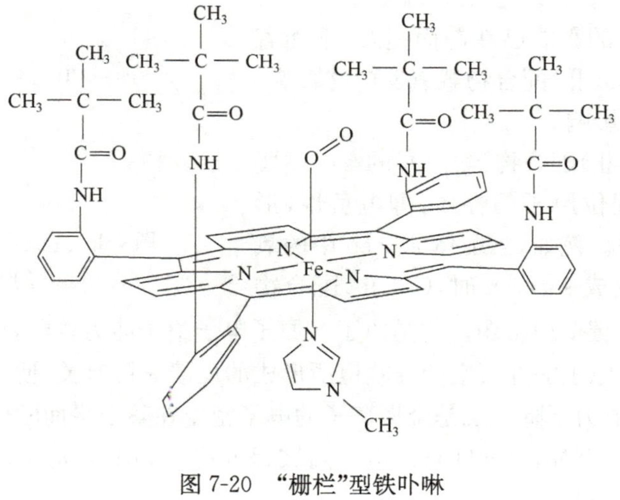

图 7-20 “栅栏”型铁卟啉

1975 年，鲍德温(Baldwin)等合成了“帽型”铁卟啉，结构如图 7-21 所示。分子内每个苯环的邻位接有长度合适的烃链，分别通过各链末端的羟基与一个苯四甲酸的羟基形成酯链。这样在卟啉环的上方好像戴上一顶“帽子”，通过帽边酯链的空隙，O_2 等小分子可进入与 Fe(Ⅱ)配位。若帽型卟啉下方先有 Lewis 碱配位，则 O_2 只能配位在上方而发生可逆的氧合反应。

20 世纪 80 年代后又报道了铁卟啉-卟啉型双卟啉配合物，见图 7-22。在该对面型双卟啉中，与铁卟啉相对的惰性(非活性)卟啉的立体位阻对氧加合物的稳定性起了保证作用。

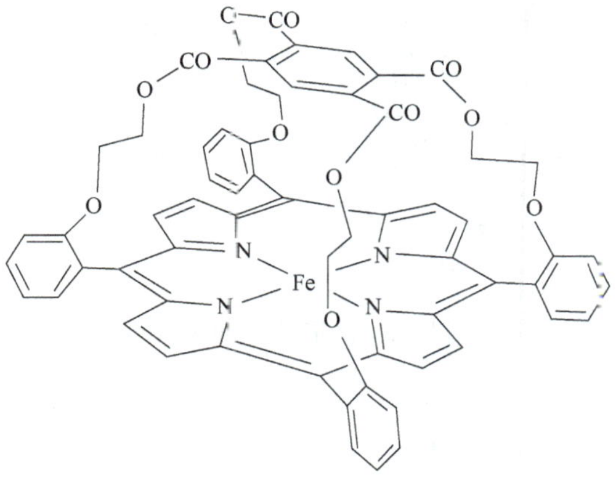

图 7-21 “帽型”铁卟啉

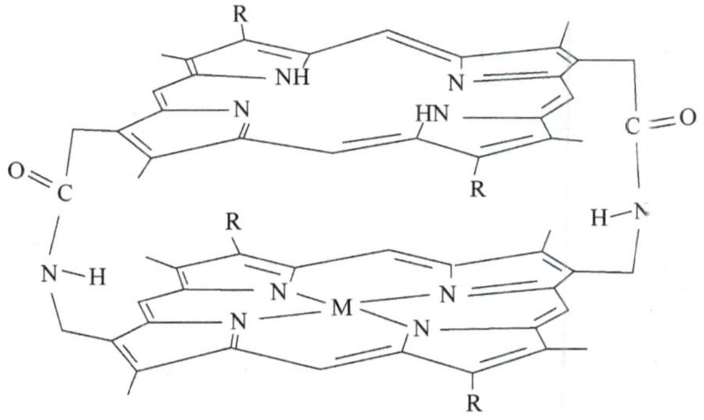

图 7-22 对面型双卟啉

此外，科学家还合成了以横跨卟啉环的长链桥基作障碍基团的吊带(strapped)卟啉(图 7-23)、带有半封闭状障碍基团的袋式(pocket)卟啉(图 7-24)、用冠醚类结构作横跨卟啉环的桥基的王冠(crowned)卟啉(图 7-25)等多种铁(Ⅱ)卟啉。由于铁(Ⅱ)卟啉还需要配体作为第五配体才能载氧，因此人们通过长链把轴向配体与卟啉环相连，形成所谓的拖尾(tailed)卟啉。如 *N*-3-(1-咪唑)丙酰胺焦卟啉铁(Ⅱ)(图 7-26)。通过卟啉环修饰和碱基配体修饰两种方法结合，人们还合成拖尾围栅卟啉、拖尾袋式卟啉等氧载体。

中山大学生物无机化学研究小组合成了一种新的尾式卟啉 5-对[4-(间-吡啶氧基)苯基]-10,15,20-三苯基卟啉(*meos*-PyBPTPP)，以 *meso*-PyBPTPP 为配体合成了钴卟啉。结果表明，这种尾式钴卟啉在常温下具有可逆载氧性能，并用红外光谱确证了氧合的 v_{O-O} 振动吸收峰的存在。

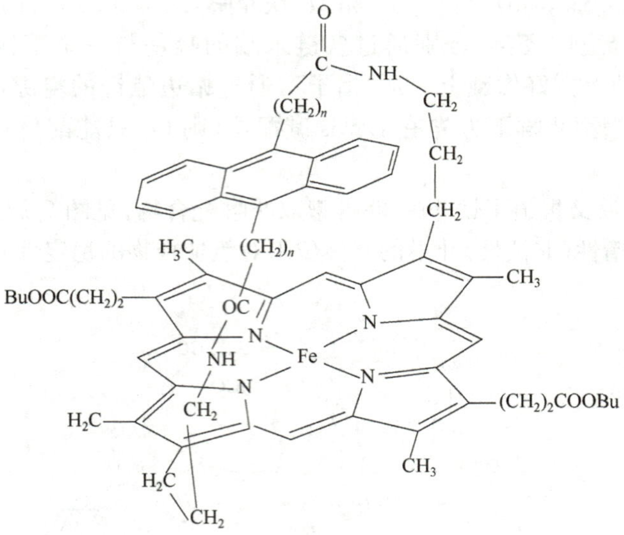

图 7-23　吊带式铁(Ⅱ)卟啉

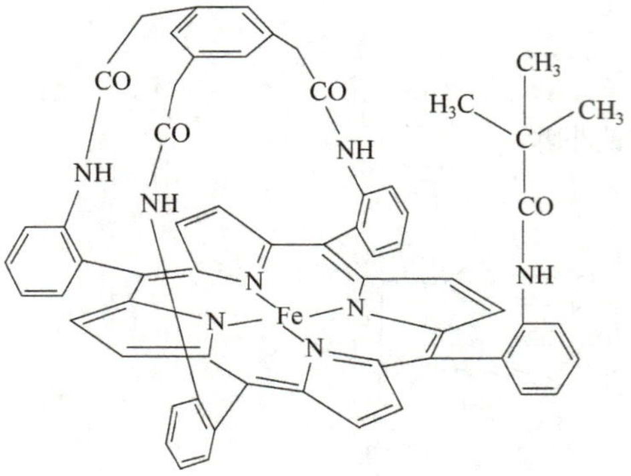

图 7-24　袋式铁(Ⅱ)卟啉

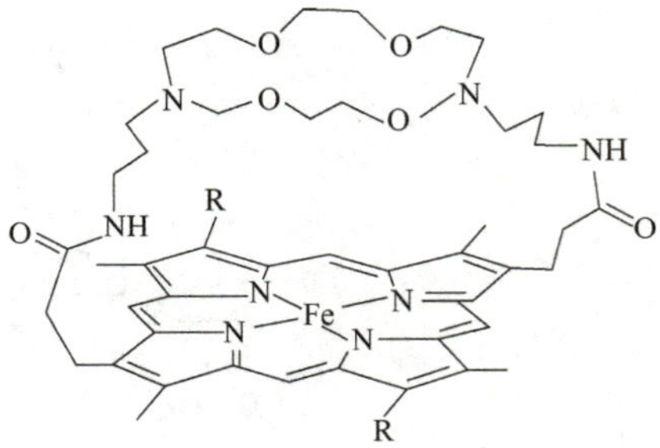

图 7-25　王冠型铁(Ⅱ)卟啉

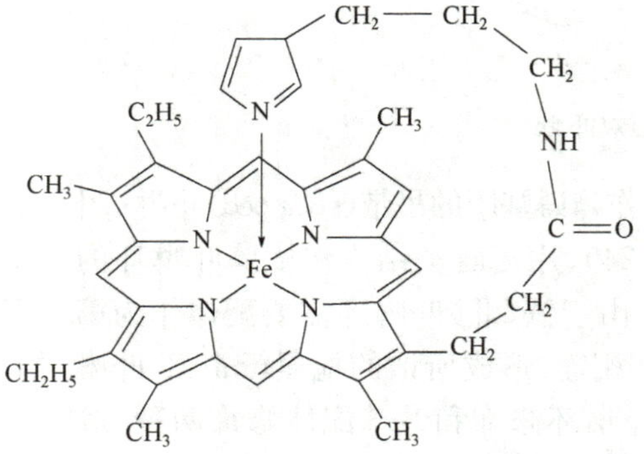

图 7-26　拖尾铁(Ⅱ)卟啉

4. 人造载氧血液

世界各国的化学家和生物学家很早已致力于合成类似血红蛋白结构并具有载氧生理功能的人造血液研究，以满足外科手术、战地救护、失血过多病人和血液病患者的需要。尤其是 20 世纪 80 年代人们认识到人类免疫缺失病毒(HIV)是通过输血传播时，更激发了人们对“无病”血液代用品的兴趣。但是接近真血液功能的人造血液至今未能获得成功。

人造载氧血液，或者说血液代用品，除了具有运输氧的功能外，还要求具有以下性质：①不需要交叉配血或可配伍性试验；②便于长期储存；③在被肾清除以前，能在血管中循环几周时间；④无副作用；⑤无致病菌；⑥不但可运输氧，而且能把氧释放于人组织。

以血红蛋白为基础的氧载体(hemoglobin-based oxygen carrier，HBOC)是人造载氧血液的一个研究方向。20世纪70年代发展的血液代用品，最初是注重开发游离的血红蛋白溶液。血红蛋白的细胞外溶液保持了输送氧的能力，可用作血液代用品。HBOC的优点是不必进行交叉配血试验，此外，还可以用超滤和低热使病原菌失活。但HBOC的最大不足是它在循环中存活时间短，与氧的亲和力异常高，同时还有引起身体不适、腹痛、血红蛋白尿等副作用。所以要把HBOC有效应用于临床，还必须克服它在血管内存活时间短和向组织充氧的能力比正常血红蛋白低的问题。

用化学方法修饰游离血红蛋白基本上可以解决血红蛋白分子会被肾迅速分解而存活时间短和向组织充氧的能力受限制的问题。用3,5-二水杨延胡索酸等交联剂处理游离血红蛋白，在血红蛋白多肽链之间建起特异的化学交联，可以阻止血红蛋白四聚体的分解，从而延缓肾的清除作用。把血红蛋白结合到葡聚糖、聚乙二醇或聚氧乙烯等各种大分子中，也可延长其在血管内的居留时间。近年来，一些经修饰的血红蛋白产品已被提前进行临床实验。例如，Northfield实验室开发的一种聚血红素Polyheme，Biopure用牛红细胞制备的聚合血红蛋白Hemopure等。

以全氟碳化合物为基础的人造载氧血液已在临床上应用。这项研究始于20世纪60年代初期，首先由美国科学家偶然发现氟碳化合物具有良好的载氧功能之后，迅速开展起来的。目前，世界上有美国、日本、德国、俄罗斯、法国、瑞士、英国等10多个国家的40多个研究小组在积极从事氟碳化合物人造血液研究。1979年日本率先在临床应用获得成功，已对600多例患者输用这种人造血液，取得良好临床效果，对急性出血患者的有效性为93%，对失血性休克患者的有效性为83%。我国在这方面的研究虽然起步较晚，但在中国科学院上海有机化学研究所、解放军野战外科研究所和上海中山医院等几个单位通力协作下，也在1986年成功研制出第一代人造血液，并获得临床试验成功。其总体质量水平和临床试用效果等均与日本人造血液相似，对数十例患者输用这种人造血液，每例均取得良好效果。

作为人造载氧血液主要成分的氟碳化合物，其种类较多，主要有全氟醚(Freon E_4)、全氟三丁基胺(Fc 43)、全氟萘烷(FDC)、全氟甲基萘烷(FMD)以及全氟萘烷与全氟三丙基胺(FTPA)混合剂Fluosol DA(FDA)。其中常用的为Fc 43、FDC和FDA。日本的Fluosol DA主要为全氟萘烷和全氟三丙基胺混合剂，"中国Ⅱ号"PFCE主要为全氟萘烷和全氟三丁胺混合剂，1992年美国研制的第二代氟碳溴化物"Oxygen™"主要为氟碳辛基溴化物。此外，人造载氧血液中还含有甘油、NaCl、KCl、$CaCl_2$、Na_2CO_3和葡萄糖等一系列物质。

大量动物试验证明，在富氧条件下，氟碳乳剂传递氧和二氧化碳的速度比血红蛋白还要迅速。它的物理和化学性质稳定，无毒、不致癌，使用时无需检查血型。但由于它不含白细胞、血小板、抗体、酶、蛋白质、氨基酸等具有生物活性的物质，所以载氧机制与血红蛋白不同，主要是一种物理溶解过程，而且没有抗菌、凝血、免疫、营养、输送金属离子等生理功能。

输血用血源供应的不足，促使血液代用品进一步发展。目前世界各国对全功能的人造真血液的研究仍十分重视。但要使血液代用品取代真血应用于临床上的常规输血，还有很长的路要走。提高它在血管内的居留时间，降低费用，都是有待克服的困难。

7.4 金 属 酶

金属酶是一种双成分酶。酶分子中金属离子与酶蛋白的某些基团按一定几何构型配位结合，形成金属-酶蛋白配合物，其稳定常数可达10^7～10^8。元素周期系中过渡金属Mn、Fe、Co、

Ni、Cu、Zu、Mo 等都可分别形成不同的金属酶。在起催化作用时，金属离子是酶的活性中心，与其周围配位的基团协同表现出特定的催化活性。

7.4.1 锌酶

金属酶中以锌酶最多，从各类生物中分离出的锌酶已超过 200 种。一些重要的锌酶见表 7-5。

表 7-5 一些重要的锌酶

名 称	相对分子质量	含 Zn(Ⅱ)数	来 源	生物功能
羧肽酶 A	34300～36000	1	哺乳动物胰脏	蛋白质的水解或 C-末端氨基酸的水解
羧肽酶 B	36000	1	哺乳动物胰脏	
碳酸酐酶	28000～30000	1	哺乳动物红细胞	CO_2 的可逆水合作用
碱性磷酸酯酶	89000	4	大肠杆菌	磷酸羊酯水解
醛缩酶	65000～75000	1	酵母	
氨肽酶	300000	4～6	猪肝	水解肽链 N-末端
醇脱氢酶	80000	4	鸟肝	
	87000	>2	人肝	
谷氨酸脱氢酶	1000000	2～6	牛肝	
苹果酸脱氢酶	40000	1	牛心	
DNA 聚合酶	109000	2	大肠杆菌	DNA 合成
RNA 聚合酶	370000	2	大肠杆菌	RNA 合成
超氧化物歧化酶	35000	2	哺乳动物红细胞	

锌是ⅡB 族元素，在化合物中只呈+2 价。Zn(Ⅱ)作为 Lewis 酸参与反应是锌在酶中功能的基础。Zn(Ⅱ)是 d^{10} 构型，既无色又无磁性，人们对其生物功能了解得比较晚。1933 年 Meldrum 和 Roughton 从血液中分离出碳酸酐酶(CA)，7 年后 Keillin 和 Mann 发现锌是哺乳动物红细胞中碳酸酐酶的必需成分。该酶中含 0.33%的锌，这是认识锌酶的开始。

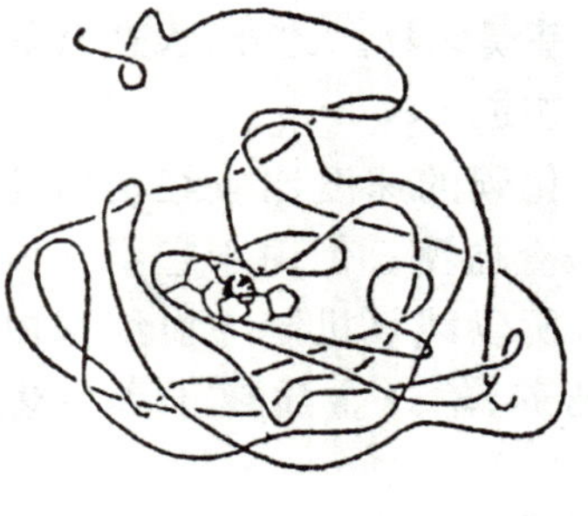

图 7-27 碳酸酐酶结构示意图

碳酸酐酶是所有锌酶中最重要的，它是一种水解酶，是红细胞里除血红蛋白以外的主要蛋白质成分。哺乳动物的碳酸酐酶由一条卷曲的蛋白质链与一个 Zn(Ⅱ)离子结合而成(图 7-27)，相对分子质量约为 30000。

碳酸酐酶的生物学功能是催化二氧化碳的可逆水合作用：

$$CO_2 + H_2O \rightleftharpoons HCO_3^- + H^+$$

在饱和条件下，二氧化碳水合反应的转换速率比未加入碳酸酐酶时加速约 10^9 倍。

目前，对该过程的催化机理较令人满意的解释是“锌-羟基”机理假说。该假说认为，酶分子中锌的配位水分子解离成“羟合锌”配合物：

$$Zn—OH_2 \rightleftharpoons Zn—OH + H^+ \qquad pK_a \approx 7.1$$

“羟合锌”配合物是一种活性的水合剂，其配位羟基直接向 CO_2 亲核进攻。反应开始时，CO_2 结合到碳酸酐酶上形成 Zn(OH)…CO_2 复合物，然后加 H_2O，最后是质子转移，设想由生理条件下的缓冲溶液从酶上把质子带走。酶与底物 CO_2 的反应历程如下所示：

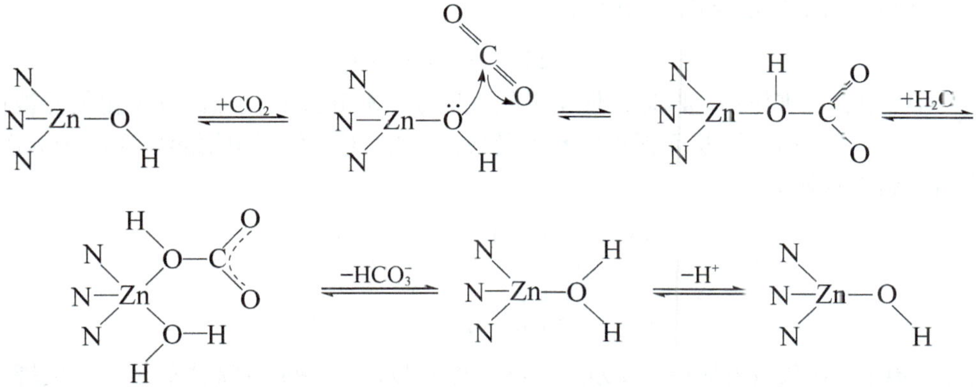

碳酸酐酶广泛存在于动物、植物的绿色组织和某些细菌中。在人类的红细胞中含有 A、B、C 三种形式的碳酸酐酶，它们的组成和结构略有不同，但其功能相同，称之为“同功酶”。

碳酸酐酶中的 Zn(Ⅱ)有可能被 Co(Ⅱ)、Ni(Ⅱ)、Cu(Ⅱ)、Mn(Ⅱ)、Cd(Ⅱ)、Pb(Ⅱ)、Hg(Ⅱ)、Be(Ⅱ)、Mg(Ⅱ)、Ca(Ⅱ)等取代。用 Co(Ⅱ)取代 Zn(Ⅱ)时，酶保留了高活性；而用 Ni(Ⅱ)和 Mn(Ⅱ)取代锌时，则降低了酶的活性；当锌被 Cd(Ⅱ)、Pb(Ⅱ)、Hg(Ⅱ)、Be(Ⅱ)所取代后，则酶失去了全部活性。若这些有害元素的离子因污染而进入人体，将会对碳酸酐酶的生物功能产生强烈的抑制作用。某些阴离子，如 X^-(卤离子)、ClO^-、SCN^- 等，也对碳酸酐酶的活性有一定的抑制作用。

7.4.2 铜酶

铜是生物体必需微量金属，在人体中含量仅次于铁和锌，为微量金属元素含量的第 3 位。铜是ⅠB 族元素，以两种价态 Cu(Ⅰ,Ⅱ)存在于多种蛋白质和酶中。铜酶都是氧化还原酶，铜酶的催化功能主要是通过酶分子中铜氧化态的变化来实现的。一些有代表性的铜酶列于表 7-6 中。

表 7-6 几种铜酶

名　称	相对分子质量	含 Cu 原子个数	颜　色	生物功能
细胞色素 c 氧化酶	100000	2		细胞色素 c 氧化
超氧物歧化酶				
血球铜蛋白	35000	2	蓝绿	O_2^- 歧化
脑铜蛋白	45000	2		O_2^- 歧化
肝铜蛋白	30000	2		O_2 歧化
抗坏血酸氧化酶	150000	8	蓝	抗坏血酸氧化
酪氨酸酶	119000	4		氧化有机底物
漆酶	120000	6	蓝	二酚，二胺氧化
单胺氧化酶	170000	1	粉红	氧化有机底物
双胺氧化酶	96000	1	粉红	氧化有机底物

1. 超氧化物歧化酶

超氧化物歧化酶(SOD)是血球铜蛋白、脑铜蛋白、肝铜蛋白的总称。它们在 pH≈7 条件下都能催化超氧离子快速歧化。反应如下：

$$2O_2^- + 2H^+ \xrightarrow{SOD} O_2 + H_2O_2$$

O_2^- 对细胞有毒害作用，被 SOD 催化歧化产生分子氧和过氧化氢。过氧化氢再被过氧化氢酶催化分解成氧和 H_2O，从而保护细胞不受损伤。在 SOD 分子中铜起传递电子的作用，其可能作用机制表示如下：

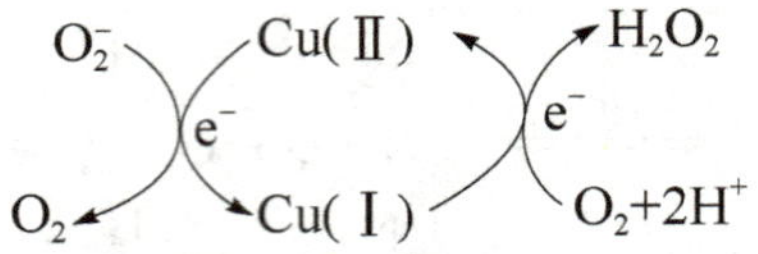

除了具有清除超氧自由基 O_2^- 的功能外，已证实 SOD 还有抗癌、抗辐射等功能。对超氧化物歧化酶进行化学模拟，是生物无机化学领域又一重要研究课题。我国化学工作者在超氧化物歧化酶 Cu(Ⅱ)中心结构的化学模拟和功能模拟方面已经做了大量的研究工作。1990 年，罗勤慧等得到了第一个咪唑桥连的 Cu(Ⅱ)、Zn(Ⅱ)异双核配合物[(tren)Cu(Im)Zn(tren)]$(ClO_4)_3$·MeOH 的单晶结构[tren 为三(2-氨基)乙基胺，Im 为咪唑基]，其中 Cu—Zn 距离及配位环境大致与天然超氧化物歧化酶相近。随后，唐雯霞等又报道了两种以上不对称三脚架和直链多胺为配体的咪唑桥连铜锌异双核配合物，如[(dtma)Cu(Im)Zn(dtma)]·25H_2O(dtma 为二乙三胺 4-单乙酸)。在这些模型物中，铜离子均为畸变四方锥构型，但是二者的桥基咪唑位置不同，前者咪唑位于底平面位置，有较高催化活性；后者咪唑位于轴向位置，催化活性仅是前者的 0.1%。通过以上研究，合成热力学稳定和动力学惰性的 SOD 模型化合物用于临床成为当前研究发展方向。

2. 酪氨酸酶

酪氨酸酶又名多酚氧化酶，存在于高等动物和许多植物细胞中，它能催化苯酚转化为邻苯二酚：

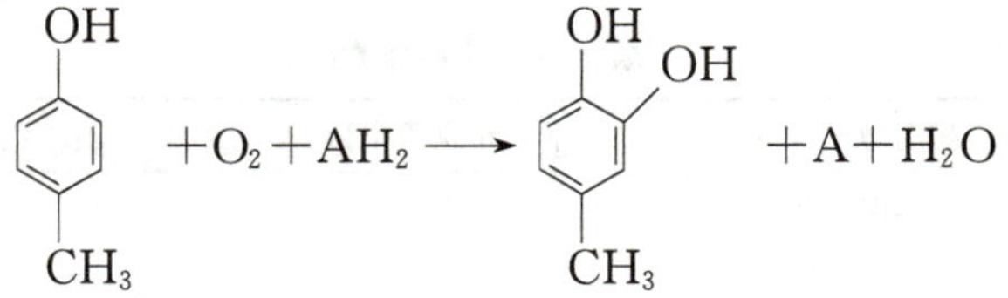

还能催化邻苯二酚氧化成邻苯二醌：

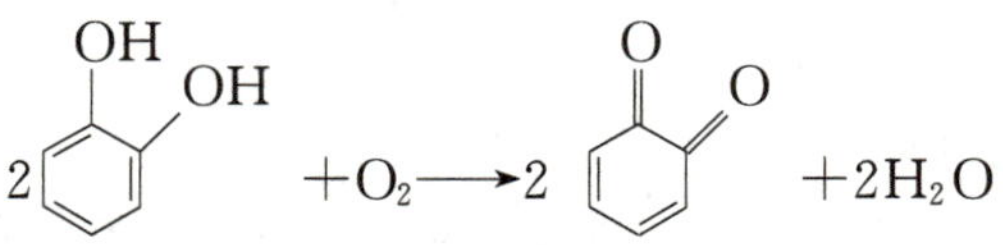

从蘑菇中提出的酪氨酸酶，相对分子质量为 119000，含有 4 个铜原子，由相对分子质量约为 30000 的 4 个相同亚基组成。酪氨酸酶的两种催化功能表明，酶分子中有两个不同的活性中心，即甲酚酶活性中心和儿茶酚酶活性中心。前者催化一元酚的羟基化作用，称为“甲酚酶活性”，后者催化儿茶酚(1,2-二羟代偶氮苯)的脱氢作用，称为“儿茶酚酶活性”。两种活性分别由不同的亚基表现出来。

高等动物的皮肤、毛发、眼睛中的黑色素就是由酪氨酸酶催化酪氨酸氧化为醌类物质，再经一系列变化产生的。当醌形成后，其后的反应就不需要酶的作用而能自动进行了。

酪氨酸酶催化酪氨酸形成黑色素的机理大致如下：

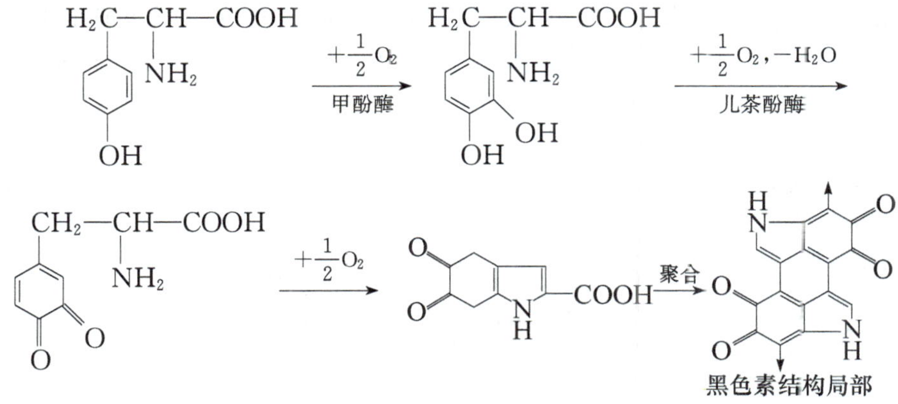

植物组织中含有酚类物质，例如土豆中最丰富的酚类化合物就是酪氨酸。这些酚类物质在细胞中作为呼吸传递物，在酚与醌之间保持着动态平衡。当它们受到机械性损伤（如削皮、切开、压伤等）或受到异常的环境变化（如受冻、受热等）时，细胞组织被破坏，氧大量地侵入，在酶作用下形成醌积累，再进一步聚合而形成黑色素，从而发生褐变现象，称为酶促褐变。这是在食品加工和食品储藏过程中比较普遍的一种变色现象。例如，苹果等削皮后暴露在空气中会变成褐色，茄子、土豆切片时也会发生褐变。因此，了解食品变色机理，寻找能抑制食品变色的方法，对提高食品质量具有重要意义。

7.4.3 固氮酶

生物固氮是依靠某些微生物（如豆科植物的根瘤菌、巴氏梭菌等）和蓝绿藻类在常温、常压下将大气中的氮转化成氨的过程。这一转变是需要催化剂和能量来促进的，催化生物体中固氮反应的酶统称为固氮酶。以上这些菌体中都含有固氮酶。固氮酶是生物固氮的核心。固氮酶催化生物体内的固氮反应可表示为：

$$N_2 + 6H^+ + 6e^- + n\text{ATP} \xrightarrow{\text{固氮酶}} 2HN_3 + n\text{ADP} + n\text{Pi}$$

对巴氏梭菌固氮体系的研究发现，固氮酶是金属酶，由两种非血红素铁蛋白质组成。一种是 Mo—Fe 蛋白（称钼铁蛋白）并含有 Fe—S 基团，另一种是 Fe—S 蛋白（称铁蛋白）。

1. 铁蛋白

铁蛋白含有一个[4Fe—4S]簇和 2 个相同的亚单位，2 个亚单位通过其半胱氨酸残基（Cys-97，Cys-132）与[4Fe—4S]簇的铁配位而被[4F—4S]簇桥连起来，相对分子质量为 60000。铁蛋白传递电子的功能是通过[4Fe—4S]簇的氧化态在+1 价和+2 价之间的可逆变化而实现的。已经证明，铁蛋白对于钼铁蛋白的原初合成是必需的，对于钼铁蛋白的重组，即把铁钼辅基(iron-molybdenum cofactor)插入到脱铁钼辅基钼铁蛋白的过程也是必需的。铁蛋白在 2 个相同的亚单位中都有键合 MgATP 的位置。研究表明，MgATP 的键合对于铁蛋白功能发挥所必需的构象变化和驱动钼铁蛋白的某些反应所需的能量都有重要的贡献。

2. 钼铁蛋白

为了揭示固氮机理，Peters 和 Mayer 分别于 1997 年和 1999 年解析出分辨率为 0.20 nm 和 0.16 nm 的钼铁蛋白晶体结构，2002 年 Einsle 等又获得了分辨率为 0.116 nm 的钼铁蛋白晶体结构，发现 FeMo-辅因子的内部有 1 个轻原子与 6 个铁原子键连接。此轻原子不可能是硫，最可能是氮，但是不排除是碳或氧的可能性。

钼铁蛋白是 $\alpha_2\beta_2$ 四聚体，含有 2 个 Mo、30～40 个 Fe 及与铁数目接近或相同的无机 S，相对分子质量约为 230000。X 射线结构分析表明，钼铁蛋白有 2 个 P 簇对(P-cluster pair)，每个 P 簇对含 2 个[4Fe—4S]簇并位于 α 亚单位和 β 亚单位的界面，在 α 亚单位中结合着铁钼辅基，铁钼辅基与近邻 P 簇对的距离约为 1.9 nm。

加拿大生物无机化学家 E. I. Ochiai 提出了固氮酶与底物作用的电子传递模型，如图 7-28 所示。

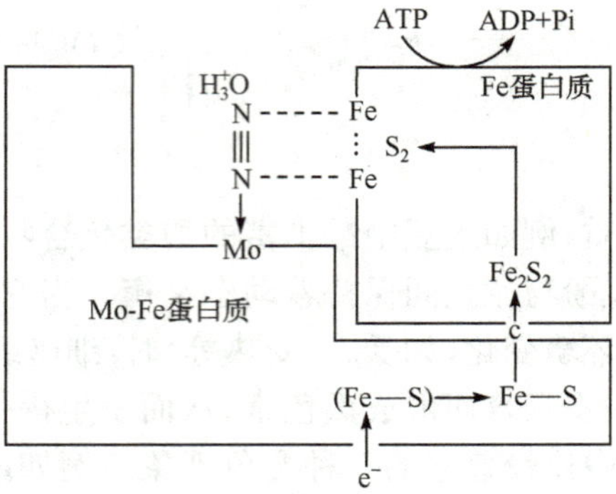

图 7-28　Ochiai 模型

在此模型中，Mo 与底物 N_2 分子端基结合。铁蛋白中的 Fe_2 以跨越重键的方式与 N≡N 连接，该 Fe_2 可设想为是由 ATP 活化的特殊铁硫团(Fe_2S_2)，当其进入高能构象时即可达到活化的目的，而 ATP 提供的能量可保持这种构象。铁蛋白中另一个 Fe_2S_2 基团与钼铁蛋白结合，电子通过它传递，最后达到被 ATP 活化的 Fe_2S_2 基上，使 N_2 还原。每固定 1 mol 氮分子(N_2)需消耗 3 mol ATP。

我国科学家对固氮酶活性中心和催化机理的研究十分重视并作出了重要贡献。20 世纪 70 年代初就提出了多种固氮酶活性中心模型，其中有代表性的是铁钼四核混合原子簇的"H 型网兜"络合固氮模型。该模型的结构中心是 1 个 Mo、3 个 Fe、3 个 S 共 7 个原子组成的原子簇，3 个金属原子和 3 个 S 原子平行而又相互交错地排列在上面两层等边三角形的顶点上，垫底的铁原子是电子传递的接口，呈鸟窝状。底物 N_2 分子以投网的方式闯入网兜，与底部 Fe(Ⅱ)端基配位，同时又与兜口的 2 个 Fe 和 1 个 Mo 以多侧基方式配位(图 7-29)。此后，结合铁钼辅基的实验结果，80 年代进一步发展成由 2 个 H 型网兜结构通过钼原子偶联起来形成 F 型孪合体结构模型，见图 7-30。

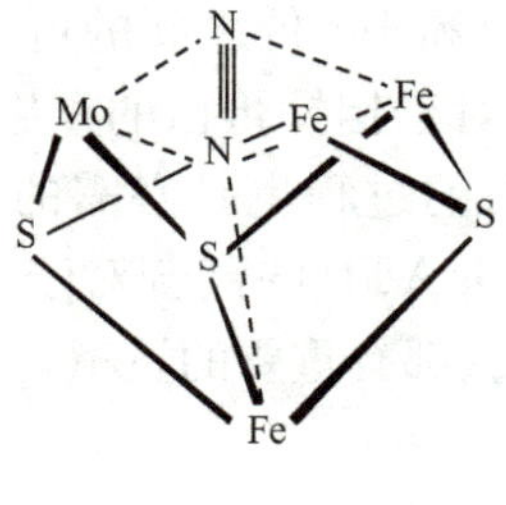

图 7-29　N_2 分子在"H 型网兜"上的配位方式

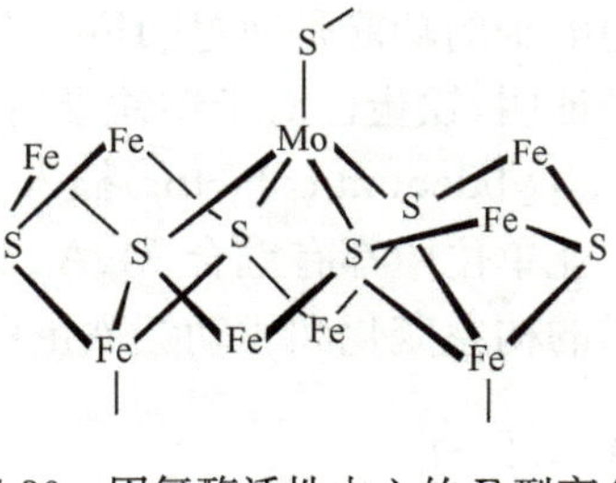

图 7-30　固氮酶活性中心的 F 型孪合体

1992 年 Kim、Rees 和 Bolin 等发表了固氮酶的晶体学分析结果，阐明了固氮酶活性中心 FeMo 辅因子的结构，这是固氮酶研究中的重大突破。FeMo 辅因子结构见图 7-31，它是由 Fe_4S_3 和 $MoFe_3S_3$ 两个缺口立方烷通过 3 个 S 偶联组成，结构中部的 3 个 Fe 原子均处于三配位的不饱和状态，而 Mo 原子则处在结构边缘，为六配位。

FeMo 辅因子结构的确定，使人们进一步认识到三配位不饱和状态的 6 个 Fe 更可能对 N_2 分子的活化起关键作用。中国科学院福建物质结构研究所的科学工作者们根据 FeMo 辅因子的结构，结合实验和理论计算，研究了固氮酶活性中心铁钼辅因子对 N_2 的各种活化方式，提出了一种新的固氮模型，见图 7-32。

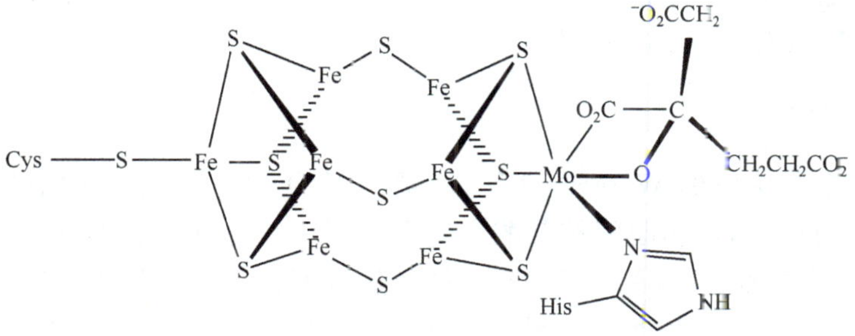

图 7-31　Bolin 等的 FeMo 辅因子的结构示意图

该模型中 N_2 分子在 FeMo 辅因子的内部以“4Fe 端基配位＋2Fe侧基配位”的方式被活化，N_2 的三重键完全断裂，断裂后产生的两个含 N 碎片在 H 的进攻下被还原成 NH_3，并分别从两侧离去。Mo 原子由于在结构中处于边缘位置，且已是六配位，故不直接参与 N_2 的活化，而被认为是通过其上的配体对电荷和(或)质子的传递起调控作用。

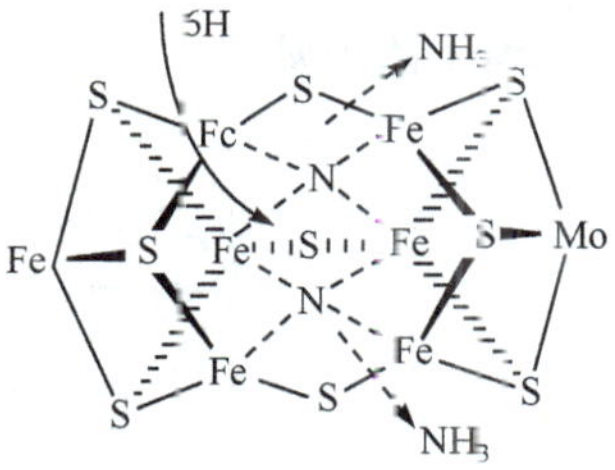

图 7-32　FeMo 辅因子活化 N_2 分子模型

自然界中除含 Mo 固氮酶外，还有含 V 固氮酶和全铁固氮酶，但其固氮活性依次降低，说明 Mo 原子对酶活性有重要贡献。

对固氮酶活性中心及对 N_2 分子活化机理的研究在理论上和实践中必将推动化学模拟生物固氮取得新的进展。

7.5　核酸与抗癌药物

核酸不仅是生物体内的重要生物大分子，而且是生命遗传信息的携带者和传递者。它不仅对于生命的延续、生物物种遗传特性的保持、生物的生长发育、细胞分化等起着重要作用，而且与生物变异(如肿瘤、遗传病、代谢病等)密切相关。随着核酸研究技术的不断进步，人们现在已经可以像处理其他类型小分子一样，对核酸进行分离、表征，并且可以人工合成规定序列与结构的核酸片段。对核酸的研究使人们从分子水平了解生命现象，并从基因角度研究疾病的发病机理。随着人类基因组计划的完成，在以后的科学研究中，核酸研究将显现出广阔的前景。

1969 年，顺铂首次被报道具有抗肿瘤活性并应用于临床，开创了金属配合物作为抗癌药研究的新领域，从而掀起了研究金属配合物与核酸相互作用的热潮。现在，过渡金属配合物与核酸相互作用的研究已经成为国际上生物无机化学的一个重要研究领域，并取得了令人瞩目的研究成果。过渡金属配合物已经被广泛用作DNA结构探针、DNA分子光开关、抗癌药物、DNA断裂试剂、拓扑异构酶抑制剂、端粒酶抑制剂等许多与生命体密切相关的研究领域中。深入研究金属配合物与核酸的相互作用与关系，将成为化学与医学、生物学科的交叉研究热点。

7.5.1 核酸的结构特点

众所周知，核酸是一种线性多聚核苷酸（polynucleotide），包括脱氧核糖核酸（DNA）和核糖核酸（RNA）。DNA是遗传信息的真正携带者，兼具存储和传递遗传信息的双重功能。这些信息指导着细胞的生长、代谢和变异。因此，研究DNA的结构与功能，筛选具有调控DNA功能的金属配合物具有更现实的意义。

1. DNA的结构

1953年英国剑桥大学的Watson和Crick提出了DNA二级结构的双螺旋结构模型[图7-33(a)]。两条反向平行的多脱氧核苷酸主链围绕同一中心轴呈右螺旋状，磷酸基在螺旋外侧，碱基层叠于螺旋内侧。DNA分子中有4种碱基A、C、G、T，分别代表腺嘌呤、胞嘧啶、鸟嘌呤和胸腺嘧啶。一条链上的碱基可与另一条链上的碱基形成氢键而使双螺旋结构稳定。对碱基的位置和构象研究表明：A（腺嘌呤）只能与T（胸腺嘧啶）配对形成两个氢键，G（鸟嘌呤）只能与C（胞嘧啶）配对形成3个氢键，即Watson-Crick碱基配对，见图7-33(b)。这一规律称为碱基互补规则。

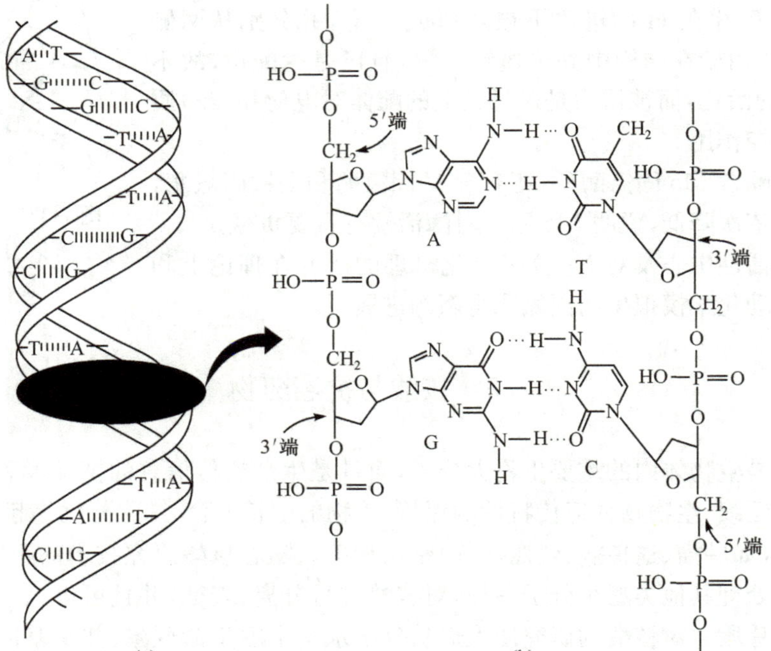

图7-33 (a)DNA双螺结构和(b)碱基互补

碱基互补规则说明了双螺旋中碱基配对不是任意的，一条链上碱基的排列次序决定了另一条链上碱基的排列次序，在每个DNA分子中就有数千乃至数百万个碱基对，若有100个碱基对就有4^{100}种排列方式，可见DNA分子的多样性和复杂性。各种不同的排列方式中就蕴藏着生物个体的遗传信息。

Watson 与 Crick 提出的 DNA 双螺旋二级结构为现代分子生物学的发展奠定了基础。但是他们提出的 DNA 主链形成右手螺旋的假设即 *B*-DNA 一直没有得到有力的证明，为此国际上曾存在一系列争论。1979 年美国麻省理工学院 Rick 人工合成了 dpCpGpCpGpCpG 单晶，测定了它们的晶体结构，并进一步提出了自然界的核酸也存在左手螺旋的假设。由于左手螺旋 DNA 中磷原子的联结呈锯齿形，故起名 *Z*-DNA。后来人们从鼠、兔血中证实了确有 *Z*-DNA存在，才使人们普遍接受生物体中绝大部分 DNA 为 *B*-DNA，也有少部分以 *Z*-DNA 存在，*B*-DNA 和 *Z*-DNA 之间存在平衡状态的理论。由于这一发现能解释许多特征生命现象，立即引起世界各国科学家的高度重视。DNA 结构中磷酸与碱基按照一定顺序排列，由于扭转角度和各种碱基的排列方式不同而产生各种各样的构型。可分为两大类：一类是右手螺旋，如 *B*-DNA、*C*-DNA、*D*-DNA、*E*-DNA、*A*-DNA；另一类是局部的左手螺旋，即 *Z*-DNA。

现代研究表明，DNA 各种构象可以相互转变及调控，其结构是动态的。Nordheim 等报道诱导肝癌的黄曲霉素 B1 有强烈的阻碍 *B*-DNA 形成的作用。2-乙酰基荧光素能与碱基 A（腺嘌呤）的 8 位碳结合，使 DNA 从 *B* 构型变为 *Z* 构型。抗癌药物（+）-道诺霉素（daunorubicin）可以选择性结合 *Z*-DNA 并可将 *Z*-DNA 转换为 *B*-DNA。研究表明，很多金属配合物都具有诱导 DNA 二级构象转变的功能。中山大学生物无机化学研究组目前报道了 Ru 多吡啶配合物具有诱导 CT-DNA 产生 *B*-*Z* 构象转变的现象，并且对 *Z*-DNA 有很好的稳定作用以及特异序列选择性，可以选择性地将 poly(dA-dT)·poly(dA-dT) 从 *B* 构象转变为 *Z* 构象，而对 poly(dG-dC)·poly(dG-dC)序列没有效果。1995 年俄勒冈州立大学的 Beth Basham 等研究证明三氟乙醇可以诱导 *B*-DNA 转变成为 *A*-DNA。正常情况下，生物体内 *B*-DNA 与 *Z*-DNA 之间存在平衡，但最近又有报道证明一些致癌物（carcinogen）能在嘌呤的 N7 位或胞嘧啶的 C5 位甲基化，从而破坏 *B* 型与 *Z* 型 DNA 之间的平衡，导致转录异常，从而发生细胞癌变。由此人们开始把某些癌症病因归结为二级结构转型。目前国内外学者已普遍接受了二级结构的转型主要是由一级结构分子中核苷酸的顺序决定的。一级结构的测定至今已有较可靠的方法，但是二级构象的测定，特别是关于 *B*-DNA 和 *Z*-DNA 的识别迄今还未有普遍可接受的可靠方法，这已成为研究 DNA 构象和功能关系的主要障碍。

2. DNA 的半保留复制

作为遗传物质基础的 DNA 在生物体中具有准确的自我复制能力。由于构成双螺旋的两条单链的互补性，每条单链都能作为模板来复制出两条完全相同的双螺旋。其复制过程是：亲代 DNA 分子在解旋酶的作用下使双螺旋解旋，氢键断裂，解旋后的单链在 DNA 聚合酶作用下，按碱基互补规则复制出两条新的和亲代 DNA 分子完全一样的双螺旋，如此反复进行。这样在子代 DNA 分子中有一条单链来自亲代，另一条单链是新复制出的，从而将亲代的基因特征传给了子代。这种复制方式称为半保留复制，示意如下：

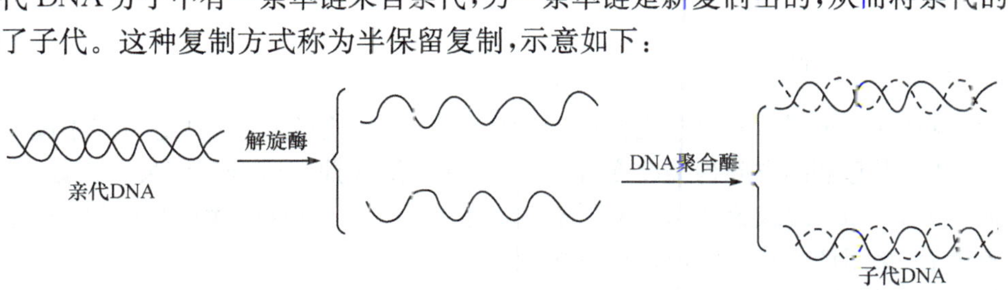

半保留复制过程实际上非常复杂，它涉及 30 多种蛋白质和酶的协同作用。整个过程大

致包括引发、成链、终止等几个阶段，每一阶段都需要多种蛋白质和酶参与，在时间和空间上都是高度有序的复杂的生化反应历程，是当前基因工程中重要的研究内容。一些金属离子如 Mn^{2+}、Co^{2+}、Cd^{2+}、Be^{2+} 等及其他一些诱变剂或致癌物都会使 DNA 分子的复制产生错误，从而导致遗传信息的改变和细胞变异。

7.5.2 抗癌机制和抗癌药物

癌症是一种严重威胁人类健康和生命的疾病，在各种疾病中癌症死亡率仅次于心血管病而居于第二位，1996 年全世界就有 630 万人(我国 80 万人)死于癌症。癌症的特征是机体细胞以明显反常的方式在机体内无控制地增殖和扩散。人体每天更新细胞大约 10^{11} 个(约 500 g 新组织)，其中 $10^4 \sim 10^6$ 个细胞是不完整的，在正常情况下可被机体自身的免疫系统所消灭，但若机体内自身存在着不良因素或受外界环境因素的影响使细胞发生恶性分裂就会产生癌症。

癌症的病因十分复杂。现在的研究认为，癌症是一种基因发生紊乱的基因病，这种紊乱包括癌基因的激活和抑癌基因的失活。导致基因失活的原因主要是由致癌物使细胞遗传物质的结构和功能发生改变，引起细胞突变。在正常细胞中存在着原癌基因，它是癌基因的非激活形式，当其受到某些致癌因素(包括化学的、物理的或生物的)的刺激会转变为癌基因，出现基因的异常表达，使正常细胞转化为恶性细胞。基因紊乱使细胞产生异常分化，指示人们去探索、筛选那些杀灭癌细胞的药物和方法，以及研究对 DNA 片断进行修复、校正等特异性的基因治疗。

1. 抗癌(肿瘤)药物分类和作用机理

据临床药理学统计，全世界 40 余年来筛选过的化合物或从植物提出的样品共达 50 万种，经临床验证常用的药物仅 60 多种，根据药物作用机理分为 4 类：

(1) 干扰核酸合成的药物。这类药物可分别在不同环节阻止 DNA 的合成，抑制细胞分裂增殖，属抗代谢药。例如，影响尿嘧啶核苷甲基化的氟尿嘧啶(S-FV)、核苷酸还原酶抑制剂羟基脲(HV)、DNA 多聚酶抑制剂阿糖胞苷(Ara-c)等。

(2) 干扰蛋白质合成的药物。例如，干扰核蛋白体功能、阻止蛋白质合成的三尖杉酯碱，影响氨基酸供应、阻止蛋白质合成的 L-门冬酰胺酶等。

(3) 直接与 DNA 结合影响其结构与功能的药物。例如，能与细胞中的亲核基团发生烷化反应的烷化剂氮芥(HN_2)、环磷酰胺(CTX)等，可使 DNA 复制中发生碱基错误配对，引起密码解释错乱。DNA 结构和功能的破坏可导致细胞分裂停止或死亡。

(4) 改变机体激素平衡而抑制肿瘤的药物。有些肿瘤的起因与激素相关，如甲状腺癌、前列腺癌、乳腺癌等。可通过激素治疗，改变机体的激素平衡和肿瘤生长的内环境以抑制肿瘤的生长。

2. 抗癌金属配合物

在细胞癌变中，金属致癌物与蛋白质和 DNA 作用，一般说来，主要是与酶中固有的金属离子发生置换，引起酶的空间构型改变，使其活性部分受到抑制或全部消失。例如，Ni(Ⅱ)可置换含铜酶中的 Cu(Ⅱ)或置换酶中辅因子 Mg(Ⅱ)，Cd(Ⅱ)可置换含锌酶中的 Zn(Ⅱ)，当酶的活性降低后，会因产生代谢障碍而诱发癌变。

有的元素可能致癌，但同种元素的某些配合物又有防癌作用。某些元素能提高机体免疫功能，降低癌症和其他疾病的发病率和死亡率。目前已证明或预计有抗癌或抑癌作用的有

Pt、Pd、Ir、Cu、Se、Mg、Mo、Si、Zn、Mn 等元素及其配合物。

1）铂配合物的抗癌机制

从 20 世纪 60 年代后期，研究用金属配合物治疗恶性肿瘤成了非常引人关注的课题。美国生物学家 B. Rosenberg 等 1965 年在研究直流电场对细菌生长的影响时发现，用两根铂电极往含氯化铵的大肠杆菌培养液中通入直流电，大肠杆菌的细胞分裂受到了抑制，长成相当于正常细胞 300 倍大的单细胞菌丝，若更换成其他电极就观察不到这种现象。进一步研究确证，起这种作用的并非电流或电场，而是电流使微量的铂进入培养液，与存在于培养液中的 NH_3 和 Cl^- 生成铂配合物顺式二氯二氨合铂(Ⅱ){*cis*-[$PtCl_2(NH_3)_2$]}(简称顺铂，*cis*-DDP)。

1969 年发现顺铂能抑制大肠杆菌的分裂而不影响人体细胞的生长，其后进一步研究发现顺铂具有很强的抗癌活性。动物实验表明，它能使小鼠的肿瘤全部消退。

这些发现开创了金属配合物抗癌药物研究的新领域，也大大加速了生物无机化学的发展。20 世纪 70 年代初，美国开始顺铂的临床应用研究；70 年代末，英、美两国先后批准顺铂作为商品药物进入市场。顺铂对头颈部癌和泌尿生殖系统癌有良好疗效，尽管有肾毒性和引起呕吐等副作用，以顺铂为代表的铂类抗癌药物已成为最畅销、使用最广泛的抗癌药物之一。继顺铂之后，新的铂类抗癌药物卡铂(或碳铂，carboplatin)、奥沙利铂(oxaliplatin)和乃达铂(nedaplatin)已用于临床。十几种铂类化合物正在进行不同阶段的临床试验。近 30 年来已合成和筛选了大量铂和铂族金属配合物(图 7-34)，总结了一些经验规律。铂配合物抗癌药已经成为生物无机化学的一个重要研究课题。

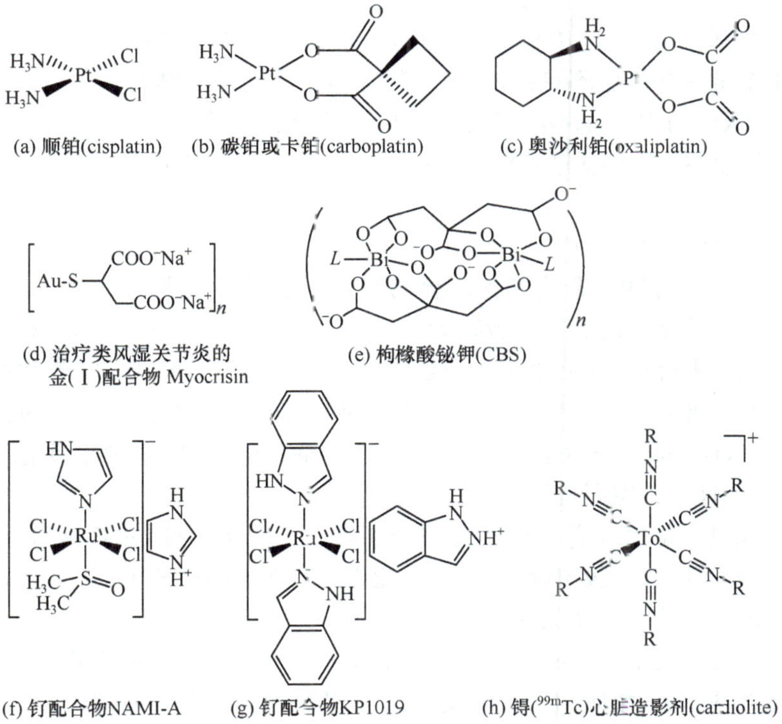

图 7-34　部分无机药物的结构式

抗癌金属铂配合物必须是水溶性的，但为了有利于透过细胞膜，应使其是具有一定脂溶性的中性分子。为此，对 DDP 的配位体进行更换，发现 1，2-环己二胺硫酸合铂(Ⅱ)对 L-1210 白血病有明显的抑制作用，是一种有代表性的抗癌金属配合物。又如，嘧啶铂蓝的水溶性比

DDP 大 50 倍，有明显的抗癌特性，且对肾脏的毒性比 DDP 小。

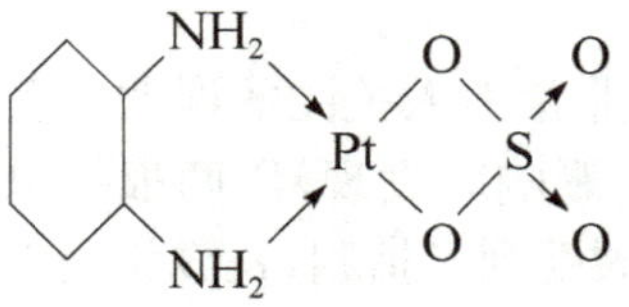

目前对抗癌金属铂配合物的作用机制研究得最多的是 DDP，其作用过程主要是：

(1) DDP 水解。DDP 分子进入人体后是在含水介质中与靶分子 DNA 起作用，水分子取代 DDP 中的 Cl^-，这种水解作用取决于 Cl^- 浓度和 pH。

由于细胞外液 Cl^- 浓度高，抑制了 DDP 的水合取代反应，大部分游离的 DDP 以未取代的原形存在。当 DDP 穿过细胞膜进入细胞后，因胞浆的 Cl^- 浓度低，pH 为 7.4，水解反应迅速发生，达平衡后主要以 $[PtCl(OH)(NH_3)_2]$、$[Pt(OH)_2(NH_3)_2]$ 和 $[Pt(OH)(H_2O)(NH_3)_2]^+$ 三种形式存在。

(2) 与靶分子 DNA 的作用。实验证明，DDP 与核酸的相互作用实质是其水解产物与核酸的结合。在 DNA 分子中虽有多种配位基团，但核糖或脱氧核糖的环内氧原子及醇羟基与 Pt(Ⅱ)的亲和力很小或根本没有。磷脂链上 3′和 5′氧原子因位阻也难与铂结合。磷酸基即使与铂配位，也易被其他亲核基因(包括水)反取代，因此，从理论上预计并为实验所证实的是 DDP 优先结合在碱基氮上。所有碱基都有杂环氮可能与铂配位。

从热力学和动力学分析，DDP 优先作用于鸟嘌呤核苷。X 射线晶体分析测定了 DDP 与鸟苷合成的化合物，确证了 DDP 可以与鸟苷的 N_7 键合。因此，可以认为顺-二水二氨合铂与 DNA 反应时，铂与鸟嘌呤 N-7 配位，并可通过氨或配位的水与 O-6 形成氢键，如图 7-35 所示。

由于早期实验都是用核苷或碱基做的，故将所得结果外推到 DNA 并非十分合理。因此，近年来，人们由核苷酸做到含十核苷酸的寡核苷酸，由单链核苷酸做到双链核苷酸，测定顺铂与它们的结合部位。用核磁共振谱的方法，证明了仍是鸟苷的 N-7 优先配位。

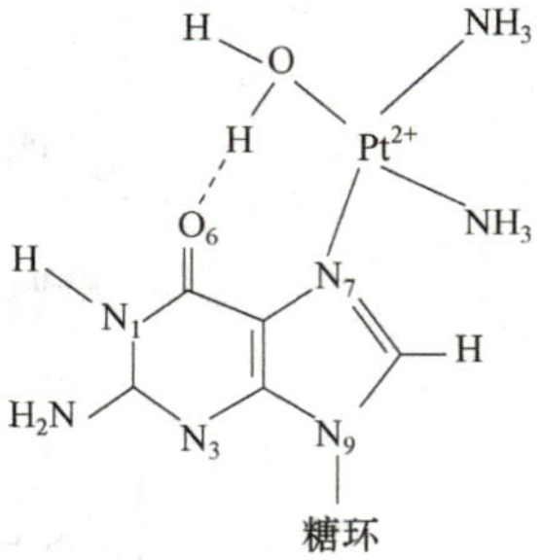

图 7-35 顺铂与 DNA 第一步配位示意图

顺铂选择性配位抑制癌细胞 DNA 复制的能力是它具有抗癌活性的主要原因。

2) 抗癌金属配合物的选择

目前，利用有抗癌特性的金属及其配合物治疗癌症已有很大的进展，怎样选择有抗癌活性的金属配合物呢？

经研究发现，具有抗癌活性的金属配合物其通式一般为 MA_2X_2。M 为中心离子，A 是中性配位体(如胺类)，X 是酸根配位体。若为铂配合物，当 A 为 NH_3 和 NH_2CH_3 等胺类分子，X 为 Cl^- 或 Br^- 等酸根时，其顺式构型具有抗癌活性，说明铂配合物的抗癌活性与其空间构型有关。

A 选胺类(或氨)，是因为它可以使药物分子有一定的脂溶性，并容易透过细胞膜。因此应当选取与中心离子结合比较牢固的，在体内能稳定存在的中性分子，以保持配合物的稳定构型，不致因在体内发生构型改变而使药物失效。

A 选取的原则是：其电子结构应有利于形成正方形或八面体型配合物，并便于和 DNA 作用；根据软硬酸碱规则，硬酸倾向于与硬碱结合，而软酸倾向于与软碱结合，以选软酸为宜。在元素周期表的过渡元素中，若以 Cu、Ir 和 Tl 为顶点，以 Cu、Ag、Au 为中线，构成一个三角区(图 7-36)，则该三角区内的金属都是软酸。例如，铂即在三角区内，它的配合物 DDP 具有很强的抗癌活性。

抗癌作用较强的金属配合物，其中心离子大多是这个三角区中的生命金属，如位于三角区顶点的铜，它的许多配合物就有抗癌作用或防癌作用。近年来观察到关于金和银的+1 价氧

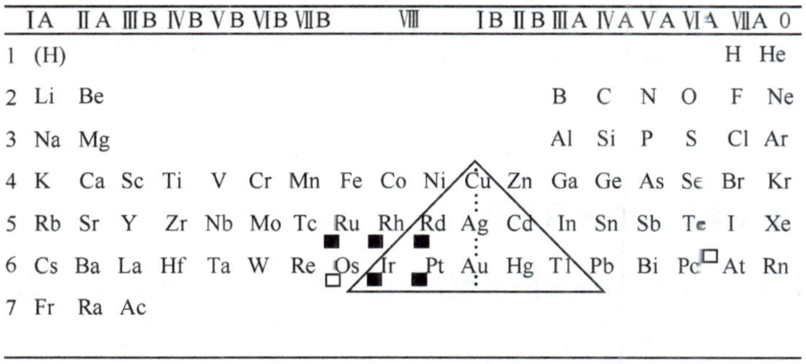

■ 具抗癌性元素(特殊配合物)　□ 预示具抗癌性元素(特殊配合物)

图 7-36　周期表中 Cu、Ag、Au 为中线的三角区

化态金属的四面体含膦配合物，例如：

$$[Au(Ph_2P\text{-}CH_2\text{-}CH_2\text{-}PPh_2)]Cl$$

对小鼠腹腔移植 P-388 白血病具有抑制作用。与铜相邻的镍和锌虽有一些配合物有抗癌作用，但效果不理想。在 Cu…Ag…Au 中线左侧的钌、铑、钯的某些配合物有抗癌作用，但中线右侧的镉、汞等元素都有剧烈的毒性。由此可见，三角区顶点的铜在抗癌金属配合物的选择中应处于优先地位。关于铜的抗癌配合物目前已有若干报道，研究铜配合物的抗癌药物有希望取得进展。

在选择抗癌金属配合物时，一个必须考虑的问题是其毒性所引起副作用的相对大小。从这一点来看，DDP 并不是最好的抗癌剂，因为它具有水溶性小、肾毒性大和缓解期短的缺点。多年来人们一直在潜心探索化合物的相对毒性和药理学，寻找毒性较小而临床效果与顺铂相近的同类化合物。现在，这类化合物在英国的 Johnson Matthty 和美国 Bristol-Myers 等几个实验室已经研制出来，可以称其为第二代抗癌铂化合物。它们是碳铂、异丙铂(iproplatin)和螺铂(spiroplatin)。三者都具有与顺铂相近的抗癌活性，其毒性引起的副作用却比较小。

铂配合物抗癌药物研究方兴未艾。新的药物不断被合成，顺-$[Pt(C_5H_9NH_2)_2Cl_2]$抑制血浆细胞癌表现了比顺铂更高的效率，卡铂也表现了良好的抗癌能力。迄今为止，铂配合物抗癌药物仍不失为治疗恶性肿瘤最有效的药物，尤其是对睾丸肿瘤、卵巢肿瘤和小细胞肺癌疗效更好。第三代铂类药物奥沙利铂也表现了良好的抗癌能力，临床上已超过顺铂和卡铂。水是将药物传送到体内癌细胞处的介质，铂配合物抗癌药物普遍有水溶性差的缺点，这就大大削弱了其抗癌能力。Stoddart 等把碳铂置于水溶性 β-环糊精中，犹如一个螺栓置于螺母中，随着血流输送到肿瘤部位，发挥其抗癌作用。这项有意义的发明已在 29 个国家取得了专利权。在 90 年代初顺铂的年销售额就达 5 亿美元左右，但它的肾毒性、神经毒性、催吐性以及易产生抗药性，使其应用受到限制。

1977 年以来第三代非铂配合物抗癌药物相继问世。这类药物以二卤茂金属$(\eta^5\text{-}C_5H_5)_2MX_2$(如二氯茂钛)为代表。临床试验表明，对于用顺铂治疗效果不大明显的某些癌变，这类抗癌药物却有较好的效果。它们虽对肝细胞有短期的伤害，但不伤害肾功能。进而研究发现，这种二卤茂金属如二卤茂钒$[(\eta^5\text{-}C_5H_5)_2VCl_2]$与 DNA 发生作用的方式完全不同于顺铂类药物，它是与 DNA 骨架的磷酸根相结合，而不是与嘌呤或嘧啶碱上的部位结合，即表明它对配体的氧原子有较高的亲和力。

目前，配合物中金属元素的选择范围在不断地扩大。由 Pt 扩大到铂系(Ru、Rh、Pd、Ir)，再扩大到其他软酸金属元素(Cu、Ni、Ag、Au)和其他过渡金属元素(Fe、Ti、V、Mo 等)，进而扩大到某些主族元素(如 Ge、Sn 等)。例如,有机锗是 20 世纪 80 年代以来新开发的抗癌金属配合物,其中的螺锗(spiro-germanium)具有低毒高效、抗癌谱较广的优点。

7.6 重金属元素的生物毒性

7.6.1 金属的毒性来源及毒性作用机制

金属的毒性来源于:①有害金属的浓度超过了人体的耐受限度;②必需金属超过某一浓度范围而产生毒性。金属离子浓度与人体健康的关系如图 7-37 所示。

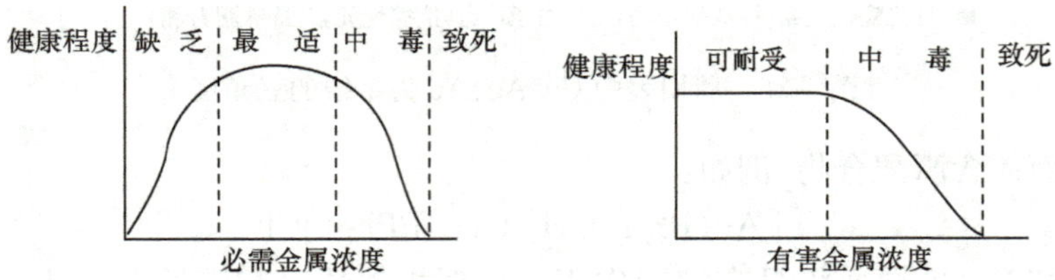

图 7-37 必需金属与有害金属浓度与健康的关系

不同的金属离子对人体器官的亲和力不同,造成中毒的原因和部位亦不同。Pb(Ⅱ)、Ba(Ⅱ)、Be(Ⅱ)对骨的亲和力强,容易取代骨盐中的 Ca(Ⅱ)而储留于骨组织中;软酸离子如 Hg(Ⅱ)、Cd(Ⅱ)、Cu(Ⅱ)倾向于与软碱结合,对 S 的亲和力强,易与金属硫蛋白结合而储存在肾及肝脏中;重金属离子常可取代同族中较轻金属,如 Hg(Ⅱ)取代 Cd(Ⅱ)和 Zn(Ⅱ)、Cd(Ⅱ)取代 Zn(Ⅱ)等。

金属毒物主要经呼吸道和消化道进入人体。经呼吸道进入体内的毒物在肺泡中被吸收;通过饮水和食物进入消化道的毒物,在整个消化道都能被吸收,但以小肠吸收最重要。金属毒物被吸收后,随血液循环分布全身,也可通过淋巴传递,当在作用部位积累到一定浓度后,就发生中毒。

金属的毒性机制一般有 3 种:①阻断了生物分子的生物学功能基;②置换了生物分子中必需的金属离子;③改变了生物分子的活性构象。以上 3 种毒性机制都是以金属离子与生物分子的配位能力为基础的。例如,许多酶含有金属离子或者需要金属离子激活。酶作为生物体必需的调控剂,它们所需的金属都属于必需元素,如铁、铜、锌、钙、锰等。重金属可以与这些必需元素竞争酶蛋白的活性部位,从而抑制酶的活性;在元素周期表中,同族元素大多具有相同的化学性质,因此有毒的金属往往能取代同族中的必需金属元素。这种相互置换作用也会使生物活性物质的正常活性减弱或丧失,引起生理混乱和病理变化。例如,Be(Ⅱ)可以置换 Mg(Ⅱ)-激活酶中的 Mg(Ⅱ),且 Be(Ⅱ)与酶结合的强度比 Mg(Ⅱ)大,因而它能阻断酶的活性。此外,生物大分子具有一定生物功能时,它必须呈现出某种特异的构象,结合金属离子后能改变一些重要的生物分子的构象。例如,多核苷酸是储存遗传信息的,一旦其构象受到破坏,就会导致先天性变异或致癌。

7.6.2 几种重金属元素的毒性

在周期表中,重金属元素指原子序数 $Z \geqslant 24$,即铬(Cr)以后的金属元素。重金属元素的毒性是特别值得重视的。

进入体内的重金属离子经血液传递到各组织器官中。某种金属离子在脏器中的浓度不仅取决于该脏器组成成分对金属离子的亲和力,而且与体液的流动速度、金属离子在体内的化学变化及排泄速度等因素有关。一些主要的重金属离子在人体内各组织中的分布见表 7-7。

表 7-7　几种主要重金属离子在人体各组织中的分布(单位:mg)

金　属	血　液	肌　肉	皮　肤	脑	心　脏	肝　脏	肺　脏	肾　脏	骨
As	0.2	0.03	0.04	—	0.04	0.05	0.05	0.07	—
Cd	0.007	—	0.3	0.12	0.17	6	0.7	50	0.1
Co	0.04	—	—	—	—	0.03	—	0.02	—
Cr	0.013	0.03	0.1	0.06	0.04	0.04	0.2	—	0.07
Cu	1.0	—	0.8	5	3.5	10	1.3	2.6	0.5
Hg	0.005	0.06	0.1	0.1	0.07	0.5	0.08	1	0.1
Mn	0.07	0.1	0.1	0.2	0.2	1.7	0.3	0.7	0.08
Mo	0.015	—	—	—	—	0.6	0.03	0.2	—
Ni	0.003	0.1	0.1	0.05	—	0.08	0.2	0.1	0.3
Pb	0.02	0.3	1.0	0.3	0.3	0.5	—	0.5	0.3

由表 7-7 中数据可以看出,较多的重金属如 Cd、Cu、Hg 等在肝脏和肾脏中蓄积较多,这是由于它们的离子是软酸,与软碱 S 的亲和力强,肝、肾脏中合成的金属硫蛋白能诱导其进入而蓄积起来。

重金属离子的毒性大多来自它们和具有生理功能的基团之间的强配位性,例如三羧循环需要的辅酶 A 分子中含有巯基(—SH),Cd(Ⅱ)和 Hg(Ⅱ)可以通过与巯基 S 配位而与辅酶 A 结合,影响三羧循环而使人体正常代谢受阻。

重金属的毒性就其中毒快慢而言有急性中毒和慢性中毒之分。急性中毒常伴有组织损害。经口腔进入大量金属离子引起的急性中毒常有呕吐、恶心、胃肠痛、下泻等消化器官疾病,并造成肝、肾及中枢神经系统损坏等;若经呼吸道进入大量金属粉尘时,会刺激喉头并引起支气管炎。慢性中毒是逐渐积累并需经过一段时间才能产生毒性作用的,慢性中毒是对该金属敏感的器官首先受害再波及全身。例如,慢性铅中毒会引起儿童生长发育迟钝、智力低下、行为障碍。铅的逐年蓄积加速了脑的衰老和智力减退,现已证实老年痴呆患者与慢性铅蓄积有关。由于铅污染无处不在,玩具、化妆品、颜料、汽车废气、甚至餐具等都可成为铅的污染源,因而应十分重视对铅污染的防治。

有些重金属化合物有明显的致癌性。例如,六价铬的化合物、羰基镍、二价镉的化合物等都能致癌。金属致癌物能与细胞中的核酸和蛋白质作用,使其正常的结构和功能被破坏,或是遗传信息缺损或变异,或是酶活性改变而导致异常细胞在机体内无控制的增殖和扩散而引起癌症。可见,重金属离子的毒性作用是值得特别重视的问题。

7.6.3　重金属元素毒性的排除

前已述及,重金属离子的毒性主要来自它们和具有生理功能基团的配位作用或取代了生物功能分子中的必需金属元素所致。因此必须加入一种更强的螯合剂,使其能与有毒金属离子结合,形成更稳定的配合物而排出体外。螯合疗法是排除重金属毒性的一种重要手段。

选择排除金属中毒的螯合剂药物是有条件的,它们应是水溶性的,在生理 pH 条件下有足够的螯合能力,并能穿过细胞膜到达金属离子的结合部位;螯合药物分子应对被排除的金属离子选择性高、配位能力强、反应速率快;药物和它们与被排除金属形成的螯合物必须很容易从肾脏排泄,在治疗浓度下不应产生毒、副作用等。

在螯合疗法中,人们熟知的螯合剂是 EDTA,它可和多种金属离子螯合,特别是重金属离子。EDTA螯合性强但选择性差，在排除有害金属如(Pb)时把一些有益金属(如Zn)也排除掉了，因此用它作螯合药物时还需补充其他有益元素。传统的排铁螯合剂是去铁草胺B，它易溶于水，对Fe(Ⅲ)有很强的亲和性，而对大多数其他阳离子的亲和性则较弱。在生理条件下，去铁草胺B能和Fe^{3+}结合，也能从铁蛋白中夺取Fe(Ⅲ)，但它不能和血红素或运铁蛋白中的铁结合。去铁草胺B的这些性质使它适合于治疗急性铁中毒。此外，医学上还采用D-青霉胺来排铜，以治疗或控制Wilson氏病等。一些金属中毒的解毒剂见表7-8。

表7-8 金属中毒的解毒剂

金 属	解毒剂	金 属	解毒剂
Hg^{2+}	TTA,CCH,EDTA	$Ni(CO)_4$	DDC,TETA
Fe^{3+}	去铁草胺	Mn^{2+}	CDTA
Pb^{2+}	BAL,EDTA	Be^{2+}	ATA,SAM
Cd^{2+}	NTA,CDTA,BAL	Co^{2+}	BADS,PATE
Cr^{2+}	D-青霉胺	Tl^{+}	双硫腙
Cu^{2+}	D-青霉胺,NAH,EDTA	Al、V、As	BAL
Sr^{2+}	BADE,穴醚[2,2,2]	Bb、Bi、Au	BAL

利用螯合剂，研制螯合药物来排除金属中毒虽已取得不少进展，但远远不能满足医学上的需要，新的高效无毒螯合药物的研制、开发不仅是医学界也是生物无机化学界义不容辞的任务。

7.7 稀土元素的生物学效应

我国稀土金属储量占世界第一位。稀土微肥已被广泛使用，证明稀土元素对植物的生长发育有良好的作用。随着稀土元素在农业中的应用，进入环境的稀土金属可通过各种途径进入动物和人体，为此，研究稀土元素的生物学效应对发展稀土的生物无机化学有着现实的重要意义，也吸引了许多科学工作者从事此项工作。大量实验表明，稀土离子与不同的生物分子都有一定的亲和力，对生物体系许多酶具有激活或抑制作用，以稀土离子为中心的许多配合物具有各式各样的药用活性，含稀土的某些材料在临床诊断中也得到应用，这些都预示着稀土元素在医学中有广阔的应用前景。

7.7.1 稀土元素的植物生理效应

稀土元素能促进植物生长，提高农作物产量。在水培条件下可溶性稀土盐类可使豌豆增产，蚕豆生长加快，植株中氮、钠、钾含量增加。稀土微肥施用于西瓜田，不仅产量增加还使瓜大、皮薄、味更甜。我国曾在黑龙江、湖南的600万亩土地上施用稀土微肥，使小麦和水稻增产8%～10%。

稀土元素对植物的生理作用机制至今尚未被充分揭示。有研究指示，稀土的生理作用与植物激素有关，异戊烯基嘌呤(IPA)是一种植物激素，它可以促进叶绿素和蛋白质的合成，抑制植株衰老。用稀土$NbCl_3$溶液处理油菜种子的研究表明，$NbCl_3$能促进油菜中IPA的合成并维持高的IPA水平，缩短叶绿素合成的准备期，使叶绿素和蛋白质含量增加，对整体植株有明显的促进生长效应。

对稀土植物作用机理已开展了一系列研究，研究是以稀土对植物的地上部和地下部的生理活性的影响进行的。地上部最重要的生理活动是光合作用，地下部最重要的生理活动是以吸收为主的根系生理功能。植物的地上部和地下部之间存在着相互依存、相互作用和相互促进的关系。研究结果表明，稀土元素可能是通过对植物光合作用过程和根系的生理活动的直接或间接影响来提高作物的产量和品质的。

7.7.2 稀土元素对动物和人体的影响

稀土元素进入动物和人体后，一般分布在肝、脾、骨等网状内皮系统的组织中。轻稀土(La、Ce、Pr、Nb、Pm、Sm 等)主要聚集在肝脏，重稀土主要聚集在骨骼中。经初步研究表明，高剂量稀土离子对 Ca^{2+} 有竞争性抑制作用，如抗凝血、肌肉松弛、阻断神经信号传递等。近期报道了稀土离子(Ce、Pr、Tb)有抑制血红蛋白在低氧分压时对氧的释放作用。实验提示稀土离子并非直接作用于血红素辅基，而是改变了血红蛋白的二级结构和构象，使珠蛋白的刚性增强、柔性下降，增加了血红素辅基的氧合能力，使氧合血红蛋白稳定而造成机体缺氧。某些稀土离子对细胞膜的脂质过氧化有较强的抑制作用。超氧自由基离子($\cdot O_2^-$)是细胞极易产生的活性氧，它可使脂质过氧化、蛋白质失活、生物膜结构被破坏。有研究指出，铈离子(Ce^{3+}、Ce^{4+})与超氧化物歧化酶有相似的清除 $\cdot O_2^-$ 的作用，是一种催化 $\cdot O_2^-$ 歧化的无机催化剂。

7.7.3 稀土元素在医学上的应用

稀土化合物的药理作用发现较早，最早应用的是铈盐。20 世纪 60 年代以来又相继发现了一系列具有特殊药理作用的稀土化合物，并在临床上得到应用。其药理作用主要有：

(1) 抗凝血作用。血液由流动的溶胶状液体变成不流动的凝胶状凝块的过程称为凝血。凝血过程必须有 Ca^{2+} 参与。稀土离子与钙离子半径相似，均属硬酸，具有亲氧性，配位空间适应性强，这就造成了稀土离子对钙离子竞争性取代的可能性，稀土离子对钙的取代破坏了正常的凝血过程而起到抗凝血的作用。

稀土化合物作抗凝剂有作用快、效用持久的优点。给家兔静脉注射钛铁试剂钕水溶液后，抗凝血作用迅速表现出来，且活性高。钛铁试剂与稀土形成配合物后，在水溶液中稳定，可以避免浓度大的稀土在人体血液 pH7.35 条件下形成碱式盐或氢氧化稀土沉淀。因此钛铁试剂稀土是很有希望的抗凝血化合物。抗凝血药物 3-磺酸异烟酸钕活性高、毒性小，临床观察表明，它能防止人工血栓形成，还可溶解新鲜血栓。有文献报道，口服铈、镧、钪、钇的氯化物或氧化物，可明显改善血液循环，同时保护细胞不受放射性危害。

(2) 抗炎、抑菌作用。具有消炎作用的稀土化合物，其有机配体在环上都有羧基、羟基、磺酸基等。磺胺嘧啶铈的抑菌性能与磺胺嘧啶银相当；用硝酸铈代替硝酸银，对革兰氏阴、阳性细菌都有较强的杀灭作用，特别是对革兰氏阴性大肠杆菌效果更好。

(3) 烧伤药物。人们早就知道，低浓度稀土化合物具有抑菌作用。按制品 2.2%的硝酸铈水合物和 1%的磺胺嘧啶银的配方对烧伤有很好的疗效，它可制成水包油型基质的半固体软膏，也可制成乳膜剂型。$Ce(NO_3)_3 \cdot 6H_2O$ 的 0.25%溶液对绿脓杆菌、金黄色葡萄球菌、肺炎杆菌、奇异变形杆菌、类链球菌、大肠杆菌、产碱假单胞菌和表皮葡萄球菌都有强杀灭作用，0.5%溶液对枸橼酸杆菌具有强杀灭作用。正四价铈的 $Ce(SO_4)_2 \cdot 2H_2O$ 也表现了对多种细菌的强杀灭作用。有关稀土烧伤药物霜剂的临床验证证明，总有效率达 99%并具有一系列优点：①杀菌能力较强，一般早期烧伤面敷用后不发生感染，晚期烧伤面有感染者敷用 3～5 次后烧伤面即转阴性；②有促进烧伤面愈合的作用，与磺胺嘧啶银、洗必泰、洁而灭等相比，愈合期缩短 3～5 天；③一般不加深烧伤面，易于清洗，不污染皮肤。

稀土离子对烧伤的治疗性能可能在下列几个方面起作用：稀土离子通过与细胞磷脂和肽链上羧基的强亲和力稳定在细胞膜和溶酶体膜上，抑制溶酶体释放炎症物质；利用其对 Ca^{2+} 的拮抗作用，对垂体或肾上腺素等起调节作用，抑制血液中细胞成分的增殖和液体从血管中的过度渗出，从而促进肉芽组织的生长和上皮组织的代谢；其抑菌能力与磺胺嘧啶银的互补和协同作用能清除细菌这一致炎因素。

1985 年 Peterson 报道局部使用硝酸铈可防止烧伤后的免疫抑制，这是稀土烧伤药物疗效的又一新发现。我国一些单位的研究也得到相同的结果。硝酸铈防止烧伤后免疫降低的作用机理正在研究中。

(4) 抗癌药物。稀土能否作为治疗癌症的药物是人们感兴趣的问题。我国科学工作者的一些探索性研究表明，Yb^{3+} 的不同配合物对癌细胞的不同分裂期具有抑制作用，低剂量的氯化稀土对癌细胞具有抑制作用，且对人正常细胞不呈现损伤。

稀土离子对肿瘤生长的抑制作用是由于细胞结构(如膜和线粒体表面)中的 Ca^{2+} 和 Mg^{2+} 被稀土离子取代，导致肿瘤细胞不可逆损害。癌细胞中 DNA 的磷酰基通常是与稀土离子亲和力较强的化学基团，磷酰基对稀土离子的广泛螯合作用，至少是稀土离子在肿瘤中浓集的原因之一。

(5) 降血糖作用。稀土元素的一个明显的生理作用是降血糖，因而人们可以用稀土元素治疗糖尿病。Malaisse 等认为稀土元素的降血糖作用是由于：①刺激 B 细胞分泌胰岛素而降糖；②肝糖异生关键酶(如丙酮酸羧化酶和磷化烯醇式丙酮酸羟化酶)活性受到抑制，故如将降血糖药氯磺丙脲和稀土元素制成化合物效果更为显著，两者的配合不但增强了降糖功能，而且降低了它的毒性。

稀土药物的应用还有许多例子，如稀土化合物的抗动脉硬化作用。开发稀土新药物，使稀土药物得到广泛的应用，仍然需要在治疗机理、积累、排泄、远期毒性等多方面开展大量研究工作。总之，稀土的生物学作用是复杂的，尚有许多问题需要探索、解决。从细胞、分子水平加强稀土与人体相互关系的研究，从本质上研究稀土的代谢毒理学，筛选新型、高效、低毒的稀土化合物，对于促进稀土在医学领域内的安全、合理的推广使用是十分必要的。

此外，含稀土的某些材料在医学上也得到应用，例如，稀土光导纤维可用作直接窥测人的肠胃等腹腔疾病的医疗器械，稀土永磁体的磁穴疗法用于止痛、消肿、治疗关节炎、神经衰弱等疾病有明显疗效，稀土增感屏用在 X 射线透视和拍片上具有曝光时间短、图像清晰度高的特点……。这些都预示着稀土元素在医学中的应用前景十分广阔。

习　　题

1. 生命必需元素有哪些？它们在周期表中的分布如何？
2. 何谓生物配体？试述大分子生物配体刚柔相济的特性。在大分子内和大分子间存在着哪些作用力？它们对大分子结构有何影响？
3. 金属离子与大分子配体的配位作用有何特点？
4. 生物离子泵的功能是什么？Na/K 泵是怎样完成细胞内外 K^+、Na^+ 的双向主动输送的？
5. 在生物钙化过程中形成的无机盐成分是什么？有机基质由哪两种蛋白质组成？它们各起什么作用？
6. 生物体系中的电子传递反应与无机化学中电子转移反应比较有何特殊性？
7. 研究生物体系中的无机化学反应应注意哪些特点？
8. 何谓氧载体？试述血红蛋白的生理功能及氧合作用机理。
9. 总结周期系中过渡金属元素在生物体中的功能作用，并举数例说明。

10. 学习本章后，你对微量元素在生物体中的重要性有何认识和体会？

11. 在人体中，有益和有害元素的浓度与人体健康有何关系？金属（特别是重金属）对人体的毒性机制有哪些可能性？查阅资料，举例说明。

12. 为什么说癌症的发病原因与核酸的结构变异有关？

13. 选择某一专题，查阅近期资料，综述生物无机化学研究的新进展。

参考文献

计亮年．1992. 生物无机化学导论．广州：中山大学出版社

计亮年，毛宗万，黄锦江．2010. 生物无机化学导论．3版．北京：科学出版社

江雷，冯琳．2007. 仿生智能纳米界面材料．北京：化学工业出版社

李象泰．1991. 临床药理学．北京：人民卫生出版社

罗勤慧．2009. 大环化学——主客体化合物和超分子．北京：科学出版社

毛宗万，安燕，计亮年．2004. 关于我国生物无机化学发展战略的一点思考．化学进展，16(4)：660-666

沈敦瑜，郭顺勤．1993. 生物无机化学简明教程．成都：成都科技大学出版社

王夔，等．1992. 化学与生命科学(2). 北京：化学工业出版社

王世华，等．2000. 无机化学教程．北京：科学出版社

项斯芬．1988. 无机化学新兴领域导论．北京：北京大学出版社

Arockiasamy D L, et al. 2009. Synthesis and DNA-binding studies of two ruthenium(Ⅱ) complexes of an intercalating ligand. Eur J Med Chem, 44: 2044-2051

Dunce L. 2007. The mechanistically significant coordination chemistry of dinitrogen at FeMo-co, the catalytic of nitrogenase. J Am Chem Soc, 129(5): 1076-1088

Fiabane A M, et al. 1987. 生物无机化学原理. 冯子道译．北京：科学出版社

Liu J Z, et al. 2006. Enhanced dye decolorization efficency by citraconic anhydride-modified horseradish peroxidase J Mole Catalysis B: Enzymatic, 41(3,4): 81-86

Wang X Y, et al. 2008. Towards the rational design of platinum (Ⅱ) and gold (Ⅲ) complexes as agents. Dalton Trans, (12): 1521-1532